Die Schriftform im Betriebsverfassungsgesetz

Zivilrechtliche Schriften

Beiträge zum Wirtschafts-, Bank- und Arbeitsrecht

Herausgegeben von Peter Kreutz und Dieter Reuter

Band 49

PETER LANG

Frankfurt am Main · Berlin · Bern · Bruxelles · New York · Oxford · Wien

Ina Maria Wiesner

Die Schriftform im Betriebsverfassungsgesetz

PETER LANG
Internationaler Verlag der Wissenschaften

Bibliografische Information der Deutschen Nationalbibliothek
Die Deutsche Nationalbibliothek verzeichnet diese Publikation in der Deutschen Nationalbibliografie; detaillierte bibliografische Daten sind im Internet über <http://www.d-nb.de> abrufbar.

Zugl.: Kiel, Univ., Diss., 2007

D 8
ISSN 0941-147X
ISBN 978-3-631-57081-4

www.peterlang.de

Die vorliegende Arbeit ist im Sommersemester 2007 von der Christian-Albrechts-Universität zu Kiel als Dissertation angenommen worden. Herzlich danken möchte ich meinem Doktorvater, Herrn Prof. Dr. Oetker, der das Thema vorgeschlagen und die Arbeit sodann unkompliziert und effizient betreut hat. Herrn Prof. Dr. Meyer-Pritzl danke ich für die schnelle Erstellung des Zweitgutachtens. Für die Aufnahme in diese Schriftenreihe danke ich Herrn Prof. Dr. Kreutz und Herrn Prof. Dr. Reuter.

Rechtsprechung und Literatur sind bis Anfang Juni 2007 berücksichtigt.

Ich widme diese Arbeit Christian und Meret.

Inhaltsverzeichnis

Abkürzungsverzeichnis

a. A.	andere Ansicht
a. a. O.	am angegebenen Ort
AcP	Archiv für civilistische Praxis (Zeitschrift)
a. E.	am Ende
a. F.	alte Fassung
ABl.	Amtsblatt
Abs.	Absatz
AG	Amtsgericht
AiB	Arbeitsrecht im Betrieb (Zeitschrift)
AktG	Aktiengesetz
Anm.	Anm.
AP	Abeitsrechtliche Praxis (Nachschlagewerk des Bundesarbeitsgerichts)
AR-Blattei	Arbeitsrecht-Blattei Systematische Darstellungen
ArbG	Arbeitsgericht
ArbR	Arbeitsrecht
ArbRB	Arbeits-Rechts-Berater (Zeitschrift)
ArbRGgw.	Das Arbeitsrecht der Gegenwart (Zeitschrift)
ARS	Arbeitsrechtssammlung. Entscheidungen des Reichsarbeitsgerichts, der Landesarbeitsgerichte und Arbeitsgerichte
ARSt	Arbeitsrecht in Stichworten: arbeitsrechtliche Entscheidungssammlung
Art.	Artikel
AuA	Arbeit und Arbeitsrecht (Zeitschrift)
Aufl.	Auflage
AuR	Arbeit und Recht
Az.	Aktenzeichen
BAG	Bundesarbeitsgericht
BAT	Bundesangestelltentarifvertrag
BB	Betriebsberater (Zeitschrift)
BBiG	Berufsbildungsgesetz
Bd.	Band
Begr.	Begründer

BetrAVG	Gesetz über die betriebliche Altersversorgung
BetrVG	Betriebsverfassungsgesetz
BetrVerfRefG	Betriebsverfassungsreformgesetz
BFH	Bundesfinanzhof
BGB	Bürgerliches Gesetzbuch
BGBl.	Bundesgesetzblatt
BGH	Bundesgerichtshof
BGHZ	Entscheidungen des Bundesgerichtshofs in Zivilsachen
BkleinGG	Bundeskleingartengesetz
BPersVG	Bundespersonalvertretungsgesetz
BR	Bundesrat
BRAGO	Bundesrechtsanwaltsgebührenordnung
BR-Drs.	Bundesratsdrucksache
BReg	Bundesregierung
BT	Bundestag
BT-Drs.	Bundestagsdrucksache
BVerfGE	Entscheidungen des Bundesverfassungsgerichts
BVerwG	Bundesverwaltungsgericht
CDU	Christlich Demokratische Union Deutschlands
CSU	Christlich-Soziale Union in Bayern e. V.
CR	Computer und Recht (Zeitschrift)
DB	Der Betrieb (Zeitschrift)
ders.	derselbe
DGB	Deutscher Gewerkschaftsbund
dies.	dieselben
DNotZ	Deutsche Notar Zeitschrift
DStR	Deutsches Steuerrecht (Zeitschrift)
ebd.	ebenda
EG	Europäische Gemeinschaft
Einl.	Einleitung
EWiR	Entscheidungen im Wirtschaftsrecht (Zeitschrift)
EzA	Entscheidungssammlung zum Arbeitsrecht (Loseblattsammlung)
f., ff.	folgende
FDP	Freie Demokratische Partei
Fn.	Fußnote

FormAnpG	Gesetz zur Anpassung der Formvorschriften des Privatrechts und anderer Vorschriften an den modernen Rechtsverkehr, BGBl I 2001, S. 1542 (Formanpassungsgesetz)
GmbHG	Gesetz betreffend die Gesellschaften mit beschränkter Haftung
GmbHR	GmbHRundschau (Zeitschrift)
GWB	Gesetz gegen Wettbewerbsbeschränkungen
Hess.	Hessisches
Hrsg.	Herausgeber
HTWG	Haustürwiderrufsgesetz
InsO	Insolvenzordnung
i. S. d.	im Sinne des
i. V. m.	in Verbindung mit
JR	Juristische Rundschau (Zeitschrift)
JuS	Juristische Schulung (Zeitschrift)
JZ	Juristenzeitung
KSchG	Kündigungsschutzgesetz
LAG	Landesarbeitsgericht
LAGE	Entscheidungen der Landesarbeitsgerichte (Loseblattsammlung)
LS	Leitsatz
MMR	Multimedia und Recht
Mot.	Motive
m. w. N.	mit weiteren Nachweisen
NachwG	Nachweisgesetz
NJW	Neue Juristische Wochenschrift
NJW-RR	Neue Juristische Wochenschrift – Rechtsprechungs-Report Zivilrecht
Nr.	Nummer
NStZ	Neue Zeitschrift für Strafrecht
n. v.	nicht veröffentlicht
NVersZ	Neue Zeitschrift für Versicherung und Recht
NZA	Neue Zeitschrift für Arbeitsrecht

NZA-RR	Neue Zeitschrift für Arbeitsrecht – Rechtsprechungs-Report
NZM	Neue Zeitschrift für Miet- und Wohnungsrecht
OLG	Oberlandesgericht
OVG	Oberverwaltungsgericht
PersR	Der Personalrat (Zeitschrift)
PersV	Personalvertretung (Zeitschrift)
RAG	Reichsarbeitsgericht
RdA	Recht der Arbeit (Zeitschrift)
RegE	Regierungsentwurf
RG	Reichsgericht
RGZ	Entscheidungen des Reichsgerichts in Zivilsachen
RL	Richtlinie
Rn.	Randnummer
RVG	Rechtsanwaltsvergütungsgesetz
S.	Satz, Seite
Saarl.	Saarländisches
SAE	Sammlung Arbeitsrechtlicher Entscheidungen (Zeitschrift)
SeuffArch	Seufferts Archiv für die Entscheidungen der obersten Gerichte in den deutschen Staaten
SignG	Signaturgesetz
SPD	Sozialdemokratische Partei Deutschlands
SprAuG	Sprecherausschussgesetz
Thür.	Thüringisches
TVG	Tarifvertragsgesetz
u. a.	und andere
Urt.	Urteil
VerbrKrG	Verbraucherkeditgesetz
vgl.	vergleiche
Vorb.	Vorbemerkung
VVG	Versicherungsvertragsgesetz
WahlO, WO	Erste Verordnung zur Durchführung des Betriebsverfassungsgesetzes vom 11.12.2001 (in Kraft getreten am 15.12.2001) – Wahlordnung

WpHG	Wertpapierhandelsgesetz
WuM	Wohnungswirtschaft und Mietrecht (Zeitschrift)
z. B.	zum Beispiel
ZfA	Zeitschrift für Arbeitsrecht
ZGR	Zeitschrift für Unternehmens- und Gesellschaftsrecht
ZinsO	Zeitschrift für das gesamte Insolvenzrecht
ZIP	Zeitschrift für Wirtschaftsrecht und Insolvenzpraxis
zit.	zitiert
ZPO	Zivilprozessordnung
ZTR	Zeitschrift für Tarifrecht

1. Teil: Einleitung und Überblick

§ 1 Thema und Anlass der Untersuchung

„Schriftform ist nicht gleich Schriftform!“ stellten *Preis/Gotthardt* bereits im Jahr 2000 in einem Beitrag für die NZA fest.[1] Ob dieses Diktum auch für das BetrVG gilt, wird in der vorliegenden Arbeit untersucht. Das BetrVG ordnet für eine Vielzahl von Erklärungen Schriftlichkeit an, ohne den Inhalt dieser Formgebote selbst näher zu bestimmen. Für die Rechtssicherheit hat es jedoch große Bedeutung, welche Anforderungen jeweils zur Erfüllung der Formgebote einzuhalten sind, da bei nicht formgerechten Erklärungen erhebliche Rechtsfolgen drohen: Nicht im Sinne des § 77 Abs. 2 BetrVG formgerechte Betriebsvereinbarungen etwa entfalten keine Rechtswirkung,[2] bei der Mitbestimmung bzw. Beteiligung des Betriebsrats bei personellen Einzelmaßnahmen führt die Nichteinhaltung der Form gemäß §§ 99 Abs. 3 S. 2, 102 Abs. 2 S. 2 BetrVG zu einer gesetzlichen Zustimmungsfiktion, und nicht formgerechte Wahlvorschläge sind nach § 8 Abs. 1 Nr. 3 und Abs. 2 Nr. 2 der WO ungültig.

Die Frage nach dem Inhalt der Schriftformbestimmungen des BetrVG stellt sich verstärkt angesichts der rasanten Entwicklung der Kommunikationswirklichkeit. Die meisten Dokumente werden inzwischen auf Computern erstellt, die Kommunikation wird per Tele- oder Computerfax und E-Mail abgewickelt und Informationen zunehmend in Internet und Intranet veröffentlicht. Auf diese tatsächlichen Änderungen hat der Gesetzgeber im Rahmen des BetrVG bislang nur durch Ergänzung des § 40 Abs. 2 BetrVG durch das Betriebsverfassungs-Reformgesetz vom 23.7.2001 reagiert und *„klargestellt“*[3], dass zu den vom Arbeitgeber zur Verfügung zu stellenden Sachmitteln auch *„Informations- und Kommunikationstechnik“* gehört. Literatur und Rechtsprechung waren tatsächlich auch schon vor dieser Gesetzesänderung der Ansicht, dass dem Betriebsrat größerer und mittlerer Betriebe ein Telefaxgerät zur Verfügung gestellt[4] oder zu-

1 NZA 2000, 348, 349.

2 GK/*Kreutz*, § 77 Rn. 58; *Hoyningen-Huene, v.*, DB 1984, Beil. 1, 1, 6; Richardi/*Richardi*, § 77 Rn. 46.

3 So die Begründung der BReg selbst: BT-Drs. 14/5471, S. 41.

4 LAG Niedersachsen NZA-RR 2003, 250, 250 unter Geheimhaltungsgesichtspunkten; LAG Hamm BB 1997, 2052, 2052 (LS) bei Unzumutbarkeit der Mitbenutzung; Anspruch bei Speicherung der Rufnummern durch die Geräte des Arbeitgeber: ArbG

mindest die Mitbenutzung ermöglicht werden müsse.[5] Zunehmend wird der Arbeitgeber – nach Prüfung der Erforderlichkeit – auch für verpflichtet gehalten, dem Betriebsrat die Nutzung des betriebsinternen Intranets zu gestatten[6] und einen Zugang zum Internet jedenfalls dann zu gewähren, wenn keine zusätzlichen Kosten entstehen.[7]

Vor diesem Hintergrund erstaunt es, dass die Formvorschriften des BetrVG in Reaktion auf diese Veränderungen nicht angepasst wurden, obwohl im übrigen Privatrecht eine umfassende Neuordnung der Formbestimmungen erfolgt ist. So haben Veränderungen der Rechtswirklichkeit den Gesetzgeber schon Anfang 2001 dazu bewogen, Formerleichterungen für das AktG einzuführen.[8] Besonders weit gehende Auswirkungen hat daneben das Gesetz zur Anpassung der Formvorschriften des Privatrechts und anderer Vorschriften an den modernen Rechtsgeschäftsverkehr (im Folgenden: FormAnpG) mit Wirkung zum 1.8.2001.[9] Mit diesem wurden im BGB zwei neue Formen eingeführt, einerseits die elektronische Form gemäß § 126a BGB und andererseits – trotz Kritik des Bundesrats[10] – die Textform nach § 126b BGB. Während diese neuen Formen im BetrVG keine Berücksichtigung finden, wurden sie in einige Vorschriften des Individualarbeitsrechts neu aufgenommen. So wurde die Textform nach § 613a Abs. 5 BGB für die Unterrichtung der Arbeitnehmer von einem Betriebsübergang sowie nach § 108 Abs. 1 S. 1 GewO für die Abrechnung über das Arbeitsentgelt zugelassen. Darüber hinaus wurde die elektronische Form für die Kündigung (§ 623 BGB) sowie für das Arbeitszeugnis (§ 630 S. 3 BGB, § 109 Abs. 3 GewO) ausdrücklich ausgeschlossen. Daneben wurden auch Vorschriften des AktG sowie des GmbHG angepasst.[11] Besonders frappierend ist, dass auch die WO in ihrer Fassung vom 11.12.2001 Formerleichterungen vorsieht. Dort erlaubt beispielsweise § 2 Abs. 4

Braunschweig NZA-RR 1998, 489, 489; noch zur alten Gesetzesfassung jedenfalls für Möglichkeit der Mitbenutzung: LAG Rheinland-Pfalz NZA-RR 1998, 403, 404; *Klebe/Wedde,* DB 1999, 1954, 1957.

5 LAG Düsseldorf LAGE Nr. 41 zu § 40 BetrVG 1972; LAG Rheinland-Pfalz LAGE Nr. 56, 61 zu § 40 BetrVG 1972; *Hunold,* NZA-RR 1998, 113, 114

6 BAG AP Nr. 78 zu § 40 BetrVG 1972 [B I 2c)]; scheinbar für einen generellen Anspruch auf Zugang zu E-Mail und Intranet: *Däubler,* AuR 2001, 285, 285.

7 BAG AP Nr. 79 zu § 40 BetrVG 1972 [B II]; LAG Schleswig-Holstein DB 2003, 670 ff.; a.A. BAG AP Nr. 88 zu § 40 BetrVG 1972 [II 3b)]; LAG Köln NZA-RR 2002, 251, 251.

8 Gesetz zur Namensaktie und zur Erleichterung der Stimmrechtsausübung", BGBl I vom 18.01.2001, S. 123; eine Darstellung der Änderungen findet sich bei *Kindler,* NJW 2001, 1678 ff.

9 BGBl I 2001, S. 1542.

10 Der Bundesrat etwa wollte ganz auf die Einführung verzichten, siehe BT-Drs 14/4987 S. 33 ff.; ironisch zur Textform auch: *Geißler,* NZM 2001, 689 ff.

11 BGBl I 2001, S. 1548, Art. 27 und Art. 28.

S. 4 WO die Bekanntgabe der Wählerliste sowie der Verordnung selbst ausschließlich in elektronischer Form, soweit sichergestellt ist, dass sämtliche Arbeitnehmer Kenntnis erlangen können und nur der Wahlvorstand Änderungen vornehmen kann. Gleiches gilt gemäß § 3 Abs. 4 S. 3 WO für das Wahlausschreiben.

Vor dem Hintergrund, dass die betriebsverfassungsrechtlichen Formgebote unverändert geblieben sind, wird die Schriftform im BetrVG verbreitet als Schriftform im Sinne des § 126 BGB verstanden. Die Notwendigkeit, die in dieser Vorschrift niedergelegten Anforderungen zu erfüllen, würde die Nutzung moderner Kommunikationstechniken jedoch erheblich erschweren. Denn zur Einhaltung einer gesetzlichen Form im Sinne des § 126 BGB muss eine Urkunde vom Aussteller eigenhändig durch Namensunterschrift oder durch notariell beglaubigtes Handzeichen unterzeichnet werden und – sofern es sich um eine empfangsbedürftige Erklärung[12] handelt – dem Empfänger im Original[13] zugehen. Jede formbedürftige Erklärung muss demnach ausgedruckt, unterschrieben und anschließend als Originaldokument auf den Weg zum Empfänger gebracht werden. Der Rechtsausschuss beschreibt die Formvorschriften des BGB in seiner Beschlussempfehlung zum Entwurf der Bundesregierung des FormAnpG dementsprechend als *„auf das Medium ‚Papier' fixierte Formvorschriften"*.[14] Erklärungen, die der Schriftform unterfallen, entziehen sich vollständig der digitalen Technik.[15] Selbst eine Übermittlung per Telefax, die immerhin eine naturgetreue Abbildung des Originals bietet,[16] genügt bei empfangsbedürftigen Erklärungen nach ganz herrschender Meinung zur Einhaltung der Schriftform nach § 126 BGB nicht, da das Dokument, das dem Empfänger zugeht, lediglich eine Fotokopie der Unterschrift enthält.[17] Im Anwendungsbereich des § 126 BGB ist also die

---

12 Der Begriff „Erklärung" wird hier als Oberbegriff verwendet, der sowohl einfache Mitteilungen als auch rechtsgeschäftliche Erklärungen erfasst, siehe: *Flume*, § 9b), S. 112.

13 BGHZ 24, 297, 302; BGH NJW 1962, 1388, 1389; *Armbrüster*, NJW 1996, 438, 438; *Eckert/Scalia*, DStR 1996, 1608, 1608; Erman/*Palm*, § 126 Rn. 11; § 130 Rn. 14; *Köhler*, FS-Schippel, S. 209, 217.

14 BT-Drs. 14/5561, S. 1.

15 *Geis*, NJW 1997, 3000, 3000

16 Bei einem Telefax wird das Originaldokument von der Sendestation abgetastet, in eine digitale Darstellung umgewandelt und als elektronisches Signal an das Empfangsgerät übermittelt. Dieses stellt wiederum ein originalgetreues Duplikat her, das anschließend ausgedruckt wird; auf die Nähe zwischen dem „Urbild" der Schriftform und dem Telefax weist plastisch hin: *Schwachheim*, NJW 1999, 621, 621.

17 BAG AP Nr. 1 zu § 62 SeemG [II 2]; BGH NJW-RR 1987, 395, 395 (Schriftform nach § 7 BKleinGG; BGHZ 121, 224, 229; BGH NJW 1997, 3169, 3170; *Gragert/Wiehe*, NZA 2001, 311, 311; MüKo-BGB/*Einsele*, Bd. 1, § 126 Rn. 16; Palandt/*Heinrichs*, § 126 Rn. 11; *Richardi/Annuß*, NJW 2000, 1231, 1232 für § 623 BGB;

Fernübertragung empfangsbedürftiger Erklärungen und Mitteilungen ausgeschlossen.[18] Es muss daher geklärt werden, ob das BetrVG den Entwicklungen der Kommunikationstechnik gewachsen und den Bedürfnissen der Betriebsparteien mit der derzeitigen Fassung der Schriftformerfordernisse bereits Rechnung getragen ist oder ob *de lege ferenda* Änderungen vorgenommen werden müssen. Zu klären ist also, inwieweit die Schriftformbestimmungen im BetrVG auch moderne Kommunikationsmöglichkeiten einschließen.[19]

Die Schriftformvorschriften des BetrVG finden zwar größere Beachtung seit der 1. Senat des BAG durch zwei – inzwischen kontrovers diskutierte – Beschlüsse aus dem Jahr 2002[20] eine Schneise für ein weniger strenges Verständnis der Schriftformbestimmungen im BetrVG geschlagen und im Rahmen des § 99 Abs. 3 S. 1 BetrVG die Übersendung eines Faxes für ausreichend erklärt hat. Umfassende Auseinandersetzungen im Schrifttum mit dem Inhalt der Schriftform sind jedoch bislang rar. Soweit ersichtlich machte den Anfang *Ulrich Fischer* im Jahr 1999, also noch vor den erwähnten Beschlüssen des BAG. Er bestimmte den jeweiligen Zweck der Schriftformvorschriften des BetrVG und leitete aus diesem die jeweils einzuhaltenden Anforderungen ab.[21] *Oetker* untersuchte in einer Anmerkung zur früheren der oben erwähnten Entscheidungen deren Argumentation und wies darauf hin, dass sich das Auslegungsproblem nicht auf § 99 Abs. 3 BetrVG beschränke.[22] Bei DKK/*Wedde*[23] zeigen sich Ansätze einer übergreifenden Untersuchung der Formanordnungen, die jedoch der Unklarheit eher Vorschub zu leisten scheint.[24] Der bislang detaillierteste Beitrag zu dieser Frage

---

Riesenkampff, NJW 2004, 3296, 3297; Staudinger/*Hertel,* § 126 Rn. 162; a. A. *Henneke.* NJW 1998, 2194, 2194;

18 BAG AP Nr. 1 zu § 62 SeemG, unter II 2; BGHZ 121, 224, 229; *Gragert/Wiehe,* NZA 2001, 311, 311; *Müller-Glöge/v. Senden,* AuA 2000, 199, 202; *Vollkommer,* EWiR § 766 1/91, 973, 974.

19 Dabei ist allerdings zu beachten, dass es Sache des Gesetzgebers bleiben muss, auf technischen Fortschritt legislatorisch zu reagieren: *Bremm*, Anm. zu BAG AP Nr. 1 zu § 62 SeemG unter 1.

20 AP Nr. 118 zu § 99 BetrVG 1972; AP Nr. 27 zu § 99 BetrVG 1972 Eingruppierung.

21 AiB 1999, 390 ff.

22 Anm. zu BAG AP Nr. 118 zu § 99 BetrVG 1972 [unter III].

23 Einl. Rn. 162a ff.

24 So findet sich in Rn. 162i die Aussage, dass für *„einfache schriftliche Erklärungen"* (ein Begriff, der nicht erläutert wird) nach dem BetrVG die vereinfachten Anforderungen des § 126b BGB ausreichten, während die Einhaltung der durch §§ 126, 126a BGB geforderten Form für *„rechtsgeschäftliche Willenserklärungen"* erforderlich sei, wobei unter anderem auf die Zustimmungsverweigerung nach § 99 Abs. 3 BetrVG verwiesen wird, die der 1. Senat in AP Nr. 118 zu § 99 BetrVG 1972 [IV 1b)] gerade als rechtsgeschäfts*ähnlich* eingeordnet hat.

stammt von *Raab,* der sämtliche Formvorschriften des BetrVG ausleg.[25] Eine umfassende Untersuchung in monographischer Form liegt– soweit ersichtlich – demgegenüber nicht vor. Wegen der dogmatischen und praktischen Bedeutung der Fragen erscheint sie notwendig und soll hiermit versucht werden.

§ 2 Überblick und Streitigkeiten

A. Die Schriftformbestimmungen im BetrVG

Schriftformvorschriften finden sich im gesamten BetrVG verstreut. Schon bei flüchtiger Durchsicht der Vorschriften fällt auf, dass sich Rechtsqualität, Bedeutung und Rechtsfolgen der jeweils schriftlich vorzunehmenden Handlungen, Erklärungen und Mitteilungen stark unterscheiden. In dieser Untersuchung sollen die Bestimmungen in insgesamt sechs Gruppen eingeteilt werden:

Zunächst sind wegen ihrer besonderen Bedeutung die betriebsverfassungsrechtlichen Vereinbarungen zu nennen. Soweit diese ausdrücklich gesetzlich geregelt sind, stellt das BetrVG für sie Formgebote auf, so also für die Betriebsvereinbarung (§ 77 Abs. 2 S. 1 und 2 BetrVG), die Gruppenvereinbarung (§ 28a Abs. 2 S. 2 i. V. m. § 77 BetrVG), den Interessenausgleich bei Betriebsänderungen (§ 112 Abs. 1 S. 1 BetrVG) sowie Sozialpläne (§ 112 Abs. 1 S. 2 i. V. m. § 112 Abs. 1 S. 1 BetrVG). In diesem Zusammenhang soll auch die Form des § 76 Abs. 3 S. 4 BetrVG für den Einigungsstellenbeschluss behandelt werden, da dieser häufig eine betriebsverfassungsrechtliche Vereinbarung ersetzt. Formuliert ist die Anordnung der Schriftform jeweils dergestalt, dass eine schriftliche Niederlegung erfolgen müsse, die dann zu unterzeichnen ist.

Die Einhaltung der Schriftform ist auch vorgeschrieben für bestimmte Mitteilungen des Betriebsrates in dem Abschnitt über personelle Einzelmaßnahmen. So hat der Betriebsrat dem Arbeitgeber die Verweigerung seiner Zustimmung zu einer solchen Einzelmaßnahme innerhalb einer Woche unter Angabe von Gründen schriftlich mitzuteilen, anderenfalls die Zustimmung als erteilt gilt (§ 99 Abs. 3 S. 1 und 2). Ebenso verlangen § 102 Abs. 2 S. 1 und S. 3 BetrVG, dass der Betriebsrat seine Bedenken gegen eine ordentliche beziehungsweise außerordentliche Kündigung innerhalb einer Woche beziehungsweise drei Tagen dem Arbeitgeber schriftlich mitzuteilen hat. Auch hier wird bei nicht fristgemäßer Mitteilung der Bedenken gegen die ordentliche Kündigung fingiert, dass die Zustimmung erteilt wurde (§ 102 Abs. 2 S. 2 BetrVG). Schließlich muss nach all-

---

25 FS-Konzen, S. 719 ff.

gemeiner Meinung auch der Widerspruch gegen eine ordentliche Kündigung gemäß § 102 Abs. 3 BetrVG schriftlich mitgeteilt werden.[26]

Weitere Schriftformvorschriften finden sich im Zusammenhang mit dem Schutz Auszubildender, die Mitglied eines Betriebsverfassungsorgans sind. So muss der Arbeitgeber einem solchen Auszubildenden seine Absicht, ihn nicht in ein Arbeitsverhältnis auf unbestimmte Zeit zu übernehmen, drei Monate vor Ausbildungsende schriftlich mitteilen (§ 78a Abs. 1 BetrVG). Ebenso muss der Auszubildende sein Weiterbeschäftigungsverlangen schriftlich an den Arbeitgeber richten (§ 78a Abs. 2 S. 1 BetrVG).

Formbedürftig sind darüber hinaus einzelne Handlungen des Betriebsrats im Rahmen seiner Geschäftsführung. So bedarf die Übertragung von Aufgaben auf Ausschüsse zur selbstständigen Erledigung und deren Widerruf *„der Schriftform"* (§ 27 Abs. 2 S. 3, 4 § 28 Abs. 1 S. 3 i. V. m. § 27 Abs. 2 S. 3, 4). Gleiches gilt für die Aufgabenübertragung auf Arbeitsgruppen (§ 28a Abs. 1 S. 3, 4) sowie bei der Beauftragung des Gesamt- bzw. Konzernbetriebsrat mit der Behandlung von Angelegenheiten (§ 50 Abs. 2 S. 3 und § 58 Abs. 2 S. 3 jeweils i. V. m. § 27 Abs. 2 S. 3, 4). Jenseits dieser Formgebote für Aufgabendelegationen finden sich weitere Anordnungen der Schriftlichkeit für einzelne interne Maßnahmen des Betriebsrats. So ist die Sitzungsniederschrift über die Betriebsratssitzungen vom Vorsitzenden und einem weiteren Mitglied zu unterzeichnen und eine Anwesenheitsliste beizufügen, in die sich jeder Teilnehmer eigenhändig einzutragen hat (§ 34 Abs. 1 S. 2, S. 3); Einwendungen gegen die Niederschrift sind unverzüglich *„schriftlich"* zu erheben (§ 34 Abs. 2 S. 2), und ergänzende Bestimmungen über die Geschäftsführung sollen *„in einer schriftlichen Geschäftsordnung"* getroffen werden (§ 36). Darüber hinaus sind Zeitpunkt und Tagesordnung einer geplanten Betriebs- oder Abteilungsversammlung den im Betriebsrat vertretenen Gewerkschaften *„rechtzeitig schriftlich mitzuteilen"* (§ 46 Abs. 2).

Auch bei den Vorschriften über die Betriebsratswahl finden sich Schriftformanordnungen, insbesondere zur Form der Wahlvorschläge: So ordnen § 14 Abs. 4 und Abs. 5 BetrVG an, dass Wahlvorschläge der Arbeitnehmer bzw. der Gewerkschaften von einer bestimmten Mindestzahl wahlberechtigter Arbeitnehmer/Beauftragter *„unterzeichnet"* sein müssen. Diese Regelung wird ergänzt durch § 6 Abs. 3 S. 2 WO, wonach die *„schriftliche Zustimmung"* der Wahlbewerber zur Aufnahme in die Vorschlagslisten beizufügen ist.

Schließlich wird auch eine Form für bestimmte Mitteilungen des Arbeitgebers angeordnet. So muss es der Arbeitgeber gemäß § 92a Abs. 2 S. 2 BetrVG unter bestimmten Umständen schriftlich begründen, wenn er die Vorschläge des Betriebsrats zur Beschäftigungssicherung für ungeeignet hält. Darüber hinaus muss

26 Siehe zu Belegen Fn. 424.

er in Großunternehmen die Arbeitnehmer vierteljährlich schriftlich über die wirtschaftliche Lage und Entwicklung unterrichten (§ 110 Abs. 1 BetrVG).

B. Unklarheiten und Streitigkeiten

Da das BetrVG nicht definiert, was mit den verschiedenen Anordnungen der Schriftlichkeit gemeint ist, bestehen eine Fülle von (Rechts)Unklarheiten. Diese sind teilweise allgemeiner Natur, teilweise den einzelnen Formanordnungen spezifisch. Während die Streitfragen, die einzelnen Formanordnungen eigen sind, in dem jeweiligen Abschnitt behandelt werden, sollen die grundsätzlichen Probleme hier vorangestellt werden. Insbesondere zwei Aspekte werfen Schwierigkeiten auf:

Erstens ist ungeklärt, inwieweit für die Schriftformgebote des BetrVG die allgemeine Definitionsnorm des § 126 Abs. 1 BGB für die gesetzlich angeordnete schriftliche Form maßgeblich ist. Es bedarf einer Untersuchung, ob die betriebsverfassungsrechtlichen Schriftformerfordernisse diese Vorschrift immer/überhaupt in Bezug nehmen, bzw. wovon ihre Anwendbarkeit gegebenenfalls abhängt. In Urteilen des BAG zu unterschiedlichen betriebsverfassungsrechtlichen Vorschriften lässt sich häufig der lapidare Satz finden, dass auf gesetzliche Schriftformerfordernisse die §§ 125, 126 BGB anwendbar seien.[27] Einschränkungen dieser allgemein formulierten Grundregel hat das BAG in jüngerer Zeit[28] damit begründet, dass diese nicht für geschäftsähnliche Handlungen gelte, da § 126 BGB lediglich für Rechtsgeschäfte Anwendung finde.[29] Auch die Literatur ist überwiegend der Auffassung, dass für das BetrVG auf die allgemeinen Vorschriften des BGB zur Form zurückgegriffen werden müsse.[30]

Die zweite grundsätzliche Schwierigkeit ergibt sich aus dem bereits in der Einleitung erwähnten FormAnpG und dem Umstand, dass weder durch dieses

---

27 Siehe etwa: BAG AP Nr. 13 zu § 113 BetrVG 1972 [I 3]; AP Nr. 1 zu § 1 KSchG 1969 Namensliste [II 1a)]; AP Nr. 1 zu § 112 BetrVG 1972 Namensliste [B III 4a)].

28 Noch im Jahr 1994 hat es eine im Tarifvertrag vorgesehene schriftliche Geltendmachung von Ansprüchen, die es als geschäftähnliche Handlung einordnet, als Anordnung der *„gesetzlichen Schriftform im Sinne von § 126 Abs. 1 BGB"* angesehen: BAG AP Nr. 21 zu § 7 BUrlG Übertragung [I 1a)].

29 BAG AP Nr. 118 zu § 99 BetrVG [IV 1b)]; AP Nr. 27 zu § 99 BetrVG 1972 Eingruppierung [B I 2a)]; zuvor ebenso bereits für die Geltendmachung von Ansprüchen innerhalb tariflicher Ausschlussfristen: BAG AP Nr. 153 zu § 4 TVG Ausschlussfristen [II 2b)];

30 Allgemein: DKK/*Wedde*, Einl. Rn. 162a; zu einzelnen Vorschriften des BetrVG: GK/*Kreutz*, § 77 Rn. 44; Staudinger/*Hertel*, § 126 Rn. 46, 47 (Betriebsvereinbarung und Interessenausgleich).

selbst noch in dessen Folge Änderungen der Schriftformvorschriften des BetrVG vorgenommen wurden. Von besonderer Bedeutung für diese Untersuchung sind dabei die Einführung der elektronischen Form in § 126a BGB und die der Textform nach § 126b BGB. Die elektronische Form kann gemäß § 126 Abs. 3 BGB die schriftliche Form ersetzen, wenn sich nicht aus dem Gesetz ein anderes ergibt. Die Anforderungen, die erfüllt sein müssen, wenn Textform vorgeschrieben ist, sind in § 126b BGB niedergelegt. Diese Vorschrift ist in ihrer Struktur an die des § 126 BGB angelehnt. Ebenso wie in § 126 Abs. 1 BGB lautet die Formulierung: *„Ist durch Gesetz Textform vorgeschrieben, so muss...“*. Aus dieser Formulierung wird mehrheitlich geschlossen, dass die Textform ausdrücklich zugelassen werden müsse, um sie anwenden zu können.[31]

Bereits diese kurze Darstellung der Schwierigkeiten verdeutlicht, dass das Verhältnis zwischen den in den §§ 126 ff. BGB definierten allgemeinen Formtypen und den Schriftformanordnungen des BetrVG einer näheren Erörterung bedarf. Diese wird sogleich in § 3 vorgenommen. Sie zeigt, dass der Inhalt der Formanordnungen keinem festgelegten Vorverständnis unterliegt, sondern durch Auslegung zu ermitteln ist. Im anschließenden § 4 werden allgemeine Vorgaben für die Auslegung entwickelt, die in den §§ 5 bis 10 auf die oben dargestellten sechs Gruppen von Formanordnungen angewendet werden. Ziel der Darstellung ist es damit, eine methodisch einheitliche Herangehensweise an die Formanordnungen zu vermitteln, und anhand dieser die Anforderungen, die die Schriftformanordnungen an den Rechtsverkehr stellt, zu ermitteln. Damit soll der derzeit bestehenden Rechtsunsicherheit abgeholfen werden.

---

31 Erman/*Palm*, § 126b Rn. 2; MüKo-BGB/*Einsele*, § 126b Rn. 3; implizit: Staudinger/*Hertel*, § 126b Rn. 11, der unter der Überschrift „Anwendungsbereich“ eine Auflistung derjenigen Vorschriften vornimmt, in denen Textform ausdrücklich zugelassen ist; *Steinbeck*, DStR 2003, 644, 649.

2. Teil: Methodische Vorklärungen

§ 3 Das Verhältnis zwischen den §§ 126 ff. BGB und der Schriftform im BetrVG

A. Grundsätzliche Anwendbarkeit des § 126 BGB auf das BetrVG

Zunächst ist zu klären, ob grundsätzliche Bedenken dagegen bestehen, § 126 BGB auf die Formvorschriften des BetrVG anzuwenden. Soweit ersichtlich werden in Rechtsprechung und Schrifttum keine derartigen Bedenken laut; *Raab* vertritt ausdrücklich, dass nichts gegen die Heranziehung der Formvorschriften des BGB spreche.[32]

Für die grundsätzliche Anwendbarkeit spricht die Formulierung der in § 126 BGB geregelten allgemeinen Definition der gesetzlichen Schriftform, die demnach nämlich immer dann maßgeblich sein soll, wenn *„durch Gesetz schriftliche Form vorgeschrieben"* ist. Der Begriff Gesetz im Sinne des Bürgerlichen Gesetzbuches wiederum ist in Art. 2 EGBGB als *„jede Rechtsnorm"* definiert, worunter ohne weiteres auch das BetrVG zu fassen ist. Darüber hinaus ist das BetrVG Sonderprivatrecht,[33] für das das Bürgerliche Recht generell gilt, soweit keine Spezialvorschriften erlassen wurden.[34] Im BetrVG selbst findet sich keine Definition der Schriftform oder andere Sonderregelungen, sodass unter diesem Gesichtspunkt ein Rückgriff auf den Allgemeinen Teil des BGB nicht ausgeschlossen ist. Im Einklang mit diesem Befund wird für die Reichweite des § 126

---

32 FS-Konzen, S. 719, 726.

33 Im Einklang mit der ganz herrschenden Ansicht (DKK/*Däubler,* Einl. Rn. 60; *Fitting,* § 1 Rn. 262; GK/*Wiese,* Einl. Rn. 87; *Konzen,* ZfA 1985, 469, 469; MüHdb-ArbR/*v. Hoyningen-Huene,* § 297 Rn. 78; Richardi/*Richardi,* Einl. Rn. 130) wird hier davon ausgegangen, dass das BetrVG dem Privatrecht zuzuordnen ist. Es muss also nicht geklärt werden, ob die im Schrifttum verbreitete Ansicht, der Anwendungsbereich des § 126 BGB erstrecke sich nicht auf das öffentliche Recht (so Jauernig/*Jauernig,* § 126 Rn. 1; Palandt/*Heinrichs,* § 126 Rn. 1; Soergel/*Hefermehl,* § 126 Rn. 2; dagegen: Erman/*Palm,* § 126 Rn. 2), zutrifft. Nach hier vertretener Ansicht bestehen allerdings auch gegen eine zumindest analoge Anwendung auf die Formanordnungen in den Personalvertretungsgesetze des Bundes und der Länder, die dem öffentlichen Recht zuzuordnen sind (siehe z. B. *Altvater/Bacher/Hörter/Peiseler/Sabottig/Schneider/Vohs,* § 106 Rn. 1), keine Bedenken.

34 *Bork,* § 1 Rn. 16; *Larenz/Wolf,* § 1 Rn. 68.

BGB überwiegend ganz allgemein formuliert, dass diese Vorschrift immer anwendbar sei, wenn eine (privatrechtliche) Vorschrift Schriftform anordne.[35] Auch die arbeitsrechtliche Rechtsprechung und Literatur behauptet regelmäßig, dass § 126 BGB uneingeschränkt auch für die gesetzliche Schriftform im Arbeitsrecht gelte,[36] bzw. wird sogar explizit formuliert, § 126 BGB sei auch für die im BetrVG enthaltenden Schriftformerfordernisse maßgeblich.[37] Darüber hinaus finden sich auch in Kommentierungen zu den einzelnen Schriftformvorschriften des BetrVG häufig Bezugnahmen auf § 126 BGB, ohne dass die Heranziehung dieser Vorschrift begründet würde; beispielhaft sei hier auf § 77 Abs. 2 BetrVG[38], § 78a Abs. 1 BetrVG[39] und § 102 Abs. 3 BetrVG[40] verwiesen. Aus diesem Überblick über das Meinungsbild ergibt sich, dass weder Rechtsprechung noch Literatur Zweifel an der grundsätzlichen Anwendbarkeit haben.

Gegen die Anwendung der §§ 126 ff. BGB könnte jedoch argumentiert werden, dass nicht nur das Arbeitsrecht insgesamt[41], sondern insbesondere das Betriebsverfassungsrecht[42] ein neben dem Bürgerlichen Recht stehendes eigenständiges Rechtsgebiet ist. Aus dieser Eigenständigkeit des Arbeitsrechts wird gefolgert, dass die Vorschriften des BGB nicht unbesehen übertragen werden kön-

---

35 RGZ 74, 69, 71 (ohne Beschränkung auf privatrechtliche Gesetze); Bamberger/Roth/*Wendlandt*, § 126 Rn. 1; Jauernig/*Jauernig*, § 126 Rn. 1; MüKo-BGB/ *Einsele*, Bd. 1, § 126 Rn. 2; PWW/*Ahrens*, § 126 Rn. 1; Soergel/*Hefermehl*, § 126 Rn. 2; Staudinger/*Hertel*, § 126 Rn. 7.

36 BAG AP Nr. 11 zu § 99 BetrVG 1972 [II 1]; BGH NJW 2005, 884, 885 (zu § 12 Abs. 1 S. 1 AÜG); ArbG Bielefeld NZA-RR 2004, 88, 89 im ausdrücklichen Widerspruch zur neueren Rechtsprechung des BAG; Kittner/Zwanziger/*Kittner*, § 8 Rn. 41; zu § 99 Abs. 3 BetrVG: DKK/*Kittner*, 8. Aufl., § 99 Rn. 162; *Heinze*, Rn. 293; *Sander/Siebert*, AuR 2000, 287, 330.

37 *Beckschulze/Henkel*, DB 2001, 1491, 1502 („*Nach allgemeiner Ansicht ist auf die Schriftform im BetrVG § 126 BGB entsprechend anwendbar.*"); DKK/*Wedde*, Einl. Rn. 162a; *Kraft*, Anm. zu BAG EzA Nr. 6 zu § 1 KSchG Interessenausgleich, S. 11.

38 BAG AP Nr. 60 zu Art. 9 GG Arbeitskampf [3a)]; AP Rn. 18 zu § 77 BetrVG 1972 [a)]; ErfK/*Kania*, § 77 BetrVG Rn. 21; *Frauenkron*, § 77 Rn. 11; GK/*Kreutz*, § 77 Rn. 44; HSWG/*Worzalla*, § 77 Rn. 118 (hier wird zwar auf § 125 Abs. 1 BGB verwiesen, gemeint ist aber wohl § 126 BGB.

39 APS/*Künzl*, § 78a Rn. 46; DKK/*Kittner/Bachner*, § 78a Rn. 9; *Kliemt*, Formerfordernisse, S. 197; WP/*Preis*, § 78a Rn. 6.

40 DKK/*Kittner/Bachner*, § 102 Rn. 177; HSWG/*Schlochauer*, § 102 Rn. 85.

41 BVerfGE 7, 342, 348; NZA 1988, 355 ff.

42 *Däubler*, Bundesarbeitsgericht, S. 3, 13; *Reuter*, SAE 1983, 201, 202 (der Betriebsrat sei Organ der Betriebsverfassung und kein Subjekt der Privatautonomie); *Zöllner/Loritz*, S. 493 weisen darauf hin, dass das BetrVG Organisationsrecht darstelle, mit dem betriebsverfassungsrechtliche Organe geschaffen werden und bestimmte Kompetenzen und Rechte festgelegt werden

nen.[43] Allerdings beziehen sich diese Überlegegungen auf das Arbeitsverhältnis,[44] wobei jeweils gefragt wird, ob nach Inhalt und Wesen dieses besonderen Rechtsverhältnisses die Vorschriften des BGB passen.[45] Diese Überlegungen sind auf das Verhältnis zwischen den allgemeinen Formvorschriften des BGB und der Betriebsverfassung nicht übertragber, da diese dem „Wesen" der Betriebsverfassung nicht widersprechen.

Damit bestehen keine Bedenken dagegen, überhaupt § 126 BGB zur Ausfüllung der betriebsverfassungsrechtlichen Schriftformgebote heranzuziehen.

B. Bedeutung des § 126 BGB als Definitionsnorm für die Schriftformgebote des BetrVG

I. Wortlaut des § 126 BGB i. V. m. Art. 2 EGBGB

Zunächst könnte aus dem oben angeführten Wortlaut des § 126 BGB i. V. m. Art. 2 EGBGB geschlossen werden, dass zur Einhaltung aller gesetzlich vorgeschriebener Schriftlichkeitserfordernisse die dort definierten Anforderungen erfüllt werden müssten. Die oben zitierten Stimmen zur Reichweite des § 126 BGB[46] könnten in diesem Sinne verstanden werden.

Diese Auffassung ist jedoch bereits in ihrer Prämisse zweifelhaft, da sie in die Gefahr eines Zirkelschlusses gerät. Aus der Definition in § 126 Abs. 1 BGB lässt sich tatsächlich ablesen, dass diese immer anwendbar ist, wenn das Gesetz Schriftform im Sinne dieser Vorschrift anordnet; *ob* das Gesetz aber ein Formgebot im Sinne dieser Vorschriften aufstellt, muss zunächst anhand der jeweiligen Vorschriften geklärt werden.[47] Zur näheren Illustration können hier Ausführungen des BGH zur Frage der Anwendbarkeit des § 125 S. 1 BGB herangezogen werden, die ein Parallelproblem betreffen. Auch diese Vorschrift ist allgemein formuliert. Sie lautet: *„Ein Rechtsgeschäft, welches der durch Gesetz vorgeschriebenen Form ermangelt, ist nichtig."* Dieser Wortlaut führt zunächst zu dem Schluss, dass jede gesetzliche Formvorschrift mit der Rechtsfolge der Nichtigkeit bewehrt ist. Hierzu führt jedoch der BGH aus, dass zwar unter Gesetz im Sinne des BGB gemäß Art. 2 EGBGB jede Rechtsnorm zu verstehen sei, dass aber

---

43 Siehe nur: BAG AP Nr. 2 zu § 123 BGB Nr. 156 zu § 242 BGB Ruhegehalt [III 3b)].

44 Siehe etwa: MüHdb-ArbR/*Richardi*, § 1 RN. 29 ff.; *Preis*, Bundesarbeitsgericht, S. 123 ff.; die Diskussionen betreffen dabei das Anfechtungsrecht, die Arbeitnehmerhaftung und die Ablehnung der Rechtsfolge der Nichtigkeit ex tunc.

45 *Hueck*, Anm. zu BAG AP Nr. 2 zu § 123 BGB.

46 Siehe Fn. 35, 36, 37.

47 So auch *Kliemt*, S. 228 Fn. 3.

nicht jedes Gesetz, dass die Form eines Rechtsgeschäfts regele, als Formvorschrift im Sinne des § 125 BGB einzuordnen sei. Es komme vielmehr darauf an, ob das Gesetz vorsehe, dass das Rechtsgeschäft nur dann zustande komme, wenn die in den §§ 126 ff. BGB enthaltenen Formen eingehalten würden.[48] Damit geht die Rechtsprechung davon aus, dass die Formgebote selbst trotz des eindeutigen Wortlauts des § 125 S. 1 BGB zunächst ausgelegt werden müssen, um zu klären, ob diese Vorschrift nach Sinn und Zweck der Formbestimmungen anwendbar ist oder nicht.

Erstes Fazit ist demnach, dass zur Bestimmung des Forminhalts bei den Formvorschriften des BetrVG angesetzt werden muss und nicht bei § 126 Abs. 1 BGB. Jene können durchaus eine gesetzliche Schriftform im Sinne des § 126 BGB anordnen, ob das jedoch so ist, ist nicht bereits durch § 126 BGB i. V. m. Art. 2 EGBGB vorgegeben.

II. Wortlaut der Formvorschriften des BetrVG

Da demnach also zur Bestimmung des Inhalts der Formgebote bei den Vorschriften des BetrVG selbst anzusetzen ist, muss im Folgenden untersucht werden, ob sich aus diesen ergibt, dass jeweils die Anforderungen des § 126 BGB erfüllt sein müssen.

1. Keine einheitlichen Formulierungen für die Schriftform im BetrVG

Gegen eine einheitliche Inbezugnahme von § 126 BGB spricht nicht, dass die Formulierungen der Schriftformanordnungen im BetrVG sehr unterschiedlich sind. Zwar ist teilweise von *„Schriftform"* die Rede oder *„schriftlich"*, teilweise (zusätzlich) ausdrücklich von Unterzeichnung, teilweise auch nur von *„schriftlicher Mitteilung"* oder *„schriftlicher Niederlegung."* Diese Disparität ist jedoch aus anderen Gesetzen bekannt. So zeigt eine Durchsicht der Schriftformanordnungen des BGB, dass auch dort die Formulierungen große Unterschiede aufweisen. So ist in den §§ 32 Abs. 2, 37 Abs. 1 BGB von *„schriftlich erklären"* bzw. *„verlangen"* die Rede, von *„schriftlicher Form"* in den §§ 81 Abs. 1, 111, 568 Abs. 1, 792 Abs. 1 S. 2, von *„Erteilung in schriftlicher Form"* in § 1154 Abs. 1 S. 1, von *„schriftlicher Erteilung"* in den §§ 761 S. 1, 766 S. 1, 780 S. 1, 781 S. 1 BGB, von *„schriftlicher Mitteilung"* in § 416 Abs. 2 S. 1 und 2 BGB, von *„schriftlichem Zeugnis"* in § 630 S. 1 BGB und schließlich von der Ausstellung

---

48 BGH NJW 2001, 600, 601; zustimmend: Palandt/*Heinrichs*, § 125 Rn. 6; ähnlich zu § 4 Abs. 1 S. 1 BBiG a. F.: BAG NZA 1998, 37, 38.

einer Urkunde in den §§ 409 Abs. 1, 410 Abs. 1 S. 1[49], 793 Abs. 1.[50] Entsprechend sprechen auch die unterschiedlichen Formulierungen im BetrVG nicht dagegen, dass einheitlich gesetzliche Schriftform im Sinne des § 126 Abs. 1 BGB angeordnet ist.

Ein Indiz gegen dieses einheitliche Verständnis ergibt sich jedoch aus dem Umstand, dass das BetrVG selbst an verschiedenen Stellen ausdrücklich die Unterschrift beider Seiten fordert. In § 77 Abs. 2 BetrVG beispielsweise ordnet das Gesetz in Satz 1 zunächst an, dass die Betriebsvereinbarung *„schriftlich niederzulegen"* ist, um anschließend in Satz 2 hinzuzufügen, dass die Vereinbarung *„von beiden Seiten zu unterzeichnen"* ist. Es entsteht der Eindruck, dass das BetrVG an dieser Stelle selbst festlegen will, welche Anforderungen an die Form gestellt werden. Denn bei einer gesetzlichen Schriftform im Sinne des § 126 BGB wäre die Forderung nach der Unterzeichnung überflüssig gewesen, da diese bereits Teil der Definition ist.

Die Formulierungen der Schriftformanordnungen im BetrVG lassen demnach noch keinen eindeutigen Schluss zu, die Tendenz im Hinblick auf die einheitliche Anwendbarkeit von § 126 BGB ist jedoch eher negativ.

2. Bedeutung des Begriffs „schriftlich" und Auswirkungen des FormAnpG auf das Verständnis

a) „Schriftlich" und die Schriftform im Sinne des § 126 BGB

Zunächst könnte angenommen werden, dass die Anordnungen der Schriftlichkeit immer meine, dass *„durch Gesetz schriftliche Form"* im Sinne des § 126 BGB vorgeschrieben ist. Diese Auslegung lässt sich zwar nicht auf den allgemeinen Sprachgebrauch stützen, da dieser *„Schriftlichkeit"* nicht mit dem Erfordernis einer eigenhändigen Unterschrift, wie in § 126 BGB vorgeschrieben, gleichsetzt.[51] Es muss jedoch untersucht werden, ob es eine spezielle gesetzliche Wortbedeutung gibt, wonach *„schriftlich"* immer als Bezugnahme auf § 126 BGB zu verstehen ist. Da das BetrVG selbst hierauf keinen Hinweis gibt, muss das Verständnis dieses Begriffs in anderen Gesetzen untersucht werden. Die folgende Darstellung strebt dabei keinesfalls Vollständigkeit an; vielmehr soll sie lediglich illustrieren, dass außerhalb des BetrVG Schriftformgebote nicht in allen Fällen und nicht zwingend gesetzliche Formvorschriften im Sinne des § 126 BGB dar-

---

49 Wobei hier nach Ansicht der Rechtsprechung jedoch auch die Vorlage einer Kopie ausreichen soll, KG – 16.11.05 – 11 W 2/04 [B I 1b)aa)], juris.

50 Siehe zu den vorgenannten Vorschriften: MüKo-BGB/*Einsele*, Bd. 1, § 126 Rn. 2.

51 So bereits: GemS-OBG, NJW 1980, 172, 174.

stellen. Aus Gründen der Übersichtlichkeit wird zunächst die Lage im BGB und früheren Verbraucherschutzgesetzen dargestellt, anschließend werden Beispiele aus anderen privatrechtlichen Gesetzen aufgegriffen.

Eine Analyse des BGB ergibt, dass selbst in diesem Gesetz, dessen Allgemeiner Teil die generelle Definition der gesetzlichen Schriftform enthält, nicht sämtliche Schriftformvorschriften im Sinne des § 126 BGB verstanden werden.[52] So soll nach teilweiser Meinung § 626 Abs. 2 S. 3 BGB, wonach der Kündigende auf Verlangen den Kündigungsgrund *„schriftlich mitteilen"* muss, auch nach dem FormAnpG, das keine Änderungen am Wortlaut dieser Vorschrift vorgenommen hat, nicht die in § 126 BGB genannten Anforderungen in Bezug nehmen.[53] Gleiches gilt für § 675a Abs. 1 S. 1 BGB, wonach Informationen über Entgelte und Auslagen der Geschäftsbesorgung *„schriftlich"* zur Verfügung zu stellen sind. Hierzu ist anerkannt, dass diese Verpflichtung auch erfüllt wird, wenn die Information lediglich in verkörperter Form und ohne Unterschrift zur Verfügung gestellt wird.[54]

Gleichermaßen nicht als Schriftform im Sinne des § 126 Abs. 1 BGB verstanden wurden die eng mit dem BGB zusammenhängenden Formvorschriften in den Verbraucherschutzgesetzen: Für den *„schriftlich"* auszuübenden Widerruf sollte weder § 1b AbzG,[55] noch die Nachfolgernorm § 7 Abs. 1 VerbrKrG,[56] noch § 1 Abs. 1 HausTWG[57] die gesetzliche Schriftform gemäß § 126 Abs. 1 BGB vorschreiben; eine eigenhändige Unterschrift des Verbrauchers war also für einen wirksamen Widerruf nicht erforderlich. Diese Ansicht wurde inzwischen auch vom Gesetzgeber in § 355 Abs. 1 S. 2, Abs. 2 S. 1 BGB in Gesetzesform gegossen, indem für den Widerruf ebenso wie für die Widerrufsbelehrung nunmehr ausdrücklich nur die Einhaltung der Textform gefordert ist.

---

52 So auch: *Anschütz/Kohte*, JR 2001, 263, 263; *Gotthardt/Beck*, NZA 2002, 876, 878.

53 *Gotthardt/Beck*, NZA 2002, 876, 880; Palandt/*Weidenkaff*, § 626 Rn. 32; *Röger*, NJW 2004, 1764, 1767; a. A. HaKo-KSchG/*Griebeling*, § 626 Rn. 151.

54 Bamberger/Roth/*Czub*, § 675a Rn. 2; Erman/*Westphalen, Graf v.*, § 675a Rn. 6; MüKo-BGB/*Heermann*, § 675a Rn. 9; Palandt/*Sprau*, § 675a Rn. 6, der zur Begründung ausdrücklich auf den Zweck der Vorschrift abstellt.

55 BGHZ 94, 226, 230; BGHZ 109, 314, 319; *Löwe*, NJW 1974, 2257, 2259; teilweise wird sogar angenommen, dass der Widerruf auch mündlich oder gar konkludent erklärt werden könnte: *Reich*, JZ 1975, 550, 552; offengelassen von BGHZ 91, 9, 15.

56 *„Die auf den Abschluss eines Kreditvertrages gerichtete Willenserklärung des Verbrauchers wird erst wirksam, wenn der Verbraucher nicht binnen einer Frist von einer Woche schriftlich widerruft."*; BGHZ 94, 226, 230; BGH NJW 1984, 1755, 1756; HeidKo-VerbKrG/*Bülow*, § 7 Rn. 93; MüKo-BGB/*Ulmer*, 3. Aufl., § 7 VerbrKrG Rn. 45; *Westphalen, Graf v./Emmerich/Rottenburg, v.*, § 7 Rn. 27.

57 MüKo-BGB/*Ulmer*, 3. Aufl., 1995, § 1 HTWG Rn. 4.

Ebenso lassen sich in privatrechtlichen Sondergesetzen Beispiele dafür finden, dass Schriftform nicht immer als Schriftform gemäß § 126 Abs. 1 BGB verstanden wird. Belege für diese These liefert etwa das VVG: So gilt § 126 BGB nicht für § 16 Abs. 1 S. 3 VVG, wonach ein Umstand für den Versicherungsvertrag dann erheblich ist, wenn der Versicherer *„schriftlich"* nach ihm gefragt hat. Schriftlichkeit bedeutet hier nicht, dass die Frage unterzeichnet oder auch nur unterstempelt sein muss.[58] Ebensowenig war § 126 BGB anwendbar auf den schriftlichen Widerspruch des Versicherungsnehmers nach § 5a Abs. 1 S. 1 VVG in der bis zum 31.07.2001 gültigen Fassung, da die mit der Form verfolgten Beweiszwecke auch durch ein bloß textlich verkörpertes Dokument ohne Unterschrift erreicht werde.[59] Inzwischen wurde der Wortlaut geändert und Textform für ausreichend erklärt (nun § 5 Abs. 1 VVG). Auch die Ausübung des Widerrufsrecht nach § 8 Abs. 4 S. 1 VVG, die nach dem Gesetzeswortlaut *„schriftlich"* zu erfolgen hat, unterliegt nach herrschender Ansicht nicht der Schriftform im Sinne des § 126 Abs. 1 BGB,[60] ebenso wenig wie die schriftliche Belehrung über das Widerrufsrecht nach § 8 Abs. 4 S. 4 VVG in der Fassung vom 1.1.1991 bis 28.7.1994.[61]

Interessant ist darüber hinaus der Meinungsstand zu § 48 Abs. 2 GmbHG a.F.: Diese Vorschrift sah bis zum FormAnpG zwei Varianten vor, nach denen die Abhaltung einer Gesellschafterversammlung entbehrlich war: Variante 1 betraf den Fall, dass sich alle Gesellschafter *„schriftlich"* mit der sachlich zu treffenden Bestimmung einverstanden erklärten. Nach Variante 2 war die Gesellschafterversammlung nicht erforderlich, wenn sämtliche Gesellschafter der Stimmabgabe im *„schriftlichen"* Verfahren zustimmten. Für die schriftliche Einverständniserklärung nach Variante 1 wurde vom überwiegenden Schrifttum nicht die Einhaltung der gesetzlichen Schriftform im Sinne des § 126 BGB für erforderlich gehalten.[62] Vielmehr solle jedes schriftlich verkörperte Dokument ge-

---

58 Prölss/Martin/*Knappmann*, § 17 Rn. 5.

59 Römer/Langheid/*Römer*, § 5a Rn. 36.

60 *Hoppmann/Moos*, NVersZ 1999, 1999, 197, 200; Prölss/Martin/*Knappmann*, § 8 Rn. 49; Römer/Langheid/*Römer*, § 8 Rn. 51; *Teske*, NJW 1991, 2793, 2796; diese Ansicht ist allerdings inzwischen als nicht mehr unzweifelhaft anzusehen, da die Bundesregierung in ihrem Entwurf zum FormAnpG eine Änderung in Richtung Textform vorgeschlagen hat, diese jedoch vom Bundesrat wegen der erheblichen Rechtsfolge der Beendigung des Versicherungsvertrags abgelehnt (BT-Drs. 14/4987, S: 34) und schließlich nicht umgesetzt wurde.

61 *Teske*, NJW 1991, 2793, 2798.

62 Baumbach/Hueck/*Zöllner*, 17. Aufl. § 48 Rn. 19; Lutter/Hommelhoff/*Lutter/Hommelhoff*, 15. Aufl., § 48 Rn. 11; *Rowedder/Koppensteiner*, 3. Aufl., § 48 Rn. 20; Scholz/*K. Schmidt*, 8. Aufl., § 48 Rn. 62; kritisch mit systematischen Argumenten: Michalski/*Römermann*, § 48 Rn. 240.

nügen.[63] Dieser Meinung ist der Gesetzgeber mit Art. 28 Nr. 2 des FormAnpG gefolgt und hat in § 48 Abs. 2 1. HS GmbHG das Wort *„schriftlich"* durch die Wörter *„in Textform"* ersetzt.[64] Interessanterweise wird jedoch sogar nach dieser Änderung des Gesetzeswortlauts der Variante 1 für die Variante 2 angenommen, dass auch die *„schriftliche"* Stimmabgabe in Textform erfolgen könne.[65]

Ein weiteres Beispiel aus dem Gesellschaftsrecht ist die Mitteilungspflicht nach § 20 Abs. 1 AktG. Hierzu wird in der Literatur zwar überwiegend auf § 126 BGB verwiesen, jedoch (insofern widersprüchlich) die Übermittlung der eigenhändig unterschriebenen Mitteilung per Telefax für ausreichend erachtet.[66]

Insgesamt zeigt dieser Überblick, dass in anderen Gesetzen der Begriff *„schriftlich"* nicht immer als gesetzliche Schriftform im Sinne des § 126 BGB verstanden wird. Damit kann nicht davon ausgegangen werden, dass das Verständnis dieses Wortlaut gesetzlich derart festgeschrieben ist, dass sich eine Auslegung anhand anderer Merkmale als dem Wortlaut erübrigen würde.

b) Auswirkungen des FormAnpG auf dieses Verständnis

Klärungsbedürftig ist jedoch, ob sich an diesem Ergebnis dadurch etwas ändert, dass weder durch das FormAnpG selbst noch in dessen Folge Änderungen der Schriftformgebote im BetrVG vorgenommen wurden. Anlass zu dieser Frage gibt etwa die Begründung der Bundesregierung zum Gesetzesentwurf des Transparenz- und Publizitätsgesetzes, in dem in § 90 Abs. 4 AktG der Begriff *„schriftlich"* durch den Begriff *„Textform"* ersetzt wurde. Die Bundesregierung führte aus: *„Nach der Neuregelung der Formvorschriften in § 126b BGB wäre die Formulierung ‚schriftlich' auf die ‚Schriftform' im engen Sinn festgelegt gewe-*

---

63 OLG Stuttgart GmbHR 1998, 1035, 1035; *Noack*, ZGR 1998, 592, 595; Scholz/*K. Schmidt*, § 48 Rn. 62.

64 BGBl. I 2001, S. 1548.

65 Baumbach/Hueck/*Zöllner*, § 48 Rn. 37 (es müsse einer ergebnisbezogenen Auslegung der Vorzug gegeben werden und es bestehe kein Anlass für eine unterschiedliche Behandlung der beiden Alternativen); Lutter/Hommelhoff/*Lutter/Hommelhoff*, § 48 Rn. 11; Scholz/*K. Schmidt*, § 48 Rn. 62; unentschieden: Roth/Altmeppen/*Roth*, § 48 Rn. 29.

66 *Hüffer*, § 20 Rn. 8; KölnKo-AktG/*Koppensteiner*, § 20 Rn. 30; MüKo-AktG/*Bayer*, § 20 Rn. 35; ebenso für Mitteilungspflicht nach § 21 Abs. 1 S. 1 WpHG: *Hüffer*, § 21 WpHG Rn. 11 MüKo-AktG/*Bayer*, § 21 WpHG Rn. 34; unter Punkt 6 der „Bekanntmachung zu Mitteilungs- und Veröffentlichungspflichten bei Veränderungen des Stimmrechtsanteils an börsennotierten Gesellschaften nach §§ 21 ff. Wertpapierhandelsgesetz (WpHG) sowie zu erstmaligen Mitteilungs- und Veröffentlichungspflichten nach § 41 WpHG vom 29. Dezember 1994" (Bundesanzeiger Nr. 3/76 vom 5.1.1995) bittet das Bundesaufsichtsamt für die an es gerichteten Mitteilungen um eine Übersendung per Fax.

sen.“[67] Darüber hinaus irritiert auch, dass – im Gegensatz zum BetrVG 2001 – die neue WO Formerleichterungen vorsieht.[68] Dort bestimmt etwa § 2 Abs. 4 S. 3, dass der Abdruck der Wählerliste sowie der Wahlordnung mittels der im Betrieb vorhandenen Informations- und Kommunikationstechnik ergänzend bekannt gemacht werden könne, und nach Satz 4 darf unter bestimmten Umständen die Bekanntmachung sogar *„ausschließlich in elektronischer Form“* erfolgen. Über § 3 Abs. 4 S. 2 und S. 3 gilt diese Regelung auch für das Wahlausschreiben und über § 28 Abs. 1 S. 4 auch für die Einladung zur Wahlversammlung beim vereinfachten Wahlverfahren. Im Schrifttum wird kontrovers diskutiert, welche Auswirkungen das FormAnpG auf das Verständnis unveränderter Schriftformgebote hat. Zum Teil wird angenommen, dass die Textform gemäß § 126b BGB auch bei Schriftformgeboten, die weiterhin unverändert *„Schriftlichkeit“* fordern, ausreichen könne, sofern Warn- und Beweisfunktion keine wesentliche Rolle spielten, sondern vielmehr Informations- und Dokumentationsfunktion im Vordergrund stünden.[69] Dieser Meinung wird entgegensetzt, dass die Entscheidung des Gesetzgebers zu respektieren sei und diese Ausweitung daher allenfalls *de lege ferenda* in Betracht komme.[70] Es muss also geklärt werden, ob nach dem FormAnpG und den in der Folge vorgenommenen Änderungen der Begriff *„schriftlich“* – im Gegensatz zu vorher – ein gesetzlich eindeutig definierter Begriff ist.

Aus dem Umstand, dass im BetrVG keine Änderung der Schriftformvorschriften vorgenommen (und insbesondere die Textform nicht ausdrücklich für ausreichend erklärt) wurde, lassen sich prinzipiell drei Schlussfolgerungen ziehen: Entweder der Gesetzgeber hat tatsächlich eine bewusste Entscheidung dahingehend getroffen, dass im BetrVG überall Schriftform im Sinne des § 126 BGB gelte und weniger strenge Formen wie die Textform nicht ausreichten. In diesem Fall dürfte man sich nicht per Auslegung über diese Festlegung des Gesetzgebers hinwegsetzen. Eine andere Möglichkeit ist, dass der Gesetzgeber das BetrVG lediglich noch nicht im Hinblick auf die Formgebote überarbeitet hat. Schließlich könnte sich die Nichtzulassung der Textform auch dadurch erklären, dass der Gesetzgeber ohnehin davon ausgeht, dass die §§ 126 ff. BGB auf das

---

67 BT-Drs. 14/8769, S. 15.

68 BGBl. I, S. 3494, in Kraft getreten am 14.12.2001.

69 AnwKom-BGB/*Noack*, 126b Rn. 6; ErfK/*Preis*, §§ 125-127 BGB Rn. 33; *Gotthard/Beck*, NZA 2002, 876, 878; *Röger*, NJW 2004, 1764, 1767.

70 MüKo-BGB/*Einsele*, § 126b Rn. 3, die allerdings den Formzweck evtl. auf der Rechtsfolgenebene berücksichtigen will: MüKo-BGB/*Einsele*, § 125 Rn. 63; Staudinger/*Hertel*, § 126b Rn. 9 stellt fest, dass der Gesetzgeber durch das FormAnpG überall dort, wo er die Textform für ausreichend erachtet habe, den Begriff Schriftform durch den Begriff Textform ersetzt habe; *Steinbeck*, DStR 2003, 644, 649.

BetrVG keine Anwendung fänden, sondern vielmehr der Inhalt der Schriftformanordnungen in jedem Fall autonom zu entwickeln sei.

Hier spricht viel für ein Unterlassen im Sinne der zweiten Möglichkeit. Zunächst führten die Formvorschriften des BetrVG – wie bereits oben dargelegt – zumindest bis ins Jahr 2002 eher ein Schattendasein, sodass dem Gesetzgeber beim Entwurf des FormAnpG und auch während der Arbeit am BetrVRefG keine Kontroverse vor Augen stand, die durch ihn hätte gelöst werden müssen.[71] Es besteht weiterhin der begründete Verdacht, dass der Gesetzgeber mit dem FormAnpG zunächst nur Hindernisse für den modernen Geschäftsverkehr ausräumen wollte. Darauf deutet bereits der vollständige Titel dieses Gesetzes[72] hin, darüber hinaus wird dieses Ziel des Entwurfs in der Gesetzesbegründung auch ausdrücklich angesprochen.[73] Da das BetrVG keine Regelungen enthalten, die den Geschäftsverkehr betreffen, ist dieses Gesetz möglicherweise nicht berücksichtigt worden. Einen Hinweis darauf gibt unter anderem die Gesetzesbegründung der Bundesregierung zum FormAnpG, wo ausgeführt wird, dass *„(i)m Zuge weiterer Überarbeitungen vor allem umfangreicherer Gesetze ... bei der Modernisierung ihrer Formbestimmungen auch weitere Bereiche daraufhin zu überprüfen (seien) ..., inwieweit sie sich für die Einführung der Textform“* eigneten.[74] Daraus lässt sich ersehen, dass der Gesetzgeber selbst die Neufassung der Formgebote nicht als abschließend ansieht. Für ein eher unsystematisches Vorgehen des Gesetzgebers spricht darüber hinaus, dass bei der Neufassung der WO in § 2 Abs. 4 S. 4 der durch § 126a BGB mit einer Legaldefinition belegte Begriff der *„elektronischen Form“* verwendet wird, ohne diese Anforderungen tatsächlich zu meinen. Der Gesetzgeber selbst führt aus, dass eine Veröffentlichung im Intranet in Betracht komme.[75] Daraus sowie aus dem systematischen Zusammenhang zu Satz 3 schließt das Schrifttum ganz einhellig, dass nicht die Anforderungen des § 126a BGB in Verbindung mit dem Signaturgesetz erfüllt werden müssen.[76] Dieser Schluss lässt sich zusätzlich noch dadurch stützen, dass auch bei der herkömmlichen Bekanntmachung der Wählerliste nicht das Original, sondern ein *„Abdruck“* (§ 2 Abs. 4 S. 1) zur Einsichtnahme auszulegen ist. Auch auf diesem be-

---

71 Etwas anderes nimmt angesichts der kontroversen Stellungnahmen zur Schriftform in § 3 Abs. 1 BRAGO das OLG Hamm – 20.9.2005 – 28 U 39/05, juris [B I 2] im Hinblick auf diesen Forminhalt an.

72 Siehe S. 2.

73 BT-Drs. 14/4987, S. 12.

74 A. a. O., S. 18.

75 BR-Drs. 838/01, S. 28.

76 DKK/*Schneider*, § 2 WO Rn. 9a,b; *Fitting*, § 2 WO Rn. 11; GK/*Kreutz*, § 2 WO Rn. 13; *Jansen*, DB 2006, 334, 334; Richardi/*Thüsing*, § 2 WO 2001, Rn. 16; *Rudolph/Fricke*, AiB 2005, 277, 278.

findet sich demnach keine Originalunterschrift, die durch die elektronische Form im Sinne des § 126a BGB ersetzt werden müsste.

Für ein weites Verständnis der Anordnung der Schriftlichkeit spricht darüber hinaus die weit gefasste Begründung, die der Gesetzgeber für deren Einführung gegeben hat: Demnach sei die Textform ausreichend, wenn die Rechtssicherheit nicht dadurch gefährdet werde, dass nur eine Kopie der Erklärung zugehe, überhaupt keine eigenhändige Unterschrift vorhanden sei oder eine Übermittlung nur mittels elektronischer Einrichtungen erfolge. Diese Voraussetzungen seien insbesondere dann erfüllt, wenn Dritte kein Interesse an einer Fälschung hätten. Der Grad der erforderlichen Sicherheit sei anhand der Formzwecke zu ermitteln.[77] Man müsse nach dem funktionalen Mehrwert fragen, den eine eigenhändige Unterschrift bzw. eine elektronische Signatur habe.[78] Ein derartiger Mehrwert sei dann nicht festzustellen, wenn es lediglich darum gehe, den Empfänger über bestimmte Sachverhalte zu informieren, die gegebenenfalls eine rechtliche Reaktion erforderten.[79] Diese Erwägungen sind derart allgemein, dass sie auf eine größere Anzahl von Vorschriften auch im Arbeitsrecht passen als nur auf die, für die die Textform ausdrücklich zugelassen wurde.[80]

Schließlich spricht gegen eine derart eng am Wortlaut orientierte Auslegung, wonach nunmehr *„schriftlich"* als Schriftform gemäß § 126 BGB verstanden werden müsse, der Grundsatz, dass eine derart eng am Wortlaut orientierte Auslegung in erster Linie für neue Vorschriften gilt.[81] Die hier zu untersuchenden Formgebote des BetrVG wurden jedoch nicht mit oder nach dem FormAnpG geändert, sondern stammen meistenteils noch aus dem Jahr 1972 oder gehen sogar auf Schriftformanordnung einer Vorgängernorm des BetrVG 1952 zurück. Zu dieser Zeit wurde hingegen der Begriff *„schriftlich"* noch verwendet, ohne dass eine Notwendigkeit zur Unterscheidung erkannt wurde. Ähnlich führt der Gesetzgeber des FormAnpG aus, dass das Gesetz jedenfalls bis zur Einführung der Textform immer die Formulierung schriftlich verwendete *„in Ermangelung eines anderen Begriffs"*.[82]

---

77 BT-Drs. 14/4987, S. 18.

78 A.a.O., S. 19.

79 Ebd.

80 Im gesamten Arbeitsrecht wurde die Textform ausdrücklich nur für § 613a Abs. 5 BGB, also für die Unterrichtung der Arbeitnehmer über einen bevorstehenden Betriebsübergang, sowie für die Erteilung der Abrechnung über das Arbeitsentgelt für gewerbliche Arbeitnehmer gemäß § 108 Abs. 1 S. 1 GewO zugelassen.

81 MüKo-BGB/*Einsele*, § 125 Rn. 27.

82 BT-Drs. 14/4987, S. 39 (Gegenäußerung der BReg).

Daher steht auch nach dem Inkrafttreten des FormAnpG nicht fest, dass der Begriff *„schriftlich"* in jedem Fall § 126 BGB in Bezug nimmt und Textform im Sinne des § 126b BGB nicht ausreicht.[83]

c) Fazit

Eine Auslegung der betriebsverfassungsrechtlichen Schriftformanordnungen, die sich ausschließlich auf den Begriff der Schriftlichkeit stützt und aus diesem auf die Anwendbarkeit von § 126 BGB schließt greift also zu kurz. Denn dieser Formulierung liegt keine einheitliche Bedeutung zu Grunde, mit anderen Worten: Nicht nur der gewöhnliche Sprachgebrauch, sondern auch der besondere gesetzliche Sprachgebrauch beinhalten nicht zwingend die Forderung nach einer eigenhändigen Unterzeichnung im Sinne des § 126 BGB. *Knappmann* stellt insoweit treffend fest, dass *„schriftlich"* vom Gesetz teilweise nur den Gegensatz zu mündlich und zu einem konkludenten Verhalten kennzeichnen solle.[84]

3. Die Begriffe „Unterzeichnung" bzw. „Unterschrift" und § 126 BGB

Ein weiterer Ansatz könnte sein, § 126 BGB immer, aber auch nur dann anzuwenden, wenn das BetrVG ausdrücklich von *„Unterzeichnung"* oder *„Unterschrift"* spricht. Entsprechende Anklänge finden sich beispielsweise bei *Thüsing*. Dieser begründet seine Ansicht, zur Erfüllung der Form des § 92a Abs. 2 2. HS BetrVG sei keine Unterschrift erforderlich, mit einem *argumentum e contrario* zum Wortlaut der §§ 77 Abs. 2 S. 2 und 112 Abs. 1 S. 1 BetrVG.[85] Ähnlich argumentiert *U. Fischer*, der seine Auffassung, die Delegationsbeschlüsse des Betriebsrats bedürften keiner Unterschrift, damit begründet, dass eine Unterzeichnung nur bei ausdrücklicher gesetzlicher Anordnung erforderlich sei.[86]

Tatsächlich verwendet das BetrVG an einigen Stellen ausdrücklich die Formulierungen *„Unterschrift"* bzw. *„Unterzeichnung"*. Zu nennen sind die §§ 14 Abs. 4, 34 Abs. 1 S. 2, 76 Abs. 3 S. 4, 77 Abs. 2 S. 2, 112 Abs. 1 S. 1 BetrVG. Zum Teil variiert das Gesetz sogar innerhalb einer Vorschrift zwischen der Forderung nach Unterzeichnung eines Schriftstücks und der bloßen Forderung nach Einhaltung der Schriftform. So fordert etwa § 34 Abs. 1 S. 2 BetrVG, dass die Niederschrift zu unterzeichnen sei, während § 34 Abs. 2 S. 2 BetrVG für Einwendungen gegen die Niederschrift nur verlangt, dass diese schriftlich erhoben

83 *Anschütz/Kohte*, JR 2001, 263, 264; AnwK/*Noack*, § 126b Rn. 6; *Gotthardt/Beck*, NZA 2002, 876, 878.

84 Prölss/Martin/*Knappmann*, § 8 VVG Rn. 49.

85 Richardi/*Thüsing*, § 92a Rn. 13.

86 AiB 1999, 390, 392 und 393.

werden. Eine streng systematische Auslegung würde es tatsächlich nahe legen, diesen Formulierungsunterschieden auch inhaltliche Bedeutung beizumessen.

Diese Vorgehensweise vermag jedoch nicht zu überzeugen. Denn auch der Rechtsbegriff der Unterschrift bzw. Unterzeichnung ist nicht mit einer eindeutigen Bedeutung belegt. Bereits allgemein gilt für den gesetzlichen Sprachgebrauch, dass unter dem Begriff *„Unterzeichnung"* nicht zwingend eine eigenhändige handschriftliche Unterschrift im Sinne des § 126 BGB zu verstehen ist. Vielmehr werden von diesem Begriff im Rechtssinn auch Stempel, Matrizenabzüge oder Fotokopien erfasst.[87] Das ergibt sich unter anderem daraus, dass das Gesetz an mehreren Stellen von *„Unterzeichnung"* spricht, um dann anzuschließen, dass eine mechanische Vervielfältigung ausreiche (so zum Beispiel in § 793 Abs. 2 S. 2 BGB, § 13 S. 1 AktG). Auch im Hinblick auf die – zugegebenermaßen verfahrensrechtliche – Vorschrift § 416 ZPO ist allgemein anerkannt, dass für die dort geforderte Unterschrift mechanisch hergestellte Unterschriften reichen,[88] während derartige Hilfsmittel keine Unterschrift im Sinne des § 126 BGB darstellen.[89] Das bekannteste Beispiel aus dem Verfahrensrecht, dass der Begriff *„Unterschrift"* nicht zwingend auf § 126 BGB verweist, ist wohl § 130 Abs. 6 ZPO in der Fassung bis zum 31.7.2001 zum Unterschriftserfordernis unter Schriftsätzen. Hierzu hat die Rechtsprechung sehr früh entschieden, dass damit nicht die Anforderungen des § 126 BGB gemeint seien, eine Rechtsprechung, die immer weiter ausgedehnt wurde, bis schließlich sogar das Computerfax als ausreichend erachtet wurde.[90] Darüber hinaus lässt auch ein Zitat des Gesetzgebers des FormAnpG darauf schließen, dass er (sogar) die Verwendung des Begriffs *„eigenhändige Unterzeichnung"* nicht für einen unmittelbaren Verweis auf § 126 BGB hält. So führt die Bundesregierung in der Gesetzesbegründung zum FormAnpG aus:[91] *„Ist durch Gesetz eigenhändige Unterzeichnung einer Erklärung vorgeschrieben (z. B. Gebührenberechnung nach § 18 Abs. 1 BRAGO oder Frachtbrief nach § 408 Abs. 2 HGB) und wird insoweit auf die Unterschriftsform des § 126 BGB zurückgegriffen, findet § 126 Abs. 3 (neu) entsprechende Anwendung."* Damit wird schon im allgemeinen gesetzlichen Sprachgebrauch der Begriff *„Unterschrift"* nicht als Verweis auf § 126 BGB verstanden.

Darüber hinaus zeigt auch eine Untersuchung des BetrVG, dass mit dem Begriff der *„Unterzeichnung"* keine spezielle Bedeutung verbunden ist. So be-

---

87 BGH NJW 1970, 1078, 1080.

88 BGH NJW-RR 1988, 881, 881; Musielak/*Huber*, § 416 Rn. 2; MüKo-ZPO/*Schreiber*, § 416 Rn. 5; Th/P/*Reichold;* § 416 Rn. 2.

89 *Köhler*, FS-Schippel, S. 209, 217.

90 GmS-OBG NJW 2000, 2340, 2341 m. w. N. und einem Überblick über die Entwicklung der Rechtsprechung.

91 BT-Drs. 14/4987, S. 14; § 18 BRAGO entspricht § 10 Abs. 1 RVG.

stimmt etwa § 14 Abs. 4 BetrVG, jeder Wahlvorschlag der Arbeitnehmer müsse von einem bestimmten Prozentsatz der Arbeitnehmer *„unterzeichnet"* sein. Die in § 14a Abs. 2 2. HS BetrVG geregelte Ausnahme für Kleinbetriebe ist hingegen derart formuliert, dass für Wahlvorschläge der Arbeitnehmer, die erst auf der Wahlversammlung zur Wahl des Wahlvorstand gemacht würden, § 14 Abs. 4 BetrVG mit der Maßgabe gelte, dass *„keine Schriftform erforderlich"* sei. Es zeigt sich also, dass das BetrVG beide Formulierungen für austauschbar hält. Schließlich spricht auch die oben dargestellte Vielfalt an Formulierungen, die für die Schriftform im Sinne des § 126 BGB verwendet werden, dagegen, gerade dem Begriff *„Unterzeichnung"* eine derart exklusive Bedeutung beizumessen.

Angesichts dieses Befundes sind weder der Wortlaut- noch der Systematikansatz derart tragfähig, dass sich aus der Verwendung der Begriffe *„Unterzeichnung"* bzw. *„Unterschrift"* ein zwingender Schluss im Hinblick auf die Anwendbarkeit der in § 126 BGB definierten Form ziehen ließe. Auch die so formulierten Vorschriften müssen folglich unter Einbeziehung anderer Kriterien ausgelegt werden. Dabei kommt zwar der ausdrücklichen Anordnung einer Unterschrift insoweit eine besondere Bedeutung zu, dass ein vollständiger Verzicht auf jegliche Form der Unterschrift nur mit besonderem Begründungsaufwand vertretbar wäre; umgekehrt ist es aber nicht ausgeschlossen, dass zur Einhaltung der gesetzlich vorgeschriebenen Form eine eigenhändige und handschriftliche Unterschrift auch dann erforderlich ist, wenn das BetrVG lediglich von *„schriftlich"* spricht.

III. Abhängigkeit der Anwendung des § 126 BGB von der Rechtsnatur der formbedürftigen Handlung/Mitteilung

Schließlich könnte es von der Rechtsnatur der formbedürftigen Handlung bzw. Erklärung abhängen, ob § 126 BGB einschlägig ist oder nicht.

1. Anwendbarkeit beschränkt auf rechtsgeschäftsähnliche Handlungen

Obwohl die Grundregel existiert, dass im Regelfall die Vorschriften über Willenserklärungen auf geschäftsähnliche Handlungen entsprechend anwendbar sein sollen,[92] hat insbesondere das BAG die Reichweite von § 126 BGB mehrmals dahingehend eingeschränkt, dass diese Vorschrift nicht auf geschäftsähnliche Handlungen und Wissenserklärungen anwendbar sei.[93] Rechtsgeschäftsähnliche Handlungen sind Handlungen, die nicht auf einen rechtsgeschäftlichen, sondern

92 Siehe z.B. BGH NJW 1983, 1542, 1542; 2001, 289, 290.

93 Siehe sogleich unten.

auf einen tatsächlichen Erfolg gerichtet sind, die aber für die Rechtsverhältnisse des Erklärenden von Bedeutung sind. Die Rechtsfolge tritt also unabhängig vom Willen des Erklärenden ein, meist wird sogar überhaupt kein Wille erklärt.[94] So hat der 5. Senat in einer Entscheidung aus dem Jahr 2000 ausgeführt, § 126 BGB sei nur auf formbedürftige *Rechtsgeschäfte* anwendbar.[95] Dieses Argument hat das Gericht zunächst entwickelt für tarifvertragliche Regelungen zur schriftlichen Geltendmachung von Ansprüchen aus dem Arbeitsverhältnis innerhalb von Ausschlussfristen, die als einseitige rechtsgeschäftsähnliche Handlung einzuordnen sei.[96] Im Anschluss an diese Entscheidungen hat der 1. Senat festgestellt, dass auf die Formanordnung in § 99 Abs. 3 S. 1 BetrVG, also die schriftliche Zustimmungsverweigerung, § 126 Abs. 1 BGB keine unmittelbare Anwendung finde, da die Zustimmungsverweigerung ebenfalls nur eine geschäftsähnliche Handlung sei.[97] Das BAG begründet seine Annahme jeweils mit systematischen und historischen Erwägungen: Die Formvorschriften des BGB befänden sich im Abschnitt über die *„Rechtsgeschäfte"* unter der Überschrift *„Willenserklärungen"*. Darüber hinaus sei auch die in § 125 BGB angeordnete Rechtsfolge der Nichtigkeit allein für Rechtsgeschäfte sinnvoll. Auch aus den Materialien zu den Formvorschriften lasse sich ersehen, dass diese lediglich die Form von Willenserklärungen regeln sollten.[98] Diesen angeblich eingeschränkten Anwendungsbereich berücksichtigt die Rechtsprechung allerdings erst in jüngerer Zeit. So hatte der 9. Senat noch im Jahr 1994 eine im Tarifvertrag vorgeschriebene schriftliche Geltendmachung von Ansprüchen aus dem Arbeitsvertrag als *„gesetzliche Schriftform im Sinne von § 126 Abs. 1 BGB"* angesehen und dies damit begrün-

---

94 *Brox*, S. 56; *Larenz/Wolf*, § 22 Rn. 23; *Medicus*, Rn. 197; MüKo-BGB/*Kramer*, Vorb. § 116 Rn. 35.

95 AP Nr. 153 zu § 4 TVG Ausschlussfristen [II 2b)aa)].

96 Ebd; bestätigt in AP Nr. 166 zu § 4 TVG Ausschlussfristen [I 3a)].

97 BAG AP Nr. 118 zu § 99 BetrVG 1972 [IV 1b)]; AP Nr. 27 zu § 99 BetrVG 1972 Eingruppierung [B I 2a)]; allerdings ist die Annahme des BAG, es handele sich bei der Mitteilung der Zustimmungsverweigerung nicht um eine Willenserklärung bereits nicht ganz unzweifelhaft; darauf weist hin *Oetker*, Anm. zu BAG AP Nr. 118 zu § 99 BetrVG 1972 [III 1e)aa)], da an die Zustimmungsverweigerung ein Rechtserfolg geknüpft ist, der eintreten solle, weil er von dem Willen des Organs getragen sei. Auch *Schlochauer*, RdA 1973, 157, 160 geht für den Widerspruch gegen eine bzw. die Zustimmung zu einer Kündigung davon aus, dass es sich um eine einseitige, empfangsbedürftige Willenserklärung handele. Schließlich wird auch angenommen, dass die Zustimmung nach § 103 BetrVG eine Willenserklärung gerichtet auf die Ermöglichung der Kündigung sei, GK/*Raab*, § 103 Rn. 47.

98 BAG AP Nr. 153 zu § 4 TVG Ausschlussfristen [II 1b)aa)]; diese Ansicht wird zwar gestützt durch die in *Jakobs/Schubert*, S. 645 ff. gesammelten Materialien, da dort nur von Verträgen und Willenserklärungen die Rede ist, aus nachfolgend aufgeführten Gründen können diese historischen Argumente jedoch nicht überzeugen.

det, dass auch Rechtsnormen eines Tarifvertrags Gesetze im Sinne des Art. 2 EGBGB seien,[99] eine Sichtweise, der sich der 4. Senat angeschlossen hat.[100] Zwar führt der 5. Senat in seiner Entscheidung aus dem Jahr 2000 insoweit aus, seine Entscheidung stehe mit der bisherigen Rechtsprechung des BAG im Einklang, da bislang lediglich Stellung zur Wirksamkeit einer mündlichen Geltendmachung genommen worden sei, während die unmittelbare oder entsprechende Anwendbarkeit von § 126 BGB nicht behandelt worden sei.[101] Überzeugend sind diese Ausführungen jedoch nicht, da insbesondere die erwähnte Entscheidung des 4. Senats, auf die ausdrücklich verwiesen wird, eine ganz allgemein gehaltene Stellungnahme zur Schriftform für tarifliche Ausschlussfristen enthält.

In der Literatur wird diese einschränkende Auffassung der Rechtsprechung teilweise geteilt,[102] teilweise wird jedoch auch unter Hinweis auf den Wortlaut sowie Sinn und Zweck angenommen, dass die Formvorschriften des BGB Allgemeiner Teil unmittelbar auch für rechtgeschäftsähnliche Handlungen gelten würden.[103] *Raab* kritisiert die Begründung der beiden oben erwähnten Entscheidungen des BAG zu § 99 Abs. 3 S. 1 BetrVG mit dem Hinweis darauf, dass sich die Anforderung der Schriftlichkeit nicht auf die Willensäußerung des Betriebsrats, sondern auf die Mitteilung an den Arbeitgeber beziehe.[104] *Anschütz/Kohte* führen aus, dass ein Rückgriff auf die Rechtsnatur der formbedürftigen Handlung zu kurz greife und vielmehr eine am Zweck orientierte Auslegung erfolgen müsse.[105]

Den kritischen Stimmen in der Literatur ist zu folgen. Ob ein Formerfordernis die gesetzliche Schriftform im Sinne des § 126 BGB darstellt, hängt nicht davon ab, dass es sich um eine Willenserklärung handelt. Aus den allgemeinen Formvorschriften des BGB lässt sich nicht schließen, dass deren unmittelbarer Anwendungsbereich auf Willenserklärungen beschränkt ist. Die §§ 126 ff. gelten vielmehr immer dann, wenn das Gesetz dies vorschreibt.[106] § 126 Abs. 1 BGB selbst enthält im Wortlaut keine Beschränkung auf Willenserklärungen. Verwen-

---

99 BAG AP Nr. 21 zu § 7 BUrlG Übertragung [I 1a]; ebenso LAG Hamm LAGE Nr. 43 zu § 4 TVG Ausschlussfristen.

100 AP Nr. 2 zu § 4 BAT.

101 BAG AP Nr. 153 zu § 4 TVG Ausschlussfristen [II 2d)aa)].

102 *Gragert/Wiehe*, NZA 2001, 311, 312; wohl auch DKK/*Wedde*, Einl. § 162g; *Hanau*, NZA 2001, 1168, 1171; *Jakob*, NZA 2006, 345, 345; *Jansen*, S. 113; *Ulrici*, NJW 2003, 2053, 2054.

103 So schon *Flume*, § 15 I 4, S. 249; *Oetker*, Anm. zu BAG AP Nr. 118 zu § 99 BetrVG 1972 [III 1e)cc)]; *Raab*, FS-Konzen, S. 719, 723; *Röger*, NJW 2004, 1764, 1766.

104 GK/*Raab*, § 102 Rn. 98.

105 JR 2001, 263, 264 zur formbedürftigen Geltendmachung von Ansprüchen innerhalb tariflicher Ausschlussfristen.

106 *Schmitt*, SAE 2001, 306, 307; Soergel/*Hefermehl*, § 126 Rn. 1 und 2.

det wird der Begriff der *„Urkunde"*, der im Hinblick auf den Inhalt neutral ist. Aus den Motiven ergibt sich, dass sich der Urkundenbegriff des § 126 BGB mit dem der Privaturkunde im Sinne des § 416 ZPO (§ 381 C.P.O. a.F.) decken sollte.[107] Der dort verwendete Urkundenbegriff setzt nach allgemeinem Verständnis lediglich eine schriftlich verkörperte und vom Aussteller unterzeichnete Gedankenerklärung voraus.[108] Damit sind nicht bloß Willenserklärungen vom Urkundenbegriff erfasst. Diesem Umstand kommt besondere Bedeutung zu, da der Gesetzgeber in einigen anderen Vorschriften des Allgemeinen Teils ausdrücklich nur Willenserklärungen in Bezug genommen hat. Das gilt etwa für die §§ 105 Abs. 1 und 130 BGB, sowie für § 142 Abs. 1 BGB, in dem vom *„Rechtsgeschäft"* die Rede ist. Darüber hinaus sprechen auch die neu eingefügten Formvorschriften § 126a Abs. 1 und § 126b BGB lediglich von *„Erklärung"* und nicht Willenserklärung. Im deutlichen Kontrast hierzu stehen die Formulierungen der §§ 126 Abs. 2 und 126a Abs. 2 BGB, deren Regelungsgehalt sich dem Wortlaut nach auf Verträge beschränkt.[109] Der Wortlaut der Formvorschriften ist demnach allgemein gefasst und lässt nicht auf eine Beschränkung auf Willenserklärungen schließen.

Auch das für eine Einschränkung des Geltungsbereichs vorgebrachte systematische Argument vermag nicht zu überzeugen. Es ist den Vertretern dieser Ansicht zuzugeben, dass die Formvorschriften in dem Abschnitt über Rechtsgeschäfte und dem Titel zur Willenserklärung stehen. Darüber hinaus geht den Definitionen der Formen § 125 BGB unmittelbar voraus, der bei Nichteinhaltung der Form für Rechtsgeschäfte die Nichtigkeit anordnet. Gegen die Überzeugungskraft dieser – methodengerechten – systematischen Erwägungen sprechen jedoch entscheidende Argumente: Zunächst verliert dieses methodische Argument bereits dadurch an Schlagkraft, dass das BGB überhaupt keine speziellen Regelungen zu den rechtsgeschäftsähnlichen Handlungen enthält. Daher kann es immer nur darum gehen, Vorschriften, die für andere Arten von Erklärungen geschaffen sind, anzuwenden. Darüber hinaus hat der Gesetzgeber in jüngerer Zeit vielfach zu erkennen gegeben, dass er die Formvorschriften insgesamt auch auf andere als Willenserklärungen für anwendbar hält. Die Regelungen nämlich, in denen der Gesetzgeber ausdrücklich die neu eingefügte Textform zulässt, betreffen in erster Linie Mitteilungen, die keine Willenserklärungen darstellen. So ist für Verbraucherinformationen jeweils die Textform vorgesehen (vergleiche etwa § 312c Abs. 2 BGB und § 355 Abs. 2 S. 1 BGB). Auch müssen die Arbeitnehmer

---

107 vgl. Mot. I 184 zu § 92a; RG, SeuffArch 64 Nr. 123

108 BGHZ 65, 300, 301.

109 *Röger*, NJW 2004, 1764, 1756 weist darauf hin, dass die jeweiligen Absätze 2 in § 126 und § 126a BGB übereinstimmten und daher davon auszugehen sei, dass auch die jeweiligen Absätze 1 nicht auf Rechtsgeschäfte beschränkt seien.

über einen bevorstehenden Betriebsübergang gemäß § 613a Abs. 5 BGB in Textform unterrichtet werden.

Weiterhin schließt der Gesetzgeber getreu der in § 126 Abs. 3 BGB enthaltenen Regelung die elektronische Form in einigen Fällen ausdrücklich aus, in denen sich das Formgebot nicht auf eine Willenserklärung bezieht. So ist etwa die Erteilung des Zeugnisses gemäß §§ 630 S. 3 BGB, 109 Abs. 3 GewO in elektronischer Form ausgeschlossen. Das Zeugnis ist jedoch nach allgemeiner Meinung keine Willenserklärung.[110] Der ausdrückliche Ausschluss der elektronischen Form lässt darauf schließen, dass der Gesetzgeber die Vorschrift § 126 Abs. 3 BGB grundsätzlich für anwendbar hält.

Darüber hinaus ist auch nicht zu übersehen, dass das Schrifttum und die Rechtsprechung die Einhaltung der in § 126 Abs. 1 BGB definierten Schriftform bei Handlungen fordern, die einmütig als rechtsgeschäftsähnlich angesehen werden. Ein Beispiel hierfür ist die Quittungserteilung nach § 368 BGB,[111] obwohl es sich lediglich um eine Wissenserklärung handelt.[112]

Auch der Zusammenhang zwischen § 125 BGB und den nachfolgenden Definitionsnormen ist nicht derart untrennbar, dass der Anwendungsbereich identisch sein muss. Viele Formvorschriften enthalten die Rechtsfolge für die Nichteinhaltung der Form bereits selbst, sodass kein Rückgriff auf § 125 BGB eröffnet ist. Wegen des Themas der vorliegenden Untersuchung sind hier insbesondere die §§ 99 Abs. 3 S. 2 und 102 Abs. 2 S. 2 BetrVG zu nennen. Für den Fall, dass die vorgeschriebene Form der Mitteilung nicht eingehalten wird, ordnen diese Vorschriften eine gesetzliche Fiktion an. Ein Rückgriff auf § 125 BGB ist weder erforderlich noch sinnvoll. Aus dem BGB sticht etwa die Vorschrift des § 550 S. 1 BGB hervor, wonach ein Mietvertrag, der für längere Zeit als ein Jahr gilt und nicht in schriftlicher Form geschlossen wird, für unbestimmte Zeit gilt. Es ist also nicht der Vertrag unwirksam, sondern nur die Befristung. Trotzdem wird zur Bestimmung des Inhalts der Schriftform § 126 BGB herangezogen.[113] Es wird also deutlich, dass damit die Definitionsnormen auch ohne § 125 BGB einen sinn-

---

110 Siehe nur: Baumbach/Hopt/*Hopt*, § 109 GewO Rn. 9; Palandt/*Weidenkaff*, § 630 Rn. 6.

111 BGH JR 1978, 417, 418 m. im Wesentlichen zustimmender Anm. *Baumgärtel*; NJW-RR 1988, 881, 881; BeckOK-BGB/Dennhardt, § 368 BGB Rn. 1; *Bette*, EWiR 1988, 763, 763; *Flume*, § 15 I 3; *Gernhuber* § 26, 2; *Grimme*, JR 1988, 177, 177; Jauernig/*Stürner*, §§ 368, 369 Rn. 4; MüKo-BGB/*Wenzel*, § 368 Rn. 3; PWW/*Pfeiffer*, § 368 Rn. 13.

112 RGZ 108, 50, 55; BGH NJW-RR 1988, 881, 881; MüKo-BGB/*Wenzel*, § 368 Rn. 2; Staudinger/*Olzen*, § 368 Rn. 6 vertritt die sogenannten Beweismitteltheorie, wonach die Quittung gar keine Erklärung des Gläubigers darstelle, hält aber dennoch in Rn. 10 § 126 BGB für anwendbar.

113 MüKo-BGB/*Schilling*, § 550 Rn. 10; Staudinger/*Hertel*, § 126 Rn. 4.

vollen Anwendungsbereich haben können. Damit vermag auch die systematische Auslegung keine Beschränkung des Anwendungsbereichs auf Willenserklärungen zu begründen.

Schließlich ergibt auch eine teleologische Auslegung nicht, dass geschäftsähnliche Handlungen aus dem Anwendungsbereich der allgemeinen Formvorschriften ausgeschlossen sein sollen. Auch bei geschäftsähnlichen Handlungen können die insbesondere mit dem Schriftformerfordernis des § 126 BGB verfolgten Formzwecke einschlägig sein. Denn deren Maßgeblichkeit beurteilt sich nicht nach dem Rechtscharakter einer Handlung, sondern wesentlich nach der rechtlichen Bedeutung, die dieser Handlung zukommt.

Es ergeben sich darüber hinaus Zweifel am methodischen Ansatz. Bei der Bestimmung der Reichweite der §§ 126 ff. BGB abhängig von der Rechtsnatur der formbedürftigen Erklärung werden diese allgemeinen Definitionsnormen ausgelegt, während die Schriftformvorschriften lediglich noch in bestimmte Gruppen aufgeteilt werden. Dieser Ansatz widerspricht jedoch dem Grundansatz der juristischen Methodenlehre, wonach nämlich die einzelne Vorschrift, deren Inhalt begrifflich geklärt werden soll, ausgelegt werden muss. Hierauf weist zutreffend bereits *Schmitt* hin, wenn er ausführt, dass für die jeweilige rechtsgeschäftsähnliche Handlung durch Auslegung festzustellen sei, ob die Vorschriften des BGB anwendbar sind oder nicht.[114]

2. Anwendbarkeit beschränkt auf rechtsgeschäftliche Vorgänge

Teilweise wird auch eine etwas weniger weitgehende Einschränkung der Anwendbarkeit der Formvorschriften der §§ 126 ff. BGB vorgenommen, die aber ebenfalls auf den Rechtscharakter der in Rede stehenden Handlungen abstellt. So vertritt *Noack*, dass zwar rechtsgeschäftsähnliche Handlungen in den Anwendungsbereich der allgemeinen Formvorschriften einbezogen seien, dass dieser sich aber auf *„rechtsgeschäftliche Vorgänge"* beschränke. So sei etwa für die Zeugniserteilung gemäß § 630 BGB kein unmittelbarer Anwendungsbereich eröffnet.[115]

Abgesehen davon, dass der Begriff der rechtsgeschäftlichen Vorgänge sehr unscharf ist und mit erheblichen Umsetzungsproblemen in der Praxis verbunden wäre, zeigt bereits der oben dargestellte § 630 S. 3 BGB, dass der Gesetzgeber auch keine Einschränkung auf rechtsgeschäftsähnliche Vorgänge im Sinn hatte. Die Zeugniserteilung hat keinen rechtsgeschäftlichen Bezug, sondern enthält nur eine Beschreibung der Dauer und des Inhalts des Arbeitsverhältnisses und der er-

---

114 *Schmitt*, SAE 2001, 306, 307.

115 AnwKom/*Noack*, § 126 Rn. 4 und 5; ebenso Palandt/*Weidenkaff*, § 630 Rn. 6.

brachten Leistung im Sinne einer Wissenserklärung.[116] Im Übrigen gelten die oben angestellten Erwägungen auch im Hinblick auf diese weniger weitgehende Einschränkung des Anwendungsbereichs.

3. Fazit

Damit ist nicht ersichtlich, dass der Anwendungsbereich der §§ 126 ff. BGB auf Willenserklärungen bzw. rechtsgeschäftliche Vorgänge beschränkt wäre; darüber hinaus wird hier daran festgehalten, dass Ansatz für die Bestimmung des Forminhalts immer die Formvorschrift selbst sein muss.

C. Zwischenergebnis

Als Zwischenergebnis ist festhalten, dass zwar keine grundsätzlichen Bedenken dagegen bestehen, die in § 126 BGB enthaltene Definition heranzuziehen, um den Inhalt der betriebsverfassungsrechtlichen Schriftformgebote zu bestimmen. Allerdings kann nicht ohne weiteres angenommen werden, das BetrVG meine bei jeder Anordnung von Schriftlichkeit die in dieser Vorschrift niedergelegten Anforderungen. Die Anwendbarkeit des § 126 BGB hängt darüber hinaus auch weder davon ab, ob das BetrVG den Begriff *„Unterzeichnung"* verwendet oder nicht, noch von Rechtsnatur der formbedürftigen Handlung bzw. Erklärung. Der Inhalt der Begriffe Schriftformgebote ist vielmehr durch Auslegung zu klären. Ergebnis der Auslegung *kann* sein, dass zur Einhaltung der Form tatsächlich die in § 126 BGB statuierten Voraussetzungen eingehalten werden müssen. Zwingend ist dieses Ergebnis jedoch nicht.

D. Folgeproblem: Die zulässigen Auslegungsergebnisse

Der Inhalt der jeweiligen Formanordnungen kann demnach nur durch Auslegung im Einzelfall ermittelt werden; pauschalisierende Betrachtungsweisen ersetzen diese nicht. Bevor im Folgenden die Maßstäbe für die Auslegung dargestellt werden, ist noch zu klären, ob bestimmte Auslegungsergebnisse von vorneherein vorgegeben oder ausgeschlossen sind.

---

116 *Röger*, NJW 2004, 1764, 1766.

I. Die elektronische Form gemäß § 126a BGB

An das Problem des Verhältnisses zwischen § 126 BGB und den Schriftformanordnungen des BetrVG knüpft das Problem der elektronischen Form gemäß § 126a BGB an. Die elektronische Form gemäß § 126a BGB fungiert als Substitut für die gesetzliche Schriftform nach § 126 BGB. Entsprechend bestimmt § 126 Abs. 3 BGB, dass die schriftliche Form durch die elektronische Form ersetzt werden kann, wenn sich nicht aus dem Gesetz ein anderes ergibt. Da das BetrVG die elektronische Form an keiner Stelle ausdrücklich ausschließt, gehen insbesondere diejenigen Stimmen, die den Inhalt der Schriftformen aus § 126 BGB ableiten, davon aus, dass die elektronische Form im BetrVG überall zugelassen sei.[117] Die Vertreter der Gegenansicht hingegen argumentieren damit, dass es sich bei den Formvorschriften des BetrVG um ein eigenständiges System handele und die allgemeine Regel des § 126 Abs. 3 BGB nicht einschlägig sei.[118]

Vor Klärung dieser Frage soll jedoch vorab kurz dargestellt werden, was die elektronische Form ist: Den Inhalt der elektronischen Form kann man durch bloße Lektüre des § 126a BGB kaum bestimmen, da die wesentlichen Merkmale im Signaturgesetz festgehalten sind. § 126a BGB legt lediglich fest, dass die Erklärung mit dem Namen des Ausstellers versehen sein und das elektronische Dokument mit einer qualifizierten elektronischen Signatur nach dem Signaturgesetz versehen werden muss. Was genau unter einer qualifizierten elektronischen Signatur zu verstehen ist, regelt § 2 SignG[119] Kurz gesagt funktioniert die elektronische Form im Sinne des § 126a BGB folgendermaßen: Für jeden Anwender, der die elektronische Signatur verwenden will, werden zwei Schlüssel hergestellt. Der eine Schlüssel wird in einer öffentlichen Datenbank aufbewahrt und ist allgemein zugänglich. Er dient zur Entschlüsselung des elektronischen Dokuments und zur Überprüfung der Identität des Absenders. Der andere Schlüssel verbleibt bei dem Anwender. Er verwendet ihn, um das Dokument zu signieren. Die Entschlüsselungssoftware vergleicht den Hashwert, den der private Schlüssel erzeugt hat mit dem, den der öffentliche Schlüssel errechnet. Auf diese Weise können auch bereits kleinste Veränderungen des Originaldokuments sicher festgestellt werden.

---

117 Siehe zum Beispiel für die Betriebsvereinbarung: DKK/*Berg*, § 77 Rn. 30; ErfK/*Kania*, § 77 BetrVG Rn. 24; GK/*Kreutz*, Rn. 44.

118 So zum Beispiel für die Betriebsvereinbarung: Richardi/*Richardi*, § 77 Rn. 33.

119 § 2 SignG regelt noch zwei weitere Formen, nämlich die elektronische Signatur und die fortgeschrittene elektronische Signatur; unter ersteres fallen bereits alle Daten in elektronischer Form, denen beispielsweise ein getippter Name beigefügt ist; letztere soll ein mittleres Sicherheitsniveau zwischen der einfachen und der qualifizierten Signatur gewährleisten, genauer hierzu *Roßnagel*, MMR 2003, 164 ff.

Nach Klärung des Begriffs kann nun untersucht werde, ob aus § 126 Abs. 3 BGB zwingend folgt, dass die elektronische Form immer die eigenhändige Unterzeichnung ersetzen kann. Gegen dieses Verständnis spricht bereits, dass der Gesetzgeber mit dem Ausschluss der elektronischen Form nicht so systematisch verfahren ist, wie es wünschenswert gewesen wäre. Ausdrücklich ausgeschlossen wird die elektronische Form im Arbeitsrecht bislang nur für die Kündigung (§ 623 BGB),[120] die Zeugniserteilung für Dienstverpflichtete und gewerbliche Arbeitnehmer (§ 630 S. 3 BGB und § 109 Abs. 3 GewO)[121] sowie für die Nachweispflicht des Arbeitgebers über die wesentlichen Arbeitsbedingungen gemäß § 2 Abs. 1 S. 3 NachwG[122]. Demgegenüber wurde anders als in § 623 BGB die elektronische Form nicht ausgeschlossen für die Kündigung werdender Mütter (§ 9 Abs. 3 S. 2 MuSchG) und Auszubildender (§ 22 Abs. 3 BBiG)[123]. Diese unterschiedliche Behandlung zeugt davon, dass der Gesetzgeber bei Schaffung des FormAnpG nicht sämtliche Formvorschriften im Blick hatte, denn es gibt keinen überzeugenden Grund dafür, dass bei der Kündigung werdender Mütter und Auszubildender, deren Kündigung *erschwert* werden soll, hinsichtlich der Form etwas anderes gelten soll als nach § 623 BGB. Tatsächlich entsteht hier der Eindruck, dass der Gesetzgeber *„den Überblick über die arbeitsrechtlichen Formvorschriften verloren"* hatte.[124] Damit ist bereits zweifelhaft, ob § 126 Abs. 3 BGB tatsächlich derart umfassend gilt, wie es die Formulierung für sich in Anspruch nimmt.

Schließlich deutet auch der Wortlaut des § 126 Abs. 3 BGB darauf hin, dass nicht in jedem Fall eine Ersetzbarkeit durch die elektronische Form angenommen werden kann.[125] Während § 126 Abs. 4 BGB lautet *„Die schriftliche Form wird durch die notarielle Beurkundung ersetzt"*, formuliert Absatz 3 lediglich, dass die schriftliche Form durch die elektronische Form ersetzt werden *kann*, wenn sich nicht aus dem Gesetz ein anderes ergibt. Aus dem Gesetz kann aber auch aus anderen Gründen als einem ausdrücklichen Ausschluss folgen, dass die elektronische Form nicht einschlägig sein soll.

---

120 Art. 1 Nr. 7 FormAnpG; BGBl I 2001/35, S. 1542

121 Art. 1 Nr. 8 FormAnpG, ebenda.

122 Art. 32 FormAnpG, a. a. O., S. 1548.

123 Zum Inhalt der Schriftform vor dem FormAnpG: KR/*Weigand*, §§ 14, 15 BBiG Rn. 93; ArbRiBGB/*Röhlser*, § 623 Rn. 17 ff.

124 *Gotthardt/Beck*, NZA 2002, 876, 876; zurückgehend auf: *Richardi*, NZA 2001, 57, 63.

125 So auch *Steinbeck*, DStR 2003, 644, 645, die die Formulierung allerdings so versteht, dass der Empfänger damit einverstanden sein muss, rechtsverbindliche Erklärungen auf diesem Wege zu erhalten.

Damit steht fest, dass auch in den Fällen, in denen die Auslegung ergibt, dass die Voraussetzungen des § 126 BGB in Bezug genommen sind, entgegen § 126 Abs. 3 BGB die elektronische Form nicht ohne weitere Prüfung für ausreichend erachtet werden kann. Umgekehrt ist aber die elektronische Form für das BetrVG auch nicht ausgeschlossen. Vielmehr ist anhand der einzelnen Formvorschriften des BetrVG zu entscheiden, ob die Einhaltung der elektronischen Form den Formanforderungen genügt.[126]

II. Beschränkung auf die im BGB kodifizierten Formen

Die zweite zu klärende Vorfrage ist, ob nur die im BGB kodifizierten Formen zulässige Auslegungsergebnisse sind. So vertritt beispielsweise *Brox*, dass die gesetzlichen Formen abschließend geregelt seien.[127] *Brox* übersieht dabei jedoch, dass das BGB von Anbeginn in einzelnen Vorschriften auch Formen vorsah, die nicht im Allgemeinen Teil definiert waren; zu nennen ist hier nur die Form für das Testament: Dieses muss nicht nur eigenhändig unterschrieben, sondern auch der Text muss eigenhändig verfasst sein, § 2247 Abs. 1 BGB; diese Form geht also über die Anforderungen, die § 126 BGB stellt, hinaus und formuliert ein eigenständiges Formerfordernis.[128]

Die Feststellung, dass nicht sämtliche Formen auf die allgemeinen Definitionsnormen zurückführbar sind, ist auch nach Erlass des FormAnpG weiterhin gültig. Zwar hat der Gesetzgeber mit diesem erklärtermaßen das Ziel verfolgt, die Unübersichtlichkeit zu verhindern. Der Rechtsverkehr solle sich an einige klare Grundtypen halten können, auch um Fehlerquellen zu vermeiden;[129]eine Forderung, die zuvor schon im Schrifttum erhoben wurde.[130] Unter anderem deswegen wurde die Textform als neue allgemeine Form eingeführt: Der Gesetzgeber wollte Rechtsvorschriften, die keine eigenhändige Unterschrift erfordern, auf eine einheitliche Grundlage zurückführen.[131] So wurden beispielsweise die bis dahin in den §§ 410 Abs. 1, 455 Abs. 1 S. 2 und 468 Abs. 1 S. 1 HGB enthaltenen Formbestimmungen, dass Mitteilungen *„schriftlich oder in sonst lesbarer Form"* gemacht werden müssten, zur Textform. Allerdings ist auch diese Vereinheitlichung nicht vollständig gelungen: So findet sich etwa in § 492 Abs. 1 S. 4 BGB weiterhin eine Regelung, wonach die Erklärung des Darlehensgebers keiner Unterzeichnung bedarf, wenn sie mit Hilfe einer automatischen Einrichtung erstellt

126 So auch: AnwKom/*Noack*, § 126 Rn. 50.
127 *Brox*, S. 150.
128 Ähnlich und mit weiteren Beispielen, *Düwell*, NZA 1988, 866, 869; *Kliemt*, S. 229
129 BT-Drs. 14/4987, S. 12.
130 *Häsemeyer*, JuS 1980, 1, 2.
131 BT-Drs. 14/4987, S. 10, 18.

wird. Damit zeigt sich, dass auch nach dem FormAnpG die Formanordnungen des BGB keinen abschließenden Katalog darstellen.

Darüber hinaus scheint auch die Gefahr der Rechtszersplitterung nicht besonders groß: Das Prozessrecht nimmt schon seit Jahrzehnten eine eigenständige Auslegung der dort geltenden Formanordnungen vor.[132] So ist etwa die formgerechte Einreichung von Schriftsätzen per Telefax schon gewohnheitsrechtlich anerkannt.[133] Durch das FormAnpG wurde diese Rechtsprechung in der Sollvorschrift § 130 Nr. 6 ZPO auch gesetzlich sanktioniert: Schriftsätze sollen die Unterschrift der verantwortlichen Person, bei Übermittlung durch einen Telefaxdienst die Wiedergabe der Unterschrift in Kopie enthalten. Diese gesetzliche Regelung führt ebenfalls zu einer Abkehr von den in den §§ 126 ff. BGB geregelten Grundformen, denn die in § 130 Nr. 6 ZPO geregelte Form entspricht weder der Form nach § 126 Abs. 1 BGB noch der Textform nach § 126b BGB, da auf die Unterschrift nicht völlig verzichtet wird.

Eine Variante dieses Arguments besteht darin, dass jedenfalls Mischformen nicht zulässig seien. So sei eine gespaltene Betrachtung, wonach beispielsweise das dem § 126 BGB nicht genügende Telefax formwahrend, die bloße E-Mail jedoch unzureichend sei, unzulässig, da § 126b BGB eine einheitliche Form enthalte.[134] Diese Sichtweise ist jedoch allenfalls für den Fall überzeugend, dass die §§ 126 BGB unmittelbar anwendbar sind.[135] Sofern jedoch davon auszugehen ist, dass das BetrVG eigenständige Formanordnungen enthalten kann und enthält,[136] ist man nicht auf die im BGB kodifizierten Formen beschränkt. Das gilt insbesondere vor dem Hintergrund der zeitlichen Abfolge: Wie bereits ausgeführt, wurden die Schriftformanordnungen des BetrVG im Zuge des FormAnpG nicht geändert. Es ist daher nicht ersichtlich, warum dieses früher entstandene Gesetz dennoch ohne Abweichungen die in § 126b BGB kodifizierte Textform in Bezug nehmen sollte.

---

132 Wobei jeweils behauptet als tatsächlich nachgewiesen wird, dass die Formvorschriften des Bürgerlichen Rechts auf Prozesshandlungen keine Anwendung fänden; so soll § 126 BGB etwa für das Gebot der Schriftlichkeit in § 23 BVerfGG nicht einmal mittelbare Bedeutung haben, vielmehr handele es sich insoweit um ein dem Verfassungsprozessrecht eigener Begriff: BVerfGE 15, 288, 292; siehe hierzu näher: *Hartmann,* NJW 2006, 1390, 1390 f.

133 Siehe nur: BVerfG NJW-RR 1995, 441, 442; 1996, 2857, 2857; GmS-OBG NJW 2000, 2340, 2341; BGH NJW 1994, 1879, 1879; 1995, 1431, 1432.

134 *Gotthardt/Beck,* NZA 2002, 876, 882.

135 Wobei allerdings auch in diesem Fall eine teleologische Reduktion in Betracht käme.

136 So etwa auch *Düwell,* NZA 1988, 866, 869.

Die Schriftformvorschriften des BetrVG müssen daher ausgelegt werden. Die Ergebnisse dieser Auslegung sind offen: Eine Bestimmung kann sich sowohl als gesetzliche Schriftform im Sinne des § 126 BGB entpuppen; sie kann sich aber auch als autonome Formvorschrift herausstellen, die lediglich ähnliche Anforderungen stellt. Schließlich ist es sogar denkbar, dass gegenüber § 126 BGB erleichterte Voraussetzungen maßgeblich sind, wobei sogar Mischformen der im BGB definierten Formen zulässig sind.

Eine Parallele könnte man zu der Verwendung des Begriffs *„Zustimmung"* in § 103 BetrVG ziehen. Auch hier musste sich die Rechtsprechung fragen, ob mit der Verwendung dieses Begriffs die allgemeine Definition des § 182 BGB in Bezug genommen wurde. Die Heranziehung dieser Definition war nicht grundsätzlich ausgeschlossen; es musste aber anhand grammatikalischer, systematischer und teleologischer Erwägungen ausgelegt werden, ob das BetrVG diesen Begriff im Sinne des Allgemeinen Teils des BGB verwendet oder ob damit ein von der allgemeinen Definitionsnorm unabhängiger Sinn verbunden ist. Entgegen der bis dahin herrschenden Meinung führte die Auslegung des 2. Senats zu dem Ergebnis, dass der Begriff im BetrVG in einem eigenständigen kollektivrechtlichen Sinne verwendet werde.[137]

§ 4 Auslegung der Schriftformanordnungen, maßgeblich orientiert am Zweck der Form

Da demnach feststeht, dass den betriebsverfassungsrechtlichen Schriftformgeboten nicht bereits aufgrund ihres Wortlauts oder der Rechtsnatur der formbedürftigen Erklärung anzusehen ist, welchen Inhalt sie haben, müssen sie ausgelegt werden. Im Vordergrund steht dabei die teleologische, also die am Formzweck orientierte,[138] Auslegung. Teleologische Auslegung ist eine Auslegung anhand der Zwecke und den Grundgedanken einer Vorschrift mit dem Ziel, den Zweck möglichst weitgehend zu verwirklichen, wobei jedoch der Rahmen des möglichen

---

137 BAG AP Nr. 50 zu § 103 BetrVG 1972 [B I 3]; Staudinger/*Gursky* vor §§ 182-185 BGB Rn. 4 führt insoweit aus: *„Ob eine gesetzliche Vorschrift...die Begriffe ‚Zustimmung' oder ‚Einwilligung' oder Genehmigung' wirklich in dem im vorliegenden Titel definierten Sinn einsetzt, muss jeweils im Wege der Auslegung geprüft werden."*

138 ErfK/*Preis*, §§ 125-127 BGB Rn. 13a; *Anschütz/Kohte*, JR 2001, 263, 264; *Canaris*, S. 91 geht davon aus, dass der teleologischen Auslegung *„letztlich stets"* der Vorrang gebühre.

Wortsinns nicht verlassen werden darf.[139] Die Frage wird – in den Wortlautgrenzen – also jeweils sein, welche Form mindestens einzuhalten ist, damit der mit der Schriftform verfolgte Zweck erreicht wird. Einen ähnlichen Weg beschreitet die Rechtsprechung zur Bestimmung des Inhalts prozessualer Formanordnungen: Sie fragt dort, welcher Grad von Formstrenge für die jeweiligen Verfahrensvorschriften sinnvoll zu verlangen ist.[140]

A. Zulässigkeit der teleologischen Auslegung

Vorab ist zu klären, ob gegen die teleologische Auslegung von Formvorschriften grundsätzliche Bedenken bestehen. Ein Einwand hiergegen könnte sein, dass nach allgemeiner Meinung die mit der Form verfolgten Zwecke keine Tatbestandsmerkmale sind und daher die Anwendung von Formvorschriften nicht davon abhängt, ob der jeweilige Formzweck im Einzelfall einschlägig ist oder schon auf andere Weise erreicht werden kann.[141] Diese – in sich zutreffende – Meinung schließt jedoch die am Zweck der Form orientierte Auslegung nicht aus. Denn die Vertreter dieser Ansicht wollen lediglich verhindern, dass die Formerfordernisse anhand der Besonderheiten der jeweiligen Einzelfälle bestimmt werden. Hiervor sollte sich insbesondere die Rechtsprechung tatsächlich hüten, da damit zwar der einzelnen Partei geholfen sein mag, aber dem Rechtsverkehr insgesamt, der gerade bei Formvorschriften auf eine verlässliche und klar vorhersehbare Anwendung angewiesen ist, geschadet wird.[142] Diesem Vorwurf setzt sich eine allgemeine teleologische Auslegung der Formvorschriften des BetrVG jedoch nicht aus: Mit dieser wird bestimmt, welchen Zweck die Schriftform verfolgt und welche Anforderungen erfüllt sein müssen, damit dieser Zweck erreicht wird. Die Auslegung gibt für die jeweilige Vorschrift allgemeingültige Bewertungsmaßstäbe an die Hand und erfolgt unabhängig von etwaigen besonders gelagerten Einzelfällen. Damit befördert sie gerade die Rechtssicherheit und gefährdet sie nicht.

Auch die von *Ulrici* gegen eine am Normzweck orientierte Auslegung vorgebrachten Einwände können nicht überzeugen. Er trägt vor, dass eine teleologische Auslegung ausgeschlossen sei, weil der Gesetzgeber bei Anordnung der

---

139 *Larenz/Canaris*, S. 153.

140 Siehe nur: GemS-OGB BGHZ 75, 340, 348; NJW 2000, 2340, 2341.

141 BAG AP Nr. 1 zu § 623 BGB [B I 1]; BGHZ 53, 189, 194; BGH NJW 1970, 999, 1001; MüKo-BGB/*Einsele*, § 125 Rn. 63; *Preis/Gotthardt*, NZA 2000, 348, 353; PWW/*Ahrens*, § 125 Rn. 1; *Schmitt*, SAE, 2001, 306, 308; Staudinger/*Hertel*, § 125 Rn. 34.

142 Ebenso: *Mertens*, JZ 2004, 431, 439.

Form bereits die Interessenlage allgemein bewertet habe und man daher nicht von den in § 126 BGB statuierten Anforderungen abweichen könne.[143] Diese Überlegung trifft zwar zu, sofern der Gesetzgeber tatsächlich eine derartige Abwägung angestellt hat. Allerdings muss zunächst durch Auslegung der Formvorschrift geklärt werden, ob das Gesetz tatsächlich Schriftform im Sinne des § 126 BGB anordnet und damit die in dieser Kritik vorausgesetzte Interessenabwägung vorgenommen hat.

Cordes wendet gegen die Ermittlung des Formzwecks der jeweiligen Formanordnungen ein, dass damit die Rechtssicherheit, der das formelle Recht in besonderem Maße verpflichtet sei, beeinträchtigt werde.[144] So müsse bei dieser Methode beispielsweise eine Telekopie einmal als formwahrend und einmal als nicht ausreichend angesehen werden. Eine derart unterschiedliche Behandlung gleicher Sachverhalte ist jedoch auch bei unstreitig dem Schriftformerfordernis nach § 126 BGB unterliegenden Formvorschriften häufig: Beispielsweise soll eine Blankounterschrift grundsätzlich zur Formerfüllung ausreichen,[145] etwas anderes soll aber angesichts des Schutzzwecks der Form für die Bürgschaft gelten.[146]

Einen Hinweis auf die Notwendigkeit der teleologischen Auslegung gibt auch eine Passage, die in der Begründung des Entwurfs des FormAnpG enthalten ist: Hier heißt es, dass in *„bestimmten Fällen das Erschwernis schon darin (bestehe), dass Schriftform vorgeschrieben ist, es tatsächlich aber nicht auf eine Schriftform mit eigenhändiger Unterschrift im Sinne des § 126 BGB, sondern allein auf die Schriftlichkeit der Erklärung“* ankomme.[147]

Damit steht fest, dass die gegen die Zulässigkeit der teleologischen Auslegung von Formvorschriften vorgebrachten Einwände nicht den Kern der Sache treffen. Im Einklang damit hat der überwiegende Teil des Schrifttums auch keine Bedenken gegen eine am Zweck orientierte Auslegung.[148] Auch die Rechtspre-

143 *Ulrici*, NJW 2003, 2053, 2055 (keine „rechtlich inakzessorische Interessenabwägung“).

144 NJW 1993, 2427, 2428; auch *Hagen* hält das Verhältnis zwischen Formzwang und Formzweck für *„verwickelt“* und weist darauf hin, dass die praktische Handhabung einer teleologischen Auslegung durch die Vielzahl der Formzwecke erschwert sei, JZ 1972, 505, 505.

145 BGHZ 22, 128, 132.

146 BGHZ 132, 119, 125 (für § 766 BGB).

147 BT-Drs. 14/4987, S. 12.

148 ErfK/*Preis*, §§ 125-127 BGB Rn. 13a und *Gotthardt/Beck*, NZA 2002, 876, 879 gehen davon aus, dass die Textform bei allen Formanordnungen ausreiche, wenn Warn- und die Beweisfunktion nicht einschlägig seien; *Hagen*, FS-Schippel, S. 173, 174; *Häsemeyer*, S. 165; *Medicus*, Rn. 618, bestimmt anhand des Normzwecks, ob die Übermittlung einer Unterzeichnung in Kopie zur Wahrung der Form ausreicht

chung bestimmt in vielen Fällen anhand des Zwecks, welche Voraussetzung zur Einhaltung der Form erfüllt sein müssen. Beispielhaft genannt seien nur die nachfolgenden drei: So etwa eine Entscheidung zu § 1b) AbzG, in der der BGH feststellt, diese Vorschrift meine trotz ihres Wortlauts nicht Schriftform im Sinne des § 126 BGB, da offensichtlich nur Beweiszwecke mit dieser Vorschrift verfolgt würden, also Rechtsklarheit für beide Parteien geschaffen werden solle.[149] Beispielhaft zu nennen wäre weiterhin eine Entscheidung, in der BGH es abgelehnt hat, im Hinblick auf die schutzbedürftige Partei begünstigende Regelungen die Einhaltung der Schriftform zu verlangen.[150] Am Bekanntesten ist wohl die Entscheidung, in der der BGH maßgeblich[151] auf den Formzweck gestützt dargelegt hat, dass zur Einhaltung der in § 766 BGB statuierten Form eine per Telefax übermittelte Bürgschaftserklärung nicht ausreicht. Denn der besondere Warnzweck dieser Schriftformanordnung erfordere, dass der Bürge die Originalurkunde aus der Hand gebe.[152] Angesichts diesen Befunds muss eine Entscheidung des BGH aus dem Jahr 1970 als überholt angesehen werden: Damals hatte er geäußert, dass eine teleologische Auslegung nicht in Betracht komme, da das Gesetz in allen Fällen, in denen es nicht ausdrücklich eine Ausnahme eingefügt hat, ohne Rücksicht auf den Zweck des Formerfordernisses eine eigenhändige Unterzeichnung fordere.[153]

Es ist daher festzustellen, dass keine grundsätzlichen Bedenken gegen die teleologische Auslegung von Formanordnungen bestehen.

B. Zwecke der Formvorschriften

Letztlich ist in der Betriebsverfassung also – im Rahmen des Wortlauts – zu fragen, mit welcher Form der jeweils verfolgte Zweck erfüllt werden kann. Bei Durchsicht des Schrifttums zu den Formzwecken fällt als erstes auf, dass die zur Beschreibung und Eingruppierung verwendeten Begriffe außerordentlich disparat sind.[154] Darüber hinaus schwankt auch die Anzahl der identifizierten Zwecke

---

oder nicht, ähnlich *Oetker,* Anm. zu BAG AP Nr. 118 zu § 99 BetrVG 1972 [III 1e)dd)]; *Raab,* FS-Konzen, S. 719, 727.

149 BGHZ 94, 226, 230.

150 BGH NJW 1994, 1656, 1657.

151 Neben den Zweckerwägungen bemüht der BGH in dieser Entscheidung auch den Wortlaut der Vorschrift, der von einem *„Erteilen"* der Bürgschaftserklärung spricht.

152 BGHZ 121, 224, 229.

153 NJW 1970, 1078, 1080.

154 BT-Drs. 14/4987, S. 16 unterscheidet Abschlussfunktion, Perpetuierungsfunktion, Identitätsfunktion, Echtheitsfunktion, Verifikationsfunktion, Beweisfunktion, Warn-

zwischen drei und acht.[155] Da diese Untersuchung nicht darauf abzielt, die allgemeinen Formzwecke neu zu definieren, stützt sich die nachfolgende Darstellung in ihrer Begrifflichkeit und dem damit verbundenen Verständnis weitgehend auf die Ausführungen bei Staudinger/*Hertel*[156] sowie die vom Gesetzgeber im Entwurf zum FormAnpG identifizierten Zwecke.[157] Maßgeblich für die nachfolgende Untersuchung werden die Klarstellungs-, die Beweis- und die Warnfunktion sein.[158]

I. Klarstellungsfunktion

Die gesetzliche Form dient im Regelfall der Rechtsklarheit. Durch ihre Einhaltung soll einerseits der Inhalt einer Erklärung präzise niedergelegt und auf Dauer festgehalten werden. Darüber hinaus soll auch deutlich erkennbar sein, dass eine Erklärung/ein Rechtsgeschäft vollendet bzw. tatsächlich abgeschlossen ist.[159]

Zunächst wird durch die Einhaltung einer schriftlichen Form der Erklärungsinhalt deutlicher. Einerseits zwingt die Formanordnung den Erklärenden, sich ge-

---

funktion; *Enneccerus/Nipperdey,* § 154 II, S. 954 sprechen beispielsweise von: Schutz vor Übereilung, größere Sicherheit des Geschäftsabschlusses und des Geschäftsinhalts, Erleichterung des Beweises, fachmännische juristische Beratung, Erschwerung oder Kontrolle im Gesamtinteresse, Erkennbarkeit für private dritte Personen; *Raab,* FS-Konzen, S. 719, 723 identifiziert die Warnfunktion, die Berwatungsfunktion und die Beweisfunktion.

155 *Raab,* FS-Konzen, S. 719, 722 f. unterscheidet nur zwischen drei Formzwecken; meist wird von vier bis fünf Obergruppen ausgegangen, siehe Erman/*Palm,* § 125 Rn. 1 ff.; *Larenz/Wolf,* § 27 Rn. 4 ff.; MüKo-BGB/*Einsele,* § 125 Rn. 6 ff.; Palandt/*Heinrichs,* § 125 Rn. 2-2c; Staudinger/*Hertel,* § 125 Rn. 37 ff.; *Heldrich,* AcP 147 [1941], 89, 91 f. identifiziert sogar acht unterschiedliche Formzwecke; die Begründung der Bundesregierung ihres Gesetzesentwurfs zum FormAnpG nennt sieben einzelne verschiedene Zwecke, ohne diese klar zu strukturieren: BT-Drs. 14/4987, S. 16 ff.

156 § 27 Rn. 4 ff und 27 ff.

157 Begründung der BReg: BT-Drs. 14/4987, S. 16 ff.

158 Die für die Formen des BGB Allgemeiner Teil auch maßgebliche Belehrungs- und Beratungsfunktion kann vernachlässigt werden, da diese nur bei der notariellen Beurkundung gemäß § 128 BGB eine Rolle spielen, Palandt/*Heinrichs,* § 125 Rn. 2b); Staudinger/*Hertel,* § 125 Rn. 36; diese Form wird im BetrVG an keiner Stelle ausdrücklich verlangt und ist auch kaum praxisrelevant; ebenso kommt im BetrVG die Kontrollfunktion nicht zum Tragen, die mit der Formanordnung des § 34 GWB a. F. verfolgt wurde, siehe hierzu: BGH NJW 1997, 2182, 2183; *Emmerich,* NJW 1980, 1363 ff.

159 Hier wird die Klarstellungsfunktion als auf den Inhalt des Erklärungstextes bezogen verstanden, während die Beweisfunktion sich auf die Identität des Ausstellers und die Echtheit der Erklärung bezieht, dazu sogleich unten.

nauer Rechenschaft über den Inhalt seiner Mitteilung abzulegen, da er diese formulieren und niederlegen muss. Andererseits erhält der Erklärungsempfänger sichere Kenntnis vom Inhalt der Erklärung, da diese aufgrund der Form nicht nur flüchtig ist, sodass er sie später nachlesen kann (Perpetuierungsfunktion). Für beide Beteiligten wird eine sichere Grundlage für etwaige künftige Auseinandersetzungen geschaffen.[160] Schließlich profitiert aber auch der Rechtsverkehr, also eventuell interessierte Dritte, von der schriftlichen Fixierung der Erklärung, da der Inhalt deutlich erkennbar ist.[161] Die Inhaltsklarheit wird auch insoweit befördert, als nicht von der Form gedeckte Zusätze leichter erkennbar werden.[162] Unter die Klarstellungsfunktion fällt auch die sogenannte Abschlussfunktion, die darauf abzielt, dass Entwürfe von der vollendeten Erklärung deutlich abzugrenzen sind.[163] Die Abschlussfunktion hat auch noch eine weitere Komponente, nämlich die, dass der räumliche Abschluss der Erklärung erkennbar wird.[164]

Der lediglich auf den Inhalt der Erklärung bezogene Formzweck kann unabhängig von der eigenhändigen Unterschrift schlicht durch die Niederlegung der Erklärung in Schriftzeichen erreicht werden, sofern diese eine dauerhafte Nachlesbarkeit ermöglicht. Hierfür reichen auch elektronische Erklärungen aus, obwohl die Literatur auf die größere Gefahr der Manipulierbarkeit hinweist.[165] Unter diesem Gesichtspunkt jedoch müsste man elektronischen Daten jegliche Relevanz absprechen.[166] Das tut der Gesetzgeber erkennbar nicht, wenn er zur Einführung des § 126b BGB ausführt, dass die Textform den Empfänger über bestimmte Sachverhalte informieren könne, die gegebenenfalls eine rechtliche Reaktion von ihm erforderten.[167] Er beschränkt den Anwendungsbereich der Textform jedoch auf Fälle, in denen ein Fälschungsinteresse Dritter nicht virulent sei.[168] Allerdings kann die eigenhändige Unterschrift die Inhaltsklarheit noch

---

160 *Larenz/Wolf,* § 27 Rn. 4, Rn. 6.

161 MüKo-BGB/*Einsele,* § 125 Rn. 7.

162 Kittner/Zwanziger/*Kittner,* § 8 Rn. 52 ff.

163 BGH NJW 2000, 1114, 1115; MüKo-BGB/*Einsele,* Bd. 1, § 126 Rn. 9; *Fritzsche/Malzer,* DNotZ 1995, 3, 18; *Heldrich,* AcP 147 [141], 89, 91 weist zutreffend darauf hin, dass sich Inhalts- und Abschlussklarheit nicht deckten, zum Beispiel schaffe der Handschlag als Form Abschluss-, aber keine Inhaltsklarheit; *Pawlowski,* Rn. 410; Staudinger/*Hertel,* § 126 Rn. 42.

164 RGZ 52, 277, 280; BGH NJW 1991, 487, 487; Erman/*Palm,* § 126 Rn. 7; Jauernig/*Jauernig,* § 126 Rn. 2; *Köhler,* FS-Schippel, S. 209, 219; *Rüthers/Stadler,* § 24 Rn. 12.

165 *Roßnagel/Pfitzmann,* NJW 2003, 1209, 1210

166 Darauf weist zu recht hin: *Mankowski,* NJW 2004, 1901, 1905.

167 BT-Drs. 14/4987, S. 19 (Begründung der BReg).

168 Ebd.

stärker befördern, da sie den Aussteller dazu zwingt, Verantwortung für den von ihm verfassten Text zu übernehmen.

Auch soweit es darum geht, dass lediglich das Ende der Erklärung deutlich wird, ist eine eigenhändige Unterschrift nicht zwingend erforderlich. Insoweit erfüllt etwa auch die Textform gemäß § 126b BGB eine gewisse Abschlussfunktion, da das Ende der Erklärung kenntlich gemacht werden muss, beispielsweise durch einen gedruckten Namen oder durch die Angabe, dass diese Erklärung auch ohne Unterzeichnung wirksam sei.[169] Text, der nach diesem Abschluss steht, ist als Zusatz deutlich erkennbar. Soweit jedoch Entwürfe von abschließenden Erklärungen abgegrenzt werden sollen, wird in der Regel eine eigenhändige Unterschrift im Sinne des § 126 BGB oder eine qualifizierte elektronische Form erforderlich sein. Auch bei bloßen Entwürfen findet sich häufig bereits eine Unterschriftzeile oder ein mechanisch hergestellter Name, während eine Unterschrift/elektronische Signatur praktisch nicht vorkommt.

II. Beweisfunktion

Mit der Klarstellungsfunktion hängt zusammen die Beweisfunktion der Schriftform. Diese Funktion wird in der rechtswissenschaftlichen Diskussion sehr häufig nicht eigenständig behandelt, sondern vielmehr Klarstellungs- und Beweisfunktion als einheitliche Überschrift gewählt.[170] Auch das BAG sieht den Beweiszweck als Teilgesichtspunkt des Klarstellungszwecks an.[171] Nach hiesiger Auffassung ist sie jedoch von der bloßen Klarstellung zu unterscheiden.[172] Schon die Motive führen zur Beweisfunktion aus, dass die *„Form ... den Beweis des Rechtsgeschäftes, seinem Bestand und Inhalte nach für alle Zeit"* sichere und *„auch zur Verminderung oder zur Abkürzung und Vereinfachung der Prozesse"* führe.[173] Auch der Gesetzgeber des FormAnpG nimmt an, dass die Schriftform

169 Dieses Erfordernis wurde erst auf Vorschlag des Vermittlungsausschusses in das Gesetz aufgenommen, während der ursprüngliche Entwurf in BT-Drs. 14/4987, S. 20, eine Nur-Lese Version nicht ausgeschlossen hätte.

170 Erman/*Palm*, § 125 Rn. 1; Palandt/*Heinrichs*, § 125 Rn. 2a; PWW/*Ahrens*, § 125 Rn. 2

171 AP Nr. 118 zu § 99 BetrVG 1972 [IV 1b)dd)]: Als Ergebnissatz stellt es auf, dass der Klarstellungszweck auch durch eine Telekopie erfüllt werde, um zur Begründung auszuführen, inwieweit der *Beweis*zweck im Hinblick auf die Ausstelleridentität und die inhaltliche Vollständigkeit erfüllt wird.

172 Unterschiede erkennt auch *Heldrich*, der illustrierend darauf hinweist, dass etwa die römische Stipulation Abschluss- und Inhaltsklarheit, aber keine Beweissicherung schaffe, AcP 147 [1941], 89, 91.

173 *Mugdan*, Bd. 1, S. 451.

dem Beweispflichtigen seine Beweisführung erleichtere.[174] Im Gegensatz zur bloßen Klarstellung geht es bei dieser Funktion der Form einerseits darum, dass der Aussteller einer Urkunde sicher zu erkennen ist (Identitätsfunktion),[175] andererseits darum sicherzustellen, dass die Erklärung inhaltlich von demjenigen stammt, der als Aussteller genannt ist (Echtheitsfunktion)[176] Schließlich soll es die eigenhändige Unterschrift erleichtern zu überprüfen, ob die Unterschrift echt ist, also tatsächlich von der Person stammt, die als Aussteller genannt ist (Verifikationsfunktion).

Schon diese Definitionen zeigen, dass die Beweisfunktion an die eigenhändige Unterschrift bzw. die qualifizierte elektronische Signatur geknüpft ist. Auch das BAG führt insoweit aus, dass die nach § 126 BGB erforderliche eigenhändige Unterschrift neben dem Übereilungsschutz hauptsächlich Beweiszwecken hinsichtlich der Identität des Ausstellers und der inhaltlichen Vollständigkeit der Urkunde diene.[177] Die Textform hingegen hat keine Beweisfunktion;[178] der BGH hält daher ein Telefax in Fällen, in denen die Beweisfunktion der Form im Vordergrund steht, für nicht ausreichend.[179] Das schlichte elektronische Dokument ist lediglich Augenscheinsobjekt im Sinne des § 371 ZPO. Die Datei vermag dabei keinen Beweis für ihren unverfälschten Inhalt, also ihre Echtheit, oder die Identität des Ausstellers zu erbringen,[180] da einfache elektronische Dokumente geändert werden können, ohne dass dies später ersichtlich wäre.[181] Etwas anderes gilt für Dokumente, die der elektronischen Form nach § 126a BGB entsprechen. Für diese bestimmt § 371 Abs. 1 S. 2 ZPO, dass sie einen Anscheinsbeweis für

174 BT-Drs. 14/4987, S. 16 (Begründung der BuReg).

175 Kritisch: *Häsemeyer,* JuS 1980, 1, 2, der vertritt, dass die Schriftform im Gegensatz zur notariellen Beurkundung und öffentlichen Beglaubigung gerade nicht die Überprüfung des Ausstellers auf dessen Identität gewährleiste; der Zweck der Schriftform beziehe sich allein auf den Inhalt einer Erklärung.

176 MüKo-BGB/*Einsele,* Bd. 1, § 126 Rn. 9 spricht insoweit von der „Zuordnungsfunktion" der Unterschrift, die darin bestehe, die Identität des Ausstellers sowie die Echtheit des Inhalts zu vermitteln und so Schutz vor Manipulationen zu bieten; ähnlich *Köhler,* AcP 182 [1982], 126, 147.

177 BAG AP Nr. 118 zu § 99 BetrVG 1972 [IV1b)dd)].

178 Nach Auffassung des Gesetzgebers kommt sie daher nur in Betracht, wenn der Beweisfunktion allenfalls untergeordnete Bedeutung zukommt, BT-Drs. 14/4987, S. 19.

179 BGH NJW 1994, 2298, 2298; ebenso: *Fritzsche/Malzer,* DNotZ 1995, 3, 12.

180 Es erbringt einen Beweis nur darüber, dass das Dokument existiert, aber nicht von wem es stammt: *Dästner,* NJW 2001, 3469, 3469.

181 Siehe genauer: *Roßnagel/Pfitzmann,* NJW 2003, 1209, 1210.

die Echtheit, also dafür erbringen, dass sie tatsächlich von demjenigen stammen, dessen elektronische Signatur verwendet wurde.[182]

Vorab kann also bereits festgehalten werden, dass in den Fällen, in denen der Beweisfunktion maßgebliche Bedeutung zukommt, viel dafür spricht, eine eigenhändige Unterschrift bzw. eine qualifizierte elektronische Signatur zu fordern.

III. Warnfunktion

Ein weiterer Zweck, der mit einem Formgebot verfolgt werden kann, ist die Warnfunktion. Sie dient dazu, den Beteiligten die wirtschaftliche Bedeutung bzw. das mit der Erklärung verbundene Risiko vor Augen zu führen.[183] Die Warnfunktion kann in zwei Richtungen wirken: Einerseits kann sie zugunsten des Erklärenden eine Rolle spielen, der gewarnt werden soll, bevor er eine rechtserhebliche Erklärung in den Rechtsverkehr bringt. Umgekehrt wird aber auch dem Empfänger einer formgerechten Erklärung deutlicher vor Augen geführt, dass es sich um ein bedeutsames oder rechtserhebliches Schriftstück handelt.

Eine Warnfunktion bzw. Übereilungsschutz kommt insbesondere dann in Betracht, wenn erhebliche Rechtsfolgen an die formbedürftige Erklärung geknüpft sind. In diesen Fällen erscheint es besonders wichtig, demjenigen, der die Urkunde in den Rechtsverkehr bringt, den Inhalt und die Erheblichkeit der Erklärung noch zu verdeutlichen. Umgekehrt muss man feststellen, dass die Warnfunktion keine derart entscheidende Rolle spielt, wenn die Erklärung oder die Handlung rückgängig gemacht werden können.[184] Denn in diesen Fällen ist die Erklärung gerade nicht so erheblich, dass eine besondere Warnung durch Anordnung einer strengen Form erforderlich wäre.

Der Gesetzgeber geht davon aus, dass einer bloß schriftlich niedergelegten Erklärung ohne Unterschrift kaum eine Warnfunktion zukomme.[185] Eine derartige Mitteilung werde häufig schnell und ohne Überlegung abgegeben. Allerdings ist auch der Textform ein gewisser inhaltlicher Schutz nicht abzusprechen.[186] Denn der Erklärende muss sich vor der schriftlichen Niederlegung seiner Erklärung noch einmal Rechenschaft über deren Inhalt ablegen.[187] Umgekehrt wird

---

182 *Fischer-Dieskau/Gitter/Paul/Steidle*, MMR 2002, 709, 710; Musielak/*Huber*, § 292 Rn. 12; *Oertel*, MMR 2001, 419, 420; *Viefhues*, NJW 2005, 1009, 1014; Zöller/*Greger/Geimer*, § 292a Rn. 3.

183 Jauernig/*Jauernig*, § 126 Rn. 2; MüKo-BGB/*Einsele*, § 125 Rn. 6; *Riesenhuber*, NJW 2005, 2268, 2268; Staudinger/*Hertel*, § 125 Rn. 37

184 BT-Drs. 14/4987, S. 18 (Begründung der BReg).

185 BT-Drs. 14/4987, S. 33 (Stellungnahme des Bundesrates).

186 Verneint von Staudinger/*Hertel*, § 125 Rn. 36, 37.

187 So auch *Larenz/Wolf*, § 27 Rn. 8.

auch der Erklärungsempfänger nicht nur flüchtig – oder gar nur konkludent – über den Inhalt informiert und kann daher die Bedeutung der Erklärung besser erfassen. Nach Ansicht des Gesetzgebers kann jedoch die traditionelle Schriftform gemäß § 126 BGB die Warnfunktion am Sichersten erfüllen, da die Bedeutung einer eigenhändigen Unterschrift aufgrund der Tradition besonders tief im Bewusstsein des Rechtsverkehrs eingegraben sei.[188] Daher schließt etwa § 623 BGB für die Kündigung die elektronische Form aus; gleiches gilt für die Bürgschaft (§ 766 S. 2 BGB), das Schuldversprechen und das Schuldanerkenntnis (§§ 780 S. 2, 781 S. 2 BGB).[189] In Zukunft muss aber davon ausgegangen werden, dass auch der elektronischen Form eine ausreichende Warnfunktion zukommt. Hier muss der Erklärende zunächst seinen Chip einlegen und sich anschließend durch seine persönliche PIN legitimieren. Diese beiden Schritte verzögern die Abgabe der Erklärung noch weit erheblicher,[190] als die eigenhändige Unterschrift das könnte, insbesondere da diese in einigen Branchen (etwa durch Verwendung von Unterschriftenmappen) weitgehend automatisiert ist.

Auch in den Fällen, in denen die Warnfunktion als Formzweck im Vordergrund steht, spricht daher viel dafür, eine eigenhändige Unterzeichnung zu verlangen, die gegebenenfalls durch die elektronische Form ersetzt werden kann.

IV. Übergeordnete Gesichtspunkte

Neben den soeben dargestellten Formfunktionen existieren einige Gesichtspunkte, die für sämtliche Formzwecke von Bedeutung sind. Zu nennen sind hier die Rechtssicherheit, die Erheblichkeit der mit der Handlung/Erklärung verbundenen Rechtsfolgen und die Schutzrichtung. Nur wenn diese Gesichtspunkte berücksichtigt werden, können die Formzwecke in allen Facetten gewürdigt werden, da sie dazu führen können, dass einem einschlägigen Formzweck weniger große oder umgekehrt ganz maßgebliche Bedeutung zukommt.

1. Die Förderung der Rechtssicherheit

Der Klarstellungs- und der Beweisfunktion kommen immer dann besonders große Bedeutung zu, wenn die Formvorschrift auch dazu dient, die Rechtssicherheit

---

188 BT-Drs. 14/4987, S. 17; zweifelnd gegenüber der Warnfunktion der elektronischen Form auch *Oertel*, MMR 2001, 419, 421; kritisch *Westerhoff*, AcP 184 [1984], 341, 357, der bei der Schriftform nach § 126 BGB die Gefahr sieht, dass die eine Partei das Schriftstück aufsetzt und die andere unterzeichnet ohne die Erklärung genau zu lesen.

189 BT-Drs. 14/4987, S. 22.

190 Palandt/*Heinrichs*, § 126a Rn. 5 spricht von einer *„umständlichen Prozedur"*.

zu fördern:[191] Denn besonders in den Fällen, in denen der Rechtsverkehr – oder auch nur ein abgegrenzter Kreis Dritter – ein erhöhtes Interesse an Inhalt und Aussteller der Erklärung haben, müssen diese Funktionen möglichst weitgehend gewährleistet werden. Auch der Gesetzgeber führt aus, dass auf die eigenhändige Unterschrift dann eher verzichtet werden könne, wenn kein besonderes Interesse eines Beteiligten oder gar eines Dritten an der Fälschung der Erklärung ersichtlich sei.[192] Im Hinblick auf die Rechtssicherheit ist jedoch zu beachten, dass eine Verschärfung der Formerfordernisse durchaus nicht immer der Rechtssicherheit dient. Das ist insbesondere dann zweifelhaft, wenn Anforderungen aufgestellt werden, die sich aus der gesetzlichen Regelung nicht ohne weiteres ablesen lassen.[193] Für die Warnfunktion hingegen kommt der Rechtssicherheit keine maßgebliche Bedeutung zu, da jene Funktion in erster Linie auf die Parteien abzielt.

2. Einfluss der Bedeutung der Rechtsfolgen

Daneben gilt, dass dem jeweiligen Formzweck eine desto maßgeblichere Bedeutung zukommt, je schwerwiegender die Rechtsfolge ist, die an die Handlung oder Erklärung geknüpft und je verbindlicher die Erklärung ist. Wenn die formbedürftige Handlung keine oder nur unerhebliche bzw. leicht wieder rückgängig zu machende Rechtsfolgen mit sich bringt, verlieren sämtliche Formzwecke an Bedeutung. So wird mit einer Formanordnung insbesondere dann eine Warnfunktion verfolgt, wenn der Erklärende davor geschützt werden soll, unüberlegt erhebliche Rechtsfolgen herbeizuführen. Auch haben beispielsweise beide Seiten ein erhöhtes Bedürfnis nach leichterer Beweisbarkeit, wenn von der dem Formerfordernis unterliegenden Erklärung der Eintritt einer Rechtsfolge abhängt.[194] Einen ähnlichen Weg verfolgen auch *Gotthardt/Beck*, die als Wertungskriterien zur Bestimmung der Reichweite von Formvorschriften ausführen, dass die Qualität der Rechtfolgen maßgeblich sei: *„Je erheblicher sie ausfallen, desto eher spricht dies für eine höhere Formstrenge.“*[195] Führt also die Untersuchung der Rechtswirkungen der formbedürftigen Handlung zu der Feststellung, dass diese keine

---

191 Als übergeordnetes Wertungskriterium ziehen die Rechtssicherheit auch heran: *Gotthardt/Beck*, NZA 2002, 876, 878; auf die nicht zu unterschätzende Beweisfunktion und die daraus resultierende Stärkung der Rechtssicherheit weisen insbesondere hin: *Müller-Glöge/v. Senden*, AiB 2000, 199, 199.

192 BT-Drs. 14/4987, S. 18.

193 Hierauf weist hin: BAG AP Nr. 1 zu § 1 KSchG 1969 Namensliste [II 1d)]

194 *Gotthardt/Beck*, NZA 2002, 876, 879 weisen darauf hin, dass die mit der Unterschrift gewollte Warnfunktion stärker im Vordergrund steht, wenn die Rechtsfolgen erheblich sind und die Erklärung rechtlich verbindlich ist.

195 *Gotthardt/Beck*, NZA 2002, 876, 879; ähnlich auch AnwK/*Noack*; § 126b Rn. 3.

besondere Bedeutung hat, sind im Hinblick auf die einzuhaltende Form weniger strenge Vorgaben zu machen.

3. Schutzrichtung

Bei der teleologischen Auslegung ist schließlich zu berücksichtigen, welche Schutzrichtung die Formzwecke verfolgen. Diese können nämlich dazu dienen, die unmittelbar Beteiligten, also Erklärenden und Erklärungsempfänger zu schützen, sie können aber auch das Ziel haben, bestimmte Dritte oder gar den gesamten Rechtsverkehr zu schützen. Ein prominentes Beispiel für die Schutzfunktion der Form Dritten gegenüber ist § 566 BGB a. F., dessen Formanordnung nach ganz überwiegender Ansicht in erster Linie den Zweck verfolgte, es dem Grundstückserwerber zu erleichtern, sich über den Umfang der auf ihn übergehenden Bindungen zu informieren.[196] Auch zum Formgebot in § 15 Abs. 4 GmbHG wird davon ausgegangen, dass dieses nicht dem Schutz der an dem Rechtsgeschäft Beteiligten dient, sondern den „Markt" vor dem schwunghaften Handel mit Geschäftanteilen schützen soll.[197]

---

196 BGHZ 136, 357, 370; BGH NJW 2003, 1248, 1249; für §§ 550, 578 BGB: Erman/*Palm*, § 125 Rn. 1.

197 BGHZ 127, 129, 135 m. w. N.; *Harke*, WM 2004, 357, 358.

3. Teil: Teleologische Auslegung der einzelnen Schriftformvorschriften des BetrVG

§ 5 Die Schriftform der betriebsverfassungsrechtlichen Vereinbarungen und des Spruchs der Einigungsstelle

A. Überblick über die Schriftformvorschriften

I. Die Formanordnungen für Betriebs- und Gruppenvereinbarung, Interessenausgleich, Sozialplan sowie den Spruch der Einigungsstelle

Das BetrVG schreibt für den Abschluss der ausdrücklich geregelten betriebsverfassungsrechtlichen Vereinbarungen die Schriftform vor. Die Formulierung lautet dabei jeweils, die Vereinbarungen seien *„schriftlich niederzulegen"* und von *„beiden Seiten"* (gemeint sind Betriebsrat und Arbeitgeber bzw. Unternehmer) bzw. zusätzlich dem Einigungsstellenvorsitzenden *„zu unterzeichnen"* bzw. *„zu unterschreiben"*. Dieses Formerfordernis wird folglich für die Betriebsvereinbarung (§ 77 Abs. 2 S. 1 und S. 2)[198], die Gruppenvereinbarung (§ 28a Abs. 2 S. 1 und 2 i. V. m. § 77 Abs. 2 BetrVG), den Interessenausgleich (§ 112 Abs. 1 S. 1 und § 112 Abs. 3 S. 3) sowie den freiwilligen Sozialplan (§ 112 Abs. 1 S. 2 i. V. m. § 112 Abs. 1 S. 1 und § 112 Abs. 3 S. 3) postuliert.[199] Die in § 112 Abs. 1 S. 1 BetrVG statuierte Schriftform erstreckt sich auch auf die Namensliste, da diese gemäß § 1 Abs. 5 KSchG (bzw. § 125 Abs. 1 InsO, wenn es sich um eine Einigung zwischen Insolvenzverwalter und Betriebsrat handelt) *in* einem Interessenausgleich niedergelegt sein muss. Die Einhaltung einer Form ist auch für Beschlüsse der Einigungsstelle angeordnet. Diese sind gemäß § 76 Abs. 3 S. 4 BetrVG schriftlich niederzulegen, (nur) vom Vorsitzenden zu unterschreiben und Arbeitgeber und Betriebsrat zuzuleiten. Diese Form ist auch dann anstelle der in § 77 Abs. 2 S. 1 und S. 2 BetrVG festgelegten einzuhalten, wenn der

---

198 Im Hinblick auf dieses Schriftformgebot sei darauf hingewiesen, dass dieses sich nur auf den normativen Teil einer derartigen Vereinbarung und nicht auf etwaige daneben bestehenden schuldrechtlichen Abreden bezieht, wobei hier offen bleiben kann, ob derartige schuldrechtliche Vereinbarungen überhaupt Bestandteil einer Betriebsvereinbarung sein können.

199 Für den Sozialplan wird die Formanordnung also nicht eigenständig, sondern lediglich durch Verweis auf die für den Interessenausgleich geltende Form geregelt.

Spruch der Einigungsstelle eine Betriebsvereinbarung darstellt, § 77 Abs. 2 S. 2 2. HS.[200]

Entsprechende Formerfordernisse finden sich in den vergleichbaren Regelungen im BPersVG, etwa für Dienstvereinbarungen, die gemäß § 73 Abs. 1 BPersVG ebenfalls schriftlich niederzulegen und von beiden Seiten zu unterzeichnen sind. Auch für Richtlinien und Vereinbarungen, die Arbeitgeber und Sprecherausschuss für leitende Angestellte über den Inhalt, den Abschluss und Beendigung von Arbeitsverhältnissen abschließen können, schreibt § 28 Abs. 1 SprAuG eine *„schriftliche"* Vereinbarung vor. Die nachfolgenden Ausführungen gelten für diese Vorschriften entsprechend.

II. Formfreiheit der Regelungsabrede

Neben den ausdrücklich geregelten Vereinbarungen sind – wie § 77 Abs. 1 S. 1 BetrVG sowie die §§ 37 Abs. 6 S. 6, 44 Abs. 2 S. 2 und 76 Abs. 2 S. 3 BetrVG zeigen – auch andere verbindliche Vereinbarungen zwischen dem Arbeitgeber und dem Betriebsrat, sogenannte Regelungsabreden, zulässig.[201] Nach ganz überwiegender Meinung sind derartige Vereinbarungen formfrei gültig.[202] Die Richtigkeit dieser Ansicht ergibt sich aus einem *e contrario* Schluss aus § 77 Abs. 2 BetrVG, der die Schriftform nur für die Betriebsvereinbarung anordnet. Auch die systematische Stellung dieses Formgebots, nämlich nach Absatz 1, der eine allgemeine Regelung für Vereinbarungen darstellt, zeigt, dass sich das Formgebot nur auf Betriebsvereinbarungen bezieht. Richtiger Ansicht nach gilt diese Formfreiheit für sämtliche Regelungsabreden unabhängig von ihrem Inhalt. Zwar gehen einige Stimmen im Schrifttum davon aus, dass auch für Regelungsabreden die Schriftform eingehalten werden müsse, wenn sich Arbeitgeber und Betriebsrat gegenüber der Belegschaft zu einem bestimmten Handeln verpflichten.[203] Insoweit handele es sich um einen Vertrag zugunsten Dritter, der in seiner praktischen Wirkung einer Betriebsvereinbarung gleichstehe.[204] Diese Argumentation überzeugt jedoch nicht: Zunächst ist nicht ersichtlich, warum aus der Annahme, es handele sich um einen Vertrag mit Wirkung zugunsten Dritter, ein Formgebot folgen soll. Das BGB sieht in § 328 BGB keine Form vor. Darüber hinaus hat das BAG auch überzeugend dargelegt, dass zweifelhaft sei, ob Arbeit-

200 HSWG/*Worzalla*, § 77 Rn. 122.
201 Siehe nur GK/*Kreutz*, § 77 Rn. 8 m. w. N.
202 *Adomeit*, S. 78; DKK/*Berg*,, § 77 Rn. 79; ErfK/*Kania*, § 77 BetrVG Rn. 134; *Fitting*, § 77 Rn. 218; *Hromadka*, Betriebsverfassung, S. 86; *Neumann-Duesberg, S. 409; Peterek*, S. 471, 474; Richardi/*Richardi*, § 77 Rn. 227; *Straßner*, S. 28.
203 GK/*Kreutz*, § 77 Rn. 13; *Hanau*, RdA 1989, 207, 209.
204 *Hanau*, ebenda.

geber und Betriebsrat überhaupt Verträge zugunsten der Arbeitnehmer abschließen dürfen. Denn das BetrVG habe für Regelungen zugunsten der Arbeitnehmer, mit denen diesen ein eigenständiges Durchsetzungsrecht verliehen werden soll, das Instrument der Betriebsvereinbarung vorgesehen, sodass für die Zulässigkeit einer weitgehend gleichlaufenden Regelung über § 328 BGB keine Anhaltspunkte und auch kein Bedürfnis bestünden.[205]

Ob auch Arbeitsgruppen im Rahmen der ihr übertragenen Aufgaben Regelungsabreden abschließen können oder auf das Instrument der Betriebsvereinbarung beschränkt sind, ist im Schrifttum umstritten,[206] soll hier aber nicht geklärt werden, da das betriebsverfassungsrechtliche Formgebot nach hier vertretender Ansicht jedenfalls nur für diejenigen Vereinbarungen einschlägig ist, die in Form einer Betriebsvereinbarung abgeschlossen werden.

B. Meinungsstand zu dem Inhalt der Schriftformerfordernisse

I. Eigenhändige Unterschrift und Maßgeblichkeit von § 126 BGB sowie von dessen Substituten

Rechtsprechung und Literatur sind sich darüber einig, dass zur Einhaltung der Schriftform bei betriebsverfassungsrechtlichen Vereinbarungen eine eigenhändige Unterschrift der Betriebsparteien erforderlich ist.[207] Diese Anforderung wird teilweise lediglich durch eine Wiederholung des Wortlauts der Formanordnung begründet,[208] teilweise auch unmittelbar an § 126 BGB angeknüpft.[209] Andere

---

205 BAG AP Nr. 11 zu § 77 BetrVG 1972 Tarifvorbehalt [II 2], zustimmend: WP/*Preis*, § 77 Rn. 93.

206 Für eine Beschränkung auf Betriebsvereinbarungen: *Däubler*, AuR 2001, 285, 289; *Löwisch*, BB 2001, 1734, 1741; *Natzel*, DB 2001, 1362, 1363; für die Zulässigkeit von Regelungsabreden: *Raab*, NZA 2002, 474, 479.

207 BAG AP Nr. 60 zu Art. 9 GG Arbeitskampf [3a)]; BAG AP Nr. 58 zu Art 9 GG Arbeitskampf [3a)].

208 *Betriebsvereinbarung:* LAG Berlin DB 1991, 2593, 2593; *Beckschulze/Henkel*, DB 2001, 1491, 1502; Erman/*Palm*, § 126 Rn. 12; *Fitting*, § 77 Rn. 21; HaKo-BetrVG/*Lorenz*, § 77 Rn. 12; Schaub/*Koch*, § 231 Rn. 13 verweist auf § 125 I 1 BGB; *Thannheiser*, AiB 1999, 315, 316; *Interessenausgleich:* BAG AP Nr. 27 zu § 113 BetrVG 1972 [II 2a)]; DKK/*Däubler*, §§ 112, 112a Rn. 10; HaKo-BetrVG/*Steffan*, §§ 112, 112a Rn. 10; HSWG/*Hess*, § 112 Rn. 14; Schaub/*Koch* ArbR-Hdb, § 244 Rn. 36; unklar *Kohte*, BB 1998, 946, 947, der lediglich „Schriftform" verlangt; *Sozialplan:* DKK/*Däubler*, §§ 112, 112a Rn. 27; HSWG/*Hess*, § 112 Rn. 85 (zu Sozialplan vor Einigungsstelle); Schaub/*Koch*, § 244 Rn. 58.

209 *Betriebsvereinbarung:* BAG AP Nr. 60 zu Art. 9 GG Arbeitskampf [3a)]; AP Rn. 18 zu § 77 BetrVG 1972 [a)]; DKK/*Berg*, § 77 Rn. 30; ErfK/*Kania*, § 77

Vertreter des Schrifttums betonen hingegen die Eigenständigkeit der hier untersuchten Formanordnungen.[210] Ebenso ist einhellige Meinung, dass sich das Formerfordernis auch auf die Namensliste zum Interessenausgleich erstrecke.[211] Schließlich wird auch allgemein angenommen, dass der Spruch der Einigungsstelle von deren Vorsitzenden eigenhändig unterschrieben werden müsse.[212]

Eine mit dem Unterschriftserfordernis zusammenhängende Frage ist es, ob beide Unterschriften auf derselben Urkunde geleistet werden müssen. Eine unmittelbare Anknüpfung an § 126 BGB würde es nahe legen, auch Absatz 2 Satz 2 dieser Vorschrift anzuwenden, wonach es bei einem Vertrag ausreicht, wenn von mehreren gleich lautenden Urkunden jede Partei nur das für die jeweils andere Partei bestimmte Exemplar unterzeichnet. Diesen Schritt vollziehen jedoch auch diejenigen Vertreter nicht mit, die § 126 BGB für maßgeblich halten. Recht einhellig wird gefordert, dass sich die Unterschriften beider Betriebsparteien auf einem Originaldokument befinden müssten.[213] So soll etwa eine Unterschrift des Unternehmers auf einer Kopie des Betriebsratsbeschlusses, der die Vereinbarung wiedergibt, nicht ausreichen.[214] Hingegen soll es genügen, dass sich beide Unterschriften unter einem Protokoll über Verhandlungen zwischen Arbeitgeber und Betriebsrat befinden, wenn der Inhalt der Einigung in diesem Protokoll enthalten ist.[215] Zur Begründung der Forderung nach beiden Unterschriften auf dem Originaldokument werden unterschiedliche Argumente angeführt. Teilweise wird ver-

---

BetrVG Rn. 21; *Frauenkron*, § 77 Rn. 11; GK/*Kreutz*, § 77 Rn. 44; *Herschel*, BB 1963, 1220, 1221; HSWG/*Worzalla*, § 77 Rn. 118 (hier wird zwar auf „§ 125 Abs. 1 BGB" verwiesen, gemeint ist aber wohl § 126 BGB; *Raab*, NZA 2002, 474, 481 für Gruppenbetriebsvereinbarungen); *Interessenausgleich:* BAG AP Nr. 13 zu § 113 BetrVG 1972 [I 3]; AP Nr. 1 zu § 1 KSchG 1969 Namensliste [II 1a)]; EzA Nr. 10 zu § 1 KSchG Interessenausgleich [B I 3d)]; AP Nr. 1 zu § 112 BetrVG Namensliste [C III 4a)]; Richardi/*Annuß*, § 112 Rn. 27; *Teubner*, BB 1974, 982, 984, WP/*Preis/Bender*, §§ 112, 112a Rn. 13; *Sozialplan: Wolff*, S. 107.

210 *Düwell*, NZA 1988, 866, 869 und Fn 24; GK/*Oetker*, §§ 112, 112a Rn. 34; Raab, FS-Konzen, S. 719, 734; Richardi/*Richardi*, § 77 Rn. 33.

211 DKK/*Däubler*, §§ 112, 112a Rn. 18b; *Fitting*, §§ 112, 112a, Rn. 21e, 66; *Gaul, B.*, BB 2004, 2686, 2687.

212 GK/*Kreutz*, § 76 Rn. 117; *Hennige*, S. 184 (nur Wiederholung des Gesetzeswortlauts); Richardi/*Richardi*, § 76 Rn. 108; *Wiesemann*, S. 36

213 für *Betriebsvereinbarung:* BAG AP Nr. 60 zu Art. 9 GG Arbeitskampf [3a)]; AP Nr. 58 zu Art 9 GG Arbeitskampf [3a)]; AP Rn. 18 zu § 77 BetrVG 1972 [a)]; ErfK/*Kania*, § 77 BetrVG Rn. 21; DKK/*Berg*, § 77 Rn. 30; *Fitting*, § 77 Rn. 21; GK/*Kreutz*, § 77 Rn. 44; *Hoyningen-Huene, v.* DB 1984, Beilage Nr. 1, 1, 2; HSWG/*Worzalla*, § 77 Rn. 118; Richardi/*Richardi*, § 77 Rn. 38; für *Interessenausgleich*: GK/*Oetker*, §§ 112, 112a Rn. 34; *Teubner*, BB 1974, 982, 984.

214 LAG Berlin DB 1991, 2593, 2593.

215 BAG AP Nr. 7 zu § 59 BetrVG [Bl. 1470]; HSWG/*Worzalla*, § 77 Rn. 119.

treten, für die Betriebsvereinbarung folge aus der Auslegungspflicht nach § 77 Abs. 2 S. 3 BetrVG, dass sich beide Unterschriften auf einem Dokument befinden müssten.[216] Nach *Oetker* ergibt sich die Unanwendbarkeit von § 126 Abs. 2 S. 2 BGB daraus, dass Betriebsvereinbarung und Interessenausgleich durch einen *„konsensualen Einigungsprozess"* zustande kämen.[217] Überwiegend wird jedoch auf die Interessenlage abgestellt: Im Interesse der Arbeitnehmer müsse klargestellt sein, ob eine Betriebsvereinbarung abgeschlossen worden sei und welchen Inhalt sie habe.[218] Soweit ersichtlich gehen nur *Hohenstatt* und *Weigle* davon aus, dass das Formerfordernis auch dann erfüllt werde, wenn jede Betriebspartei die für die jeweils andere Betriebspartei bestimmte Urkunde unterzeichnet und übergibt.[219] Dieses recht einhellige Meinungsbild steht im Gegensatz zu der zur Schriftformanordnung des § 1 Abs. 2 TVG vertretenen Ansicht. Zur Erfüllung dieser Form wird es überwiegend als ausreichend erachtet, wenn mehrere gleichlautende Urkunden erstellt werden und jede Tarifvertragspartei nur die Urkunde unterzeichnet, die für die andere Partei bestimmt ist.[220]

Uneinigkeit herrscht im Schrifttum darüber, ob die Schriftform der formbedürftigen Einigungen jeweils durch die elektronische Form nach § 126a BGB ersetzt werden könne. Teilweise wird die elektronische Form ohne Angabe einer gesonderten Begründung für ausreichend erachtet.[221] Überwiegend jedoch wird auf §§ 126 Abs. 3, 126a BGB hingewiesen.[222] Auch unter denjenigen Vertretern, die die elektronische Form ablehnen, wird teilweise auf Argumente ganz verzichtet;[223] die Argumente, die sich bei anderen Vertretern des Schriftums finden, sind ganz unterschiedlicher Art: *Richardi* begnügt sich damit, die Anwendbarkeit

216 ErfK/*Preis*, §§ 125-127 BGB Rn. 22; GK/*Kreutz*, § 77 Rn. 44.

217 *Oetker*, Anm. zu BAG AP Nr. 118 zu § 99 BetrVG 1972 [III 1b)].

218 BAG AP Nr. 58 zu Art 9 GG Arbeitskampf [3a)]; LAG Berlin DB 1991, 2593, 2593; ErfK/*Kania*, § 77 BetrVG Rn. 21 stellt auf das Drittinteresse an der Erkennbarkeit des Abschlusses einer Vereinbarung ab; Richardi/*Richardi*, § 77 Rn. 38.

219 *Hohenstatt*, NZA 1998, 846, 851, allerdings verweist er nur pauschal auf § 126 Abs. 2 BGB, ohne speziell zur Anwendbarkeit von S. 2 Stellung zu nehmen; *Weigl*, S. 207.

220 Implizit: BAG AP Nr. 12 zu § 4 TVG Geltungsbereich [II]; AP Nr 14 zu § 1 BAT-O [II 2a)]; Däubler/*Reim*, § 1 Rn. 143; Kempen/Zachert/*Zachert*, § 1 Rn. 765; *Reinermann*, S. 46; Schaub/*Schaub*, § 199 Rn. 27; kritisch: Wiedemann/*Thüsing*, § 1 Rn. 311.

221 ErfK/*Preis*, §§ 125-127 BGB Rn. 27, *Gotthardt/Beck*, NZA 2002, 876, 882.

222 ErfK/*Kania*, § 77 BetrVG Rn. 21; GK/Kreutz, § 77 Rn. 44; HSWG/*Worzalla*, § 77 Rn. 118; WP/*Preis*, § 77 Rn. 8; für den Tarifvertrag: Däubler/*Reim*, § 1 TVG Rn. 144; ErfK/*Franzen*, § 1 TVG Rn. 29; *Löwisch/Rieble*, § 1 Rn. 538, wo ausgeführt wird, dass die Tarifvertragsparteien ein jeweils gleich lautendes elektronisches Dokument mit einer qualifizierten elektronischen Signatur versehen müssten.

223 Richardi/*Annuß*, § 112 Rn. 27, 78, 237; WP/*Preis/Bender*, §§ 112, 112a Rn. 13.

von § 126 Abs. 3 BGB unter Verweis auf den eigenständigen Inhalt der Formanordnungen zu bestreiten.[224] *Schaub* vertritt, dass sich die elektronische Form mit dem Formzweck der Normenklarheit nicht vereinbaren lasse.[225] *Raab* verweist darauf, dass für § 126a BGB Arbeitgeber und Betriebsrat gleich lautende Dokumente elektronisch signieren müssten und dabei nur der jeweilige Empfänger in der Lage sei, die Echtheit zu überprüfen. Dies sei vor allem im Hinblick auf das Publizitätserfordernis nicht ausreichend.[226] Ähnlich argumentiert *Oetker,* der die elektronische Form ausschließt, weil eine von beiden Seiten unterzeichnete Originalurkunde erforderlich sei.[227]

Nur vereinzelt finden sich Stellungnahmen zu der Frage, ob die eigenhändige Unterschrift im Sinne des § 126 Abs. 4 BGB durch die notarielle Beurkundung ersetzt werden kann. *Oetker* verneint diese Möglichkeit für den Interessenausgleich mit dem Hinweis darauf, dass § 126 Abs. 4 BGB nicht auf das Formerfordernis für betriebsverfassungsrechtliche Vereinbarungen übertragbar sei.[228]

II. Äußere Gestaltung und Einheitlichkeit der Urkunde

Im Hinblick auf die äußere Form der Vereinbarungen herrscht Einigkeit darüber, dass für die Einhaltung der Schriftform nicht erforderlich sei, diese in gesonderten Urkunden niederzulegen und mit entsprechenden Überschriften zu versehen.[229] Sofern die Betriebspartner sich etwa ohne Vorbehalt über den Ausgleich wirtschaftlicher Nachteile vor Durchführung einer Betriebsänderung einigen, also inhaltlich einen Sozialplan abschließen, sei darin regelmäßig auch die Einigung darüber zu sehen, dass eben diese Betriebsänderung durchgeführt werden kann.[230] In diesem Fall sei es Formalismus zu verlangen, dass der Interessenausgleich noch einmal ausdrücklich schriftlich niedergelegt wird.[231]

Auch im Hinblick auf Urkunden, die aus mehreren Blättern bestehen, herrscht im Anschluss an die Rechtsprechung des BGH zur Form des § 126 BGB weitgehend Einigkeit. Die Zusammengehörigkeit der einzelnen Blätter müsse sich aus den Umständen erkennen lassen, also entweder durch eine körperliche Verbindung oder durch andere Gestaltungsmerkmale wie beispielsweise fortlaufende

---

224 Richardi/*Richardi,* § 77 Rn. 33; ähnlich: Richardi/*Annuß,* § 112 Rn. 78 (keine Begründung).
225 Für den Tarifvertrag: Schaub/*Schaub,* § 199 Rn. 27.
226 FS-Konzen, S. 719, 734.
227 GK/*Oetker,* §§ 112, 112a Rn. 34.
228 Ebd.
229 BAG AP Nr. 27 zu § 113 BetrVG [II 2b)]; DKK/*Berg,* § 77 Rn. 32a.
230 ErfK/*Kania,* §§ 112, 112a BetrVG Rn. 5; *Fitting,* §§ 112, 112a Rn. 27.
231 So: BAG AP Nr. 27 zu § 113 BetrVG [II 2b].

Paginierung, Nummerierung der Seiten bzw. der Bestimmungen oder einheitliche grafische Gestaltung. In diesen Fällen decke die Unterzeichnung am Ende des Dokuments die gesamte Urkunde ab, womit Unterschriften auf jedem einzelnen Blatt verzichtbar seien.[232] Dieser Auffassung ist das BAG für die äußere Form der Urkunden über Vereinbarungen gefolgt[233] auch die Literatur stimmt dieser Auffassung zu.[234]

Nicht abschließend geklärt sind hingegen jene Fälle, in denen sich der genaue Inhalt der Urkunde erst durch Hinzuziehung einer weiteren Urkunde bestimmen lässt.[235] Dabei geht es darum, wie Haupturkunde und etwaige nicht selbst formgerechte Anlagen zu einer einheitlichen Urkunde verbunden sein müssen, sowie um das Problem der Verweisungen in einer betriebsverfassungsrechtlichen Vereinbarung auf andere Urkunden.

1. Anlagen

Das Problem der Anlagen wird in der Praxis regelmäßig beim Interessenausgleich mit Namensliste virulent, da die Namensliste häufig nicht unmittelbar im Interessenausgleich selbst enthalten, sondern diesem als Anlage beigefügt ist. Darüber hinaus hat die Nichteinhaltung der Form in diesem Fall (besonders für den Arbeitgeber) auch unerwünschte Auswirkungen, da nicht formgerechte Namenslisten die in § 1 Abs. 5 KSchG und § 125 Abs. 1 InsO statuierte Vermutungswirkung nicht herbeizuführen vermögen.[236]

---

232 BGHZ 136, 357, 369; BGH NJW 1997, 2182, 2183 (für den für § 34 GWB a. F. geltenden Formzweck der Kontrollfunktion); 1998, 58, 60; 1999, 1104, 1105; für die Beibehaltung der körperlichen Verbindung bei Mietverträgen: *Schlemminger,* NJW 1992, 2249, 2253.

233 Für die *Betriebsvereinbarung*: BAG AP Nr. 18 zu § 77 BetrVG 1972 [a)] führt aus, dass es für eine Gesamturkunde genüge, wenn mehrere Blätter zusammengehörten und auch äußerlich erkennbar eine Einheit bildeten, diese Voraussetzung werde jedenfalls durch eine Heftklammer und das Bestehen eines Sinnzusammenhangs erfüllt; für den *Interessenausgleich*: BAG AP Nr. 1 zu § 1 KSchG 1969 Namensliste [II 1b) ff.]; für den *Tarifvertrag:* AP Nr. 1 zu § 3 BetrVG 1972 [B I 2] mit einer zustimmenden Anm. von *Kort.*

234 DKK/*Berg,* § 77 Rn. 30; ErfK/*Kania,* § 77 BetrVG Rn. 21; *Fitting,* § 77 Rn. 21; HSWG/*Worzalla,* § 77 Rn. 119

235 Hierzu und zur Abgrenzung dieses Falls zu dem oben behandelten Fall der mehrblättrigen Urkunde: MüKo-BGB/*Einsele,* Bd. 1, § 126 Rn. 8.

236 ErfK/*Ascheid/Oetker,* § 1 KSchG Rn. 517; *Gaul, B.,* BB 2004, 2686, 2687; GK/*Oetker,* §§ 112, 112a Rn. 43; KR/*Etzel,* § 1 KSchG Rn. 742a; *Kraft,* Anm. zu BAG EzA Nr. 6 zu § 1 KSchG Interessenausgleich, S. 11.

Einigkeit besteht insoweit, als es grundsätzlich zulässig sein soll, dass die Namensliste in einem Anhang enthalten ist.[237] Dabei wird es für ausreichend erachtet, wenn die Namensliste selbst ebenfalls von den Betriebsparteien unterzeichnet ist und durch Verweisungen klargestellt wird, dass die Anlage Teil des Interessenausgleich sein soll.[238] Schwierigkeiten treten auf, wenn die Namensliste (oder eine andere Anlage) nicht selbst unterzeichnet ist. Denn in diesem Fall ist sie nicht formgerecht, darüber hinaus hat auch die Unterschrift unter den Interessenausgleic keine Deckungswirkung, da sie nicht die gesamte Vereinbarung räumlich abschließt. Bislang ganz herrschende Meinung ist ein strenges Verständnis der Forderung nach einer einheitlichen Urkunde: Die Haupturkunde müsse auf die ergänzende Urkunde Bezug nehmen und mit dieser so zusammengefügt sein, dass eine endgültige Verbindung bestehe, die nur durch teilweise Substanzzerstörung oder Gewaltanwendung wieder aufgehoben werden könne, wobei sich im Laufe der Zeit allerdings herauskristallisiert hat, dass eine Heftklammer genüge.[239] Dementsprechend hat das BAG die lose Zusammenführung mehrerer Seiten in einer Klarsichthülle für nicht ausreichend erachtet.[240] In einer jüngeren Entscheidung stellt das BAG ausdrücklich darauf ab, dass diese Verbindung im Zeitpunkt der Unterzeichnung bestehten müsse.[241]

Ob diese Auslegung jedoch auch weiterhin herrschend sein wird, ist zweifelhaft. Denn zu Wahlvorschlägen hat das BAG inzwischen entschieden, dass für

---

237 BAG AP Nr. 1 zu § 1 KSchG 1969 Namensliste [II 1b)]; EzA Nr. 10 zu § 1 KSchG Interessenausgleich [B I 3d)]; AP Nr. 1 zu § 112 BetrVG 1972 Namensliste [C III 4a)].

238 AP Nr. 1 zu § 112 BetrVG 1972 Namensliste [C III 4a)]; ähnlich generell für § 126: BGHZ 42, 333, 338; BGH NJW-RR 1988, 201, 202; 1990, 270, 271; 1992, 654, 655; NJW 1998, 58, 60; 1999, 1104, 1105; KG NJW-RR 1998, 943, 943.

239 BAG AP Nr. 18 zu § 77 BetrVG 1972 [a)]; AP Nr. 1 zu § 112 BetrVG 1972 Namensliste [C III 4a)]; LAG Hamm, 10.3.2000, 10 Sa 1843/99, redaktionelle Leitsätze in: ZInsO 2000, 467, 467; 6.7.2000, 4 Sa 233/00, redaktionelle Leitsätze in: ZinsO 2001, 336, 336, ArbG Hannover BB 1997, 2167, 2167; ArbG Bochum AuR 1998, 123, 123; Backmeister/Trittin/Mayer/*Mayer*, § 1 KSchG Rn. 435; DKK/*Berg*, § 77 Rn. 30; ErfK/*Ascheid/Oetker*, § 1 KSchG Rn. 516; ErfK/*Kania*, § 77 BetrVG Rn. 23; *Fitting*, §§ 112, 112a Rn. 66; GK/*Kreutz*, § 77 Rn. 45; GK/*Oetker*, §§ 112, 112a Rn. 43; *Hohenstatt*, NZA 1998, 846, 851; HSWG/Worzalla, § 77 Rn. 119; *Kohte*, BB 1998, 946, 948; *Kort*, Anm. zu BAG AP Nr. 1 zu § 3 BetrVG 1972 [III]; *Perreng*, AiB 2004, 13, 14; *Plander*, EWiR § 1 KSchG 4/98, 1041, 1042; unklar: ArbG Kiel – 6.3.98 – 4 Ca 2458a/97 [II 1c)], juris, das lediglich eine „Beifügung“ verlangt, ohne diesen Begriff näher zu erläutern; generell für § 126 BGB: BGHZ 40, 255, 263; MüKo-BGB/*Einsele*, Bd. 1, § 126 Rn. 8.

240 Urteil vom 20.5.99, 2 AZR 278/98. [IV 1b)], juris, redaktionelle Leitsätze in ZinsO 2000, 351, 351.

241 BAG AP Nr. 80 zu § 1 KSchG 1969 [B IV 1 e)bb)(3)].

die erforderliche Einheitlichkeit der Urkunde eine körperliche Verbindung zwischen der Bewerberliste und der Liste der Stützungsunterschriften nicht zwingend geboten sei, sondern sich diese Einheit auch aus anderen äußeren Umständen ergeben könne.[242] Da es hier wie dort darum geht, dass eine Liste mit Namen mit einer anderen Urkunde verbunden ist, stellt sich die Frage, ob diese Rechtsprechung nicht auch für den Interessenausgleich mit Namensliste relevant ist.

2. Verweisungen

Eine weitere strittige Frage sind Verweisungen in betriebsverfassungsrechtlichen Vereinbarungen, also die Inbezugnahme einer nicht von den Betriebsparteien selbst vereinbarten und niedergelegten Regelung. Ein Formproblem stellt sich dann, wenn diese Regelung nicht als Teil der Urkunde, die die Vereinbarung enthält, beigefügt ist, also die Unterschriften der Betriebsparteien sich nicht auf dieses Regelungswerk beziehen. Von dem oben dargestellten Problem unterscheidet sich das Problem der Verweisungen dadurch, dass die in Bezug genommenen Regelwerke meist bereits formgerecht existieren und anderweitig zugänglich sind – beides Gesichtspunkte, die für die Anlagen zu betriebsverfassungsrechtlichen Vereinbarungen nicht in allen Fällen gelten.

Zu § 126 Abs. 1 BGB wird allgemein vertreten, dass Verweisungen dieser Art nicht zulässig seien, da sich so wesentliche Vertragsinhalte nur anhand außerhalb der Urkunde liegender Umstände feststellen ließen (Prinzip der Einheitlichkeit der Urkunde).[243] Anders beurteilen Rechtsprechung und Literatur diese Frage für die Form der betriebsverfassungsrechtlichen Vereinbarungen: Überwiegend werden nämlich Verweisungen auf andere abstrakte Regelungen, die der Vereinbarung nicht beigefügt sind, in weitem Umfang für zulässig gehalten.[244] So hat das BAG Verweisungen in Tarifverträgen unter dem Gesichtspunkt des Schriftformerfordernisses auf einschlägige abstrakte Regelungen, wie Richtlinien[245],

242 BAG AP Nr. 2 zu § 14 BetrVG 1972 [B II 1a)]; dazu ausführlich in § 9 zu den Formvorschriften bei der Betriebsratswahl.

243 RGZ 136, 424; BGHZ 40, 255, 262; BGH NJW 1964, 1851, 1852; NJW 1992, 1448, 1449; NJW-RR 1994, 778, 779; NJW 2003, 1248, 1248; Bamberger/Roth/*Wendtland*, § 126 Rn. 5.

244 Die Frage der Zulässigkeit von Verweisungen wird hier nur unter dem Gesichtspunkt des Formgebots diskutiert. Nicht behandelt wird die Zulässigkeit der Verweisungen in einer Betriebsvereinbarung auf einen Tarifvertrag im Hinblick auf § 77 Abs. 3 BetrVG.

245 BAGE 7, 220, 221; AP Nr. 10 zu § 1 TVG Tarifverträge Bundesbahn [II 2a)].

Rechtsvorschriften[246] oder andere Tarifverträge[247] für zulässig erklärt. Es hat dabei ausdrücklich darauf abgestellt, dass Irrtümer über Art und Ausmaß der in Bezug genommenen Regelungen ausgeschlossen seien, da diese ebenfalls schriftlich niedergelegt seien.[248] Folgerichtig wurde die Bezugnahme in einer Betriebsvereinbarung auf eine Gesamtzusage für formgerecht erklärt.[249] Bei eindeutigen Bezugnahmen wird nicht nur darauf verzichtet, dass die in Bezug genommenen Regelungen unterzeichnet sind, sondern sogar darauf, dass diese der Vereinbarung beigefügt werden.[250] Das Schrifttum folgt dieser Rechtsprechung weitgehend.[251] *Hertel* begründet seine Zustimmung damit, dass diese Rechtsprechung keine Abweichung von dem für die Schriftform nach § 126 BGB geltenden Grundsatz sei, da es sich nicht um eine Bezugnahme auf eine andere Urkunde handele, sondern um die Bezugnahme auf eine allgemeine Rechtsnorm.[252] *Herschel* hingegen hält Verweisungen für zulässig, weil das Schriftformerfordernis nicht Erklärungen erfasse, die außerhalb der Betriebsvereinbarung stünden.[253] Überwiegend wird jedoch auf den Formzweck abgestellt; die mit der Formanordnung verfolgte Klarstellungsfunktion könne auch bei einer zweifelsfreien Verweisung erreicht werden.[254] Kritik an dieser Auffassung ist recht vereinzelt geblieben und wird damit begründet, dass die Informationsmöglichkeiten der von den Normen Betroffenen durch Verweisungen zu sehr eingeschränkt würden. Das gelte insbesondere, weil die in Bezug genommenen Regelwerke nicht ebenfalls veröffentlicht werden müssten.[255]

---

246 BAG AP Nr. 14 zu § 5 TVG [2]; AP Nr. 19 zu § 611 BGB Lehrer, Dozenten; AP Nr. 1 zu § 1 TVG Durchführungspflicht.

247 BAG AP Nr. 9 zu § 56 BetrVG [I 1] (zur Schriftform in § 52 Abs. 2 S. 2 BetrVG 1952); BAG AP Nr. 55 zu § 77 BetrVG 1972 unter I 2b); AP Nr. 11 zu § 1 TVG Form.

248 BAG AP Nr. 1 zu § 1 TVG Durchführungspflicht; BAG AP Nr. 9 zu § 59 BetrVG [I 1] (zu § 52 Abs. 2 S. 2 BetrVG 1952); AP Nr. 55 zu § 77 BetrVG 1972 [II 2b); zum *Tarifvertrag:* BAG AP Nr. 14 zu § 56 BetrVG [III 2b)]; AP Nr. 7 zu § 1 TVG Form; BAG AP Nr. 69 zu § 77 BetrVG 1972 (II 1b)aa)].

249 BAG AP Nr. 69 zu § 77 BetrVG 1972 [II 1b)].

250 BAG AP Nr. 14 zu § 56 BetrVG [III 2b)]; AP Nr. 7 zu § 1 TVG Form.

251 DKK/*Berg*, § 77 Rn. 32; ErfK/*Kania*, § 77 BetrVG Rn. 24; *Fitting*, § 77 Rn. 23; GK/*Kreutz*, § 77 Rn. 47; HSWG/*Worzalla*, § 77 Rn. 120; *Müller-Franken*, S. 26; MüHdb-ArbR/*Matthes*, § 328 Rn. 15; *Reinermann*, S. 125, 57; Richardi/*Richardi*, § 77 Rn. 34.

252 Staudinger/*Hertel*, § 126 Rn. 121.

253 BB 1963, 1220, 1222.

254 AP Nr. 7 zu § 1 TVG Form.

255 Jeweils zu Verweisungen im Tarifvertrag: *Buchner*, AR-Blattei, Tarifvertrag V Inhalt C [III 2b)]; *Säcker*, AR Blattei, Tarifvertrag II B Abschluss [IIIc)].

Einen Sonderfall der Verweisungen stellen die sogenannten dynamischen Blankettverweisungen dar. Bei diesen wird nicht auf die zum Zeitpunkt des Abschlusses der Vereinbarung existierende und damit bekannte Fassung eines Regelungswerks verwiesen, sondern vielmehr auf die jeweils gültige Fassung. Hier sind zwei Problemkreise zu unterscheiden. Teilweise wird diese Frage unter der Überschrift der Normsetzungsbefugnis der Betriebsparteien (bzw. der Tarifvertragsparteien) diskutiert und eine dynamische Blankettverweisung für unzulässig erklärt, da darin eine unzulässige Entäußerung der Normsetzungsbefugnis liege.[256] Eine Einschränkung sei allenfalls dann zu machen, wenn zwischen der verweisenden Vereinbarung und der in Bezug genommenen ein enger sachlicher Zusammenhang bestehe, da die Normsetzungsbefugnis auch das Recht umfasse, auf andere Regelungskomplexe zu verweisen, sofern der zu regelnde Bereich in engem sachlichen Zusammenhang stehe.[257] Die zweite Frage ist, ob sich gegen Verweisungen in betriebsverfassungsrechtlichen Vereinbarungen Bedenken unter dem Gesichtspunkt der Formbedürftigkeit ergeben. Teilweise wird insoweit angenommen, dass der Funktion der Schriftform mit einer dynamischen Blankettverweisung nicht Genüge getan werde.[258] *Buchner* hält die Schriftform für nicht gewahrt, da die Parteien das Vereinbarte insoweit nicht handschriftlich unterzeichnet hätten.[259] Schließlich gibt es aber auch Stimmen, die Blankettverweisungen als zulässig ansehen, da bei einer eindeutigen Verweisung das Prinzip der Normenklarheit nicht beeinträchtigt sei.[260] Auch unter dem Gesichtspunkt der Form wird eine dynamische Blankettverweisung einschränkend nur dann für zulässig erklärt, wenn die in Bezug genommene Regelung im Betrieb, Unternehmen oder Konzern abgeschlossen wurde.[261] Übereinstimmung herrscht hingegen wie-

---

256 BAG Nr. 3 zu § 4 TVG Geltungsbereich; AP Nr. 12 zu § 3 TVG Verbandszugehörigkeit; AP Nr. 55 zu § 77 BetrVG 1972 [LS 1 und unter 1]; BAG AP Nr. 30 zu § 77 BetrVG 1972 Betriebsvereinbarung [B II 1]; ohne Begründung: DKK/*Berg*, § 77 Rn. 32; unter Verweis auf die Normsetzungsbefugnis: ErfK/*Kania*, § 77 BetrVG Rn. 24; *Fitting*, § 77 Rn. 24; GK/*Kreutz*, § 77 Rn. 48; Richardi/*Richardi*, § 77 Rn. 35; MüHdb-ArbR/*Matthes*, § 328 Rn. 15.

257 BAG AP Nr. 7 zu § 1 TVG Form [LS 2]; Nr. 8 zu § 1 TVG Form; ebenso HSWG/*Worzalla*, § 77 Rn. 120; Richardi/*Richardi*, § 77 Rn. 35; *Wiedemann/Arnold*, Anm. zu BAG AP Nr. 55 zu § 77 BetrVG 1972 unter 3.

258 Richardi/*Richardi*, § 77 Rn. 35, sofern hier aber Blankettverweisungen dann als zulässig angesehen werden, wenn die in Bezug genommenen Betriebsvereinbarungen im Betrieb, Unternehmen oder Konzern abgeschlossen werden, rückt die Diskussion doch wieder in Richtung der Normsetzungsbefugnis.

259 *Buchner*, AR-Blattei, Tarifvertrag V Inhalt C [III 2b)].

260 BAG AP Nr. 3 zu § 611 BGB Deputat; *Braun*, BB 1986, 1428, 1429; ErfK/*Franzen*, § 1 TVG Rn. 28; *Herschel*, BB 1963, 1220, 1221; HSWG/*Worzalla*, § 77 Rn. 120; *Iffland*, DB 1964, 1737, 1738.

261 Richardi/*Richardi*, § 77 Rn. 35.

der darüber, dass unzulässige Blankettverweisungen auf die jeweils gültige Vorschrift als Verweisung auf die zum Zeitpunkt des Abschlusses der Betriebsvereinbarung gültige Rechtsvorschrift auszulegen und insoweit auch zulässig und rechtswirksam sei.[262] Da die Frage der Normsetzungsbefugnis kein Problem der Schriftform ist, soll sie hier offengelassen und lediglich geklärt werden, ob sich bei dynamischen Blankettverweisungen ein Formproblem stellt.

III. Formbedürftigkeit von Vor-, und Änderungsverträgen sowie der Beendigung

Nicht abschließend geklärt ist auch, ob über den Wortlaut des BetrVG hinaus auch für Vor-, Änderungs- und Aufhebungsverträge zu den hier behandelten Vereinbarungen Formerfordernisse bestehen.

Es finden sich wenige Stellungnahmen dazu, ob Vorverträge zu den betriebsverfassungsrechtlichen Vereinbarungen formbedürftig sind. Für den Tarifvertrag geht die Rechtsprechung davon aus, dass der Vorvertrag nicht dem Schriftformerfordernis unterliege und argumentiert mit dem maßgeblichen Formzweck, nämlich der Klarstellungsfunktion zugunsten der Normunterworfenen, für die der Vorvertrag aber noch keine Rechtswirkungen entfalte. Zugunsten der Tarifvertragsparteien, die sich schuldrechtlich verpflichten, greife dieser Zweck der Form hingegen nicht ein.[263] *Mangen* hingegen geht davon aus, dass auf den Abschluss von Tarifverträgen gerichtete Vorverträge formbedürftig seien, da die Klarstellungsfunktion auch im Hinblick auf die Tarifvertragsparteien gelte.[264] *Löwisch/Rieble* argumentieren, dass der Vorvertrag ebenfalls Tarifvertrag und damit formbedürftig sei.[265]

Für den Änderungsvertrag wird hingegen überwiegend angenommen, dass dieser formbedürftig sei, da jedenfalls die normativen Einigungen nur durch eine neue (ebenfalls formbedürftige) Vereinbarungen geändert werden dürfen.[266] Daher seien alle Regelungen, die Inhalt oder Geltungsbereich einer Betriebsvereinbarung modifizieren, als Bestandteil der Vereinbarung anzusehen und der Schriftform unterworfen.[267]

---

262 BAG AP Nr. 55 zu § 77 BetrVG 1972 [II 2a)], zustimmend *Wiedemann/Arnold* in Anm. zu dieser Entscheidung; DKK/*Berg*, § 77 Rn. 32; *Fitting*, § 77 Rn. 24.

263 BAG AP Nr. 6 zu § 1 TVG Form [3]; zustimmend *Birk*, AuR 1977, 235, 237; Däubler/*Reim*, § 1 Rn. 156; *Gamillscheg*, S. 515.

264 RdA 1987, 229, 233.

265 § 1 Rn. 541.

266 Für den *Tarifvertrag:* BAG AP Nr. 12 zu § 4 TVG Geltungsbereich [II] mit zustimmenden Anm.en *Kraft;* LR/*Löwisch/Rieble*, § 1 Rn. 542.

267 *Hanau*, RdA 1989, 207, 209.

Umstritten ist schließlich, ob Aufhebungsverträge formbedürftig sind. Zwar ist allgemein anerkannt, dass betriebsverfassungsrechtliche Vereinbarungen auch durch einen Aufhebungsvertrag zwischen Arbeitgeber und Betriebsrat beendet werden können.[268] Ob dieser Vertrag formfrei abgeschlossen werden kann, ist von der Rechtsprechung noch nicht geklärt.[269] Allerdings hat das BAG bereits entschieden, dass eine Betriebsvereinbarung nicht durch eine bloße Regelungsabrede abgelöst werden könne.[270] Im Schrifttum besteht keine Einigkeit; die überwiegende Ansicht geht wegen des Normencharakters zumindest für die Betriebsvereinbarung jedoch von der Formbedürftigkeit des Aufhebungsvertrags aus.[271] Die Gegenansicht argumentiert teilweise mit dem allgemeinen Rechtsgrundsatz, wonach formbedürftige Rechtsgeschäfte formlos aufgehoben werden können.[272] Teilweise wird auch darauf verwiesen, dass nach § 77 Abs. 5 BetrVG Betriebsvereinbarungen formlos gekündigt werden können und daher für eine vertragliche Beendigung nichts anderes gelten könne.[273] *D. Gaul* stellt darüber hinaus darauf ab, dass die Aufhebungsvereinbarung nicht selbst eine Betriebsvereinbarung darstelle und daher das Formgebot des § 77 Abs. 2 BetrVG nicht zu beachten sei.[274] *Schaub* schließlich argumentiert mit dem seiner Ansicht nach hinter § 77 Abs. 2 BetrVG stehenden Formzweck: Die Form sei nur wegen des Normencharakters der Betriebsvereinbarung angeordnet; dieser Zweck greife bei der Aufhebungsvereinbarung nicht.[275] Ähnlich gehen einige Vertreter des Schrifttums im Hinblick auf die Formbedürftigkeit von Aufhebungsvereinbarungen zu Tarifverträgen vor: Diese seien formlos wirksam, da der Zweck des Formgebots für den Ab-

268 Siehe nur: GK/*Oetker*, §§ 112, 112a Rn. 165; WP/*Preis*, § 77 Rn. 37;

269 BAG Nr. 46 zu § 77 BetrVG 1972; AP Nr. 8 zu § 611 BGB Arbeitszeit; für den *Tarifvertrag* geht die Rechtsprechung davon aus, dass mangels entsprechender gesetzlicher Regelung keine Form einzuhalten sei: BAG AP Nr. 5 zu § 1 TVG Form [III 2], zustimmend *Wiedemann* in Anm. zu dieser Entscheidung, der die Ansicht vertritt, ein Formbedürfnis anzunehmen, sei eine für striktes Rechts unzulässige Rechtsfortbildung [unter 2].

270 AP Nr. 14 zu § 77 BetrVG 1972 [3d)]; offen gelassen in: AP Nr. 2 zu § 77 BetrVG 1972 Regelungsabrede [III 3], ebenso wie die Frage, ob ein Aufhebungsvertrag formlos möglich sein soll.

271 *Adomeit*, BB 1962, 1246, 1250; DKK/*Berg*, § 77 Rn. 46; *Fitting*, § 77 Rn. 143; GK/*Kreutz*, § 77 Rn. 355 stellt darauf ab, dass der Aufhebungsvertrag den actus contrarius zu Betriebsvereinbarung darstelle; HSWG/*Worzalla*, § 77 Rn. 218; Richardi/*Richardi*; § 77 Rn. 194; Schaub/*Koch*, § 231 Rn. 41; WP/*Preis*, § 77 Rn. 37.

272 Siehe zu diesem allgemeinen Grundsatz: *Heldrich*, AcP 147 [1941], 89, 111; Staudinger/*Hertel*, § 125 Rn. 80.

273 *Bulla*, DB 1962, 1208; *Gaul, D.*, NZA 1986, 628, 628

274 *Gaul, D.*, ebd.

275 BB 1995, 1639, 1639.

schluss nicht auch bei der Aufhebung einschlägig sei, denn das Ziel der Normenklarheit beziehe sich nicht auch auf die Geltungsdauer.[276]

IV. Rechtsfolge bei Nichteinhaltung

Die Formanordnungen für Betriebsvereinbarungen und Sozialplan werden einhellig für konstitutiv gehalten, sodass Vereinbarungen, die den formellen Anforderungen insoweit nicht gerecht werden, nicht rechtsverbindlich sein sollen.[277] Auch für den Interessenausgleich ist dies ganz überwiegende Ansicht.[278] So führt beispielsweise das BAG jeweils dezidiert aus, dass das Einigungsverfahren zum Abschluss eines Interessenausgleichs nicht durch eine bloß mündliche Vereinbarung abgeschlossen werde, da eine derart formlose Einigung gerade keinen Interessenausgleich darstelle.[279] Soweit ersichtlich vertreten nur *Dietz/Richardi* sowie *Hertel*, dass die Formanordnung für den Interessenausgleich lediglich eine Ordnungsvorschrift darstelle und ein Interessenausgleich auch ohne Einhaltung der Schriftform wirksam zustande komme.[280] Schließlich wird auch für den Spruch der Einigungsstelle die Einhaltung der Form für konstitutiv gehalten.[281]

Umstritten ist, wie es sich auswirkt, wenn die Geschäftsordnung des Betriebsrats vorschreibt, dass betriebsverfassungsrechtliche Vereinbarungen der Unterschriften des Vorsitzenden und eines weiteren Mitglieds bedürfen. Überwiegend wird angenommen, dass diese Regelung keine Auswirkungen auf das Außenverhältnis habe.[282] Die Gegenmeinung vertritt demgegenüber, dass bei Nichteinhal-

---

276 *Wiedemann*, Anm. zu BAG AP Nr. 5 zu § 1 TVG Form [2]; ähnlich *Mangen*, RdA 1982, 229, 231; *Oetker*, RdA 1995, 82, 100

277 Für die *Betriebsvereinbarung: Fitting*, § 77 Rn. 21; GK/*Kreutz*, § 77 Rn. 44; MüHdb-ArbR/*Matthes*, § 328 Rn. 16; Richardi/*Richardi*, § 77 Rn. 37; *Sozialplan:* DKK/*Däubler*, §§ 112, 112a Rn. 27; *Fitting*, §§ 112, 112a Rn. 112; *Gift*, ArbRGgw 15 [1977], 51, 61; GK/*Oetker*, §§ 112, 112a, Rn. 161; Richardi/*Annuß*, § 112 Rn. 78.

278 BAG AP Nr. 13 zu § 113 BetrVG 1972 [I 4]; AP Nr. 27 zu § 113 BetrVG 1972 [II 2a)]; AP Nr. 49 zu § 113 BetrVG 1972 [A II 1a)]; DKK/*Däubler*, §§ 112, 112a Rn. 11; *Fitting*, §§ 112, 112a Rn. 27; GK/*Oetker*, §§ 112, 112° Rn. 40; HSWG/*Hess*, § 112 Rn. 14; *Plander*, EWiR § 113 BetrVG 2/05, 453, 454; Richardi/*Annuß*, § 112 Rn. 28; *Schaub*, FS-Däubler, S. 347, f.; Schaub/*Koch* ArbR-Hdb, § 244 Rn. 36.

279 BAG AP Nr. 11 zu § 113 BetrVG 1972; AP Nr. 13 zu § 113 BetrVG 1972 [I 3]; AP Nr. 27 zu § 113 BetrVG 1972 [II 2a)]; AP Nr. 39 zu § 113 BetrVG 1972 [I 1d)]; BAG NZA 2005, 237, 238; ebenso LAG Thüringen NZA-RR 1999, 309, 310 („bedarf zu seiner Wirksamkeit der schriftlichen Niederlegung und Unterzeichnung").

280 *Dietz/Richardi*, § 112 Rn. 18; Staudinger/*Hertel*, § 125 Rn. 98 und § 126 Rn. 47.

281 GK/*Kreutz*, § 76 Rn. 116; *Neft/Ocker*, S. 204.

282 Richardi/*Annuß*, § 112 Rn. 27.

tung dieser Form die Vereinbarung unwirksam sei.[283] Dagegen wird zutreffend und übereinstimmend angenommen, dass der Unterschrift des Einigungsstellenvorsitzenden nach § 112 Abs. 3 S. 3 BetrVG bei einem Interessenausgleich oder einem Sozialplan, die vor der Einigungsstelle zustande kommen, keine konstitutive Bedeutung zukomme, da auch nach Einleitung des Einigungsverfahrens die Betriebsparteien weiterhin eine Vereinbarung schließen könnten, die nur der Form des Absatzes 1 genügen müsse.[284]

Oetker wirft darüber hinaus anhand des Interessenausgleichs die Frage auf, ob es sich bei dem Formerfordernis um eine Wirksamkeitsvoraussetzung handelt oder ob die Nichteinhaltung der geforderten Form die Rechtsfolge der Nichtigkeit nach sich zieht, was für die Verteilung der Darlegungs- und Beweislast relevant werde.[285] In der Literatur wird § 125 BGB teilweise für entsprechend anwendbar gehalten,[286] teilweise wird aber auch für eine direkte Anwendung dieser Vorschrift plädiert.[287] Wiederum andere formulieren, dass die Schriftform eine Wirksamkeitsvoraussetzung sei.[288] Das BAG hat sich bisher nicht eindeutig für eine der beiden Möglichkeiten entschieden: Teilweise geht es bei nicht formgerechten Vereinbarungen von Nichtigkeit gemäß § 125 BGB aus,[289] teilweise wiederum nennt es die Wahrung der Schriftform Wirksamkeitsvoraussetzung.[290] Insgesamt unterstützt die Rechtsprechung des BAG damit den Eindruck, dass die Begriffe vielfach dogmatisch nicht sauber getrennt, sondern häufig als Synonyme verwendet werden. Ein gutes Beispiel hierfür ist eine Entscheidung des LAG

---

283 *Matthes*, DB 1972, 286, 287.

284 DKK/*Däubler*, §§ 112, 112a Rn. 10; *Fitting*, §§ 112, 112a Rn. 112; Richardi/*Annuß*, § 112 Rn. 79;

285 GK/*Oetker*, §§ 112, 112a Rn. 40, zu dem Problem wird hier nicht eindeutig Stellung genommen, die Tendenz geht aber wohl in Richtung eines Rückgriffs auf § 125 BGB und damit der Rechtsfolge der Nichtigkeit.

286 *Fitting*, § 77 Rn. 21.

287 GK/*Kreutz*, § 76 Rn. 116, § 77 Rn. 44; *Hoyningen-Huene, von*, S. 220; *Neft/Ocker*, S. 204; *Raab*, FS-Konzen, S. 719, 736; Richardi/*Richardi*, § 77 Rn. 46; *Wiesemann*, S. 36.

288 *Bauer*, DB 1994, 217, 223; DKK/*Berg*, § 77 Rn. 30; *Fitting*, §§ 112, 112a Rn. 27; *Galperin/Löwisch*, § 112 Rn. 11; *Hromadka/Maschmann*, Bd. 2, § 16 Rn. 620; HSWG/*Hess*, § 112 Rn. 14; Richardi/*Annuß*, § 112 Rn. 28; *Teubner*, BB 1974, 982, 983; *Weiss/Weiyand*, § 112 Rn. 5.

289 *Betriebsvereinbarung:* Bei einer Überprüfung der Einhaltung der Schriftform schreibt das BAG zur Einleitung: *„Die Betriebsvereinbarung ist nicht nach § 125 BGB nichtig.“*, BAG AP Nr. 69 zu § 77 BetrVG 1972; *Interessenausgleich:* BAG AP Nr. 13 zu § 113 BetrVG 1972 [I 3].

290 BAG AP Nr. 27 zu § 113 BetrVG 1972 [II 2a)]; Nr. 49 zu § 113 BetrVG 1972 [A II 1a)].

Hamm, das feststellt, die Schriftform sei Wirksamkeitsvoraussetzung für den Interessenausgleich, was aus § 125 BGB folge, wonach nicht formgerechte Rechtsgeschäfte nichtig seien.[291] Auch die Literatur vertritt teilweise, dass die Begriffe der *„Nichtigkeit"* und der *„Unwirksamkeit"* austauschbar seien.[292]

C. Darstellung der mit der Schriftform für die betriebsverfassungsrechtlichen Vereinbarungen und des Spruchs der Einigungsstelle verfolgten Zwecke

I. Zielen die Schriftformerfordernisse auf die Klarstellung ab?

Als Zweck der hier untersuchten Formvorschriften kommt in erster Linie die Klarstellungsfunktion in Betracht. Auf diesen Zweck stellen Rechtsprechung und Schrifttum auch maßgeblich ab. Die Form solle dazu dienen, Klarheit über den Abschluss und den Inhalt der Vereinbarungen zu gewährleisten.[293] Im Hinblick auf die Betriebsvereinbarung und die ihr zumindest hinsichtlich der Rechtswirkungen gleichgestellten Gruppenvereinbarung und den Sozialplan wird häufig daneben das eng damit zusammenhängende *„Prinzip der Normklarheit"* hervorgehoben.[294] Obwohl die Einschätzung, dass dieser Funktion besondere Bedeu-

291 LAG Hamm LAGE Nr. 2 zu § 113 BetrVG 2001 [I 2a)]; unsauber auch: GK/*Kreutz??*§ 77 Rn. 58; *Kleinebrink*, NZA-RR 2005, 281, 286 („Die Einhaltung der Schriftform ist Wirksamkeitsvorsaussetzung. Wird dagegen verstoßen, ist der Interessenausgleich nach § 125 BGB unwirksam..."); Richardi/*Richardi*, wo sich in § 77 Rn. 38 die Aussage findet, dass erst mit der schriftlichen Niederlegung und der Unterzeichnung die Betriebsvereinbarung geschlossen sei, während in Rn. 46 ausgeführt wird, dass die Betriebsvereinbarung gemäß § 125 BGB nichtig sei, wenn die Schriftform nicht eingehalten werde; siehe auch: RGZ 93, 338; 338; 120, 127.

292 *Hoyningen-Huene, von*, DB 1984, Beilage 1, S. 1, 6.

293 BAG AP Nr. 9 zu § 59 BetrVG [I 1]; AP Nr. 18 zu § 77 BetrVG 1972 [a)]; BAG AP Nr. 69 zu § 77 BetrVG 1972 [II 1b)aa)]; LAG Düsseldorf DB 1977, 1954, 1955; DKK/*Berg*, § 77 Rn. 32; *Kuster*, AiB 1992, 295, 295; zum *Tarifvertrag:* BAG AP Nr. 14 zu § 56 BetrVG [III 2b)]; AP Nr. 6 zu § 1 TVG Form [3]; AP Nr. 7 zu § 1 TVG Form; AP Nr. 8 zu § 1 TVG Form; AP Nr. 10 zu § 10 TVG Tarifverträge Bundesbahn [II 2a)]; BAG AP Nr. 9 zu § 1 TVG Tarifverträge: DDR; AP Nr. 169 zu § 1 TVG Tarifverträge: Bau; *Baumann*, RdA 1987, 270, 271; *Birk*, AuR 1977, 235, 237; *Braun*, BB 1986, 1428, 1429; *Mangen*, RdA 1982, 229, 230 (der Inhalt müsse einmal „obejktiv feststehen"); *Reinermann*, S. 45, 125; Schaub/*Schaub*, § 199 Rn. 27; *Schulin*, ZfA 1981, 577, 582; *Wiedemann*, Anm. zu BAG AP Nr. 6 zu § 1 TVG Form [unter 1].

294 Hess. LAG BB 1997, 2217, 2217 LS 2; *Raab*, FS-Konzen, S. 719, 734; für den *Tarifvertrag:* BAG AP Nr. 7 zu § 1 TVG Form; Nr. 8 zu § 1 TVG Form; LR/*Löwisch/Rieble*, § 1 Rn. 540.

tung zukommt, hier geteilt wird, ist eine stärkere Differenzierung erforderlich, als sie bislang in der rechtswissenschaftlichen Diskussion ersichtlich ist. Es muss zunächst untersucht werden, aus welcher Rechtswirkung der Vereinbarungen sich ein Klarstellungsinteresse ergibt, das die Anordnung der Schriftform rechtfertigt.

1. Anknüpfungspunkt für die Klarstellungsfunktion der Schriftform bei betriebsverfassungsrechtlichen Vereinbarungen und dem Spruch der Einigungsstelle

a) Schuldrechtlichen Wirkungen der betriebsverfassungsrechtlichen Vereinbarungen

Zwar läge es nahe, den Klarstellungszweck aus den Wirkungen der Vereinbarungen auf die Parteien abzuleiten, die die Vereinbarungen abschließen, also Arbeitgeber und Betriebsrat. Denn diese werden durch den Abschluss der Vereinbarung schuldrechtlich gebunden und sind für deren Umsetzung verantwortlich. So bestimmt § 77 Abs. 1 BetrVG, dass der Arbeitgeber Vereinbarungen zwischen ihm und dem Betriebsrat durchführt.[295] Wie oben dargestellt, bezieht sich diese Regelung auf sämtliche betriebsverfassungsrechtliche Vereinbarungen, also auch auf den Interessenausgleich. Auch durch diesen verpflichtet sich der Arbeitgeber im Rahmen eines kollektivrechtlichen Schuldverhältnisses dazu, die Betriebsänderung entsprechend der Vereinbarung durchzuführen.[296] Nach überwiegender Ansicht hat der Betriebsrat einen klagbaren Anspruch auf Durchführung des Interessenausgleichs.[297]

Allerdings ergibt sich aus einer Zusammenschau der betriebsverfassungsrechtlichen Regelungen, dass das BetrVG die Einhaltung der Schriftform nicht wegen dieses Klarstellungsinteresses der Betriebsparteien fordert. Denn hinsichtlich der dargestellten schuldrechtlichen Bindungswirkung unterscheiden sich die hier behandelten Vereinbarungen nicht von bloßen Regelungsabreden,[298] die nach dem Willen des Gesetzes formlos abgeschlossen werden können. Auch diese schaffen nämlich eine schuldrechtliche Bindungswirkung zwischen den Be-

---

295 BAG AP Nr. 21 zu § 77 BetrVG 1972 [B II 1a)]; hier kann offen bleiben, ob diese Verpflichtung unmittelbar aus § 77 Abs. 1 BetrVG oder aus der Vereinbarung selbst folgt.

296 *Fitting*, §§ 112, 112a Rn. 50.

297 LAG München LAGE Nr. 1 zu § 112 Interessenausgleich; DKK/*Däubler*, §§ 112, 112a Rn. 15 ff.; *Molkenbuhr/Schulte*, DB 1995, 269, 270; MüHdb-ArbR/*Matthes*, § 361 Rn. 28; *Siemes*, ZfA 1998, 183, 194; *Zwanziger*, BB 1998, 477, 478; dagegen: BAG AP Nr. 2 zu § 85 ArbGG 1979 unter II 3; ErfK/*Kania*, §§ 112, 112a BetrVG Rn. 9; Richardi/*Annuß*, § 112 Rn. 46.

298 *Giesler*, S. 36 formuliert, dass das Erfordernis eines Umsetzungakts der maßgebliche Unterschied zwischen Regelungsabrede und Betriebsvereinbarung ist.

triebsparteien.[299] Die Überlegungen *Mangens,* wonach die Klarstellungsfunktion der Schriftform des § 1 Abs. 2 TVG auch dem Schutz der Vertragsparteien diene, was er daraus ableitet, dass auch der schuldrechtliche Teil der Tarifverträge dem Formgebot unterliegt,[300] sind auf die betriebsverfassungsrechtlichen Schriftformgebote daher nicht übertragbar. Sie sind nicht in Einklang zu bringen mit den übrigen Regelungen im BetrVG. Denn anders als nach § 1 Abs. 2 TVG bedürfen – abgesehen vom Interessenausgleich – bloß schuldrechtliche Abreden zwischen Arbeitgeber und Betriebsrat keiner Form.

Dieser Wertung widerspricht auch nicht der Umstand, dass Richtlinien über den Inhalt, den Abschluss oder die Beendigung des Arbeitsverhältnisses zwischen Arbeitgeber und Sprecherausschuss gemäß § 28 Abs. 1 SprAuG auch dann schriftlich zu vereinbaren sind, wenn nicht nach § 28 Abs. 2 S. 2 SprAuG ausdrücklich vereinbart wird, dass sie unmittelbar und zwingend gelten sollen. Zwar wird in dieser Vorschrift die Schriftform trotz lediglich schuldrechtlicher Wirkung angeordnet;[301] Dieses Schriftformerfordernis beruht jedoch auf der Besonderheit, dass es sich bei der Vereinbarung nach § 28 Abs. 1 SprAuG um Richtlinien handelt, d. h. Verhaltensregeln, die ein gleichmäßiges Verfahren in einer Vielzahl von Fällen gewährleisten sollen.[302] Daraus folgt aber, dass der Arbeitgeber nicht nur durch die schuldrechtliche Vereinbarung gebunden ist, sondern auch über den Gleichbehandlungsgrundsatz, und zwar sowohl bei Aufstellung der Richtlinien als auch bei deren Anwendung.[303] Auch der Gesetzgeber geht davon aus, dass die Richtlinien als Ersatz für bloße Einheitsregelungen dienen, die der Stellung der leitenden Angestellten nicht immer gerecht würden.[304] Insoweit wird also durch die Richtlinien ein kollektiver Bezug geschaffen. Entsprechend wird auch davon ausgegangen, dass Vereinbarungen ohne kollektivrechtlichen Bezug,

299 BAG AP Nr. 1 zu § 21a BetrVG 1972 [B II 2c)aa)(2)]; ErfK/*Kania,* § 77 BetrVG Rn. 130; *Fitting,* § 77 Rn. 217; Richardi/*Richardi,* § 77 Rn. 228.

300 RdA 1982, 229, 233.

301 *Löwisch,* § 28 Rn. 12 geht davon aus, dass das Gesetz die bloß schuldrechtliche Vereinbarung als Normalfall ansehe.

302 *Hromadka,* Betriebsverfassung, S. 89; *Oetker,* ZfA 1990, 43, 80 spricht insoweit von *„abstrakt-generellen Regelungen"*.

303 *Hromadka,* Betriebsverfassung, S. 89, 90; ähnlich *ders.* § 28 Rn. 17, wobei er hier den Gleichbehandlungsanspruch erst nach Umsetzung der Richtlinie anerkennt.

304 Begründung des Entwurfs eines Gesetzes zur Änderung des Betriebsverfassungsgesetzes, über Sprecherausschüsse der leitenden Angestellten und zur Sicherung der Montan-Mitbestimmung, BT-Drs. 11/2503, S. 22, 42; zustimmend *Bauer,* § 28 Abschnitt II; *Hacker,* S. 205.

die also keine Richtlinien, sondern bloße Regelungsabreden zwischen Sprecherausschuss und Arbeitgeber darstellen, formlos gültig sind.[305]

b) Klarstellungsfunktion wegen der Auswirkungen auf Dritte der betriebsverfassungsrechtlichen Vereinbarungen

Das besondere Klarstellungsinteresse, das hier durch das Formgebot befriedigt werden soll, muss demnach aus einer Rechtswirkung folgen, die die hier untersuchten Vereinbarungen von den (formlosen) Regelungsabreden unterscheidet. Ins Auge fällt dabei sofort ihre Auswirkung auf Dritte. Während nämlich die Regelungsabreden keine Wirkung auf Außenstehende haben – diese können sich unter keinen Umständen auf die Vereinbarungen berufen[306] – haben Betriebsvereinbarung, Gruppenvereinbarung und Sozialplan einerseits sowie Interessenausgleich andererseits erhebliche Rechtswirkungen für Dritte. Auch die Rechtsprechung geht davon aus, dass in den Auswirkungen auf die Arbeitnehmer der maßgebliche Grund für die Schriftform liegt. So hat das BAG zur Formbedürftigkeit von Tarifverträgen entschieden, dass ein schuldrechtlicher Vorvertrag zum Abschluss eines (normativ wirkenden) Tarifvertrages deswegen nicht formbedürftig sei, weil dieser Vorvertrag noch keine Auswirkungen auf die Mitglieder der Tarifvertragsparteien habe.[307]

(1) Betriebsvereinbarung

Für die Betriebsvereinbarung liegen die erheblichen Auswirkungen auf die Rechtsverhältnisse Dritter auf der Hand: Durch den Abschluss einer wirksamen Betriebsvereinbarung schaffen die Betriebsparteien verbindliche Normen[308] mit unmittelbarer und (einseitig) zwingender Wirkung für die Arbeitnehmer, § 77 Abs. 4 S. 1 BetrVG.[309] Den Arbeitnehmern kann durch eine Betriebsvereinbarung ohne deren Willen einseitig ein Verhaltensbefehl gegeben werden, was rechtsnormtypisch ist.[310] Umgekehrt kann die Betriebsvereinbarung direkte An-

---

305 *Hromadka,* § 28 Rn. 28, sofern man dem Sprecherausschuss nicht die Rechtsfähigkeit abspricht, hierzu: *Oetker,* ZfA 1990, 43, 83.

306 BAG AP Nr. 4 zu § 611 BGB Kurzarbeit [IV 3]; AP Nr. 19 zu § 6 BetrAVG [1b)]; AP Nr. 1 zu § 21a BetrVG 2002 [B II 2c)aa)(2)].

307 BAG AP Nr. 6 zu § 1 TVG Form [3], dazu ausführlicher unten.

308 So *Küchenhoff,* in Anm. zu BAG AP Nr. 3 zu § 56 BetrVG [II 1].

309 BVerfGE 73, 261 unter B I; „einseitig" zwingend, da das Günstigkeitsprinzip zu beachten ist; zugunsten des Arbeitnehmers kann nämlich in einem Arbeitsvertrag durchaus von den Regelungen der Betriebsvereinbarung abgewichen werden.

310 *Achterberg,* S. 183, 187; GK/*Kreutz,* § 77 Rn. 216.

sprüche des Arbeitnehmers gegenüber dem Arbeitgeber schaffen, die der Arbeitnehmer auch selbst gerichtlich durchsetzen muss.[311] Die Betriebsvereinbarung wird somit zutreffend als *„Rechtsinstitut für die innerbetriebliche Rechtssetzung“* bezeichnet.[312] Diesem Grundverständnis folgend wird die Betriebsvereinbarung in der arbeitsrechtlichen Diskussion häufig in die Nähe des Tarifvertrags gerückt.[313] Zu berücksichtigen ist aber, dass die normative Wirkung der Betriebsvereinbarung sogar noch weiter reicht als die des Tarifvertrags: Denn Tarifverträge entfalten unmittelbare Wirkung nur für die Mitglieder der Tarifvertragsparteien, (§§ 3 Abs. 1, 4 Abs.1 S. 1 TVG). Diese hängt für den einzelnen Arbeitnehmer also davon ab, dass dieser sich für einen Gewerkschaftsbeitritt entschieden hat. Im Gegensatz dazu geht der normativen Wirkung der Betriebsvereinbarung kein Willensakt voraus, aus dem sich das Einverständnis mit einer Geltung ableiten ließe. Sie erweist sich somit als Fremdbestimmung.[314] Damit ist der Formzwang für die Betriebsvereinbarung *„ein notwendiges Korrelat ihrer unmittelbar-normativen Wirkung“* wie *Adomeit* treffend formuliert.[315] Diese umfassenden Rechtswirkungen der Betriebsvereinbarung werden noch durch den Umstand verstärkt, dass die Regelungskompetenz der Betriebsparteien äußerst weit verstanden wird: Sie erstreckt sich auf alle sozialen Angelegenheiten, worunter etwa sämtliche Arbeitsbedingungen im weitesten Sinne fallen sollen.[316] Das führt

---

311 BAG AP Nr. 53 zu § 112 BetrVG 1972 [B 1c)].; *Willemsen/Hohenstatt*, NZA 1997, 345, 346; dass überhaupt unmittelbare Rechte für die Arbeitnehmer eingeräumt werden, ergibt sich bereits aus § 77 Abs. 4 S. 2 BetrVG.

312 Richardi/*Richardi*, § 77 Rn. 18.

313 BAG AP Nr. 17 zu § 77 BetrVG 1972; AP Nr. 18 zu § 77 BetrVG 1972 [a)]; AP Nr. 53 zu § 112 BetrVG 1972 [B 1c)]; soweit *Hanau*, RdA 1989, 207 ff. und *Kreutz*, S. 99 auf Unterschiede und insbesondere darauf hinweisen, dass der Gesetzgeber im Hinblick auf die Betriebsvereinbarung peinlich vermieden habe, den Begriff Rechtsnorm zu verwenden, spielt dies für die vorliegende Diskussion keine Rolle. Denn gemäß § 77 Abs. 4 BetrVG hat der Inhalt der Betriebsvereinbarung jedenfalls „quasinormativen Charakter“ (*Haunau*, a.a.O. S. 208) und diese Wirkung und nicht ihre rechtliche Einordnung ist für den später zu bestimmenden Formzweck relevant; auch der Gesetzgeber des BetrVG 1972 hat die Betriebsvereinbarung in die Nähe des Tarifvertrags gerückt, indem er ausdrücklich ausführt, dass sich die Regelungen der Absätze 4-6 an die Regelung für Tarifverträge nach dem TVG anlehnten, BT-Drs. VI/1786, S. 47 (Entwurf der Bundesregierung).

314 *Kreutz*, S. 99; *Wank*, FS-Kraft, S. 665, 667; dass der Bindung der Arbeitnehmer kein Akt der freiwilligen Unterwerfung vorausgeht, weist überzeugend nach: *Müller-Franken*, S. 45-101.

315 S. 78; auch *Blomeyer*, BB 1969, 101, 101 geht davon aus, dass der Formzweck des § 52 Abs. 2 BetrVG 1952 Klarheit und Erkennbarkeit für Dritte sei.

316 BAG AP Nr. 1 zu § 88 BetrVG 1972 [II 4a)]; Nr. 2 zu § 620 BGB Altersgrenze [B I]; ErfK/*Kania*, § 77 BetrVG Rn. 36; *Fitting*, § 77 Rn. 45; GK/*Kreutz*, § 77 Rn. 75; *Müller-Franken*, S. 28.

dazu, dass die Möglichkeiten der Arbeitnehmer, selbstständig Regelungen mit dem Arbeitgeber zu treffen, eingeschränkt werden.[317]

Zum Schutze der Arbeitnehmer muss daher feststehen, ob tatsächlich eine Vereinbarung abgeschlossen wurde[318] und welchen Inhalt sie hat.[319] Dieser Schutzzweck wird noch durch den Wunsch nach Rechtssicherheit verstärkt, der bei Regelungen mit normativer Wirkung eine erhebliche Rolle spielt.[320]

(2) Gruppenvereinbarung und Sozialplan

Die Gruppenvereinbarung und der Sozialplan haben dieselben Wirkungen wie eine Betriebsvereinbarung. Gemäß § 28a Abs. 2 BetrVG können auch Arbeitsgruppen im Rahmen der ihnen übertragenen Aufgaben Vereinbarungen mit dem Arbeitgeber abschließen, auf die § 77 BetrVG entsprechend anzuwenden sind. Damit gilt die Gruppenvereinbarung gemäß § 77 Abs. 4 S. 1 BetrVG für die Mitglieder der Arbeitsgruppe unmittelbar und zwingend.[321] Für den Sozialplan ordnet § 112 Abs. 1 S. 3 BetrVG an, dass er die Wirkung einer Betriebsvereinbarung habe. Ob der Sozialplan selbst eine Betriebsvereinbarung darstellt oder ob es sich um eine Betriebsvereinbarung besonderer Art handelt,[322] braucht hier nicht entschieden zu werden, da jedenfalls die zur Bestimmung des Formzwecks maßgeblichen Rechtswirkungen feststehen: Auch der Sozialplan wirkt gemäß § 77 Abs. 4 S. 1 BetrVG unmittelbar auf den Inhalt der einzelnen Arbeitsverhältnisse ein[323] und schafft Rechtsansprüche der einzelnen Arbeitnehmer.[324] Der Sozialplan hat damit ebenfalls Normcharakter.[325]

---

317 *Müller-Franken*, S. 29.

318 Richardi/*Richardi*, § 77 Rn. 38.

319 LAG Berlin DB 1991, 2593, 2594; *Grimm*, EWiR § 125 InsO 1/01, 125, 126; zum *Tarifvertrag*: BAG AP Nr. 6 zu § 1 TVG Form [3] mit zustimmender Anm. *Wiedemann*.

320 *Fischer, U.*, AiB 1999, 390, 391; zum *Tarifvertrag:* BAG AP Nr. 12 zu § 4 TVG Geltungsbereich [II].

321 *Malottke*, AiB 2001, 625, 628; *Richardi*, NZA 2001, 346, 351.

322 Sozialpläne selbst Betriebsvereinbarungen: BAG AP Nr. 11 zu § 112 BetrVG 1972 [II 2c)]; Nr. 53 zu § 112 BetrVG 1972 [B 2a)]; Sozialpläne als „Betriebsvereinbarungen besonderer Art“: BAG AP Nr. 75 zu § 112 BetrVG 1972 [II 1a)]; AP Nr. 112 zu § 112 BetrVG 1972 [II 1].

323 HSWG/*Hess*, § 112 Rn. 90.

324 BAG AP Nr. 53 zu § 112 BetrVG 1972 [B 2a)]; BGH NJW 2001, 439, 440; *Fitting*, §§ 112, 112a Rn. 175.

325 *Fitting*, §§ 112, 112a Rn. 174.

(3) Interessenausgleich

Dieser oben herausgearbeitete Klarstellungszweck zugunsten der Normunterworfenen kann jedoch nicht ohne weiteres auf den Interessenausgleich übertragen werden. Denn aus § 112 Abs.1 S. 3 BetrVG lässt sich *e contrario* schließen, dass der Interessenausgleich nicht die Wirkung einer Betriebsvereinbarung hat;[326] vielmehr handelt es sich um eine Kollektivvereinbarung besonderer Art.[327] Der allgemeine Interessenausgleich hat also keine unmittelbare und zwingende Wirkung für die individualrechtlichen Arbeitsverhältnisse.[328] Zwar gibt es vereinzelt Gegenstimmen, die auch dem Interessenausgleich immer eine normative Wirkung zusprechen wollen,[329] angesichts der klaren gesetzlichen Differenzierung können diese jedoch nicht überzeugen.

Allerdings wird im Interessenausgleich geregelt, ob, wann, wie und in welchem Umfang eine geplante Betriebsänderung durchgeführt werden soll.[330] Schon hieraus lässt sich ersehen, dass ein Interesse der Arbeitnehmer an der inhaltlichen Klarheit nicht abgesprochen werden kann, da sie anhand des Interessenausgleichs ersehen können, welche Auswirkungen auf ihre eigenen Arbeitsverhältnisse die Betriebsänderung voraussichtlich haben wird.[331] Darüber hinaus ergibt sich ein Klarstellungsinteresse der Arbeitnehmer hinsichtlich des Interes-

---

326 So auch *Willemsen/Hohenstatt,* NZA 1997, 345, 347; dabei soll außer Acht bleiben, dass es den Betriebsparteien selbstverständlich offen steht, auch einen Interessenausgleich in Form einer freiwilligen Betriebsvereinbarung abzuschließen und so normative Regelungen für die Arbeitnehmer zu vereinbaren. Insoweit gelten jedoch die Regelungen über die Betriebsvereinbarung, u. a. eben auch die Formanordnungen.

327 BAG AP Nr. 27 zu § 113 BetrVG 1972 [II 2b)]; BGH NJW 2001, 439, 440; ErfK/*Kania*, §§ 112, 112a BetrVG Rn. 9; *Fitting*, §§ 112, 112a Rn. 50; berichtend GK/*Oetker,* §§ 112, 112a Rn. 48; HSWG/*Hess,* § 112 Rn. 12; *Meyer, C.*, BB 2001, 882, 884; MüHdb-ArbR/*Matthes,* § 361 Rn. 28; Richardi/*Annuß,* § 112 Rn. 36.

328 BAG AP Nr. 27 zu § 113 BetrVG 1972 [II 2b)]; *Bauer,* Betriebsänderungen, S. 63; *ders.,* DB 1994, 217, 223; ErfK/*Kania,* §§ 112, 112a BetrVG Rn. 9; das gilt nach hier vertretener Ansicht nicht nur für die Organisationsregelungen, sondern auch für die Folgeregelungen, da sich die Existenz des § 113 BetrVG nur so erklären lässt, dass keine normative Wirkung für die einzelnen Arbeitsverhältnisse besteht, siehe hierzu genauer: *Hohenstatt,* NZA 1998, 846, 853.

329 *Matthes*, FS-Wlotzke S. 393, 397.

330 Ständige Rechtsprechung des BAG, vgl. nur AP Nr. 13 zu § 113 BetrVG 1972 [I 3]; AP Nr. 41 zu § 112 BetrVG 1972 [B II 1a)]; AP Nr. 59 zu § 112 BetrVG 1972 [A II 1]; Nr. 27 zu § 113 BetrVG 1972 [II 1]; *Fitting*, §§ 112, 112a Rn. 14; HSWG/*Hess,* § 112 Rn. 2.

331 Auf diese Bedeutung weist gesondert hin: LAG Hamm LAGE Nr. 2 zu § 113 BetrVG 2001 [I 2a)].

senausgleiches aus den Regelungen des § 113 BetrVG, wo mittelbare Auswirkungen auf die Rechtsverhältnisse der Arbeitnehmer geregelt sind. Nach § 113 Abs. 1 und Abs. 2 BetrVG können Arbeitnehmer in dem Fall, dass der Arbeitgeber ohne zwingenden Grund von dem Interessenausgleich abweicht, beim Arbeitsgericht Klage erheben, um Abfindungen bzw. bis zu einem Zeitraum von zwölf Monaten Nachteilsausgleiche geltend zu machen. Nach Absatz 3 ist der Arbeitgeber auch zur Leistung von Ausgleichzahlungen verpflichtet, wenn er eine Betriebsänderung durchführt, ohne einen Interessenausgleich versucht zu haben. *Meyer* nennt die in § 113 BetrVG enthaltene Regelung sprechend den *„ökonomischen Reflex"*.[332] Es ist daher nicht überzeugend, wenn argumentiert wird, Arbeitnehmer hätten nur dann ein billigenswertes Interesse an der Einhaltung einer Form, wenn die Regelung die Arbeitsverhältnisse unmittelbar berühre.[333] Vielmehr ist davon auszugehen, dass auch Drittwirkungen, die nicht die Intensität normativer Regelungen erreichen, ein Klarstellungsinteresse mit sich bringen.[334]

Für eine Gruppe besonderer Interessenausgleiche ergibt sich das Klarstellungsinteresse – ebenso wie für die Betriebsvereinbarung – aus der besonderen Wirkung der Vereinbarungen auf die Individualarbeitsverhältnisse. So bewirken Interessenausgleiche, die nach § 323 UmwG abgeschlossen werden, die Zuordnung der genannten Arbeitnehmer zu einem bestimmten Betrieb. Nach § 323 Abs. 2 BetrVG kann diese Zuordnung gerichtlich nur auf grobe Fehlerhaftigkeit überprüft werden, d. h. der Rechtsschutz des Arbeitnehmers ist insoweit eingeschränkt. Weitgehende Auswirkungen hat der Interessenausgleich mit Namensliste auch auf einen etwaigen Kündigungsschutzprozess: Denn nach § 1 Abs. 5 S. 1 und 2 KSchG ist in diesen Fällen die gerichtliche Überprüfbarkeit einer Kündigung, die aufgrund einer Betriebsänderung erfolgt, erheblich eingeschränkt. Sofern sich der Gekündigte auf der Namensliste befindet, wird vermutet, dass die Kündigung wegen dringender betrieblicher Erfordernisse sozial gerechtfertigt war. Daher muss der Arbeitnehmer darlegen und beweisen, dass die Beschäftigungsmöglichkeit für ihn nicht weggefallen ist.[335] Darüber hinaus ist auch die Sozialauswahl lediglich eingeschränkt überprüfbar und zwar auf grobe Fehlerhaftigkeit (S. 2). Ähnliche Auswirkungen, nämlich eine eingeschränkte Überprüfbarkeit einer Kündigung, hat auch ein Interessensausgleich zwischen

---

332 *Meyer, C.*, BB 2001, 882, 884.
333 *Adomeit*, BB 1967, 1003, 1004.
334 *Blomeyer*, BB 1969, 101, 101.
335 BAG AP Nr. 7 zu § 1 KSchG 1969 Namensliste 1969 [II 4a)]; *Bader*, NZA 1996, 1125, 1133 nennt solche Kündigungen *„in aller Regel gerichtsfest"*.

Insolvenzverwalter und Betriebsrat, wenn dieser eine Einigung auf die zu kündigenden Arbeitnehmer enthält (§ 125 InsO).

Damit zeigt sich, dass auch der Interessenausgleich auf die Rechtsverhältnisse der Arbeitnehmer mittelbare, der Interessenausgleich mit Namensliste sogar direkte Auswirkungen hat. Vor diesem Hintergrund ist demnach verständlich, warum der Gesetzgeber für den Interessenausgleich anders als für die Regelungsabrede die Schriftform vorgeschrieben hat.

Der entscheidende Unterschied zwischen den formlosen Regelungsabreden und den hier behandelten betriebsverfassungsrechtlichen Vereinbarungen besteht damit in den Auswirkungen auf Dritte. Dieser Unterschied stellt den Grund für die Formanordnung dar.[336]

c) Klarstellungsfunktion der Schriftform wegen der Wirkungen des Spruchs der Einigungsstelle

Für den Spruch der Einigungsstelle sind nicht in jedem Fall unmittelbare Auswirkungen auf Dritte zu gewärtigen. Es gilt der Grundsatz, dass der Spruch der Einigungsstelle die Rechtswirkungen derjenigen Vereinbarung zwischen Arbeitgeber und Betriebsrat hat, die sie ersetzt.[337] Das wird zwar häufig eine Betriebsvereinbarung sein,[338] ebenso gut kann er aber auch eine Regelungsabrede ersetzen.[339] Es ist allerdings festzustellen, dass durch den Spruch der Einigungsstelle die Rechtsverhältnisse der Arbeitnehmer jedenfalls geregelt werden können, der Spruch dann also normative Wirkung hätte.[340] Daher spielen auch hier Drittinteressen eine Rolle. Im Schrifttum wird daneben ganz überwiegen der Gesichtspunkt der Rechtssicherheit als Grund für die Schriftform angeführt.[341] Auch diese Überlegung leuchtet ein, u. a. deswegen, weil der Spruch nach § 76 Abs. 5 S. 4 BetrVG gerichtlich überprüft werden kann.

---

336 Auch *Adomeit*, BB 1962, 1246, 1250 stellt explizit darauf ab, dass die Förmlichkeiten des § 52 BetrVG 1952 nicht so sehr im Interesse der Betriebsparteien bestünden.

337 GK/*Kreutz*, § 76 Rn. 136; *Heinze*, NZA 1994, 580, 586; dabei ist zu beachten, dass der Spruch im freiwilligen Verfahren nur bei einer Unterwerfung der Parteien unmittelbar verbindlich wird.

338 HSWG/*Worzalla*, § 76 Rn. 54.

339 *Fitting*, § 76 Rn. 93; HSWG/*Worzalla*, a. a. O.

340 ErfK/*Kania*, § 76 BetrVG Rn. 27; *Hanau/Reitze*, FS-Kraft, S. 167, 185; Richardi/*Richardi*, § 76 Rn. 30.

341 *Fitting*, § 76 Rn. 64; GK/*Kreutz*, § 76 Rn. 116; *Jäcker*, S. 136.

2. *Komponenten der Klarstellungsfunktion*

a) Inhaltsklarheit

Die Klarstellungsfunktion umfasst zunächst die Inhaltsklarheit. Der Inhalt der Vereinbarungen bzw. des Spruchs der Einigungsstelle muss so festgehalten sein, dass über ihn möglichst kein Streit aufkommt. Im Hinblick auf die normativ wirkenden Regelungen müssen die Arbeitnehmer erkennen können, was für sie gilt. Und auch für den Interessenausgleich mit Namensliste liegt das Klarstellungsinteresse der Arbeitnehmer auf der Hand: Wie oben bereits dargestellt, hat es erhebliche Auswirkungen auf Chancen und Ablauf des Kündigungsschutzprozesses, wenn der Arbeitnehmer namentlich in einem wirksamen Interessenausgleich genannt wird. Damit muss eindeutig sein, welche Kündigungen von der gesetzlichen Vermutung erfasst sind.[342] Umgekehrt hat aber wegen dieser Drittwirkung auch der Arbeitgeber ein besonderes Interesse an der Inhaltsklarheit: Er muss anhand der Namensliste unmissverständlich feststellen können, wen er privilegiert entlassen darf.[343]

Aber auch für den einfachen Interessenausgleich besteht auf Seiten der Arbeitnehmer ein besonderes Klarstellungsinteresse. Denn die von der Betriebsänderung betroffenen Arbeitnehmer müssen wissen, ob und unter welchen Bedingungen die geplante Änderung umgesetzt wird. Nur bei schriftlicher Niederlegung des Interessenausgleichs können sie verlässlich prüfen, ob ein Interessenausgleich zustande gekommen ist und ob sich der Arbeitgeber an die dort vereinbarten Bedingungen für die Betriebsänderung hält[344] oder ob sie Ansprüche nach § 113 BetrVG haben.[345]

b) Abschlussklarheit

Neben der Inhalts- spielt auch die Abschlussklarheit eine erhebliche Rolle. Da sich die oben dargestellten Rechtsfolgen aus den Vereinbarungen ergeben, muss möglichst unmissverständlich klargestellt werden, ob diese tatsächlich abge-

---

342 So auch ArbG Hannover DB 1998, 208, 208, das insbesondere darauf abstellt, dass der Arbeitnehmer gegen diese gesetzliche Vermutung nur schlechte Verteidigungsmöglichkeiten habe, da ihm die betriebsinternen Abläufe in der Regel nicht bekannt seien.

343 BAG EzA Nr. 9 zu § 1 KSchG.

344 Darauf weist bereits zu § 73 BetrVG 1952: *Bührig*, § 73 Rn. 8.

345 BAG AP Nr. 13 zu § 113 BetrVG 1972 [I 3]; AP Nr. 27 zu § 113 BetrVG 1972 [II 2a)]; AP Nr. 49 zu § 113 BetrVG 1972 [A II 1a)]; LAG Hamm LAGE Nr. 2 zu § 113 BetrVG 2001 [I 2a)].

schlossen wurden oder nicht. Beim Interessenausgleich müssen die Arbeitnehmer auf sicherer Grundlage feststellen können, ob überhaupt ein Interessenausgleich vereinbart wurde. Die Einhaltung der Form soll auch gewährleisten, dass zwischen Verhandlungsstadium und Abschluss der Vereinbarung sicher abgegrenzt werden kann. Denn gerade bei Verhandlungen über betriebliche Vereinbarungen ist es üblich und auch unverzichtbar, dass von beiden Seiten mehrere Entwürfe erstellt werden, sodass Streit darüber entstehen kann, ob tatsächlich schon eine endgültige Einigung getroffen ist und welchen Inhalt diese hat. Weiterhin spielt für den Arbeitgeber eine Rolle, dass das BAG in ständiger Rechtsprechung davon ausgeht, dass ein im Sinne des § 113 Abs. 3 BetrVG ausreichender Versuch einer Einigung nur dann vorliegt, wenn entweder ein formgerechter Interessenausgleich[346] abgeschlossen wurde, oder das Einigungsstellenverfahren ausgeschöpft wurde.[347] Damit hat der Arbeitgeber ein erhebliches Interesse daran, den Abschluss eines Interessenausgleichs deutlich zu dokumentieren.

c) Klarstellung der Wirkungsdauer

Zu klären bleibt, ob sich die Klarstellungsfunktion auch auf die Fortgeltung der Vereinbarungen bezieht. Für Tarifverträge geht *Wiedemann* davon aus, dass zwar der Inhalt von den Beteiligten und den Normunterworfenen jederzeit feststellbar sein müsse, dass dies aber nicht für den Geltungszeitraum der Regelungen gelte.[348] Dafür, dass sich die Klarstellungsfunktion auch auf die zeitliche Geltung bezieht, spricht zwar, dass durch die Aufhebungsvereinbarung die oben dargestellten Rechtswirkungen auf Dritte wieder rückgängig gemacht werden. Es liegt daher nahe anzunehmen, dass die gebotene Klarheit nur dann erzielt werden kann, wenn sie sich auch auf die Geltungsdauer bezieht. Allerdings wird die normative Wirkung für Dritte durch die Aufhebung gerade rückgängig gemacht, sodass nicht das gleiche Bedürfnis nach einer Klarstellung besteht. Es werden nämlich keine neuen Pflichten begründet, auf die sich die Betroffenen einrichten müssten. Das entscheidende Argument gegen eine Klarstellungsfunktion auch hinsichtlich der zeitlichen Geltung ergibt sich jedoch aus einem anderen Gesichtspunkt: Gemäß § 77 Abs. 5 BetrVG kann die Betriebsvereinbarung formlos

---

346 *Löwisch*, RdA 1989, 216, 218 ist der Ansicht, dass s auf die schriftliche Fixierung nicht ankomme, der Arbeitgeber habe eine Einigung versucht, auch wenn der Betriebsrat diese nicht schriftlich niederlegen wolle; die Sanktion des § 113 dürfe den Arbeitgeber dann nicht treffen.

347 Siehe nur: BAG AP Nr. 13 zu § 113 BetrVG 1972 [I 4]; AP Nr. 27 zu § 113 BetrVG 1972 [II 2a)]; AP Nr. 49 zu § 113 BetrVG 1972.

348 Anm. zu BAG AP Nr. 5 zu § 1 TVG Form [2]; ähnlich *Mangen*, RdA 1982, 229, 231; *Oetker*, RdA 1995, 82, 100.

gekündigt werden.[349] Daran aber zeigt sich, dass der Gesetzgeber eine Klarstellung im Hinblick auf die zeitliche Geltung für nicht erforderlich gehalten hat. Denn dann hätte er auch in diese Vorschrift ein Formerfordernis aufgenommen.

3. Zusammenfassung

Damit zielen die hier untersuchten Schriftformerfordernisse wegen der mit den Rechtsinstrumenten verbundenen Rechtsfolgen für Dritte und aus Gründen der Rechtssicherheit auf die Herstellung der Inhalts- und der Abschlussklarheit ab.

II. Maßgeblichkeit der Beweisfunktion für die Anordnung der Schriftform

Eng mit der Klarstellungsfunktion zusammen hängt die Beweisfunktion der Schriftform, die als Formzweck für die betriebsverfassungsrechtlichen Vereinbarungen ebenfalls eine maßgebliche Rolle spielt. Insbesondere angesichts der Auswirkungen auf die Rechtsverhältnisse Dritter kommt es nicht nur darauf an, dass der Inhalt der betriebsverfassungsrechtlichen Vereinbarungen klargestellt ist, sondern auch darauf, dass die Identität der Aussteller sowie die Echtheit der Urkunde leicht nachweisbar sind.

Die Beweisfunktion ist zunächst unter dem Gesichtspunkt der Identitätsfunktion bedeutsam, also der durch die Form gewährleisteten Möglichkeit, die Person der Erklärenden nachzuweisen. Diese spielt eine erhebliche Rolle, da das BetrVG die Regelungsbefugnis für Vereinbarungen mit Rechtswirkungen für Dritte ausdrücklich (und ausschließlich) Betriebsrat und Arbeitgeber bzw. Unternehmer erteilt. Eben diesen Parteien obliegt also der Abschluss einer Vereinbarung. Daher ist es für die Frage, ob tatsächlich eine wirksame Vereinbarung abgeschlossen wurde, von nicht zu unterschätzender Bedeutung, dass auch nach einiger Zeit sicher feststellbar ist, ob tatsächlich die beiden Betriebsparteien die Vereinbarung autorisiert haben.

---

349 BAG AP Nr. 11 zu § 77 BetrVG Tarifvorbehalt [III 3a)bb)]; GK/*Kreutz*, § 77 Rn. 368; für ein Formbedürfnis findet sich im Wortlaut kein Anknüpfungspunkt, sodass auf die Formbedürftigkeit allenfalls im Wege einer Analogie zu § 77 Abs. 2 BetrVG geschlossen werden könnte. Eine Analogie kommt jedoch nicht in Betracht, da es an der hierfür erforderlichen planwidrigen Gesetzeslücke fehlt. Zunächst spricht gegen eine Lücke bereits, dass das Formerfordernis in § 77 Abs. 2 BetrVG ausdrücklich angeordnet wurde, es also unwahrscheinlich erscheint, dass die Einfügung einer Formanordnung in Absatz 5 versehentlich unterblieb. Darüber hinaus spricht gegen eine ungeplante Gesetzeslücke, dass der Gesetzgeber § 77 Abs. 5 BetrVG vor dem Hintergrund der damals aktuellen Diskussion um die Kündigungsmöglichkeiten auch beim Tarifvertrag eingefügt hat; sodass ihm die Schriftformdiskussion wohl bekannt war: BT-Drs. VI/1786, S. 47.

Auch der weitere Gesichtspunkt der Beweisfunktion, nämlich die Echtheitsfunktion der Form, ist für die Formgebote erheblich. Wegen der oben dargestellten Auswirkungen auf die Rechtsverhältnisse Dritter soll möglichst sichergestellt werden, dass die Erklärung auch inhaltlich von den Betriebsparteien stammt und nicht durch Dritte manipuliert wurde.[350] Auch für den Spruch der Einigungsstelle spielt die Beweissicherung eine erhebliche Rolle: Streitfälle über den Inhalt des Spruchs sollen möglichst vermieden werden.[351]

Dieses Beweisinteresse kann für die Betriebsparteien oder die Arbeitnehmer von besonderer Bedeutung sein, abhängig davon, wer sich auf deren Inhalt berufen will. Wie bereits dargelegt, werden durch die Betriebsvereinbarung unmittelbare Ansprüche der Arbeitnehmer gegen den Arbeitgeber begründet, verstärkt gilt das für den Sozialplan, da dieser *in erster Linie* Individualansprüche der Arbeitnehmer schafft.[352] Für den Interessenausgleich mit Namensliste steht das Beweisinteresse des Arbeitgebers im Vordergrund: Im Kündigungsschutzprozess muss er die Vermutungsbasis darlegen und beweisen, dass wegen einer Betriebsänderung ein wirksamer Interessenausgleich abgeschlossen wurde und der gekündigte Arbeitnehmer in dem wirksamen Interessenausgleich namentlich bezeichnet wurde.[353] Ein Beweisinteresse besteht für den Unternehmer auch unter dem Gesichtspunkt, dass er eventuell nachweisen muss, den Abschluss eines Interessenausgleichs mit dem Betriebsrat versucht zu haben, um Ansprüche nach § 113 Abs. 3 BetrVG abzuwehren: Wie oben ausgeführt, geht die Rechtsprechung davon aus, dass ein hinreichender Versuch nur dann vorliegt, wenn entweder ein formgerechter Interessenausgleich abgeschlossen wurde oder der Unternehmer das Einigungsstellenverfahren bis zum Ende durchgeführt hat.[354] Schließlich spielt die Beweisfunktion angesichts der erheblichen Rechtswirkungen – neben dem Schutz der Betriebsparteien und der Arbeitnehmer – auch insgesamt für die Rechtssicherheit eine Rolle. Insbesondere bei normativen Regelungen sollte auf Dauer nachweisbar sein, dass sie wirksam geschaffen wurden.

III. Kundgabefunktion der Schriftformerfordernisse

Die Rechtsprechung stellt daneben (für die Normenverträge) auf die sogenannte Kundgabefunktion ab. Die Schriftform diene letztlich dazu, den Verkündungs-

350 *Grimm*, EWiR § 125 InsO 1/01, 125, 126, weist diesbezüglich darauf hin, dass die Manipulationsgefahr eingeschränkt werden müsse.

351 *Bischoff*, S. 108

352 BAG AP Nr. 53 zu § 112 BetrVG 1972; GK/*Oetker*, §§ 112, 112a Rn. 115 m. w. N.

353 BAG AP Nr. 1 zu § 1 KSchG 1969 [II 1a)]; AP Nr. 94 zu § 1 KSchG Betriebsbedingte Kündigung; *Kohte*, BB 1998, 949, 949.

354 Nachweise siehe Fn. 347.

zwang, der sonst für Rechtsnormen besteht, zu ersetzen.[355] Diese Auffassung ist jedoch zweifelhaft. Denn die Schriftform an sich hat bei genauer Betrachtung keine Kundgabefunktion, sondern betrifft zunächst nur die Form der Urkunde, die von den Betriebsparteien erstellt wird. Die Kundgabefunktion wird demgegenüber für die Betriebsvereinbarung von der Forderung an den Arbeitgeber in § 77 Abs. 2 S. 3 BetrVG übernommen, die getroffene Vereinbarung im Betrieb auszulegen. Klarstellungs- und Kundgabefunktion sind also streng zu trennen.[356] Allenfalls ist zuzugeben, dass die formgerechte Abfassung der Vereinbarung die Grundlage für die Kundgabe bildet. Insoweit ginge die Kundgabefunktion jedoch nicht über die Klarstellungsfunktion hinaus.

IV. Warnfunktion der Schriftformerfordernisse

Überwiegend wird inzwischen vertreten, dass die Formerfordernisse für die hier behandelten betriebsverfassungsrechtlichen Vereinbarungen keine Warnfunktion verfolge.[357] Für Normenverträge formuliert die Rechtsprechung inzwischen sogar ganz allgemein, dass für diese der Übereilungsschutz nicht einschlägig sei.[358] Das RAG hatte demgegenüber in einigen Entscheidungen auf die Warnfunktion abgestellt und ausgeführt, dass die Parteien vor einer übereilten Abgabe ihrer Erklärungen geschützt werden sollten,[359] während das BAG zunächst offen gelassen hatte, ob die Warnfunktion einschlägig sei.[360] Nur ganz vereinzelt finden sich noch Stimmen im Schrifttum, die diese Schutzwirkung für einschlägig halten.[361]

Der herrschenden Ansicht ist zuzustimmen. Die Formanordnungen für betriebsverfassungsrechtliche Vereinbarungen verfolgen weder zugunsten der Betriebsparteien noch zugunsten der Arbeitnehmer einen Warnzweck. Eine Warn-

---

355 BAG AP Nr. 6 zu § 1 TVG Form [3].

356 So auch *Mangen*, RdA 1982, 229, 230; *Reinermann*, S. 44.

357 BAG AP Nr. 9 zu § 59 BetrVG [I 1] mit zustimmender Anm. von *Neumann-Duesberg* [1]; ErfK/*Kania*, § 77 BetrVG Rn. 24; GK/*Kreutz*, § 77 Rn. 47; Staudinger/*Hertel*, § 126 Rn. 46; für den *Tarifvertrag:* BAG AP Nr. 6 zu § 1 TVG Form [3]; BAG AP Nr. 7 zu § 1 TVG Form m. Anm. *Wiedemann;* Kempen/Zachert/*Zachert*, § 1 Rn. 770; *Reinermann*, S. 44; Schaub/*Schaub*, § 199 Rn. 27; Wiedemann/*Thüsing*, § 1 Rn. 310.

358 BAG AP Nr. 69 zu § 77 BetrVG 1972.

359 RAG ARS 17, 237, 240 für Tarifverträge; ähnlich: *Rick*, DB 1957, 45 45, der für den Fall von Verweisungen darauf verweist, dass den Parteien möglicherweise der Inhalt der in Bezug genommenen Urkunde nicht bekannt ist.

360 AP Nr. 14 zu § 56 BetrVG [III 2b)].

361 *Siemes*, ZfA 1998, 183, 194 für den Interessenausgleich; wohl auch: *Molkenbur/Schulte*, DB 1995, 269, 270, obwohl sie zum Schriftformerfordernis des Interessenausgleichs nur ausführen, dass der Gesetzgeber mit der Schriftform nach § 126 BGB *in der Regel* einen Warnzweck verfolge; *Zwanziger*, BB 1998, 477, 478.

funktion zugunsten der Betriebsparteien kann nicht daraus abgeleitet werden, dass der Arbeitgeber – wie oben dargestellt – dazu verpflichtet ist, die Vereinbarungen durchzuführen und auch der Betriebsrat an die Einigung gebunden ist. Denn diese Verpflichtung entsteht auch durch einfache Regelungsabreden, die ebenfalls eine rechtlich bindende Einigung zwischen den Betriebsparteien darstellen.[362] Die Verpflichtungen, die Arbeitgeber und Betriebsrat durch die hier behandelten betriebsverfassungsrechtlichen Vereinbarungen eingehen, unterscheiden sich für sie selbst also nicht von denjenigen bei Abschluss einer Regelungsvereinbarung.[363] Wie oben dargestellt, ist für einfache Regelungsabreden keine Form vorgesehen, sodass der Gesetzgeber die Betriebsparteien im Hinblick auf ihre eigenen Verpflichtungen nicht für schutzbedürfig hält. Darüber hinaus spricht gegen die Warnfunktion bereits, dass das BetrVG insgesamt den Arbeitgeber nicht als Partei ansieht, die vor der übereilten Abgabe von Erklärungen geschützt werden müsse.[364]

Schließlich kann der Schriftform eine Warnfunktion schon wegen des Zustandekommens der Vereinbarungen nicht zukommen. Die Schriftform kommt erst zum Tragen, wenn der Betriebsratsvorsitzende oder sein Vertreter dem Arbeitgeber gegenüber schriftlich erklärt, dass die Vereinbarung inhaltlich so abgeschlossen werden soll. Diese Erklärung darf der Erklärende aber nur dann abgeben, wenn er sich damit im Rahmen eines zuvor gefassten Betriebsratsbeschlusses hält.[365] Vereinbarungen, die nicht auf einem wirksamen Betriebsratsbeschluss beruhen, sind nichtig.[366] Denn der Betriebsratsvorsitzende oder dessen Vertreter führt lediglich als *„Vertreter in der Erklärung"*[367] aus, was durch den Beschluss vorgegeben wurde (§ 26 Abs. 2 S. 1 BetrVG). Er entscheidet nicht selbst über Abgabe und Inhalt der Erklärung. Die Warnfunktion einer Formanordnung für

---

362 Siehe Fn. 299.

363 BAG NZA 1992, 1098, 1099.

364 So zutreffend: BAG AP Nr. 50 zu § 103 BetrVG 1972 [B I 3d)aa)].

365 Allerdings kann es genügen, wenn ein Betriebsrat-Beschluss über eine in der Einigungsstelle zu verfolgende Linie vorliegt und der Betriebsrat-Vorsitzende sich innerhalb dieses Rahmens bewegt. Eine erneute Beschlussfassung ist dann nicht erforderlich, BAG AP Nr. 7 zu § 1 KSchG 1969 Namensliste [II 3b].

366 BAG AP Nr. 1 zu § 14 AZO; AP Nr. 1 zu § 615 BGB; ArbG Heilbronn, AiB 1989, 351, 351; *Fitting*, § 77 Rn. 30; *Grosjean*, NZA-RR 2005, 113, 123; für den *Interessenausgleich*: BAG AP Nr. 11 zu § 112 BetrVG 1972 [II 1a)aa)]; AP Nr. 7 zu § 1 KSchG 1969 Namensliste [II 3b)]; BAG EzA Nr. 10 zu § 1 KSchG Interessenausgleich.; GK/*Oetker*, §§ 112, 112a Rn. 36; *Siemes*, ZfA 1998, 183, 191.

367 BAG AP Nr. 2 zu § 70 PersVG Kündigung; AP Nr. 11 zu § 112 BetrVG 1972 [II 1a)aa)]; GK/Kreutz, § 77 Rn. 46; *Hoyningen-Huene, von*, DB 1984, Beilage 1, S. 1, 2.

Erklärungen erreicht aber stets nur den Erklärenden.[368] Demnach liefe eine Warnfunktion der Form im Hinblick auf die schriftliche Niederlegung und die Unterzeichnung ins Leere.

Auf einen Warnzweck zugunsten des Betriebsrats kann auch nicht daraus geschlossen werden, dass die Rechtsprechung von einer gesetzlichen Vermutung dahingehend ausgeht, dass der Vorsitzende sich im Rahmen des Beschlusses gehalten hat.[369] Denn auch vor dem Eintritt dieser gesetzlichen Vermutung kann der gesamte Betriebsrat nicht dadurch geschützt werden, dass der Vorsitzende selbst seine Erklärung schriftlich abgeben muss.

Auch zugunsten der von den Vereinbarungen erfassten Arbeitnehmer verfolgen die Formvorschriften keine Warnfunktion. Denn diese sind am Abschluss der Vereinbarungen nicht beteiligt[370] und können daher nicht durch eine strenge Form vor der Abgabe übereilter Erklärungen geschützt werden. Eine Warnfunktion verfolgen die Schriftformanordnung für die betriebsverfassungsrechtlichen Vereinbarungen folglich nicht.

V. Zusammenfassung

Zusammenfassend lässt sich somit festhalten, dass die Schriftformgebote die Klarstellung des Inhalts und des Abschlusses der Vereinbarungen bzw. des Spruchs der Einigungsstelle sowie die leichtere Beweisbarkeit bezüglich der Ausstelleridentität und der Echtheit der Urkunden bezwecken. Aus einem Vergleich mit den formlos zulässigen Regelungsabreden ergibt sich, dass diese Zwecke nur soweit verfolgt werden, als die Vereinbarungen zumindest mittelbare Auswirkungen auf Dritte, in erster Linie auf die Arbeitnehmer, haben.

D. Inhalt der Formvorschriften

I. Auslegung des Begriffs „von beiden Seiten (bzw. vom Vorsitzenden) zu unterzeichnen"

Angesichts des Wortlauts der Formvorschriften ist es ausgeschlossen, völlig auf eine Unterschrift zu verzichten. Ein derartiges Ergebnis würde den Rahmen der

---

368 Wird dabei ein Vertreter tätig, wird also dieser gewarnt: BGH NJW 2000, 2272, 2274.

369 Zu dieser Vermutungswirkung: BAG AP Nr. 11 zu § 112 BetrVG 1972 [II 1a)aa)]; BAG AP Nr. 7 zu § 1 KSchG 1969 Namensliste [II 3b].

370 Der Betriebsrat wird in eigenem Namen tätig und nicht als Vertreter der Arbeitnehmer; siehe hierzu: GK/*Kreutz*, § 77 Rn. 38 m. w. N.

Auslegung sprengen und in den Bereich der Umdeutung, also Rechtsfortbildung reichen.[371] Allerdings lässt der Begriff der Unterschrift noch eine Vielzahl von Varianten offen, denn erst die Forderung nach der Eigenhändigkeit einer Unterschrift bedeutet, dass der Aussteller das Dokument selbst mit der Hand unterzeichnen muss und damit mechanische Vervielfältigungen (wie etwa Stempel, eingescannte Unterschrift, Computerfax, Faksimile, Matrizenabzug) sowie die Paraphe nicht ausreichen.[372] Zu klären ist also, ob eine eigenhändige handschriftliche Unterzeichnung erforderlich ist, um die Formzwecke zu erfüllen. Nachdem festgestellt ist, dass eine eigenhändige Unterschrift beider Parteien erforderlich ist, wird geklärt, ob damit für die Schriftform § 126 BGB gilt. Anschließend wird dargelegt, dass sich beide Unterschriften auf der Originalurkunde befinden müssen, um schließlich auszuführen, welche Substitute als Ersatz für die eigenhändige Unterschrift in Betracht kommen.

1. Erfordernis der eigenhändigen handschriftlichen Unterschrift

Für das Erfordernis handschriftlicher eigenhändiger Unterschriften beider Betriebsparteien bzw. des Vorsitzenden der Einigungsstelle spricht zunächst, dass dieses Erfordernis ganz einhellig auch schon für § 52 Abs. 2 S. 2 BetrVG 1952 gefordert wurde.[373] Hätte der Gesetzgeber dieses herrschende Verständnis für unrichtig gehalten, hätte er bei Abfassung des BetrVG 1972 nicht für § 77 Abs. 2 S. 2 BetrVG wörtlich den alten Gesetzestext übernommen.

Entscheidend wird diese Sichtweise durch die Auslegung anhand der (oben erörterten) Formzwecke gestützt Wie oben dargestellt, kommt der Klarstellungsfunktion bei den hier behandelten Vereinbarungen überragende Bedeutung zu. Zwar wird die Inhaltsklarheit auch bereits durch eine bloß textliche Wiedergabe der Vereinbarung befördert, da sich bei der Abfassung die Vertragspartner um präzise Formulierungen bemühen und der Inhalt auf Dauer nachlesbar ist. Allerdings kann eine bloß textliche Niederlegung den Klarstellungszweck nicht in einer Weise erfüllen, wie es angesichts der weitreichenden Rechtswirkungen auf Dritte erforderlich ist. Der eigenhändigen Unterzeichnung kommt insoweit ein entscheidender Mehrwert zu: Durch diese übernehmen beide Parteien deutlich erkennbar Verantwortung für den Inhalt und zeigen, dass sie mit ihrer Namensunterschrift für diesen einstehen wollen. Die Gefahr eines zukünftigen Streits über den Inhalt wird damit reduziert. Diese Wirkung können andere Formen der

---

371 Zum Verlassen der Wortlautgrenze: *Larenz/Canaris*, S. 143.

372 BGHZ 24, 297, 298; 121, 224, 229; LAG Köln NZA-RR 2002, 163, 165; *Larenz/Wolf*, § 27 Rn. 23; MüKo-BGB/*Einsele*, Bd. 1, § 126 Rn. 14.

373 *Neumann-Duesberg*, S. 367.

Unterzeichnung, also bloße Paraphen, Stempel oder ähnliches, nicht in gleicher Weise erreichen. Gleiches gilt für den Spruch der Einigungsstelle: Auch hier muss ein Streit über dessen Inhalt möglichst vermieden werden, sodass eine Autorisierung durch den Einigungsstellenvorsitzenden, dass der Beschluss inhaltlich tatsächlich so getroffen wurde wie niedergelegt, erforderlich ist.

Auch der Gesichtspunkt der Abschlussklarheit führt zu der Annahme, dass eine eigenhändige Unterschrift unerlässlich ist. Sind mehrere Entwürfe und Versionen der geplanten Vereinbarung im Umlauf – wie bei betrieblichen Vereinbarungen in der Praxis üblich – ist es wesentlich, dass die endgültige Version eindeutig identifizierbar ist. Eigenhändig unterschrieben wird jedoch nur die endgültige Version, sodass die Unterzeichnung in dieser Hinsicht ein hohes Maß an Sicherheit bietet. Darüber hinaus knüpft das BetrVG das Zustandekommen der hier untersuchten Einigungen gerade an den Akt der Unterzeichnung, ohne dass darüber hinaus für die Wirksamkeit der Einigung noch eine Kundmachung erforderlich wäre. Daher muss dieser Akt möglichst deutlich erkennbar sein, und es sollten keine Zweifel darüber aufkommen, ob nun ein entsprechender Abschluss erfolgt ist oder nicht. Ist die Unterzeichnung einer Seite nicht handschriftlich, liegt die Gefahr nahe, dass diese Unterzeichnung als nicht abschließend gemeint in Zweifel gezogen wird.

Schließlich ist die eigenhändige Unterschrift auch im Hinblick auf die Beweisfunktion unerlässlich. Sowohl die Betriebsparteien als auch die Arbeitnehmer bzw. später die Gerichte müssen erkennen können, ob die Vereinbarung von den insoweit ermächtigten Betriebsparteien abgeschlossen wurde und auch inhaltlich von diesen stammt. Diese Identitäts- und Echtheitsfunktion kann aber nur durch die eigenhändige Unterzeichnung[374] erfüllt werden,[375] und nicht durch lediglich nachgebildete oder gar gedruckte Unterschriften. Auch die Identität des Einigungsstellenvorsitzenden muss durch die handschriftliche Unterzeichnung deutlich erkennbar sein, da nur er den Spruch nach außen autorisieren kann.

2. Anknüpfung an § 126 BGB

An die Feststellung, dass eine eigenhändige und handschriftliche Unterschrift zur Einhaltung der Schriftform erforderlich ist, knüpft sich die Frage an, ob die hier untersuchten Formerfordernisse gesetzliche Schriftformen im Sinne des § 126 BGB sind, der Gesetzgeber also diese Definitionsnorm in Bezug genommen hat.

Auf den ersten Blick liegt diese Schlussfolgerung – im Einklang mit der oben dargestellten überwiegenden Meinung – nahe. Denn betriebsverfassungsrechtli-

---

374 Sowie durch deren Substitute, dazu sogleich unten.
375 Siehe BT-Drs. 14/4987, S. 16.

che Vereinbarungen sind nach herrschender und zutreffender Ansicht privatrechtliche Verträge, die durch den Austausch übereinstimmender Willenserklärungen zustande kommen.[376] Die Art des Zustandekommens fügt sich demnach in den Abschnitt *„Rechtsgeschäfte"* und den Titel *„Willenserklärungen"* ein, in dem sich die allgemeine Definitionsnorm des § 126 BGB befindet. So vertritt beispielsweise *Bydlinski* auch ausdrücklich, dass man für Vertragsschluss und Vertragsmängel im kollektiven Arbeitsrecht die allgemeinen Vorschriften des BGB Allgemeiner Teil anwenden müsse, schon weil es keine anderen Vorschriften gebe.[377]

Gegen einen unreflektierten Rückgriff auf § 126 BGB spricht jedoch der Wortlaut der hier untersuchten Vorschriften: Es wird nicht nur neutral die Einhaltung der Schriftform verlangt, sondern ausdrücklich gefordert, dass eine Unterzeichnung durch die Betriebsparteien erfolgen muss. Oben wurde bereits ausgeführt, dass die Anordnung der Unterzeichnung überflüssig gewesen wäre, wenn der Gesetzgeber tatsächlich § 126 BGB hätte in Bezug nehmen wollen.[378] Insoweit unterscheidet sich der Wortlaut dieser Formanordnungen etwa von der des § 1 Abs. 2 TVG, wo lediglich formuliert wird, dass Tarifverträge der Schriftform bedürften.[379] Es ist also mit den oben angeführten Vertretern des Schrifttums davon auszugehen, dass das BetrVG insoweit selbstständige Schriftformgebote enthält. Darüber hinaus stellt das BAG auch zutreffend fest, dass die Anforderungen des § 126 BGB für Normenverträge nicht unbesehen übernommen werden könnten,[380] sodass jedenfalls für die Betriebsvereinbarung und die ihr gleichgestellten Einigungen ein Rückgriff auf § 126 BGB zweifelhaft ist.

Damit stellen sich die §§ 76 Abs. 3 S. 4, 77 Abs. 2, 112 Abs. 1 BetrVG nicht als Normen dar, die im Sinne des § 126 BGB Schriftform anordnen. Vielmehr sind die Anforderungen aus den Vorschriften selbst zu entwickeln.

---

376 BVerfGE 73, 261; für den Sozialplan; BAG AP Nr. 11 zu § 77 BetrVG 1972 Betriebsvereinbarung [B II]; DKK/*Berg*, § 77 Rn. 8; *Fitting*, § 77 Rn. 13; GK/*Kreutz*, § 77 Rn. 35; Richardi/*Richardi*, § 77 Rn. 30; WP/*Preis*, § 77 Rn. 7; ein Teil des Schrifttums geht hingegen von der sogenannten Satzungstheorie aus, wonach es sich bei der Betriebsvereinbarung um ein autonomes Statut handeln solle, das durch getrennte Beschlüsse des Betriebsrats und des Arbeitgebers zustande komme und dem öffentlichen Recht zuzuordnen sei: *Herschel*, RdA 1948, 47, 47; *ders.*, RdA 1956, 161, 168.

377 *Bydlinski*, S. 3 ff.

378 Aus der umgekehrten Perspektive stellt GK/*Oetker*, §§ 112, 112a Rn. 35 fest, dass ein Rückgriff auf § 126 BGB wegen der ausdrücklichen Anordnung der Unterschrift überflüssig sei.

379 Diese Anordnung wird meist als Schriftform im Sinne des § 126 BGB verstanden: BAG AP Nr. 1 zu § 3 BetrVG 1972 [B I].

380 BAG AP Nr. 69 zu § 77 BetrVG 1972 [II 1b)aa)].

3. Unterschriften auf einer einheitlichen Urkunde

Die teleologische Auslegung der Formvorschriften stützt darüber hinaus die herrschende Ansicht, dass sich die eigenhändigen Unterschriften der Betriebsparteien auf einem Dokument befinden müssen.

Dieses Ergebnis kann allerdings nicht darauf gestützt werden, dass die Betriebsvereinbarung gemäß § 77 Abs. 2 S. 3 BetrVG[381] im Betrieb auszulegen ist.[382] Schon angesichts dessen, dass die Nichtbeachtung dieser Verpflichtung keine negativen Rechtsfolgen hat, erscheint es verfehlt, diese Anordnung als Argument heranzuziehen. Denn der Auslage wird überwiegend keine konstitutive Bedeutung beigemessen.[383] Darüber hinaus wird ohnehin nicht das Originaldokument im Betrieb ausgelegt.[384] Vielmehr muss lediglich gewährleistet sein, dass die Belegschaft in der Lage ist, sich ohne Schwierigkeiten mit dem Inhalt der Betriebsvereinbarung vertraut zu machen, etwa durch Abschriften, Veröffentlichungen in der Werkszeitung oder Anschläge am Schwarzen Brett.[385] Hierfür kann sogar eine Bekanntmachung an mehreren Stellen erforderlich sein.[386] Als ausreichend wird auch eine Bekanntmachung per Intranet angesehen, wenn die Belegschaft über Bildschirmarbeitsplätze verfügt.[387] Das Original der Vereinbarung wird also in jedem Fall nicht im Betrieb ausgelegt, sondern verbleibt in den Händen der Betriebsparteien, sodass aus der Auslegungspflicht nichts für die Form der Originalurkunde, in der die Vereinbarung niedergelegt ist, abgeleitet werden kann.

Auch das Argument, es handele sich um einen *„konsensualen Einigungsprozess"*,[388] sodass eine § 126 Abs. 2 S. 2 BGB entsprechende Vorgehensweise nicht in Betracht komme, führt nicht weiter. Es wird schon nicht recht deutlich, was unter diesem Begriff zu verstehen ist oder welche Schlussfolgerungen daraus zu ziehen sind. Nach ganz herrschender Meinung ist, obwohl in § 77 Abs. 2 BetrVG von einem gemeinsamen Beschluss die Rede ist, keine gemeinsame Sit-

---

381 Entsprechend anwendbar auf den Interessenausgleich (BAG AP Nr. 1 zu § 1 KSchG 1969 II 1b)] und den Sozialplan (*Gift*, ArbRGgw 15 [1977], 51, 61; GK/*Oetker*, §§ 112, 112a Rn. 160.

382 So aber die in Fn. 216 genannten Stimmen.

383 DKK/*Berg*, § 77 Rn. 33; *Fitting* § 77 Rn. 25; GK/*Kreutz*, § 77 Rn. 50; MüHdb-ArbR/*Matthes*, § 328 Rn. 18; a. A. *Adomeit*, BB 1962, 1246, 1250; *Fischer, F.-W.*, BB 2000, 354; 360; *Heinze*, NZA 1994, 580, 582.

384 *Beckschulze/Henkel*, DB 2001, 1491, 1502 (Bekanntgabe per Intranet).

385 *Fitting*, § 77 Rn. 25.

386 GK/*Kreutz*, § 77 Rn. 51.

387 *Beckschulze/Henkel*, DB 2001, 1491, 1502; *Fitting*, § 77 Rn. 25.

388 Siehe Fn. 217

zung von Betriebsrat und Arbeitgeber erforderlich.[389] Vielmehr werden die betrieblichen Vereinbarungen ganz herkömmlich durch zwei übereinstimmende Willenserklärungen abgeschlossen,[390] also auf eben dem Wege, den das BGB für den Vertragsschluss vorsieht. Damit liegt entweder kein *„konsensualer Einigungsprozess"* vor oder dieser hat den Inhalt eines gewöhnlichen Vertragsschlusses, für den § 126 Abs. 2 S. 2 BGB den Austausch jeweils unterzeichneter Dokumente für ausreichend hält.

Allerdings legt die Formulierung der Formgebote es zumindest nahe, dass das Gesetz beide Unterschriften auf einem Dokument für erforderlich hält. Denn die Anordnung der Unterzeichnung durch beide Parteien folgt im unmittelbaren Anschluss an den Satz, dass die Vereinbarung schriftlich niederzulegen ist (§§ 77 Abs. 2 S. 1, 112 Abs. 1 S. 1). Dies deutet darauf hin, dass sich auch beide Unterschriften auf der schriftlichen Niederlegung befinden müssen. Dieser Befund ist allerdings nicht ganz eindeutig, sodass auch insoweit der Formzweck herangezogen werden muss. Dabei ergibt sich, dass – obwohl es sich auch bei den hier untersuchten Vereinbarungen um privatrechtliche Verträge handelt – die hinter der Formerleichterung des § 126 Abs. 2 S. 2 BGB stehenden Erwägungen nicht übertragbar sind. Bei einem gewöhnlichen zweiseitigen Vertrag ist die Unterschrift auf dem jeweils für die andere Seite bestimmten Exemplar deshalb ausreichend, weil so die Beweisfunktion voll und ganz gewahrt ist. Derjenige, der sich auf den Vertrag berufen will, kann jederzeit nachweisen, dass die andere Seite sich rechtsverbindlich binden wollte. Es besteht auch keine Gefahr im Hinblick auf die Klarstellungsfunktion des Formerfordernisses: Die Partei, die das von der anderen Seite unterschriebene Exemplar in den Händen hält, wird keine Schwierigkeiten haben festzustellen, ob tatsächlich eine Vereinbarung zustande gekommen ist, da dies lediglich noch von der eigenen Willenserklärung abhängt. Bei den betriebsverfassungsrechtlichen Vereinbarungen ist die Situation hingegen anders: Wie oben dargestellt, haben diese teilweise unmittelbare normative Wirkungen für nicht am Vertragsschluss Beteiligte, teilweise jedenfalls mittelbare Bedeutung für die Belegschaft. Diese „Dritten" sind daher sowohl im Hinblick auf die Klarstellungsfunktion der Form als auch auf die Beweisfunktion darauf angewiesen, mit Sicherheit feststellen zu können, dass eine entsprechende Vereinbarung zwischen Betriebsrat und Arbeitgeber abgeschlossen wurde. Aus eigener Erfahrung können die Arbeitnehmer in der Regel hierzu keine Aussagen treffen. An den Verhandlungen sind sie nicht beteiligt, sodass sie auch kaum feststellen könne, ob es sich um die endgültige Version oder einen Entwurf handelt.

---

389 GK/*Kreutz*, § 77 Rn. 40.

390 BAG AP Nr. 11 zu § 77 BetrVG 1972 Betriebsvereinbarung [B II]; *Fitting*, § 77 Rn. 13; GK/*Kreutz*, § 77 Rn. 35; WP/*Preis*, § 77 Rn. 7

Sie sind daher vollständig auf das Schriftstück angewiesen, in dem die Vereinbarung festgehalten ist. Daher muss das Originaldokument die Unterschriften beider Parteien tragen.

4. Substitute

Schließlich ist im Hinblick auf das Unterschriftserfordernis zu klären, ob die Formzwecke auch dann erreicht werden, wenn die Vereinbarung zwar nicht eigenhändig unterschrieben ist, aber mit qualifizierten elektronischen Signaturen versehen oder notariell beurkundet ist. Da hier davon ausgegangen wird, dass § 126 BGB keine Anwendung findet, kann weder die Zulässigkeit der elektronischen Form mit § 126 Abs. 3 BGB noch die Zulässigkeit der notariellen Beurkundung mit § 126 Abs. 4 BGB begründet werden. Vielmehr muss auch diese Frage anhand der teleologischen Auslegung geklärt werden. Bei dieser ist zu berücksichtigen, dass der Gesetzgeber des FormAnpG davon ausgeht, dass mit der elektronischen Form grundsätzlich sämtliche Schriftformzwecke erreicht werden können, die mit der Schriftform nach § 126 BGB erreicht würden. Eine kleine Einschränkung wird lediglich – und das auch nur vorläufig – im Hinblick auf die Warnfunktion gemacht.[391] Da die Warnfunktion für die Formanordnungen in den betriebsverfassungsrechtlichen Vereinbarungen keine entscheidende Rolle spielt, spricht zunächst viel dafür, die elektronische Form für ausreichend zu erachten.

Der Zulässigkeit der elektronischen Form stehen jedoch die Erwägungen entgegen, die auch gegen den Austausch identischer, jeweils unterzeichneter Urkunden sprechen. Wie oben dargelegt, ist für die Erreichung der Formzwecke entscheidend, dass Dritte unzweifelhaft feststellen können, ob eine Vereinbarung abgeschlossen wurde. Hierfür steht ihnen nur die Urkunde zur Verfügung, die die Vereinbarung enthält. Die elektronische Form hingegen kann nur so eingesetzt werden, dass beide Betriebsparteien ein jeweils für die andere Seite bestimmtes Dokument signieren. Der Empfänger des Dokuments kann überprüfen, ob die Signatur und die Erklärung echt sind. Diese Überprüfungsmöglichkeit steht jedoch den Arbeitnehmern, auf die die Vereinbarung Auswirkungen hat, nicht offen.[392] Darüber hinaus spricht auch eine technische Besonderheit der elektronischen Form gegen deren Zulassung. Bislang ist nämlich kein einheitliches Dateiformat vorgesehen. Daher kann sich die äußere Form eines Dokuments erheblich unterscheiden.[393] Auch in diesem Umstand liegt ein Risiko, das für diese mit

391 BT-Drs. 14/4987, S. 16 f.
392 Ähnlich *Raab*, FS-Konzen, S. 719, 735.
393 Darauf und auf die damit verbundenen Verfälschungs- und Täuschungsrisiken weist hin *Hähnchen*, NJW 2001, 2831, 2833.

Drittwirkungen ausgestatteten Vereinbarungen nicht eingegangen werden darf. Denn für die Auslegung einer Vereinbarung wird häufig auch auf die optische Gestaltung, insbesondere die Anordnung der Absätze sowie die Seitenumbrüche zurückgegriffen. Es besteht also die Gefahr, dass es insoweit zu Unklarheiten kommen könnte, was dem Ziel der größtmöglichen Inhaltsklarheit entgegenstünde.

Gegen den Ausschluss der elektronischen Form spricht auch nicht der Grundsatz der europarechtskonformen Auslegung. Zwar verpflichtet Art. 9 RL 2000/31/EG[394] die Mitgliedstaaten sicherzustellen, dass ihr Rechtssystem den Abschluss von Verträgen auf elektronischem Wege ermöglicht. Die hier behandelten betriebsverfassungsrechtlichen Vereinbarungen sind jedoch kein *„Dienst der Informationsgesellschaft"*, worauf gemäß Art. 1 Abs. 1 der Anwendungsbereich der Richtlinie beschränkt ist. Denn gemäß Art. 1 Nr. 2 der RL 98/34/EG[395] in der Fassung der RL 98/48/EG[396] fallen unter diesen Begriff nur *„in der Regel gegen Entgelt elektronisch im Fernabsatz und auf individuellen Abruf des Empfängers erbrachte"* Dienstleistungen. Betriebsverfassungsrechtliche Vereinbarungen sind folglich nicht erfasst.

Hingegen bestehen keine Bedenken dagegen, dass die Schriftform durch eine notarielle Beurkundung eingehalten werden kann. *Oetker*, der sich dagegen ausspricht, ist zuzugeben, dass sich dieses Ergebnis nicht durch § 126 Abs. 4 BGB begründen lässt, da diese Vorschrift nicht anwendbar ist. Klarstellungs- und Beweisfunktion der Form werden jedoch auch bei einer notariellen Beurkundung vollständig erreicht. Die Inhaltsklarheit wird schon dadurch gestärkt, dass der Notar gemäß § 17 BeurkG verpflichtet ist, den Urkundeninhalt möglichst eindeutig zu formulieren und entsprechend schriftlich niederzulegen. Auch die Abschlussklarheit ist gewährleistet, da er gemäß § 13 BeurkG durch seine Unterschrift bestätigt, dass die Erklärungen von den Parteien abgegeben und unterzeichnet wurden. Schließlich wird die Beweisfunktion in ihren Komponenten der Identitäts-, der Echtheits- und der Verifikationsfunktion durch die notarielle Beurkundung sogar besser erfüllt als eigenhändige Unterschriften das könnten. Denn der Notar ist verpflichtet, sich über der Identität der Erklärenden zu vergewissern und auch die nachträgliche Verfälschung einer notariell beurkundeten Erklärung ist äußerst unwahrscheinlich. Die Beweisfunktion wird durch die Anordnung in § 415 ZPO verstärkt, wonach die notariell beurkundete Erklärung vollen Beweis dafür bietet, dass die Erklärungen so abgegeben wurden.

---

394 ABl. EG L 178/1.
395 ABl. EG L 204, S. 37.
396 ABl. EG L 217, S. 18, 21.

5. Fazit

Damit ist zur Einhaltung der Schriftformanordnungen in den §§ 76 Abs. 3 S. 4, 77 Abs. 2 S. 2 und § 112 Abs. 1 S. 1 BetrVG eine handschriftliche Unterschrift auf einem Originaldokument erforderlich. Als ebenfalls formgerechter Ersatz kommt die notarielle Beurkundung in Betracht, die freilich in der Praxis keine große Rolle spielen wird.

II. Auslegung des Begriffs „schriftlich niederzulegen"

Nachdem nun geklärt ist, was das BetrVG mit der Anordnung meint, beide Parteien müssten die Vereinbarung unterzeichnen, ist zu klären, was mit dem Begriff *„schriftlich niederzulegen"* gemeint ist. Um dem Zweck der Inhaltsklarheit möglichst weitgehend gerecht zu werden, ist zweierlei erforderlich: Die Betriebsparteien müssen ihre Vereinbarung in Schriftzeichen lesbar (*„schriftlich"*) festhalten. Dadurch werden sie gezwungen, den gesamten Inhalt der Vereinbarung präzise und möglichst unmissverständlich niederzulegen,[397] was für die Inhaltsklarheit unerlässliche Voraussetzung ist. Darüber hinaus ist erforderlich, dass der Text der Vereinbarung dauerhaft festgehalten ist, da nur so gewährleistet ist, dass sowohl die Betriebsparteien als auch Dritte (insbesondere die Arbeitnehmer) sich auch später noch Gewissheit über den Inhalt der Vereinbarung verschaffen können. Aus dem Text der Betriebsvereinbarung muss sich der Wille beider Betriebspartner ergeben, förmlich und inhaltlich eine der hier behandelten betriebsverfassungsrechtlichen Vereinbarungen abzuschließen.[398]

1. Äußere Gestaltung und Urkunden, die aus mehreren Blättern bestehen

Im Hinblick auf die äußere Gestaltung ist der ganz herrschenden Ansicht zuzustimmen, dass die Vereinbarungen nicht notwendigerweise in einer eigenständigen Urkunde mit einer entsprechenden Überschrift versehen niedergelegt werden müssen. Denn diese äußere Gestaltung spielt für die oben dargelegten Formzwecke keine Rolle, maßgeblich ist vielmehr, ob sich Inhalt und Vertragsparteien der Vereinbarung leicht feststellen und nachweisen lassen. Anhand dessen ist die

397 Dieser Zweck klingt auch beim BAG an, wenn es schreibt, die Betriebsvereinbarung sei an die Schriftform gebunden, damit ihre Rechtsnormen festgehalten und klargestellt würden, AP Nr. 18 zu § 77 BetrVG 1972 [a)]; auch *Raab*, FS-Konzen, S. 719, 734, stellt darauf ab, dass die Betriebsparteien zur Präzisierung angehalten werden sollen.

398 *Frauenkron*, § 77 Rn. 11.

rechtliche Charakterisierung als eine der hier behandelten betriebsverfassungsrechtlichen Vereinbarungen leicht möglich.

Es ist auch der Ansicht zuzustimmen, dass für die Anforderungen an eine mehrblättrige Vereinbarung auf die Grundsätze, die zu § 126 BGB aufgestellt wurden, zurückgegriffen werden kann. Es ist also nicht erforderlich, dass jedes Blatt einzeln von den Parteien unterzeichnet ist, wenn sich aus den Umständen ergibt, dass es sich um eine einheitliche Urkunde handelt und die Unterschriften am Ende das gesamte Dokument decken sollen. Denn Klarstellungs- und Beweisfunktion werden auch erreicht, wenn diese Anforderungen erfüllt sind. Lassen nämlich die äußeren Umstände auf eine einheitliche Urkunde schließen, wäre das Verlangen nach einer körperlich festen Verbindung bzw. mehreren Unterschriften bloße Förmelei. Der Schutz vor Manipulation, also die Echtheitsfunktion der Form, wäre durch eine untrennbare körperliche Verbindung bzw. Unterschriften auf jedem einzelnen Blatt der Urkunde zwar noch stärker gewährleistet,[399] ein vollständiger Schutz ist jedoch nie zu erreichen. Insoweit weist der BGH zutreffend darauf hin, dass auch eine Heftung eine Fälschung nur unwesentlich erschwere.[400]

2. Anlagen, insbesondere der Interessenausgleich mit Namensliste

Zu klären ist weiterhin, ob nicht selbst mit einer Unterschrift versehene Anlagen tatsächlich nur dann Bestandteil der Urkunde sind, wenn sie mit der Haupturkunde körperlich verbunden sind.

Im Hinblick auf die äußere Form eines Interessenausgleichs mit Namensliste ist zunächst der Wortlaut von § 1 KSchG (§ 125 InsO) relevant; demnach muss nämlich der gekündigte Arbeitnehmer *im* Interessenausgleich namentlich bezeichnet sein. Daraus ergibt sich, dass das Gesetz eine einheitliche Urkunde fordert. Für das Verständnis dieser Einheitlichkeit sind gewisse Aufweichungstendenzen festzustellen, wie sich insbesondere aus der bereits erwähnten Entscheidung des BAG zu den Stützungsunterschriften als Teil gültiger Wahlvorschläge ersehen lässt.[401] Dennoch ist für das praktisch relevante Problem des Interessenausgleichs mit Namensliste an dem Erfordernis einer körperlichen Verbindung festzuhalten, sofern die Namensliste nicht selbst unterzeichnet ist. Das ergibt sich aus dem Gesichtspunkt der Rechtssicherheit. Denn im Laufe der Verhandlungen werden häufig viele Entwürfe von Namenslisten erstellt und in Umlauf ge-

---

399 Siehe Hess. LAG NZA-RR 1996, 461, 462.
400 NJW 1998, 58, 61.
401 BAG AP Nr. 2 zu § 14 BetrVG 1972.

bracht.[402] Angesichts der erheblichen Rechtwirkungen, die diesen zukommen, muss möglichst sichergestellt sein, dass es sich bei der dem Interessenausgleich beigefügten um die aktuelle handelt, auf die sich die Betriebsparteien abschließend geeinigt haben. Diese Rechtssicherheit kann angesichts der äußeren Gestaltung einer Namensliste nicht erreicht werden, wenn man sich lediglich auf äußerliche Gestaltungsmerkmale verlässt. Denn es liegt in der Natur der Sache, dass sich die Zusammengehörigkeit einer Namensliste und einer Vereinbarung nicht an äußeren Gestaltungsmerkmalen wie zum Beispiel fortlaufende Nummerierung ersehen lässt.

3. Die Zulässigkeit von Verweisungen

Ein weiteres Problem der Formbedürftigkeit betrieblicher Vereinbarungen sind die Verweisungen auf andere Dokumente, die der eigentlichen Vereinbarung nicht beigefügt werden. Vorab ist klarzustellen, dass sich ein Formproblem nur dann stellt, wenn es sich um eine sogenannte konstitutive Verweisung handelt, die Betriebsparteien also durch die Verweisung andere Regelungswerke zum Gegenstand ihrer eigenen Vereinbarung machen wollen. Soll durch die Verweisung hingegen lediglich auf die ohnehin geltende Rechtslage hingewiesen werden, sog. deklaratorische Verweisung, ist das in Bezug genommene Regelungswerk kein Teil der betriebsverfassungsrechtlichen Einigung[403] und unterliegt nicht dem Formgebot.

Die Zulässigkeit von Verweisungen ergibt sich entgegen der Ansicht *Hertels* nicht bereits daraus, dass es sich lediglich um eine Bezugnahme auf eine allgemeine Rechtsnorm handelt,[404] da diese Behauptung zu pauschal ist. Denn um eine Bezugnahme auf eine allgemeine Rechtsnorm handelt es sich eben nur bei den gerade definierten deklaratorischen Verweisung, also bei einer Verweisung auf eine ohnehin anwendbare Norm. Wird hingegen erst durch die Verweisung das in Bezug genommene Regelungswerk für den Inhalt der Vereinbarung maßgeblich, kann es nicht darauf ankommen, ob es sich dabei um eine Rechtsnorm handelt oder nicht. Denn die Parteien schaffen durch diese Vereinbarung eine neue Regelung.

Die Zulässigkeit von Verweisungen lässt sich auch nicht mit *Herschel* damit begründen, dass die Regelungswerke, auf die verwiesen wird, nicht Teil der formbedürftigen Erklärung seien.[405] Dieser Argumentation ist bereits der 4. Senat

---

402 Darauf weist zutreffend hin: LAG Rheinland-Pfalz – 17.10.97 – 9 Sa 401/97, juris.

403 Siehe zur Unterscheidung: BAG AP Nr. 20 zu § 2 BAT SR 2y [II 4a) und b)]; Kempen/Zachert/*Zachert*, § 1 TVG Rn. 790, 791.

404 Staudinger/*Hertel*, § 126 Rn. 121.

405 *Herschel*, BB 1963, 1220, 1221 und 1222.

überzeugend entgegen getreten: Mit der Verweisung nehmen die Parteien den Regelungskomplex in ihre Willenserklärung auf, sodass er Teil der Erklärung wird.[406]

Nicht stichhaltig ist auch die Argumentation des BAG, wonach sich die Zulässigkeit der Verweisung u. a. daraus ergebe, dass es allzu *„formal"* und *„umständlich"* wäre, die Parteien dazu zu zwingen, die Regelungen des in Bezug genommenen Regelungswerks wörtlich in den bezugnehmenden Vertrag aufzunehmen.[407] Denn derartige Praktikabilitätsgesichtspunkte müssen in jedem Fall zurücktreten, wenn der Formzweck und insbesondere die Rechtssicherheit das umständlichere Verfahren erfordern.

Zur Klärung der Frage ist vielmehr auch hier auf den Formzweck abzustellen. Nach herrschender Ansicht soll die nur eingeschränkte Zulassung von Verweisungen bei einer Schriftform im Sinne des § 126 BGB dazu dienen, den Inhalt der Erklärung klarzustellen und die Vertragspartner vor einem übereilten Abschluss der Vereinbarung zu warnen.[408] Wie oben bereits ausgeführt, spielt die Warnfunktion, also der zweite genannten Gesichtspunkt, für die betriebsverfassungsrechtlichen Vereinbarungen keine Rolle.[409] Daher kann sich ein Formproblem nur unter dem Gesichtspunkt der Klarstellungsfunktion ergeben. Diese ist allerdings – wie auch die herrschende Ansicht anführt – dadurch hinreichend gesichert, dass das Regelungswerk, auf das verwiesen wird, ebenfalls schriftlich niedergelegt ist. Zweifel über den Inhalt können bei einer eindeutigen Verweisung nicht auftreten. Darüber hinaus ist noch auf einen weiteren Gesichtspunkt hinzuweisen: Die Form zielt nur darauf ab, dass die Betriebsparteien, das, worauf sie sich geeinigt haben, deutlich erkennbar niederlegen. Und im Falle einer Verweisung besteht der Inhalt eben darin, dass sie ein anderes Regelungswerk in Bezug nehmen. Auch die Beweisfunktion wird nicht beeinträchtigt, da die Urkunde, in der sich die Verweisung befindet, mit den Unterschriften versehen ist. Für die Zulässigkeit spricht noch ein weiterer Gesichtspunkt: Die Betriebsvereinbarung (und damit auch die Gruppenvereinbarung und der Sozialplan) hat Normencharakter. Insoweit kann eine Parallele zu Gesetzen gezogen werden, bei denen ebenfalls Verweise auf andere Gesetze zulässig sind.[410]

Auch gegenüber Blankettverweisungen bestehen unter dem Gesichtspunkt der Formeinhaltung keine Bedenken. Die Klarstellungswirkung der Form, wonach zu

---

406 BAG AP Nr. 7 zu § 1 TVG Form.

407 AP Nr. 14 zu § 56 BetrVG [III 2b)].

408 BGHZ 26, 142, 146; BGH NJW 1992, 1448, 1449; BAG AP Nr. 69 zu § 77 BetrVG 1972.

409 Hierauf stellt das BAG allein ab, um die Zulässigkeit von Verweisungen zu begründen: AP Nr. 69 zu § 77 BetrVG 1972.

410 Siehe nur: § 823 Abs. 2 BGB.

jedem Zeitpunkt deutlich sein muss, welcher Inhalt vereinbart ist und gilt, wird durch eine dynamische Verweisung nicht beeinträchtigt: Denn zur Klärung der Frage, mit welchem Inhalt die Vereinbarung gilt, ist lediglich festzustellen, welche Fassung des in Bezug genommenen Regelungskomplexes die aktuelle ist.

Damit sind – unter dem Gesichtspunkt der Formvorschrift – Verweisungen auf andere schriftlich niedergelegten Regelungen sowohl in statischer als auch in dynamischer Form zulässig.

E. Formbedürftigkeit von Vor-, Änderungs- sowie Aufhebungsverträgen

Nachdem nunmehr die Anforderungen geklärt sind, die an die Schriftform im Sinne der §§ 77 Abs. 2 und § 112 Abs. 1 BetrVG zu stellen sind, muss geklärt werden, ob diese Anforderungen auf Vor-, Änderungs- und Aufhebungsverträgen zu übertragbar sind.

I. Vorverträge

Im Hinblick auf die Formbedürftigkeit von Vorverträgen ist zunächst festzustellen, dass diese selbst nicht die im BetrVG geregelten formbedürftigen Vereinbarungen darstellen, sodass die für diese Vereinbarungen geltenden Formgebote nicht unmittelbar anwendbar sind. Denn Vorverträge binden die Betriebsparteien zunächst lediglich schuldrechtlich und verpflichten sie, den näher bestimmten Hauptvertrag zu einem späteren Zeitpunkt abzuschließen.[411] Weder der Inhalt noch die Rechtswirkungen dieses Vertrages erlauben daher eine Einordnung als Betriebsvereinbarung, Sozialplan oder Interessenausgleich.

Angesichts des Fehlens einer ausdrücklichen gesetzlichen Regelung kann sich die Formbedürftigkeit von Vorverträgen folglich nur im Wege einer Analogie ergeben. Es ist also zu prüfen, ob Normzweck und Interessenlage die entsprechende Anwendung der Schriftformerfordernisse gebieten, also ob die Interessenlage des geregelten Falles der des nicht geregelten Falles entspricht und ob der Zweck der Norm deren Anwendung auf den nicht geregelten Fall fordert.[412] Schon *Heldrich* stellt insoweit fest, dass zwar grundsätzlich Vorverträge dem Formgebot des Hauptvertrages unterlägen, sich jedoch aus dem Formzweck etwas anderes ergeben könne.[413] Zweifel an der Zulässigkeit einer Analogie ergeben sich hier im Hinblick auf die Vergleichbarkeit der Interessenlage, also im Hinblick

411 Siehe stellvertretend Däubler/*Reim*, § 1 Rn. 156.
412 *Enneccerus/Nipperdey*, § 58 II, S. 339 f.
413 *Heldrich*, AcP 147 [1941], 89, 111.

darauf, ob der Formzweck für die Schriftformgebote der betriebsverfassungsrechtlichen Vereinbarungen auch für die Vorvereinbarungen gilt. Wie oben dargestellt, ist die Form nicht deswegen angeordnet, weil die Betriebsparteien sich schuldrechtlich binden, sondern weil die Vereinbarungen erhebliche Auswirkungen auf die Rechtsverhältnisse Dritter haben. Es spielt also keine Rolle, dass der Vorvertrag die Parteien dazu verpflichtet, in der Folge eine betriebsverfassungsrechtliche Vereinbarung zu schließen. Denn das Formerfordernis greift erst dann ein, wenn Dritte betroffen sind. Auswirkungen auf Dritte hat der Vorvertrag jedoch nicht. Damit ist der herrschenden Ansicht, wonach Vorverträge zum Abschluss betriebsverfassungsrechtlicher Vereinbarungen nicht formbedürftig sind, zuzustimmen.

II. Änderungsverträge

Für Änderungsverträge folgt hingegen bereits aus § 77 Abs. 2 bzw. § 112 Abs. 1 BetrVG, dass diese formbedürftig sind. Denn Änderungsverträge zu einer formbedürftigen betriebsverfassungsrechtlichen Vereinbarung stellen selbst eine derartige Vereinbarung dar. Insoweit ist also – anders als bei den Vorverträgen – keine gesetzliche Regelungslücke festzustellen und damit auch eine Analogie zur Ausfüllung der Lücke nicht erforderlich. Vielmehr sind die Formanordnungen auf Änderungsverträge unmittelbar anzuwenden. Dieses Ergebnis steht auch mit der Klarstellungsfunktion im Einklang, da durch den Änderungsvertrag andere Regelungen mit Auswirkungen auf Dritte geschaffen werden, über die – ebenso wie im Hinblick auf die ursprünglichen Regelungen – inhaltliche Klarheit hergestellt werden muss. Diese Ansicht steht im Einklang mit der allgemeinen Regel, wonach Änderungen und Ergänzungen formbedürftig sind, wenn ihre Vereinbarung beim Abschluss des ursprünglichen Rechtsgeschäfts formbedürftig gewesen wäre.[414]

III. Aufhebungsverträge

Der Aufhebungsvertrag ist ebenfalls nicht gesetzlich geregelt, geschweige denn die Einhaltung einer Form für diesen gefordert. Daher könnte die Formbedürftigkeit auch hier nur im Wege einer Analogie zu den §§ 77 Abs. 2, 112 Abs. 1 BetrVG begründet werden. Dann müsste sich also aus Sinn und Zweck des Formerfordernisses ergeben, dass dieses auch für die Beendigung gelten muss. Zunächst ist festzustellen, dass entgegen der Ansicht von *Wiedemann* eine Analogie

414 Bamberger/Roth/*Wendtland*, § 125 Rn. 10; MüKo-BGB/*Einsele*, § 125 Rn. 16; Palandt/*Heinrichs*, § 125 Rn. 8; Staudinger/*Hertel*, § 125 Rn. 73.

nicht bereits wegen des strikten Rechts der Formvorschriften ausgeschlossen ist. Derartige Analogien sind durchaus üblich und zulässig. So wurde für das BGB etwa die Vorschrift des § 167 Abs. 2 BGB, wonach für die Vollmacht nicht diejenige Form einzuhalten ist, die für das Rechtsgeschäft gefordert wird, auf das sich die Vollmacht bezieht, in Einzelfällen anders ausgelegt.[415] Dabei wird jeweils darauf abgestellt, ob der Schutzzweck der Formvorschrift ausgehöhlt wird, wenn die Vollmacht nicht formgerecht ist.[416]

Gegen eine derartige Analogie spricht jedoch, dass die Interessenlage bei Abschluss und bei Aufhebung einer derartigen Vereinbarung nicht unmittelbar vergleichbar sind. Der Aufhebungsvertrag steht in seinen Wirkungen der Kündigung näher als dem Abschluss der Vereinbarung. Denn mit dem Aufhebungsvertrag verliert die betriebsverfassungsrechtliche Vereinbarung ihren Regelungsgehalt. Eine Analogie zu § 77 Abs. 5 BetrVG liegt somit näher als zu § 77 Abs. 2 BetrVG. Ein Indiz dafür, dass auch der Gesetzgeber die Interessenlage hinsichtlich Kündigung und Aufhebungsverträgen für vergleichbar hält, ergibt sich aus § 623 BGB, wo beides im Hinblick auf das Formbedürfnis gleich behandelt wird. Darüber hinaus wurde oben bereits dargelegt, dass sich die Klarstellungsfunktion der Form bei den betriebsverfassungsrechtlichen Vereinbarungen nur auf den Inhalt und den Abschluss bezieht und nicht auf die Geltungsdauer. Damit ist auch wegen des nicht vergleichbaren Sinn und Zwecks eine Übertragung der Formbedürftigkeit ausgeschlossen.

IV. Fazit

Damit sind die oben entwickelten Anforderungen an die Schriftform nur für Änderungsverträge, nicht hingegen für Vor- und Aufhebungsverträge maßgeblich. Für Änderungsverträge ist insoweit direkt auf die formanordnenden Vorschriften des BetrVG, also § 77 Abs. 2 und § 112 Abs. 1, zurückzugreifen.

F. Abdingbarkeit der Form

Die Möglichkeit, von der gesetzlich vorgeschriebenen Form durch Vereinbarung abzuweichen, wird im Schrifttum soweit ersichtlich, nicht behandelt. Angesichts der oben dargestellten Zwecke der Schriftformerfordernisse sind diese bei be-

---

415 So beispielsweise für die unwiderrufliche Vollmacht bei § 313 BGB (BGH NJW 1952, 1210; 1979, 2306) oder bei der Vollmacht zur Vervollständigung einer Blankobürgschaft (BGHZ 132, 119, 124).

416 Ausführliche Darstellung bei *Einsele,* DNotZ 1995, 835 ff.; *Rösler,* NJW 1999, 1150, 1151.

triebsverfassungsrechtlichen Vereinbarungen der Parteiendisposition jedoch entzogen. Denn die Schriftform dient – wie oben festgestellt – wesentlich dem Schutz der von der Vereinbarung betroffenen Arbeitnehmer, also einer dritten Partei, die an dem Abschluss der Vereinbarung und damit auch an einer etwaigen Abbedingung nicht beteiligt ist.

Aus dem gleichen Grund darf die Form auch nicht erschwert werden, etwa durch die Geschäftsordnung. Regelungen, die beispielsweise vorschreiben, dass die Vereinbarung von zwei Betriebsratsvertretern zu unterzeichnen sind, können keine Auswirkungen auf das Außenverhältnis haben. Denn dadurch würde der bei den betriebsverfassungsrechtlichen Vereinbarungen so bedeutsame Zweck der Rechtssicherheit beeinträchtigt. Für die Frage, ob wirksam eine Vereinbarung geschlossen wurde, müsste wiederum untersucht werden, ob die Regelungen der Geschäftsordnung eingehalten sind, ob diese wirksam sind etc. Wie ausgeführt bezweckt die Formanordnung hier jedoch, dass möglichst durch einen Blick auf die Originalurkunde festgestellt werden kann, ob eine wirksame Vereinbarung vorliegt.

G. Rechtsfolge bei Nichteinhaltung der Form[417]

Die Einhaltung der Form ist für sämtliche hier behandelten Vereinbarungen konstitutiv, wie sogleich dargelegt wird. Streitig ist dies ohnehin nur im Hinblick auf den Interessenausgleich. Auch in der Praxis wird diese Frage insbesondere dann relevant, wenn zu klären ist, ob die Belegschaftsangehörigen Ansprüche auf Nachteilsausgleich haben oder ob der Arbeitgeber eine Einigung im Sinne des § 113 Abs. 3 BetrVG ausreichend versucht hat, wenn es zu einem mündlichen oder (sonst nicht formgerechten) Interessenausgleich gekommen ist. Zu klären ist jedoch, ob die Vereinbarungen bereits nicht zustande kommen, wenn die Form nicht eingehalten wird, oder ob ihrer Geltung die Einwendung der Nichtigkeit entgegensteht. Diese Frage ist maßgeblich für die Verteilung der Beweislast.

---

417 Nicht näher behandelt werden soll hier die Möglichkeit der Umdeutung einer formnichtigen Betriebsvereinbarung in eine Regelungsabrede. BAG AP Nr. 60 zu Art. 9 GG Arbeitskampf [3b)] geht davon aus, dass eine Umdeutung einer unwirksamen Betriebsvereinbarung in eine Regelungsabrede jedenfalls dann nicht in Betracht komme, wenn sie eine umfassende Regelung betrieblicher Fragen enthalte, die sinnvollerweise nur in einer Betriebsvereinbarung enthalten sein können. Eine Umdeutung in individualrechtlich wirksame Rechtsgeschäfte (betriebliche Übung oder vertragliche Einheitsregelung) kommt allenfalls nach allgemeinen Regeln in Betracht.

Der Wortlaut der Schriftformgebote, der die schriftliche Niederlegung und Unterzeichnung als Pflicht formuliert, legt ein Verständnis als konstitutiv nahe. Allerdings ist dieser Befund nicht eindeutig, da der Gesetzgeber unterschiedliche Formulierungen für konstitutive Schriftformerfordernisse verwendet. Daher ist auch diese Frage anhand der Formzwecke zu beantworten. Die Abgrenzung zwischen deklaratorischen und konstitutiven Formvorschriften muss dabei maßgeblich an der Frage orientiert sein, welchen Zweck das Gesetz mit der Schriftform verfolgt und ob die Wirksamkeit mit der Formeinhaltung stehen und fallen soll oder ob es sich um eine bloße Ordnungsvorschrift handelt.[418] Dass die hier behandelten betriebsverfassungsrechtlichen Vereinbarungen – also auch der Interessenausgleich – keine Rechtswirkungen haben sollen, wenn sie nicht formgerecht zustande gekommen sind, ergibt sich aus der überragend wichtigen Klarstellungs- und Beweisfunktion. Gerade das mit den Formvorschriften verfolgte Ziel, Klarheit zu schaffen und zukünftigen Streit zu vermeiden, kann nur erreicht werden, wenn die Form konstitutiv ist. Denn anderenfalls kann jederzeit streitig werden, ob überhaupt und wenn mit welchem Inhalt eine derartige Vereinbarung abgeschlossen wurde. Damit steht fest, dass den hier untersuchten Vereinbarungen keine Rechtswirksamkeit zukommt, wenn nicht die gesetzlich geforderte Form eingehalten wird.

Zu klären bleibt jedoch, ob dieses Ergebnis mit der Nichtigkeit der nicht formgerechten Vereinbarung zu begründen ist oder ob die Form bereits eine Wirksamkeitsvoraussetzung darstellt. Nach allgemeinen Regeln der Beweislastverteilung wäre die Nichtigkeit als rechtsvernichtende Einwendung von demjenigen zu beweisen, der sie behauptet, während eine Wirksamkeitsvoraussetzung als rechtsbegründender Tatbestand von demjenigen nachzuweisen ist, der sich auf die Wirksamkeit beruft.[419] *Oetker* wirft insoweit eine wichtige Frage auf, allerdings ist es missverständlich, diese an die Anwendbarkeit von § 125 BGB anzuknüpfen. Denn auch die Nichtigkeit nach § 125 BGB wird entgegen der Formulierung nicht als rechtsvernichtende Einwendung, sondern vielmehr die Formgültigkeit als Teil des rechtsbegründenden Tatbestands angesehen.[420] Es ist daher kaum verwunderlich, dass die Begriffe *„Wirksamkeitsvoraussetzung"* und *„Rechtfolge der Nichtigkeit"* häufig nicht streng getrennt werden. Dennoch bleibt zu entscheiden, wer die Beweislast für die Formwirksamkeit der Vereinbarung tragen soll: Derjenige, der sich auf die Vereinbarung berufen will oder derjenige, der gegen die Geltung der Vereinbarung vorbringt, dass diese wegen Formungül-

418 *Larenz/Wolf*, § 27 Rn. 64.
419 *Rosenberg/Schwab/Gottwald*, § 114 Rn. 7 ff.
420 LAG München ARSt. 1978, 156, 156; ErfK/*Preis*, §§ 125-127 BGB Rn. 24; MüKo-BGB/*Einsele*, § 125 Rn. 32; *Rosenberg*, S. 253, 258; Staudinger/*Hertel*, § 125 Rn. 90.

tigkeit keine Wirksamkeit habe. Ob das eine oder das andere sachgerecht ist, hängt wiederum von der maßgeblich am Normzweck orientierten Auslegung ab.[421] Zunächst stehen die Formanordnungen des BetrVG in unmittelbarem Zusammenhang mit dem Zustandekommen der Vereinbarung. Es ist daher davon auszugehen, dass hierdurch eine Wirksamkeitsvoraussetzung und keine rechtsvernichtende Einwendung geschaffen wird. Dieses Ergebnis ist auch unter dem Gesichtspunkt der Rechtssicherheit richtig: Die Einhaltung der Form soll größtmögliche Sicherheit im Hinblick auf die Frage bieten, ob die Vereinbarung besteht. Dieser Zweck kann aber nur erreicht werden, wenn derjenige, der sich auf sie berufen will, auch die Einhaltung der Form nachweisen muss.

Da – wie oben dargelegt – § 125 BGB dieser Beweislastverteilung nicht entgegensteht und diese Vorschrift unmittelbar auf nicht formgerechte Rechtsgeschäfte anwendbar ist, bestehen keine Bedenken dagegen, § 125 S. 1 BGB heranzuziehen.

H. Ergebnis

Damit ist festzuhalten:

Trotz der unterschiedlichen Wirkungen, die Betriebsvereinbarung und Sozialplan auf der einen Seite sowie dem Interessenausgleich auf der anderen Seite zukommen, gelten für sie die gleichen Anforderungen an die Schriftform. Denn die Schriftform dient der Klarstellung und der besseren Beweisbarkeit für Dritte, was in allen Fällen von Bedeutung ist. Diese Überlegungen sind auf den Spruch der Einigungsstelle übertragbar, sodass die Anforderungen auch für ihn gelten.

Die Vereinbarungen und der Spruch der Einigungsstelle müssen in einer einheitlichen Urkunde festgehalten und diese muss mit den eigenhändigen handschriftlichen Unterschriften der Betriebspartner bzw. des Einigungsstellenvoritzenden versehen sein. Ersatzweise kommt eine notarielle Beglaubigung in Betracht. § 126 BGB ist für die hier untersuchten Formerfordernisse nicht anwendbar; es handelt sich vielmehr um eigenständige betriebsverfassungsrechtliche Regelungen.

Für selbst nicht formgerechte Anlagen ist – im Gegensatz zur herrschenden Meinung – eine körperliche Verbindung mit der Haupturkunde erforderlich. Schließlich sind Verweisungen und auch Blankettverweisungen zulässig, sofern die Verweisung unmissverständlich ist.

---

421 Hierauf weist in einem früheren Aufsatz *Oetker* ausdrücklich hin: BB 1989, 417, 418.

Das Formbedürfnis gilt nur für Änderungsverträge zu den betriebsverfassungsrechtlichen Vereinbarungen, nicht jedoch für Vor- und Aufhebungsverträge.

Die Formvorschriften sind konstitutiv; nicht formgerecht abgeschlossene Vereinbarungen sind nach § 125 S. 1 BGB nichtig. Die Form ist insoweit Teil des rechtsbegründenden Tatbestands und ihre Einhaltung von demjenigen zu beweisen, der sich auf die Gültigkeit beruft.

§ 6 Stellungnahmen des Betriebsrates zu personellen Einzelmaßnahmen und Kündigungen

Eine weitere Gruppe von Fällen, in denen das BetrVG die Schriftlichkeit anordnet, ist die Mitbestimmung des Betriebsrats bei personellen Einzelmaßnahmen gemäß § 99 Abs. 3 und bei Kündigungen gemäß § 102 Abs. 2 und Abs. 3 BetrVG. Insgesamt finden sich drei Formerfordernisse, von denen zwei sich wörtlich und in ihrer Struktur entsprechen, während sich die dritte nur indirekt aus dem Gesetz ergibt.

A. Überblick über die Anordnungen der Schriftlichkeit in § 99 und § 102 BetrVG und über den Meinungsstand

I. Die einzelnen Formgebote

1. Die Verweigerung der Zustimmung zu geplanten personellen Einzelmaßnahmen, § 99 Abs. 3 S. 1 BetrVG

Das Schriftformerfordernis im Rahmen des § 99 BetrVG findet sich in Abs. 3 S. 1 BetrVG. Demnach muss der Betriebsrat es dem Arbeitgeber innerhalb einer Woche nach Unterrichtung durch den Arbeitgeber unter Angabe von Gründen „*schriftlich mitteilen*“, wenn er die Zustimmung zu einer zustimmungsbedürftigen personellen Einzelmaßnahme[422] verweigert. Nach § 99 Abs. 3 S. 2 BetrVG gilt die Zustimmung als erteilt, wenn der Betriebsrat die Zustimmungsverweigerung nicht innerhalb der Frist schriftlich mitteilt.

---

422 Einstellung, Eingruppierung, Umgruppierung, Versetzung, § 99 Abs. 1 S. 1 BetrVG.

2. Schriftformgebote im Rahmen des Anhörungsverfahrens nach § 102 BetrVG

Weitere Formgebote muss der Betriebsrat bei Wahrnehmung seiner Beteiligungsrechte im Rahmen des für Kündigungen vorgeschriebenen Anhörungsverfahrens gemäß § 102 BetrVG einhalten. Für ablehnende Stellungnahmen des Betriebsrats zu geplanten Kündigungen ordnet das Gesetz die Schriftlichkeit an.

a) Mitteilung von Bedenken gegen eine Kündigung

So muss der Betriebsrat dem Arbeitgeber seine Bedenken gegen eine Kündigung schriftlich unter Angabe der Gründe mitteilen, § 102 Abs. 2 S. 1 und S. 3 BetrVG. Dabei gilt für die ordentliche Kündigung eine Frist von einer Woche, bei der außerordentlichen Kündigung muss der Betriebsrat seine Bedenken unverzüglich, spätestens jedoch innerhalb von drei Tagen mitteilen. Der Betriebsrat ist hierbei nicht an einen Katalog von Gründen gebunden, sondern kann jegliche Gründe vorbringen, die seiner Ansicht nach gegen die Kündigung sprechen.[423] Ebenso wie in § 99 Abs. 3 S. 2 BetrVG ist in § 102 Abs. 2 S. 2 BetrVG für die ordentliche Kündigung eine Zustimmungsfiktion geregelt für den Fall, dass der Betriebsrat sich innerhalb der Frist nicht äußert. Allerdings unterscheidet sich der Wortlaut der beiden Vorschriften: § 102 Abs. 2 S. 2 BetrVG enthält keinen Hinweis auf die Einhaltung der Form. Trotzdem wird allgemein angenommen, dass die Zustimmungsfiktion auch dann eingreife, wenn die Mitteilung von Bedenken nicht formgerecht erfolge, also nicht schriftlich und unter Angabe von Gründen.[424] Dieser Ansicht ist zuzustimmen, da allein sie der Systematik zwischen § 102 Abs. 2 S. 1 und S. 2 BetrVG entspricht; zu den vom Betriebsrat einzuhaltenden formellen Anforderungen gehören Frist und Form.

b) Widerspruch des Betriebsrats gegen eine geplante Kündigung des Arbeitgebers

Nach ganz herrschender Ansicht muss der Betriebsrat auch seinen Widerspruch gegen eine geplante Kündigung des Arbeitgebers nach § 102 Abs. 3 BetrVG schriftlich mitteilen, obwohl diese Vorschrift nur auf die in § 102 Abs. 2 S. 1 BetrVG enthaltene *Frist* Bezug nimmt.[425] Dieser Meinung ist zuzustimmen. Für

---

423 APS/*Koch,*, § 102 Rn. 148; GK/*Raab,* § 102 Rn. 93.

424 Richardi/*Thüsing,* § 102 Rn. 106.

425 LAG Düsseldorf DB 1974, 2113; 1976, 1065; APS/*Koch,* § 102 BetrVG Rn. 188; *Auffarth,* ArbRGgw 10 [1972], 71, 76; DKK/*Kittner/Bachner,* § 102 Rn. 176; *Fitting,* § 102 Rn. 71; GK/*Raab,* § 102 Rn. 97, 109; HSWG/*Schlochauer,* § 102 Rn. 85; *Kleiner/Wittke,* S. 78; KR/*Etzel,* § 102 Rn. 142; *Mareck,* BB 2000, 2042,

sie spricht zunächst der enge Zusammenhang zwischen der Mitteilung von Bedenken und dem Widerspruch. Letzterer ist kein selbstständiges, zusätzliches Beteiligungsrecht, vielmehr ist die Stellungnahme des Betriebsrats zur geplanten Kündigung dann ein Widerspruch im Sinne des § 102 Abs. 3 BetrVG, wenn ihr eine besondere Qualität zukommt, d. h. auf die hier abschließend aufgezählten Gründe gestützt ist. Der Widerspruch ist demnach eine qualifizierte Form der Mitteilung von Bedenken, sodass es ungerechtfertigt erscheint, für ihn eine weniger strenge Form anzunehmen.[426] Weiterhin kann der Widerspruch des Betriebsrats im Gegensatz zur Mitteilung bloßer Bedenken erhebliche Rechtswirkungen auf individualrechtlicher Ebene haben. Stützt sich dieser nämlich auf die in § 102 Abs. 3 Nr. 2 bis 5 BetrVG genannten Gründe, führt dies zur absoluten Sozialwidrigkeit der Kündigung.[427] Das bedeutet, dass das Arbeitgericht zwar prüft, ob der geltend gemachte Grund tatsächlich vorliegt, anschließend allerdings keine allgemeine Interessenabwägung mehr vornimmt.[428] Außerdem kann der Arbeitnehmer gemäß § 102 Abs. 5 S. 1 BetrVG einen Weiterbeschäftigungsanspruch geltend machen, sodass er bis zum rechtskräftigen Abschluss des Kündigungsschutzverfahrens zu unveränderten Arbeitsbedingungen weiter beschäftigt werden muss. Der gegen die Bedeutung dieser Rechtsfolgen für das Verständnis der Form vorgebrachte Einwand, gerade diese Begünstigungswirkung gegenüber dem Arbeitnehmer spreche gegen das Formerfordernis,[429] kann nicht überzeugen. Denn der Arbeitnehmer muss die Nachteile sogar tragen, wenn der Betriebsrat überhaupt nicht tätig wird,[430] sodass aus dieser Begünstigungswirkung keine Schlussfolgerung im Hinblick auf das Formerfordernis gezogen werden kann. Darüber hinaus nimmt § 1 Abs. 2 S. 2 Nr. 1 KSchG das Fehlen der sozialen Rechtfertigung einer Kündigung nur dann an, wenn die Arbeitnehmervertretung fristgemäß *„schriftlich widersprochen"* hat. Der Anordnung der Schriftlichkeit in dieser Vorschrift kommt insbesondere deswegen Bedeutung zu, weil in § 1 Abs. 2 S. 2 Nr. 2 KSchG, der die Einwendungen der Personalvertretung gegen eine Kündigung betrifft, nur die fristgerechte Stellungnahme gefordert wird. Das Gesetz greift damit die Fassung des § 79 BPersVG auf, der nicht ausdrücklich

---

2043; *Oetker*, BB 1984, 1433, 1434; Richardi/*Thüsing*, § 102 Rn. 180; a. A. *Bösche*, S. 106; *Gester/Zachert*, ArbRGgw 12 [1974], 87, 96, die einen mündlichen Widerspruch zur Wahrung der Frist für ausreichend erachten, wenn er in schriftlicher Form nachgereicht wird; ebenso: *Göttling/Hoentges/Zepp*, RdA 1972, 282, 284; *Klebe/Schumann*, S. 67-73.

426 KR/*Etzel*, § 102 BetrVG Rn. 142.

427 AP Nr. 2 zu § 1 KSchG 1969 [II 7a)].

428 BAG AP Nr. 2 zu § 1 KSchG 1969, [II 7a)]; APS/*Dörner*, § 1 KSchG Rn. 92;

429 So *Bösche*, S. 106.

430 BAG AP Nr. 4 zu § 102 BetrVG 1972 [III 3].

Schriftlichkeit fordert. Es liegt demnach die Annahme nahe, dass der unterschiedliche Wortlaut bewusst vom Gesetzgeber gewählt wurde. Auch im Hinblick auf die Erheblichkeit der Rechtsfolgen sollte also für den Widerspruch keine weniger strenge Form als für die Mitteilung von Bedenken gelten. Darüber hinaus bestimmt § 102 Abs. 4 BetrVG, dass der Arbeitgeber, der trotz Widerspruchs des Betriebsrats kündigt, der Kündigung eine Abschrift der Stellungnahme übersenden muss. Eine Abschrift lässt sich aber nur dann anfertigen, wenn dem Arbeitgeber der Widerspruch schriftlich vorliegt. Auch die Fassung des § 102 Abs. 5 S. 1 BetrVG spricht dafür, dass neben der Frist auch noch eine Form einzuhalten ist: Der Weiterbeschäftigungsanspruch kommt nämlich nur in Betracht, wenn der Betriebsrat einer ordentlichen Kündigung *„frist- und ordnungsgemäß"* widersprochen hat. Diese Formulierung zeigt jedenfalls, dass neben der Frist, die allein ausdrücklich in § 102 Abs. 3 BetrVG erwähnt ist, noch andere formelle Voraussetzungen zu erfüllen sind.

c) Mitteilungspflicht des Arbeitgebers im Anhörungsverfahren

Keine Form ist hingegen angeordnet für die Mitteilung des Arbeitgebers im Anhörungsverfahren nach § 102 Abs. 1 BetrVG,[431] was sogar gelten soll, wenn der Sachverhalt sehr komplex ist.[432] Daher ist die Mitteilung des Arbeitgebers nicht Gegenstand der nachfolgenden Untersuchung, auch wenn sich unter Beweisgesichtspunkten eine schriftliche Unterrichtung dringend empfiehlt.

3. Form des Verlangens des Betriebsrats nach ergänzenden Informationen

Neben diesen ausdrücklichen bzw. unmittelbar aus dem BetrVG entwickelten Formgeboten tritt ein weiteres, das nach Ansicht eines Teils des Schrifttums das BAG[433] aufgestellt hat. Danach soll der Betriebsrat gemäß § 2 Abs. 1 BetrVG verpflichtet sein, dem Arbeitgeber schriftlich mitzuteilen, wenn er die Informationen zu der geplanten personellen Einzelmaßnahme bzw. der geplanten Kündigung für unzureichend hält.[434]

---

431 *Fitting,* § 102 Rn. 21; *Gaul, B.;* DStR 1998,422, 424; GK/*Raab,* § 102 Rn. 72; *Hohmeister,* NZA 1991, 409, 410, HSWG/*Schlochauer,* § 102 Rn. 50; KR/*Etzel,* § 102 Rn. 76; Richardi/*Thüsing,* § 102 Rn. 77; *Rinke,* NZA 1998, 77, 81.

432 BAG AP Nr. 85 zu § 102 BetrVG 1972.

433 AP Nr. 64 zu § 99 BetrVG 1972 [LS].

434 *Fitting,* 19. Aufl., § 99 Rn. 196 fordert ausdrücklich eine Mitteilung in Schriftform, der ein Telefax nicht genüge; GK/*Kraft/Raab,* § 99 Rn. 113 schreibt, dass die Zustimmungsfiktion eingreife, wenn der Betriebsrat nicht schriftlich und innerhalb der Wochenfrist ergänzende Informationen verlangt.

II. Meinungsstand zum Verständnis der Formgebote

1. Herkömmliche Meinung

Sowohl zur Mitteilung der Zustimmungsverweigerung als auch der Bedenken und des Widerspruchs war bis ins Jahr 2002 ganz überwiegende Meinung im Schrifttum, dass *„schriftlich"* im Sinne dieser Vorschriften die in § 126 Abs. 1 BGB enthaltenen Anforderungen meine, insbesondere also die Mitteilung durch den Betriebsratsvorsitzenden oder seinen Vertreter handschriftlich unterzeichnet sein und diese Originalurkunde anschließend dem Arbeitgeber zugehen müsse.[435] Soweit ersichtlich sprachen sich einzig *Fischer* und *Mareck* dafür aus, die geforderte Schriftform weniger streng zu verstehen und auch Telefaxe oder gar E-Mails ausreichen zu lassen.[436] *Fischer* verweist zur Begründung darauf, dass bereits der Beschluss selbst dem Formerfordernis nach § 34 Abs. 1 BetrVG genügen müsse und es keinen Grund gebe, warum darüber hinaus auch für die Mitteilung eine bestimmte Form einzuhalten sein sollte.[437] Auf die Mitteilung von Bedenken nach § 102 Abs. 2 S. 1 BetrVG beschränkt vertrat auch *Matthes*, dass die Einhaltung der Schriftform im Sinne des § 126 Abs. 1 BGB nicht erforderlich sei.[438] In Übereinstimmung mit der herrschenden Meinung im Schrifttum leitete auch die Rechtsprechung und insbesondere der 1. Senat des BAG die Anforderungen an die Schriftform gemäß § 99 Abs. 3 BetrVG in einem Beschluss aus dem Jahr 1979 ausdrücklich aus § 126 Abs. 1 BGB ab: *„Damit ist ... die gesetzl.*

---

435 *Zu § 99 Abs. 3 BetrVG*: Hess. LAG – 3.7.2001 – 4 TaBV 151/00, juris; zu § 99 Abs. 3 und § 102 Abs. 2 S. 1 BetrVG: *Boemke*, ZfA 1992, 473, 494; *Edenfeld*, Rn. 268; *End*, S. 156; wohl auch: *Kleiner/Wittke*, S. 60; *Rudolph*, AiB 1999, 666, 667; zu § 99 Abs. 3 BetrVG: GK/*Kraft*, § 99 Rn. 115; *Meisel*, Rn. 240; MüHdb-ArbR/*Matthes*, § 352 Rn. 90; *Richardi*, 7. Aufl., § 99 Rn. 251; Richardi/*Richardi/Thüsing*, 8. Aufl. § 99 Rn. 262; *Schwab*, FS-Arbeitsgerichtsbarkeit RH-Pf, S. 729, 735; *Weber/Ehrich/Hörchens/Oberthür*, Teil I Rn. 201; *zu § 102 Abs. 2 BetrVG: Fitting*, 21. Aufl. § 102 Rn. 64; *Frauenkron*, § 102 Rn. 8 (das Argument *Frauenkrons* für die Maßgeblichkeit der Schriftform auch bei der Mitteilung von Bedenken kann allerdings nicht überzeugen, da er übersieht, dass sich § 102 Abs. 4 BetrVG nur auf den Widerspruch bezieht, während das BetrVG für die Mitteilung von Bedenken nicht vorsieht, dass diese dem Arbeitnehmer mit der Kündigung abschriftlich auszuhändigen sind); GK/*Raab*, § 102 Rn. 97; *Hoyningen-Huene, v./Linck*, § 1 Rn. 507; KR/*Etzel*, § 102 BetrVG Rn. 142; MüHdb-ArbR/*Matthes*, § 356 Rn. 52; *Richardi*, 7. Aufl. § 102 Rn. 87; *Rudolph*, AiB 1999, 666, 668; *Thannheiser*, AiB 1997, 498, 500.

436 *Fischer, U.*, AiB 1999; 390, 392; *Mareck*, BB 2000, 2042, 2043 (Fax).

437 *Fischer, U.*, ebd.

438 MüHdb-ArbR/*Matthes*, § 356 Rn. 26.

Schriftform nicht eingehalten; denn diese erfordert nach § 126 Abs. 1 BGB, daß die Urkunde von dem Aussteller unterzeichnet wird.“[439]

2. Beschlüsse des 1. Senats aus dem Jahr 2002

Im Jahr 2002 hingegen stellte der 1. Senat des BAG in zwei bereits einleitend erwähnten Beschlüssen fest, dass die Form des § 99 Abs. 3 BetrVG auch durch die per Telefax übermittelte Kopie der unterzeichneten Mitteilung über die Zustimmungsverweigerung eingehalten wird.[440] In dem ersten Beschluss vom 11.06.2002 führt der Senat aus, dass dem Erfordernis der Schriftlichkeit nach § 99 Abs. 3 BetrVG ein Telefax genüge, da dieses die schriftliche Erklärung des Absenders wiedergebe und die Erklärung auch in dieser Form als Schrift wahrnehmbar sei. § 126 BGB sei nicht unmittelbar anwendbar, da diese Vorschrift nur für Rechtsgeschäfte gelte, während die Zustimmungsverweigerung eine rechtgeschäftsähnliche Handlung sei.[441] Auch eine analoge Anwendung lehnt der Senat ab, da weder Normzweck noch Interessenlage diese geböten. Mit der Formvorschrift werde eine Klarstellungsfunktion verfolgt; der Arbeitgeber solle sichere Kenntnis von den Gründen für die Zustimmungsverweigerung erlangen, da er auf dieser Grundlage die Erfolgsaussichten eines Zustimmungsersetzungsverfahrens nach § 99 Abs. 4 BetrVG beurteilen müsse. Darüber hinaus diene die angeordnete Form Beweiszwecken hinsichtlich der Identität des Ausstellers und habe eine Abschlussfunktion, d.h. es müsse erkennbar sein, dass die Urkunde inhaltlich vollständig ist. Diese drei Ziele könnten auch erfüllt werden, wenn dem Arbeitgeber per Fax eine bildliche Kopie der Originalunterschrift zugehe. Das etwas höhere Fälschungsrisiko könne vernachlässigt werden, da eine von unbefugter Seite abgegebene Zustimmungsverweigerung rechtlich unschädlich sei.[442] Interessant an diesem Beschluss ist, dass es für die Entscheidung des Rechtsstreits nicht erforderlich gewesen wäre, zum Inhalt des Schriftformerfordernisses nach § 99 Abs. 3 BetrVG derart dezidiert Stellung zu nehmen.[443] Denn nach der Feststellung, dass die per Fax übermittelte Zustimmungsverweigerung formell ord-

439 BAG AP Nr. 11 zu § 99 BetrVG 1972 [II 1] mit zustimmender Anm. von *Kraft*.

440 BAG AP Nr. 118 zu § 99 BetrVG 1972 [IV 1b)]; AP Nr. 27 zu § 99 BetrVG 1972 Eingruppierung [B I 2a)]; soweit das Schrifttum auf die Entscheidung des BAG vom 16.1.2003, abgedruckt unter AP Nr. 129 zu § 102 BetrVG 1972 verweist, ist dieser Verweis nicht zutreffend, da es hier um die per Telefax durchgeführte kommentarlose Rücksendung des Anhörungsbogens zu einer geplanten Kündigung geht; für eine derartige Stellungnahme ist ohnehin keine Form angeordnet.

441 BAG AP Nr. 118 zu § 99 BetrVG 1972 [IV 1b)aa)-dd)].

442 A. a. O., [IV 1b)dd)].

443 Darauf weist zu Recht das ArbG Bielefeld NZA-RR 2004, 88, 89 hin; anders: *Oetker*, Anm. zu BAG AP Nr. 118 zu § 99 BetrVG 1972 [III 1].

nungsgemäß war, führt der Senat aus, dass diese mangels ausreichender Begründung ohnehin unbeachtlich ist.[444] Das Gericht hätte also ohne weiteres die Frage der Form offen lassen können. Dass es dennoch hierzu Stellung genommen hat und darüber hinaus mit Ausführungen, die auf andere Schriftformanordnungen als § 99 Abs. 3 BetrVG übertragbar sind, legt den Schluss nahe, dass der Senat auf eine Gelegenheit zur Klarstellung gewartet hat.

In dem zweiten Beschluss vom 06.08.2002 fällt die Begründung nicht mehr ganz so ausführlich aus: Danach reiche es für das Schriftlichkeitserfordernis nach § 99 Abs. 3 BetrVG aus, dass die Erklärung des Betriebsrats als Schrift wahrnehmbar ist. Zur Begründung, warum § 126 BGB weder unmittelbar noch analog anwendbar sei, verweist der Senat auf die vorherige Entscheidung.[445]

Diese Beschlüsse knüpfen ausdrücklich an die oben bereits erwähnte Rechtsprechung des 5. Senats zum Schriftformerfordernis bei tariflichen Ausschlussfristen an, die – entgegen der zuvor wohl herrschenden Ansicht[446] – davon ausgeht, dass auch die Geltendmachung von Ansprüchen per Telefax zur Wahrung der Schriftform bei tariflichen Ausschlussfristen ausreiche, da es sich auch bei dieser lediglich um geschäftsähnliche Handlungen handele.[447] Das BAG sieht die Rechtsprechung zum Telefax in Kontinuität zu den Entscheidungen, wonach die Geltendmachung von Ansprüchen in Schriftsätzen dem Schriftlichkeitsgebot tariflicher Ausschlussfristen genüge, da die mit der Schriftform verfolgte Klarstellung auch auf diese Weise erreicht werde.[448] Denn bereits dieser Rechtsprechung

---

444 A. a. O., [IV 2].

445 AP Nr. 27 zu § 99 BetrVG Eingruppierung [B I 2a)].

446 Siehe etwa LAG Hamm LAGE Nr. 43 zu § 4 TVG Ausschlussfristen; LAG Köln – 21.12.2000 – 5 Sa 1115/00, n. v. juris, hier wird ausgeführt, dass die tarifliche geforderte Schriftform eine gesetzliche Schriftform im Sinne des § 126 BGB sei, für die eine telegraphische Übermittlung nicht ausreiche; begründet wird diese Ansicht damit, dass die schriftliche Geltendmachung der Herstellung von Klarheit und Rechtsfrieden diene; *Kliemt,* S. 290; auch das BAG hatte zuvor ausdrücklich und im Einklang mit § 1 Abs. 1 TVG i. V. m. Art. 2 EGBGB festgestellt, dass es sich bei Schriftformerfordernissen im normativen Teil eines Tarifvertrages um die gesetzliche Schriftform im Sinne des § 126 BGB handele: AP Nr. 1 zu § 4 BAT Gründe, Nr. 2 zu § 4 BAT LS 4; verfehlt *Roos,* AiB 2002, 133, 135, der hierin eine gewillkürte Schriftform sieht.

447 BAG AP Nr. 153 zu § 4 TVG Ausschlussfristen [II 2]; implizit bestätigt in BAG AP Nr. 166 zu § 4 TVG Ausschlussfristen, unter I 3; AP Nr. 13 zu § 611 BGB Nettolohn; kritisch: *Schmitt,* SAE 2001, 306, 308, der darauf abstellt, dass die Formanordnung gegenüber dem zugrundeliegenden Schutzzweck verselbstständigt sei und auch dann einzuhalten sei, wenn der Formzweck im Einzelfall auch anders erreicht werde.

448 So: AP Nr. 5 zu § 4 TVG Ausschlussfristen; AP Nr. 56, 59 zu § 4 TVG Ausschlussfristen [2 a)] und [1]; AP Nr. 114 § 4 TVG Ausschlussfristen; NZA 1991,

liege eine Ausweitung zugrunde, da der Anspruchsgegner lediglich eine Abschrift des Schriftsatzes erhält und keine Dokument mit Originalunterschrift.[449]

3. Reaktionen in Rechtsprechung und Literatur

Die Beschlüsse aus dem Jahr 2002 haben ein sehr geteiltes Echo hervorgerufen, das sich in alle denkbaren Richtungen auszubreiten scheint. Die Reaktionen reichen von Ablehnung über Unentschlossenheit über Zustimmung bis zu der Ansicht, dass sogar eine nur der Textform entsprechende Form ausreichen müsse.

Bei Teilen der Rechtsprechung und des Schrifttums stoßen die Beschlüsse auf Widerspruch, und es wird an den in § 126 BGB definierten Voraussetzungen festgehalten.[450] Das Arbeitsgericht Bielefeld hält die Entscheidungsgründe des 1. Senats für nicht tragfähig, da § 126 BGB entgegen der Ansicht des BAG auch auf geschäftsähnliche Handlung anwendbar sei. Darüber hinaus erleichtere die Einhaltung der konventionellen Schriftform die Prüfung, ob tatsächlich eine fristgerechte Zustimmungsverweigerung des Betriebsrats vorliege.[451] *Kraft/Raab* und *Raab* begründen ihre abweichende Ansicht ebenfalls mit Formzweckerwägungen. Der Arbeitgeber habe ein erhebliches Interesse daran festzustellen, ob die Zustimmungsverweigerung bzw. der Widerspruch tatsächlich vom Betriebsrat abgegeben worden seien. Aus dem Umstand, dass die von einer nicht vertretungsberechtigten Person abgegebene Erklärung keine rechtlichen Wirkungen hat, ziehen sie den gerade entgegengesetzten Schluss zum BAG. Dieses hält aus jenem Grund das Fälschungsrisiko für zu vernachlässigen, während jene meinen, dass an eine ordnungsgemäße Zustimmungsverweigerung (Einleitung eines Zustim-

---

226, 227; AP Nr. 38 zu § 322 ZPO [B I 2b)]; AP Nr. 4 zu § 611 BGB Akkordarbeit; AP Nr. 46 zu § 625 BGB; bestätigend: EzA Nr. 145 zu § 4 TVG Ausschlussfristen [II 1a)].

449 BAG AP Nr. 153 zu § 4 TVG Ausschlussfristen [II 2d)bb)]; ebenso: *Anschütz/Kohte,* JR 2001, 263, 264; diesem Verständnis steht jedoch entgegen, dass generell die gerichtliche Geltendmachung eines Anspruchs als strengeres Formerfordernis verstanden wird, worauf zutreffend hinweist: *Schmitt,* SAE 2001, 306, 308.

450 ArbG Bielefeld NZA-RR 2004, 88, 89, das sich allerdings auch darauf hätte zurückziehen können, dass eine E-Mail, um die es in dem Sachverhalt ging, dem Schriftlichkeitserfordernis des § 99 Abs. 3 S. 1 – auch so wie das BAG dieses nun interpretiert – jedenfalls nicht genüge; *Backfisch,* AuA 2003, 22, 22 ohne Auseinandersetzung mit den Entscheidungen für beide Formanordnungen in § 102 BetrVG; ohne Argumente: DKK/*Wedde,* Einl. Rn. 162a; GK/*Kraft/Raab,* § 99 Rn. 117; GK/*Raab,* § 102 Rn. 98 (zumindest für den Widerspruch; ausdrücklich abgelehnt wird hier auch der Zugang per Fax); *Gotthardt/Beck,* NZA 2002, 876, 882; *Ulrici,* NJW 2003, 2053, 2055; WP/*Preis,* § 99 Rn. 71.

451 A. a. O.

mungsersetzungsverfahrens, vorläufige Durchführung der geplanten Maßnahme nach § 100), sowie an einen ordnungsgemäßen Widerspruch (Entstehen eines Weiterbeschäftigungsanspruchs für den Arbeitnehmer) so erhebliche Konsequenzen geknüpft seien, dass der Arbeitgeber wissen müsse, ob die Erklärung unerheblich ist oder nicht. Diese Feststellung könne der Arbeitgeber sicher aber nur dann treffen, wenn die Erklärung mit einer Originalunterschrift versehen sei.[452] Ähnlich begründen auch *Gotthardt/Beck* ihr Festhalten an der Schriftform im Sinne des § 126 BGB. Im Rahmen des § 102 BetrVG schließe die ordnungsgemäße Mitteilung, also eine, die vom zuständigen Mitglied vorgenommen wird und auf einem wirksamen Beschluss beruht, das Anhörungsverfahren ab. Im Rahmen des § 99 Abs. 3 BetrVG hindere die ordnungsgemäße Zustimmungsverweigerung den Arbeitgeber an der Durchführung der geplanten Maßnahme. Daher bestehe ein erhebliches Interesse des Arbeitgebers, feststellen zu können, ob die Stellungnahme tatsächlich von der zuständigen Person stamme.[453]

Ein Teil der Rechtsprechung hat in nachfolgenden Entscheidungen offen gelassen, ob den Vorgaben des 1. Senats zu folgen ist oder ob die Anforderungen des § 126 BGB einzuhalten sind,[454] da die Urteile auch ohne Entscheidung dieser Frage begründet werden konnten. Interessanterweise hat auch der 1. Senat selbst im Jahr 2004 seine Ansicht zum Inhalt des Schriftformerfordernisses nicht wiederholt, sondern ebenfalls ausdrücklich offen gelassen, ob für die Schriftform des § 99 Abs. 3 BetrVG § 126 BGB maßgeblich sei.[455]

In der Literatur wird bislang überwiegend die Ansicht übernommen, dass jedenfalls die Übermittlung per Telefax genüge;[456] vertiefte Begründungen oder dogmatische Einordnungen dieser Ansicht lassen sich kaum finden.[457] Soweit den Entscheidungen des BAG gefolgt wird, wird angenommen, dass sich diese Rechtsprechung unmittelbar auch auf das Schriftlichkeitserfordernis nach § 102 Abs. 2 S. 1 BetrVG übertragen lasse.[458] Soweit zur genauen Ausgestaltung der Schrift-

---

452 GK/*Kraft/Raab*, § 99 Rn. 117; GK/*Raab*, § 102 Rn. 98.

453 *Gotthardt/Beck*, NZA 2002, 876, 882.

454 Thür. LAG LAGE Nr. 2 zu § 99 BetrVG 2001 [II].

455 BAG AP Nr. 44 zu § 99 BetrVG 1972 Einstellung [B II 3].

456 APS/*Koch*, § 102 BetrVG Rn. 188; DKK/*Kittner/Bachner*, § 99 Rn. 162; ErfK/*Kania*, § 99 BetrVG Rn. 39; *Fitting*, § 99 Rn. 213; HSWG/*Schlochauer*, § 99 Rn. 103; kritisch, aber ohne eigenen Lösungsansatz: Richardi/*Thüsing*, § 99 Rn. 262 und § 102 Rn. 95, 180; *Rolfs/Vorsmann*, SAE 2003, 243, 244; *Stahlhacke/Vossen*, Rn. 2085.

457 Eine Ausnahme machen hier insbesondere *Oetker*, Anm. zu BAG AP Nr. 118 zu § 99 BetrVG 1972 [III] und *Raab*, FS-Konzen, S. 719, 752 ff..

458 DKK/*Kittner/Bachner*, § 102 Rn. 177, ein gewisses Unbehagen zeigt sich aber an der Empfehlung, dass der Betriebsrat von dieser Möglichkeit *„aber nur im äußersten Notfall Gebrauch machen"* sollte; *Rudolph*, AuR 2003, 232, 232.

lichkeit ergänzende Ausführungen gemacht werden, wird meist ausdrücklich am Erfordernis einer Unterschrift des Betriebsratsvorsitzenden festgehalten, d. h. ein Telefax soll zur Einhaltung der Form nur dann ausreichen, wenn es die Kopie eines eigenhändig unterzeichneten Originaldokuments darstellt.[459] So wird eine Übermittlung der Zustimmungsverweigerungsgründe per E-Mail von einigen Gerichten ausdrücklich als nicht ausreichend erachtet.[460] Das LAG Thüringen beispielsweise argumentiert damit, dass das BAG nicht auf die Identitätsfunktion der Schriftform verzichtet habe, sondern sieht diese durch die Wiedergabe der Unterschrift in Kopie als gewahrt an. Auf die Identitätsfunktion könne wegen der Rechtssicherheit nicht verzichtet werden.[461] Uneinigkeit herrscht schließlich auch darüber, ob die elektronische Form ausreichen solle. *Thüsing* etwa äußert Zweifel an der Zulässigkeit der elektronischen Form, da dabei nichts Schriftliches, sondern nur Elektronisches vorliege; im Hinblick auf die Beschlüsse des BAG führt er weiter aus: *„Eben weil § 126 BGB nicht anwendbar sein soll, kann nichts anderes für seine Substitute gelten.“*[462]

Schließlich gibt es auch Stimmen in der Literatur, die nun völlig auf das Erfordernis einer Unterschrift verzichten und eine der Textform entsprechende Form für ausreichend halten.[463] Teilweise werden die Entscheidungen des BAG ausdrücklich so verstanden, als hätten sie die Textform zugelassen.[464] Die ausführlichste Begründung hierzu liefert *Röger,* der ausführt, dass die Warnfunktion für den Betriebsrat keine Rolle spiele und die Identitätsfunktion zurücktrete, da das Fälschungsrisiko eingeschränkt sei; maßgeblich sei, dass der Arbeitgeber

---

459 DKK/*Kittner/Bachner,* § 99 Rn. 162; *Fitting,* § 99 Rn. 213; *Oetker,* Anm. zu BAG AP Nr. 118 zu § 99 BetrVG 1972 [III 1e)ee)], der insoweit ausführt der Formzweck erfordere zumindest die bildliche Wiedergabe der Unterschrift; Schaub/*Koch* ArbR-Hdb, § 241 Rn. 40: der *„unterzeichnete Widerspruch kann auch durch Telefax übermittelt werden.“*

460 Thür. LAG LAGE Nr. 2 zu § 99 BetrVG 2001[II]; ArbG Frankfurt/M. CR 2004, 708, 709, das in seiner Entscheidung aus dem Jahr 2004 sonderbarerweise für die These, die Literatur gehe ganz überwiegend von der Erforderlichkeit der eigenhändigen Unterschrift für § 102 Abs. 2 S. 1 BetrVG aus, lediglich DKK, 6. Auflage, 1998 zitiert; ebenso dafür, dass E-Mail nicht ausreiche: *Altenburg/v. Reinersdorff/ Leister*, MMR 2005, 222, 226;

461 Ebd.

462 Richardi/*Thüsing,* § 99 Rn. 262.

463 AnwK/*Noack/Kremer,* § 126b Rn. 2; *Röger,* NJW 2004, 1764, 1767; *Rudolph,* AuR 2003, 232, 233.

464 *Beckschulze*, DB 2003, 2777, 2786; ErfK/*Preis,* §§ 125-127 BGB Rn. 13a unter Hinweis darauf, dass § 126b BGB eine einheitliche Formvorschrift darstelle; *Jansen,* S. 112; JRH/*Lunk,* Kap. 24 Rn. 81; *Roos,* AiB 2002, 133, 135 zu BAG 11.10.2000 (Wahrung tariflicher Ausschlussfristen); *Röger*, NJW 2004, 1764, 1767; *Rudolph*, AuR 2003, 232, 233.

Kenntnis von den Gründen erhalte und auf deren Grundlage entscheiden könne, ob er ein Zustimmungsersetzungsverfahren einleiten wolle; Formzweck sei daher wesentlich die Informations- und Dokumentationsfunktion.[465]

B. Bezugspunkt der Schriftform der §§ 99 Abs. 3 S. 1, 102 Abs. 2 S. 1, 3 BetrVG und die mit der Anordnung verfolgten Zwecke

Da also festzustellen ist, dass im Hinblick auf die Auslegung des Begriffs der *„schriftlichen Mitteilung"* in Praxis und Rechtswissenschaft noch keine Einigkeit hergestellt ist,[466] müssen auch diese Formanordnungen – maßgeblich orientiert am Formzweck – ausgelegt werden.[467] In diesem Abschnitt werden daher zunächst die Formzwecke und die Schutzrichtung bestimmt. Insoweit sind die Überlegungen zu „Normzweck und Interessenlage", die der Senat im Hinblick auf eine mögliche analoge Anwendung des § 126 BGB angestellt hat,[468] durchaus fruchtbar zu machen.

I. Bezugspunkt

Vor einer vertieften Untersuchung der Formzwecke dieser Formanordnungen muss zunächst klargestellt werden, dass sich das Schriftformgebot nicht auf den Beschluss des Betriebsrats bezieht, der jeglichen Stellungnahmen des Betriebsrats zugrunde liegen muss, sondern auf die Mitteilung dieses Beschlusses an den Arbeitgeber.[469] Die Beschlüsse des 1. Senats klären diese Frage nicht mit der wünschenswerten Genauigkeit, da das Formerfordernis hier jeweils nur im Hinblick auf die *„Zustimmungsverweigerung"* diskutiert wird,[470] eine unscharfe Formulierung, die sich auf beides beziehen könnte. Dass sich die Formanordnung auf die Mitteilung bezieht, ergibt sich bei § 99 Abs. 3 S. 1 BetrVG bereits aus dem Wortlaut. Diese Vorschrift knüpft an die Zustimmungsverweigerung des

---

465 NJW 2004, 1764, 1767.

466 Hierauf weist zu recht hin: *Raab*, FS-Konzen, S. 719, 720.

467 Gleicher Ansatz bei GK/*Raab*, § 102 Rn. 98; *Oetker*, Anm. zu BAG AP Nr. 118 zu § 99 BetrVG 1972 [III 1e)dd)].

468 BAG AP Nr. 118 zu § 99 BetrVG 1972 [IV 1b)dd)].

469 *Oetker*, Anm. zu BAG AP Nr. 118 zu § 99 BetrVG 1972 [III 1e)bb)]; sehr deutlich trennt auch zu § 61 BetrVG 1952 *Bührig*, Rn. 9 und 10: *„Die Äußerung von Bedenken setzt voraus, daß der Betriebsrat vorher einen Beschluß ... gefasst hat"* und weiter: Der Arbeitgeber müsse nur dann über die Zustimmungsverweigerung verhandeln, *„wenn ihm die für die Entscheidung des Betriebsrats maßgebend gewesenen Gründe fristgerecht schriftlich mitgeteilt wurden."*

470 AP Nr. 118 zu § 99 BetrVG 1972 [IV 1b)].

Betriebsrats an, die – wie üblich im BetrVG – gemäß § 33 BetrVG per Beschluss erfolgen muss und ordnet als Rechtsfolge an, dass dieser Beschluss dem Arbeitgeber schriftlich mitzuteilen ist. Dem Arbeitgeber ist daher nicht der Beschluss des Betriebsrats, mit dem dieser widerspricht bzw. Bedenken äußert, vorzulegen.[471] Diese Überlegung ist übertragbar auf die Formanordnung in § 102 Abs. 2 S. 1 BetrVG, obwohl der Wortlaut hier nicht so eindeutig ist. Zur Bestimmung der Formzwecke muss daher die Mitteilung untersucht werden, d. h. welcher Zweck mit der Formbedürftigkeit dieser Mitteilung verfolgt wird.

II. Funktionen und Schutzrichtungen der Schriftform in § 99 Abs. 3 S. 1 und § 102 Abs. 2 S. 1, S. 3 BetrVG

1. Klarstellungsfunktion der Schriftformgebote

Zunächst ist zu klären, ob die Anordnung der Schriftlichkeit für die Mitteilung der Zustimmungsverweigerung (§ 99 Abs. 3 S. 1 BetrVG) und für die Mitteilung von Bedenken bzw. den Widerspruch gegen eine Kündigung (§ 102 Abs. 2 S. 1 und § 102 Abs. 3 i. V. m. § 102 Abs. 2 S. 1 BetrVG) eine Klarstellungsfunktion verfolgt und wessen Schutz sie dient. Auf die Klarstellungsfunktion der in diesen Vorschriften angeordneten Schriftform stellen sowohl Rechtsprechung als auch Schrifttum ab;[472] differenzieren dabei aber nicht genau zwischen den möglichen Schutzrichtungen.

a) Inhaltsklarheit zugunsten des Arbeitgebers

(1) Erheblichkeit der an die Mitteilungen geknüpften Rechtsfolgen

Das Klarstellungsinteresse des Arbeitgebers könnte sich zunächst aus der Bedeutung der Rechtsfolgen ergeben, die an die Mitteilung der hier behandelten Stellungnahmen geknüpft sind.

So hat eine ordnungsgemäße Zustimmungsverweigerung zur Folge, dass die geplante Maßnahme betriebsverfassungsrechtlich unzulässig ist.[473] Der Arbeitgeber muss nach § 99 Abs. 4 BetrVG ein Zustimmungsersetzungsverfahren einleiten. Betriebsverfassungsrechtlich legal wird die Maßnahme erst, nachdem das

---

471 Hess. LAG – 3.7.2001 – 4 TaBV 151/00, juris; *Fitting*, § 26 Rn. 23.

472 BAG AP Nr. 118 zu § 99 BetrVG 1972 [B IV 1b)dd)], mit Anm. *Oetker*; *Fischer, U.*, AiB 1999, 390, 392; *Raab*, FS-Konzen, S. 719, 753.

473 Das ergibt sich bereits aus der Überlegung, dass der Gesetzgeber kaum ein Zustimmungserfordernis statuieren würde, wenn deren Verweigerung keine Auswirkungen hätte. so auch *Raab*, ZfA 1995, 479, 481.

Arbeitsgericht auf seinen Antrag hin die Zustimmung ersetzt hat; vorher kann er sie nur unter den in § 100 BetrVG genannten Bedingungen vorläufig durchführen. Setzt er hingegen die Maßnahme ohne die erforderliche Zustimmung um, kann der Betriebsrat das Mitbestimmungssicherungsverfahren nach § 101 S. 1 BetrVG einleiten oder gegebenenfalls nach § 23 Abs. 3 BetrVG vorgehen.[474] Angesichts dieser Rechtsfolgen muss der Arbeitgeber also sicher sein, ob tatsächlich eine entsprechende Mitteilung erfolgt ist.

Auch der Widerspruch des Betriebsrats gegen eine geplante Kündigung hat bedeutsame Rechtsfolgen. Zwar kann der Arbeitgeber trotz Widerspruchs kündigen[475]; auf individualrechtlicher Ebene ergeben sich aber dennoch erhebliche Konsequenzen: Wie oben dargestellt, führt ein ordnungsgemäßer Widerspruch gegen die Kündigung gemäß § 1 Abs. 2 S. 2 Nr. 1 und S. 3 KSchG zur absoluten Sozialwidrigkeit der Kündigung, wenn die Gründe tatsächlich vorliegen. Darüber hinaus begründet ein ordnungsgemäßer Widerspruch des Betriebsrats gegen die Kündigung einen Weiterbeschäftigungsanspruch des Arbeitnehmers gemäß § 102 Abs. 5 S. 1 BetrVG, wie oben bereits erwähnt. Auch hieraus folgt ein Klarstellungsinteresse des Arbeitgebers; er muss deutlich erkennen können, ob der Betriebsrat der Kündigung ordnungsgemäß widersprochen hat und er daher ein erfolgreiches Weiterbeschäftigungsverlangen des Arbeitnehmers zu gewärtigen hat.

Hingegen kann der Zweck der Schriftform für die Mitteilung von Bedenken nach § 102 Abs. 2 S. 1 BetrVG nicht mit der Erheblichkeit der hieran geknüpften Rechtsfolgen begründet werden, da diese Mitteilung keine besonderen Rechtsfolgen hat[476] .

(2) Sichere Kenntnisnahme von den Gründen

Weiterhin könnte sich die Bedeutung der Inhaltsklarheit für den Arbeitgeber auch daraus ergeben, dass er sichere Kenntnis von den Gründen erhalten soll, auf die die ablehnende Stellungnahme des Betriebsrats gestützt ist.

Für die Zustimmungsverweigerung des Betriebsrats nach § 99 Abs. 3 BetrVG ergibt sich diese Funktion der Schriftform daraus, dass der Betriebsrat die Zustimmung wirksam nur aus den in § 99 Abs. 2 abschließend aufgezählten Gründen verweigern kann. Schrifttum und Rechtsprechung verlangen im Hinblick auf diese Gründe, dass die Zustimmungsverweigerung überhaupt Aspekte enthalten muss, die einen Bezug zu den in § 99 Abs. 2 BetrVG genannten Gründen aufwei-

474 BAG AP Nr. 7 zu § 23 BetrVG 1972.

475 Weswegen es sich auch nicht um ein echtes Mitbestimmungsrecht handelt, siehe *Schlochauer*, RdA 1973, 157, 157.

476 ErfK/*Kania*, § 102 BetrVG Rn. 13; dazu, dass die Mitteilung von Bedenken das Anhörungsverfahren abschließt, siehe sogleich unten unter Beweisfunktion.

sen;[477] darüber hinaus dürfen sie auch nicht lediglich formelhaft den Gesetzeswortlaut wiederholen,[478] sondern müssen jedenfalls bei den Gründen Nr. 3 und Nr. 6 auf den Einzelfall zugeschnitten sein.[479] Anderenfalls ist die Zustimmungsverweigerung unwirksam und die gesetzliche Zustimmungsfiktion greift ein.[480] Der Arbeitgeber muss also aus der Mitteilung erkennen können, ob diese Voraussetzungen eingehalten wurden. Darüber hinaus muss der Arbeitgeber auf der Grundlage der Mitteilung des Betriebsrats prüfen, welche Erfolgsaussichten ein Zustimmungsersetzungsverfahren hat.[481] Denn überwiegend wird angenommen, dass der Arbeitgeber im Prozess darlegen und beweisen muss, dass die vom Betriebsrat angeführten Gründe tatsächlich nicht vorliegen.[482] Verstärkt wird dieses Interesse des Arbeitgebers noch dadurch, dass die in der Zustimmungsverweigerung aufgeführten Gründe nach h. M. eine Ausschlusswirkung in dem Sinne haben, dass nach Ablauf der Frist keine neuen Gründe für die Verweigerung der Zustimmung bzw. Widerspruchsgründe nachgeschoben werden können.[483] Der Arbeitgeber soll davor geschützt werden, sich im Zustimmungsersetzungsverfahren mit immer neuen Lebenssachverhalten auseinander setzen zu müssen.[484]

---

477 *Busemann,* NZA 1996, 681, 683; Richardi/*Thüsing,* § 99 Rn. 268.

478 BAG AP Nr. 11 zu § 99 BetrVG 1972; *Dannhäuser,* NZA 1989, 617, 620.

479 BAG NZA 1988, 476, 477.

480 BAG AP Nr. 1 zu § 101 BetrVG 1972 [II 2] (*Meisel*); Nr. 11 [unter 1], Nr. 21 [II 2b)], Nr. 50 zu § 99 BetrVG 1972 [II 2b)] unter Herabschraubung der Ansprüche; ErfK/*Kania,*, § 99 BetrVG Rn. 40.

481 BAG AP Nr. 20 zu § 99 BetrVG 1972 [2c)]; AP Nr. 118 zu § 99 BetrVG 1972 [IV 1b)dd)], zustimmend *Oetker* in Anm. [III 1e)dd)].

482 BT-Drs. VI/1786, S. 51; GK/*Kraft/Raab,* § 99 Rn. 173; HSWG/*Schlochauer,* § 99 Rn. 142.

483 BAG AP Nr. 20 zu § 99 BetrVG 1972 [2c)]; AP Nr. 36 zu § 99 BetrVG 1972 [B II 3a)]; AP Nr. 18 zu § 99 BetrVG 1972 Eingruppierung [B II]; NZA 1994, 187, 189; ZTR 2003, 454, 456; ErfK/*Kania,* § 102 BetrVG Rn. 15; DKK/*Kittner/Bachner,* § 99 Rn. 178 sofern es um eine Einstellung geht; a.A. *Fitting,* § 99 Rn. 238; *Koller,* SAE 1978, S. 232, 235; *Löwisch/Schönfeld* in Anm. zu BAG AP Nr. 20 zu § 99 BetrVG 1972; *Schreiber,* RdA 1987, 257, 262.

484 BAG AP Nr. 18 zu § 99 BetrVG 1972 Eingruppierung [B II]; die Rechtsprechung geht also davon aus, dass durch die Zustimmungsverweigerung der Streitgegenstand festgelegt wird. Das Arbeitsgericht prüft nicht generell, ob ein Grund für die Verweigerung der Zustimmung im Sinne des § 99 Abs. 2 BetrVG vorlag, sondern ob die konkrete Zustimmungsverweigerung aus einem der in Absatz 2 aufgeführten Gründe begründet ist, siehe BAG AP Nr. 20 zu § 99 BetrVG 1972 [2c)]; Nr. 36 zu § 99 BetrVG 1972 [B II 3b)]; ErfK/*Kania,* § 99 BetrVG Rn. 42; diese Wochenausschlussfrist gilt jedoch nur für die tatsächlichen Gesichtspunkte, rechtliche Argumente dagegen können jederzeit nachgeschoben werden: BAG AP Nr. 18 zu § 99 BetrVG 1972 Eingruppierung [B II]; BAG AP Nr. 27 zu § 99 BetrVG 1972 Eingruppierung [B II 3a)].

Auch für den Widerspruch gegen eine geplante Kündigung kommt den Gründen besondere Bedeutung zu. Denn der Widerspruch kann – ebenso wie die Zustimmungsverweigerung – nur auf abschließend aufgeführten Gründe (§ 102 Abs. 3 BetrVG) gestützt werden. Dies ist Voraussetzung für einen ordnungsgemäßen Widerspruch.[485] Allerdings besteht hier insoweit ein Unterschied zu § 99, als der Widerspruch des Betriebsrats nicht den Streitgegenstand des Kündigungsschutzprozesses festlegt. Das Gericht kann ohne weiteres auch Gründe für gegeben halten, die der Betriebsrat nicht angeführt hat.[486] In der Praxis zeigt sich jedoch, dass die in dem Widerspruch aufgeführten Gründe in der Regel auch diejenigen Punkte sind, die in einem etwaigen Kündigungsschutzprozess verhandelt werden. Der Arbeitgeber kann also auf der Grundlage des Widerspruchs etwas besser einschätzen, wie seine Aussichten in diesem Verfahren stehen.

Wie oben bereits ausgeführt, gibt es für die Mitteilung von Bedenken nach § 102 Abs. 2 S. 1 BetrVG keinen feststehenden Katalog von Gründen.[487] Der Betriebsrat kann jegliche Gesichtspunkte anführen, die seiner Ansicht nach gegen die geplante Kündigung sprechen. Andererseits wird allgemein angenommen, dass auch die Mitteilung von Bedenken gegen eine Kündigung nur dann ordnungsgemäß ist, wenn überhaupt eine Begründung enthalten ist.[488] In dieser Hinsicht ist also auch hier ein – wenn auch eingeschränktes – Bedürfnis nach inhaltlicher Klarstellung anzunehmen. Entscheidend ist jedoch, dass nach einhelliger Ansicht von Rechtsprechung und Literatur einhellig davon ausgehen, dass die Möglichkeit des Betriebsrats, seine Bedenken gegen die geplante Kündigung vorzubringen, dazu dient, dass der Arbeitgeber diese in seine Entscheidung einfließen lassen kann.[489] Durch die Vertrauensstellung, die der Betriebsrat gegenüber den Arbeitnehmern einnimmt, kann der Arbeitgeber auf diese Weise neue Tatsachen über den zu kündigenden Arbeitnehmern erfahren. Diese können gegebenenfalls dazu führen, dass der Arbeitgeber seine Entscheidung noch einmal überdenkt. Dieser Zweck, der mit § 102 Abs. 2 BetrVG verfolgt wird, wird erheblich gefördert, wenn der Arbeitgeber die Gründe nicht bloß flüchtig, gleichsam im Vorbeigehen, erhält, sondern sie ihm schriftlich fixiert vorliegen.

---

485 DKK/*Kittner/Bacher*, § 102 Rn. 180; *Fitting*, § 102 Rn. 71; GK/*Raab*, § 102 Rn. 111.

486 Siehe nur: BAG AP Nr. 2 zu § 1 KSchG 1969 [LS 2]; BAG EzA Nr. 7 zu § 102 BetrVG 1972 [LS 2]; *Fitting*, § 102 Rn. 98; GK/*Raab*, § 102 Rn. 157.

487 Siehe Fn. 423.

488 Richardi/*Thüsing*, § 102 Rn. 95.

489 BAG AP Nr. 2 zu § 102 BetrVG 1972; AP Nr. 4 zu § 102 BetrVG 1972 [III 2]; BAG AP Nr. 22 zu § 620 BGB Kündigungserklärung [B II 1a)]; APS/*Koch*, § 102 Rn. 48; *Bader*, NZA-RR 2000, 57, 57; *Hunold*, DB 1976, 1865, 1865; *Reiter*, NZA 2003, 954, 956; *Rinke*, NZA 1998, 77, 77.

(3) Initiativlast beim Arbeitgeber

Ein weiterer Aspekt, der für ein Klarstellungsinteresse des Arbeitgebers spricht, ist die Verteilung der Initiativlast. Für den Fall der Zustimmungsverweigerung oblegt § 99 Abs. 4 BetrVG diese dem Arbeitgeber.[490] Im Gegensatz zu der Vorgängerregelung des § 61 Abs. 2 S. 3 BetrVG 1952, wonach der Betriebsrat das Arbeitsgericht innerhalb von zwei Monaten nach der Zustimmungsverweigerung mit dem Antrag auf Feststellung anrufen musste, dass tatsächlich ein Verweigerungsgrund vorlag, muss nunmehr der Arbeitgeber das Zustimmungsersetzungsverfahren einleiten. Der Arbeitgeber ist demnach im Vergleich zu der Vorgängerregelung schutzbedürftigter. Er muss auf der Grundlage der Mitteilung entscheiden, wie er vorgeht, ob er also das Arbeitsgericht anruft oder etwa die Maßnahme vorläufig durchführt (§ 100 BetrVG). Auch im Falle eines Widerspruchs und der Mitteilung von Bedenken muss der Arbeitgeber entscheiden, wie er weiter verfährt, ob er also trotzdem kündigt oder ob er angesichts der vorgebrachten Gründe eine andere Lösung wählt.

(4) Ausgestaltung der Beteiligungsrechte in § 99 und § 102 BetrVG

Auch die Ausgestaltung der Beteiligungsrechte des Betriebsrats bei personellen Einzelmaßnahmen insgesamt spricht dafür, dass das Gesetz eine möglichst weitgehende Klarstellung zugunsten des Arbeitgebers verfolgt. Zunächst enthalten sowohl § 99 Abs. 3 S. 1 als auch § 102 Abs. 2 S. 1 BetrVG recht knapp bemessene Fristen. Daraus lässt sich schließen, dass das Gesetz möglichst rasch Klarheit für den Arbeitgeber herstellen will. Bei § 99 BetrVG soll spätestens nach einer Woche die betriebsverfassungsrechtliche Zulässigkeit einer Maßnahme geklärt sein,[491] bei § 102 BetrVG soll der Arbeitgeber innerhalb einer Woche bei einer ordentlichen bzw. unverzüglich, aber spätestens nach drei Tagen, bei einer außerordentlichen Kündigung, Kenntnis davon erhalten, wie der Betriebsrat zu der geplanten Kündigung steht, und diese aussprechen dürfen. Diese Fristen dienen nach herrschender (und zutreffender) Meinung ausschließlich dem Schutz des Arbeitgebers.[492] Diese Schutzwirkung der Frist ergibt sich daraus, dass der Arbeitgeber durch Wahl des Zeitpunkts der Unterrichtung des Betriebsrats frei darüber verfügen kann, wann die Frist beginnt. Zudem kann er auch seinen Antrag auf Zustimmung zu der Maßnahme wieder zurücknehmen und später erneut

490 BT-Drs.VI/1786, S. 51 und VI/2729, S. 31; BAG AP Nr. 21 zu § 99 BetrVG 1972 [II 2].

491 *Boemke*, ZfA 1992, 473, 493.

492 Siehe nur: BAG AP Nr. 64 zu § 99 BetrVG 1972 [II 3b)aa)].

einen Antrag stellen, bzw. nachträglich zusätzliche Informationen liefern. Schließlich erfährt der betroffene Arbeitnehmer im Regelfall nicht, wann die vollständige Unterrichtung stattgefunden und damit die Frist begonnen hat.[493] Da das Frist- und das Formgebot jeweils innerhalb eines Satzes der Vorschriften angeordnet werden, spricht viel dafür, dass auch die Schutzrichtung beider formellen Gebote in dieselbe Richtung zielt.

Das Ziel des Gesetzes nach möglichst großer Klarheit für den Arbeitgeber zeigt sich weiterhin an der Anordnung der gesetzlichen Fiktion für den Fall, dass sich der Betriebsrat nicht, bzw. nicht form- und/oder fristgerecht äußert. Offensichtlich soll der Arbeitgeber spätestens nach Ablauf der Frist völlige Klarheit haben und zwar unabhängig davon, ob der Betriebsrat eine Mitteilung abgegeben hat oder nicht. Letztlich dienen Frist, Form sowie die gesetzliche Fiktion damit der Rechtsklarheit[494] zugunsten des Arbeitgebers.

b) Abschlussklarheit zugunsten des Arbeitgebers

Die Abschlussklarheit spielt hingegen nur insoweit eine Rolle, als das Ende der vom Betriebsrat autorisierten Mitteilung deutlich erkennbar sein muss. Hingegen verfolgt die Anordnung der Schriftlichkeit hier nicht das Ziel, den Entwurf von der endgültigen Mitteilung leicht unterscheidbar zu machen. Die Mitteilung erfolgt auf der Grundlage eines Betriebsratsbeschlusses. Es existieren also keine Entwürfe mit unterschiedlichem Inhalt, vielmehr muss der Betriebsrat innerhalb einer oft knappen Frist seine inhaltlich feststehende Entscheidung mitteilen. Zu Irritationen hinsichtlich der Endgültigkeit und dem Wunsch nach Rechtsbindung kann es hier also kaum kommen.

c) Klarstellungsfunktion zum Schutz des Betriebsrats

Die Klarstellungsfunktion der Schriftform dient hingegen nicht dem Betriebsrat. Zwar kann die Einhaltung der Form dazu zwingen, die Stellungnahme bestimmt und präzise zu formulieren, was hier sicherlich wünschenswert wäre angesichts der Kataloge der § 99 Abs. 2 und § 102 Abs. 3 BetrVG. Allerdings bezieht sich die Schriftform auf die Mitteilung der Stellungnahmen des Betriebsrats und nicht auf den Beschluss selbst,[495] greift also zu einem Zeitpunkt ein, zu dem der Inhalt

---

493 BAG AP Nr. 18 zu § 99 BetrVG 1972 [B II 1]; AP Nr. 43 zu § 102 BetrVG 1972; GK/*Kraft/Raab*, § 99 Rn. 114.

494 So *Knauf*, S. 25.

495 Dazu oben, unter B. I.

der Mitteilung bereits feststeht. Die Klarstellungsfunktion der Form käme also zu spät.

d) Klarstellungsfunktion zum Schutz des von der Maßnahme betroffenen Arbeitnehmers

Die Anordnung der Form zielt ebenfalls nicht auf den Schutz des von der Maßnahme betroffenen Arbeitnehmers ab. Durch die Stellungnahme des Betriebsrats ist der Arbeitnehmer nicht in einer betriebsverfassungsrechtlichen Rechtsposition beeinträchtigt.[496] Das Mitbestimmungs- bzw. das Anhörungsverfahren betrifft nur das Innenverhältnis zwischen Arbeitgeber und Betriebsrat. Das zeigt sich bereits an der Ausgestaltung des Mitbestimmungs- bzw. Beteiligungsverfahrens: Der betroffene Arbeitnehmer ist an den Verfahren nicht beteiligt.[497] Es bleibt dem Betriebsrat im Rahmen seines pflichtgemäßen Ermessens überlassen, ob er den Arbeitnehmer vor seiner Stellungnahme anhört oder nicht, der Arbeitnehmer hat auch kein selbstständiges Antragsrecht auf Einleitung eines solchen Verfahren,[498] und er ist auch nicht Beteiligter an einem Zustimmungsersetzungsverfahren.[499] Letzteres ergibt sich bereits aus einem Umkehrschluss zu § 103 Abs. 2 S. 2 BetrVG, der für fristlos gekündigte Betriebsratsmitglieder ausdrücklich eine Beteiligtenstellung einräumt,[500] sowie darüber hinaus daraus, dass der Arbeitnehmer nicht als möglicher Antragssteller in § 99 Abs. 4 BetrVG genannt wird.[501] Bei der Mitteilung der Bedenken nach § 102 Abs. 2 S. 1 und S. 3 BetrVG sieht das Gesetz nicht einmal vor, dass der Arbeitnehmer darüber informiert wird, dass und mit welcher Begründung der Betriebsrat Bedenken erhoben hat. Dies ergibt sich

---

496 Vergleiche *Boemke*, ZfA 1992, 473, 482 ff; MüHdb-ArbR/*Matthes*, § 352 Rn. 120; teilweise wird diese Wertung des Gesetzgebers für bedauerlich gehalten, weil der Arbeitnehmer, dessen (potenzieller) Arbeitgeber um des guten Einvernehmens mit dem Betriebsrat willen auf die Einleitung eines Zustimmungsersetzungsverfahrens verzichtet, rechtlos steht, so z. B. *Faude*, in Anm. zu BAG AP Nr. 18 zu § 99 BetrVG 1972 [I 1.1].

497 *Gaul, D.*, RdA 1979, 267, 269.

498 *Boewer*, RdA 1974, 72, 76; HSWG/*Schlochauer*, § 99 Rn. 141; *Matthes*, DB 1974, 2007, 2010.

499 BAG AP Nr. 3 zu § 80 ArbGG 1979 [II 3]; AP Nr. 6 zu § 101 BetrVG 1972 [B I]; AP Nr. 18 zu § 99 BetrVG 1972 [B I]; AP Nr. 27 zu § 118 BetrVG 1972L; *Germelmann/Matthes/Prütting*, § 83 Rn. 45; GK/*Raab*, § 99 Rn. 124; *Gottwald*, BB 1997, 2427, 2428; *Neef*, NZA 2001, 361, 362; Richardi/*Thüsing*, § 99 Rn. 278.

500 *Boemke*, ZfA 1992, 473, 491.

501 *Gottwald*, BB 1997, 2427, 2428.

bereits aus einem Umkehrschluss zu § 102 Abs. 4 BetrVG,[502] wo für den Fall des Widerspruchs ausdrücklich vorgesehen ist, dass der Arbeitgeber dem Arbeitnehmer den Widerspruch mit der Kündigungserklärung abschriftlich zuleitet. Der betroffene Arbeitnehmer hat darüber hinaus auch keinen Anspruch auf ein Tätigwerden des Betriebsrats im Rahmen der § 99 Abs. 3 und § 102 Abs. 2, 3 BetrVG,[503] insbesondere nicht auf den am Stärksten zu seinen Gunsten wirkenden Widerspruch.[504]

Eine Schutzfunktion der Schriftform gemäß § 102 Abs. 3 i. V. m. § 102 Abs. 2 S. 1 BetrVG zugunsten des Arbeitnehmers lässt sich auch nicht daraus ableiten, dass der Widerspruch nach herrschender Meinung nicht mehr zurückgenommen werden kann, nachdem die Kündigung und der Widerspruch dem Arbeitnehmer zugegangen sind und damit ein Vertrauenstatbestand geschaffen wurde.[505] Denn zu dem hier behandelten Zeitpunkt der Mitteilung an den Arbeitgeber entstehen gerade noch keine unmittelbaren Rechtswirkungen im Hinblick auf den Arbeitnehmer; zu diesem Zeitpunkt ist sogar noch unklar, ob die Stellungnahme für ihn überhaupt jemals rechtlich bedeutsam wird, weil der Arbeitgeber sich dazu entscheiden kann, auf die Kündigung zu verzichten. Insoweit ist zu beachten, dass auch die Zustimmung des Betriebsrats zu der geplanten Kündigung keine Pflicht des Arbeitgebers mit sich bringt, die Kündigung auszusprechen, sondern dass durch diese vielmehr nur die kollektivrechtliche Legitimation vermittelt wird.[506]

Zwar wird teilweise angenommen, das Formerfordernis in § 99 Abs. 3 BetrVG diene auch dazu, dass der von der Maßnahme betroffene Arbeitnehmer innerhalb der Wochenfrist erfahren solle, ob und mit welchen Gründen der Betriebsrat die Zustimmung verweigert.[507] Allerdings wurde oben dargelegt, dass die Frist ausschließlich dem Klarstellungsinteresse des Arbeitgebers dient und daher die Betriebsparteien die Frist zur Stellungnahme einvernehmlich verlängern könnten,[508] eine Möglichkeit, von der auch in der Praxis häufig Gebrauch

502 Wie *Liebisch*, S. 87, 94 zutreffend ausführt, kann angesichts des klaren Wortlauts aus dieser Vorschrift gerade nicht geschlossen werden, dass für den Arbeitgeber eine sämtliche Stellungnahmen einbeziehende Mitteilungspflicht besteht.

503 APS/*Koch*, § 102 BetrVG Rn. 188; GK/*Raab*,, § 102 Rn. 89; Richardi/*Thüsing*, § 102 Rn. 108.

504 *Liebisch*, S. 86.

505 LAG Berlin AuR 1979, 253; APS/*Koch*, § 102 Rn. 150; MüHdb-ArbR/*Matthes*, § 356 Rn. 54.

506 Siehe hierzu: *Gaul, D.*, RdA 1979, 267, 269.

507 BAG AP Nr. 20 zu § 99 BetrVG 1972 [2c)].

508 *Für § 99 BetrVG:* BAG AP Nr. 18 zu § 99 BetrVG 1972 [B II 1]; AP Nr. 23 zu § 99 BetrVG 1972 [II 2b)]; ZTR 2003, 454, 456; auch durch Hinausschieben des Fristbeginns: BAG AP Nr. 44 zu § 99 BetrVG 1972 Einstellung, zu B II 2 der

gemacht wird.[509] Angesichts dessen ist davon auszugehen, dass die im selben Satz angeordnete Form keine andere Schutzwirkung hat. Darüber hinaus wirkt sich die Formbedürftigkeit der Stellungnahmen durchaus nicht nur zum Vorteil des Arbeitnehmers aus. So scheitert der wirksame Widerspruch des Betriebsrats an der Nichteinhaltung der Schriftform, womit auch kein Weiterbeschäftigungsanspruch des Arbeitnehmers besteht. Umgekehrt kann die Einhaltung der Form des § 99 Abs. 3 BetrVG dazu führen, dass die geplante Einstellung des Arbeitnehmers betriebsverfassungsrechtlich scheitert.

Für eine Schutzfunktion zugunsten des Arbeitnehmers kann auch nicht angeführt werden, dieser habe ein Interesse daran festzustellen, ob der Betriebsrat der Kündigung ordnungsgemäß widersprochen hat.[510] Denn dieses – sicherlich bestehende – Interesse des Arbeitnehmers wird bereits durch § 102 Abs. 4 BetrVG befriedigt.[511] Auch dass der Gesetzgeber offenbar davon ausging, dass der Arbeitnehmer von der Mitteilung von Bedenken Kenntnis erhalte,[512] rechtfertigt keine andere Bewertung. Zwar wird auch durch die Bedenken die Kündigungsschutzposition zumindest mittelbar verbessert, da diese Gründe jedenfalls in der Interessenabwägung eine Rolle spielen können. Allerdings wird diese Verbesserung nicht durch die Schriftform erreicht, da das formgerechte Dokument nur dem Arbeitgeber zugeht. Der Betriebsrat kann den Arbeitnehmer auch mündlich informieren.

Gründe; GK/*Kraft/Raab*, § 99 Rn. 114; a.A. LAG Sachsen NZA-RR 1996, 331; HSWG/*Schlochauer*, § 99 Rn. 106; zu § 63 Abs. 2 S. 1 BetrVG 1952: BAG AP Nr. 6 zu § 61 BetrVG [1b)], wonach einer einvernehmlichen Verlängerung der Frist nicht nur die zwingende Natur der Regelungen des BetrVG, sondern auch das Interesse des betroffenen Arbeitnehmers entgegenstünden (gemeint ist wohl § 61 Abs. 2 S. 1, siehe LS 4), allenfalls könne es dem Arbeitgeber aus Treu und Glauben verwehrt sein, sich auf das Fristversäumnis zu berufen; zustimmend: *Richardi* in Anm unter [II 2]; *für § 102 BetrVG:* BAG AP Nr. 43 zu § 102 BetrVG 1972; *Fitting*, § 102 Rn. 64, 50 a; *Galperin/Löwisch*, § 102 Rn. 39; KR/*Etzel*, § 102 Rn. 87; MüHdb-ArbR/*Matthes*, § 356 Rn. 30; Richardi/*Thüsing*, § 102 Rn. 102; a. A. HSWG/*Schlochauer*, § 102 Rn. 74.

509 Üblich sind etwa Regelungsabreden, wonach die Frist zur Stellungnahme erst mit dem Tag der Betriebsratssitzung beginnt, die auf die Unterrichtung durch den Arbeitgeber folgt.

510 Die nachfolgenden Ausführungen gelten nur für Arbeitnehmer, auf die das KSchG anwendbar ist, siehe zu dieser Einschränkung: *Adomeit*, DB 1972, 392, 392.

511 BT-Drs. VI/1786, S. 52, wo diese Schutzrichtung dem § 102 Abs. 4 BetrVG zugeordnet wird; *Kliemt*, NZA 1993, 921, 923.

512 BT-Drs. VI/1786, S. 33: hier ist davon die Rede, dass dem Arbeitsnehmer auch die Bedenken mitzuteilen seien; allerdings liegt der Verdacht nahe, dass der Gesetzgeber hier lediglich nicht streng zwischen den Begriffen Bedenken und Widerspruch getrennt hat; BT-Drs. VI/2729, S. 7.

e) Zusammenfassung

Damit dient die Anordnung der Schriftlichkeit dazu, dem Arbeitgeber möglichst weitgehende Klarheit über den Inhalt der Mitteilung zu verschaffen, was auch beinhaltet, dass das Ende der Mitteilung ersichtlich sein mus.

2. Beweisfunktion der Anordnungen der Schriftlichkeit

Nachdem feststeht, dass die Formanordnungen in § 99 Abs. 3 und § 102 Abs. 2 BetrVG Inhaltsklarheit zugunsten des Arbeitgebers zu erzielen, ist nun zu untersuchen, ob auch der Beweiszweck zugunsten den (oder einer der) Betriebsparteien eingreift.

a) Beweisfunktion zum Schutz des Arbeitgebers

Das BAG geht – ohne detaillierte Begründung – davon aus, dass bei § 99 Abs. 3 S. 1 BetrVG die Beweisfunktion zugunsten des Arbeitgebers eine Rolle spiele; die Formanordnung also (zumindest eingeschränkt) auch Beweiszwecke im Hinblick auf die Identität des Ausstellers und die inhaltliche Vollständigkeit der Erklärung verfolge. Allerdings sei die Identitätsfunktion nicht besonders stark ausgeprägt, da eine von unbefugter Seite abgegebene Mitteilung rechtlich unschädlich sei.[513] Größere Bedeutung messen der Identitätsfunktion das Hessische LAG als Vorinstanz zur Entscheidung des BAG vom 11.06.2002 sowie zwei zeitlich spätere unterinstanzliche Entscheidungen bei: Das Hessische LAG, das das Telefax noch für nicht ausreichend erachtet hatte, argumentierte damit, dass das weitere Vorgehen des Arbeitgebers davon abhänge, ob tatsächlich ein ermächtigtes Betriebsratsmitglied die Mitteilung mache, da nur diese Rechtswirkungen entfalte. Der Arbeitgeber könne nur anhand der Originalunterschrift überprüfen, ob die Erklärung vom Betriebsratsvorsitzenden stamme und die Unterschrift echt sei.[514] Das Hessische LAG hält somit nicht nur die Identitäts-, sondern auch die Echtheitsfunktion für maßgeblich. Später weist das Arbeitsgericht Bielefeld darauf hin, dass bei einer Mitteilung der Zustimmungsverweigerung per E-Mail nicht klar sei, ob tatsächlich gemäß § 26 Abs. 2 BetrVG der Betriebsratsvorsitzende die Mitteilung abgebe, sondern letztlich jeder beliebige Arbeitnehmer über den E-Mail-Account des Betriebsrat eine Mitteilung an den Arbeitgeber versenden könne.[515] Zum Schutz der Rechtssicherheit hält auch das Thüringer LAG die

513 AP Nr. 118 zu § 99 BetrVG 1972 [IV 1b)dd)].
514 Hess. LAG – 3.7.2001 – 4 TaBV 151/00, juris.
515 ArbG Bielefeld NZA-RR 88, 89.

Identitätsfunktion der Schriftform bei § 99 Abs. 3 S. 1 BetrVG für unverzichtbar.[516] Auch im Schrifttum wird der Identitätsfunktion – mit ähnlicher Begründung wie in den zitierten unterinstanzlichen Entscheidungen – teilweise eine entscheidende Rolle zugewiesen. Die Identität des Erklärenden sei deswegen bedeutsam, weil das Anhörungsverfahren nach § 102 Abs. 1 BetrVG nur dann abgeschlossen sei, wenn ein ermächtigtes Betriebsratsmitglied die Mitteilung vornehme.[517] Ganz maßgeblich auf die Beweisfunktion im Hinblick auf den Arbeitgeber, insbesondere die Echtheitsfunktion, stellt *Raab* ab. Der Arbeitgeber müsse wissen, dass die Mitteilung durch einen Beschluss des Betriebsrats autorisiert sei, denn nur dann sei die geplante personelle Maßnahme betriebsverfassungsrechtlich blockiert.[518] *Oetker* hingegen misst der Identitäts- und der Echtheitsfunktion allenfalls untergeordnete Bedeutung bei, da Betriebsrat und Arbeitgeber in ständigem Kontakt stünden und der Arbeitgeber so leicht die Echtheit der Unterschrift prüfen könne.[519]

Bei näherer Untersuchung der Regelungen, die für die Beteiligung des Betriebsrats an personellen Einzelmaßnahmen bestehen, ergeben sich erhebliche Zweifel daran, ob das Gesetz mit der Anordnung der Schriftform tatsächlich eine Beweisfunktion zugunsten des Arbeitgebers verfolgt. Zunächst kann die Bedeutung der Identitätsfunktion nicht darauf gestützt werden, dass nur eine tatsächlich vom Betriebsratsvorsitzenden abgegebene Mitteilung das Beteiligungs- bzw. Anhörungsverfahren abschließe. Diesem Umstand legt der Gesetzgeber offensichtlich keine Bedeutung bei, die ihn dazu veranlassen würde, die Schriftform zu fordern. So ist allgemein anerkannt, dass auch die Zustimmung des Betriebsrats zu der geplanten Maßnahme bzw. sogar jede andere (auch konkludente) Stellungnahme, aus der sich ergibt, dass sich der Betriebsrat nicht weiter äußern wolle, das Anhörungs- bzw. Beteiligungsverfahrens beendet; der Arbeitgeber kann dann auch schon vor Ablauf der Frist die geplante Maßnahme durchführen.[520] Umgekehrt ist eine Kündigung, die vor Ablauf der Frist und ohne Stel-

---

516 LAGE Nr. 2 zu § 99 BetrVG 2001 [II].

517 APS/*Koch*, § 102 Rn. 148; ErfK/*Kania*, § 102 BetrVG Rn. 13; *Gotthardt/Beck*, NZA 2002, 876, 882; ähnlich: BAG, Urt. v. 28.07.1982, 7 AZR 1181/79 [I 2b)] juris.

518 GK/*Kraft/Raab*, § 99 Rn. 117; *Raab*, FS-Konzen, S. 719, 753.

519 *Oetker*, Anm. zu BAG AP Nr. 118 zu § 99 BetrVG 1972 [III 1e)dd)].

520 BAG AP Nr. 1 zu § 104 BetrVG 1972 [II 1]; BAG AP Nr. 24 zu § 102 BetrVG 1972 [I 3c)]; AP Nr. 47 zu § 102 BetrVG 1972 [B I 1b)-d)]; AP Nr. 129 zu § 102 BetrVG 1972 [B II 1 und 2]; *LAG Hamm*, LAGE § 102 BetrVG 1972 Nr. 33; Hess. LAG LAGE § 102 BetrVG 1972 Nr. 61; LAG Berlin NZA-RR 485, 486; *Bader*, NZA-RR 2000, 57, 62; *Fitting*, § 102 Rn. 54; *Galperin/Löwisch*, § 102 Rz. 42; HSWG/*Schlochauer*, § 102 Rn. 82; KR/*Etzel*, § 102 BetrVG Rn. 103; *Dietz/Richardi*, § 102 Rz. 80; *Oetker*, BB 1984, 1433, 1436.

lungnahme des Betriebsrats ausgesprochen wird, wegen fehlender Anhörung des Betriebsrats gemäß § 102 Abs. 1 S. 3 BetrVG unwirksam.[521] Obwohl demnach also auch in diesen Fällen ein erhebliches Interesse des Arbeitgebers daran besteht, feststellen zu können, ob die Mitteilung tatsächlich vom Betriebsrat stammt, sieht das Gesetz für die Zustimmung überhaupt keine Form vor.[522]

Darüber hinaus spricht auch ein Vergleich mit § 100 Abs. 2 S. 2 BetrVG dagegen, dass der Gesetzgeber der Identitäts- und der Echtheitsfunktion der Stellungnahmen des Betriebsrats maßgebliche Bedeutung beigemessen hat: Diese Vorschrift bestimmt, dass - sofern der Arbeitgeber die geplante personelle Maßnahme vorläufig durchführt und der Betriebsrat bestreitet, dass die Maßnahme aus sachlichen Gründen dringend erforderlich sei – der Betriebsrat *„dies dem Arbeitgeber unverzüglich mitzuteilen"* hat. Eine Form ist für diese Mitteilung ersichtlich nicht vorgesehen. Auf diese Mitteilung hin jedoch muss der Arbeitgeber ebenfalls weit reichende Entscheidungen treffen. Denn nach Satz 3 darf er die Maßnahme nur aufrechterhalten, wenn er innerhalb von drei Tagen das Arbeitsgericht anruft. Aufgrund der Mitteilung des Betriebsrats muss er also entscheiden, ob er die Maßnahme rückgängig macht oder ein Gerichtsverfahren einleitet. Auch hier obliegt ihm – ebenso wie bei § 99 Abs. 4 BetrVG[523] – die Initiativlast, und er hat ein Interesse daran festzustellen, ob die Mitteilung tatsächlich vom Betriebsrat stammt und durch einen entsprechenden Beschluss autorisiert ist. Dieser Umstand spricht dafür, dass das Gesetz dieses Beweisinteresse des Arbeitgebers nicht durch ein Schriftformgebot schützen wollte.

Ähnliches ergibt sich aus einem Vergleich mit § 103 BetrVG, einer Vorschrift, die sowohl für die Auslegung des § 99 Abs. 3 als auch für § 102 Abs. 2 aufschlussreich ist. § 99 BetrVG und § 103 BetrVG ähneln sich insoweit, als dass der Arbeitgeber für die von ihm geplante Maßnahme der Zustimmung des Betriebsrats bedarf. In beiden Vorschriften ist geregelt, dass der Arbeitgeber ein Zustimmungsersetzungsverfahren einleiten kann, wenn der Betriebsrat seine Zustimmung verweigert (§ 99 Abs. 3 und § 103 Abs. 2 BetrVG). Nach § 99 Abs. 3 BetrVG jedoch muss der Betriebsrat seine Zustimmungsverweigerung fristgerecht schriftlich mitteilen, anderenfalls seine Zustimmung als erteilt gilt; § 103 BetrVG sieht hingegen für die Zustimmungsverweigerung keine Form vor, son-

---

521 AP Nr. 7 zu § 102 BetrVG 1972 unter 3a) Gründe; AP Nr. 47 zu § 102 BetrVG 1972 [B I 1f)].

522 Zu *§ 99 BetrVG:* DKK/*Kittner/Bachner*, § 99 Rn. 159; HSWG/*Schlochauer*, § 99 Rn. 92; *Fitting*, § 99 Rn. 221; Richardi/*Thüsing*, § 99 Rn. 246; zu *§ 102 BetrVG:* BAG AP Nr. 129 zu § 102 BetrVG 1972; DKK/*Kittner/Bachner*, § 102 Rn. 163; GK/*Raab*, § 102 Rn. 89; Richardi/*Thüsing*, § 102 Rn. 94.

523 Darauf weist auch die Bundesregierung in ihrer Begründung zum BetrVerfRefG auch ausdrücklich hin: BT-Drs. VI/1786, S. 52.

dern geht davon aus, dass die Zustimmung nicht erteilt wurde, wenn der Betriebsrat sich nicht äußert. Der Zusammenhang zu § 102 BetrVG besteht darin, dass § 103 BetrVG bloß eine qualifizierte Form der Beteiligung des Betriebsrats an geplanten Kündigungen ist, die für Mitglieder der Betriebsverfassungsorgane maßgeblich ist.[524] Die außerordentliche Kündigung von Mitgliedern betriebsverfassungsrechtlicher Organe ist demnach nur mit ausdrücklicher Zustimmung des Betriebsrats zulässig. Wie das BAG zutreffend feststellt, bedeutet die Zustimmung nach § 103 BetrVG eine wesentlich wichtigere Vorentscheidung als etwa die Stellungnahmen im Anhörungsverfahren nach § 102 BetrVG.[525] Trotz dieser somit erheblichen Auswirkung auf das weitere Vorgehen des Arbeitgebers ordnet das Gesetz keine Form an, obwohl doch auch in dieser Konstellation der Arbeitgeber ein Interesse daran hat, feststellen zu können, ob der Betriebsrat tatsächlich ordnungsgemäß zugestimmt hat. Auch aus dieser Regelung lässt sich also schließen, dass etwaige Beweisinteressen des Arbeitgebers das Gesetz nicht zu einer Formanordnung veranlassen.

Gegen die Bedeutung der Identitäts- und der Echtheitsfunktion sprechen auch die tatsächlichen Verhältnisse in einem Betrieb, auf die *Oetker*[526] zu recht hinweist.[527] In aller Regel arbeiten Arbeitgeber und Betriebsratsvorsitzender eng zusammen. Es ist daher lebensfremd anzunehmen, der Arbeitgeber werde möglicherweise von der Umsetzung einer Maßnahme vorläufig absehen und ein Zustimmungsersetzungsverfahren einleiten, in dessen Verlauf sich dann ergibt, dass die Zustimmungsverweigerung tatsächlich gar nicht vom Betriebsrat stammt. Beim geringsten Zweifel an der Authentizität wird sich der Arbeitgeber schnell und unkompliziert beim Betriebsrat erkundigen können. Das Fälschungsrisiko ist somit zu vernachlässigen. Zuzugeben ist, dass dem Arbeitgeber insoweit eine gewisse Erkundigungslast auferlegt wird, die aber insbesondere vor dem Hintergrund des Grundsatzes der vertrauensvollen Zusammenarbeit nach § 2 Abs. 1 BetrVG nicht unbillig erscheint. Schließlich ist auch nicht recht ersichtlich, welche dritte Partei ein Manipulationsinteresse haben sollte. Es zeigt sich also, dass die Formvorschriften in diesem Abschnitt des BetrVG – anders als von Teilen der Rechtsprechung und der Literatur angenommen – tatsächlich nicht darauf abzielen, das Interesse des Arbeitgebers zu befriedigen, zügig und sicher die Identität des Erklärenden und die Echtheit der Mitteilung des Betriebsrats prüfen zu können. Aber auch für spätere Zeitpunkte ist nicht ersichtlich, dass der Arbeitge-

524 BAG AP Nr. 10 zu § 103 BetrVG 1972 [II 3b)bb)].
525 AP Nr. 10 zu § 103 BetrVG 1972 [II 3d)bb)].
526 Anm. zu BAG AP Nr. 118 zu § 99 BetrVG 1972 [III 1e)dd)].
527 Wobei es für das Verständnis des Schriftformgebotes nach hier vertretener Auffassung nicht darauf ankommt, dass der Arbeitgeber die Unterschrift des Betriebsrats kennt; ähnlich: *Raab*, FS-Konzen, S. 719, 754.

ber ein Beweisinteresse daran hätte, die Echtheit der Mitteilung nachweisen zu können. Denn im Prozess muss nicht der Arbeitgeber beweisen, dass eine formgerechte Zustimmungsverweigerung bzw. ein Widerspruch vorlag, sondern der Betriebsrat[528] bzw. der Arbeitnehmer[529].

Da die Beweisfunktion bereits für die mit Rechtsfolgen verbundenen Mitteilungen der Zustimmungsverweigerung bzw. des Widerspruchs nicht einschlägig sind, gilt dies erst recht für die Mitteilung von Bedenken im Sinne des § 102 Abs. 2 BetrVG.

b) Beweisfunktion zum Schutz des Betriebsrats

Auch zugunsten des Betriebsrats ist die Beweisfunktion zu vernachlässigen. Zwar trägt dieser – wie oben dargelegt – die Darlegungs- und Beweislast für die form- und fristgerechte Zustimmungsverweigerung nach § 99 Abs. 3 BetrVG. Es sei auch zugestanden, dass der Betriebsrat diesen Beweis leichter zu führen vermag, wenn er hierzu ein Schriftstück vorlegen kann, aus dem sich die Ordnungsgemäßheit seiner Erklärung ergibt. Diesem Beweisinteresse jedoch misst das Gesetz keine derartige Bedeutung zu, dass es deswegen die Schriftform anordnen würde. Das zeigt sich daran, dass für die ordnungsgemäße und vollständige[530] Anhörung im Verfahren nach § 102 BetrVG der Arbeitgeber die Darlegungs- und Beweislast trägt,[531] ohne dass für die Unterrichtung die Schriftform vorgesehen wäre. Auch generell geht der Gesetzgeber davon aus, dass Beweisfunktionen zugunsten des Erklärenden im Hinblick auf die Form meist nur eine untergeordnete Rolle spielen, da es dem Erklärenden in diesen Fällen unbenommen bleibt, eine strenge Form zu wählen, um seine eigene Beweisposition zu stärken.[532]

Darüber hinaus wäre die Reichweite der Beweisfunktion auch nur sehr eingeschränkt. Ob die Stellungnahme des Betriebsrats nämlich ordnungsgemäß abgegeben wurde oder nicht, hängt nicht nur von der Einhaltung der Form ab, sondern auch von der Einhaltung der Frist. So stellt § 99 Abs. 3 S. 2 ausdrücklich auf bei-

---

528 DKK/*Kittner/Bachner*, § 99 Rn. 211; ErfK/*Kania*, § 99 BetrVG Rn. 42; *Fitting*, § 99 Rn. 237; GK/*Kraft/Raab*, § 99 Rn. 174; HSWG/*Schlochauer*, § 99 Rn. 143.

529 LAG Düsseldorf DB 1980, 2043, 2043; LAG Berlin LAGE Nr. 3 zu § 102 BetrVG 2001 Beschäftigungspflicht; ArbG Hamm BB 1990, 1206;

530 BAG AP Nr. 4 zu § 102 BetrVG 1972 [II 2]; AP Nr. 62 zu § 102 BetrVG 1972 [B II 2b)c)(1)]; AP Nr. 73 zu § 102 BetrVG 1972 [II 1]; AP Nr. 6 zu § 14 KSchG 1969 [B I 1b], zu § 31 Abs. 2 S. 3 SprAuG; AP Nr. 129 zu § 102 BetrVG 1972 [B I 1]; siehe ausführlich und kritisch: *Oetker*, FS-Kraft, S. 429 ff.

531 BAG AP Nr. 5 zu § 102 BetrVG 1972; AP Nr. 10 zu § 1 KSchG 1969 Krankheit [B I 1]; GK/*Raab*, § 102 Rn. 89; *Oetker*, BB 1989, 417, 418.

532 BT-Drs. 14/4987, S. 31 zu der Frage, ob durch die Formerleichterung in §§ 5, 5a VVG mit Beweisschwierigkeiten zu rechnen sei.

des ab, während § 102 Abs. 2 S. 2 sogar nur die Frist nennt. Der Nachweis der Fristeinhaltung ist jedoch unabhängig von der eingehaltenen Form.[533]

3. Warnfunktion

a) Zugunsten des Arbeitgebers

Eine Warnfunktion zugunsten des Arbeitgebers wird mit den hier untersuchten Anordnungen der Schriftlichkeit nicht verfolgt. Dem Arbeitgeber muss zwar deutlich werden, um welche Art der Stellungnahme es sich handelt und was deren Inhalt ist, über die oben dargestellte Klarstellungsfunktion hinaus ist eine besondere Warnung jedoch nicht erforderlich. Schließlich gilt auch hier, dass das BetrVG den Arbeitgeber nicht als eine Partei ansieht, die einer Warnung bedürfte.[534]

b) Zugunsten des Betriebsrats

Aber auch der Schutz des Betriebsrats vor Abgabe einer übereilten Erklärung kommt hier nicht als Zweck der Schriftform zum Tragen.[535] Insoweit gelten zunächst dieselben Überlegungen, die oben bereits zur Frage der Warnfunktion der Schriftform bei den betriebsverfassungsrechtlichen Vereinbarungen angestellt wurden. Die § 99 Abs. 3 S. 1 und § 102 Abs. 2 S. 1 BetrVG regeln lediglich die Rechtsfolge, nachdem der Betriebsrat per Beschluss die Zustimmung zu der geplanten Maßnahme verweigert, bzw. Bedenken oder gar einen Widerspruch gegen die geplante Kündigung beschlossen hat. Dem Betriebsratsvorsitzenden verbleiben keine Entscheidungsspielräume, er informiert den Arbeitgeber lediglich über eine bereits getroffene Entscheidung des Betriebsrats.[536]

Darüber hinaus spricht auch der Umstand, dass die Erklärungen leicht wieder rückgängig zu machen ist, gegen eine Warnfunktion zugunsten des Betriebsrats.[537] Denn der Betriebsrat kann auch nachträglich der geplanten Maßnahme

---

533 So zutreffend zum insoweit parallelen Problem des § 8 Abs. 5 S. 2 und S. 3 TzBfG *Gotthardt/Beck*, NZA 2002, 876, 880, die feststellen: „Bringt die Einhaltung des Erfordernisses des § 126 BGB keine Klarheit über den Eintritt der gesetzlichen Fiktion, ist die Wahrung der Textform ausreichend."

534 Siehe oben Fn. 364

535 Insoweit zutreffend: BAG AP Nr. 118 zu § 99 BetrVG 1972 [IV 1b)dd)]; ebenso *Raab*, FS-Konzen, S: 719, 752.

536 BAG AP Nr. 77 zu § 40 BetrVG [II 2b)].

537 Auf diesen Aspekt stellt auch der Gesetzgeber des Formanpassungsgesetzes maßgeblich ab, wenn es darum geht, ob der Warnzweck einschlägig ist oder nicht: BT-

zustimmen.[538] Zwar ist grundsätzlich ein wirksamer Betriebsratsbeschluss bindend, das BAG geht jedoch davon aus, dass insbesondere Zustimmungsverweigerungen noch keine *„absolut bindende Außenwirkung"* hätten, da sie regelmäßig unter dem Vorbehalt späterer Zustimmung erklärt würden.[539] Dass mit der Form kein Warnzweck verfolgt wird, ergibt sich auch daraus, dass das Gesetz keine Form für die nicht leicht wieder rückgängig zu machende Zustimmung des Betriebsrats zu der geplanten Maßnahme vorsieht. Für diese nämlich geht die herrschende Ansicht davon aus, dass sie bindend ist, sobald die Mitteilung dem Arbeitgeber,[540] bzw. die Kündigungserklärung dem Arbeitnehmer[541], zugegangen ist. Auch aus diesem Vergleich ergibt sich, dass das Gesetz mit der Formanordnung keinen Warnzweck zugunsten des Betriebsrats verfolgt, denn die Formbedürftigkeit im BetrVG ist gerade umgekehrt zur Endgültigkeit der Erklärungen angeordnet.

4. Zusammenfassung

Damit zeigt sich, dass die Formgebote für die Mitteilungen nach § 99 Abs. 3 und § 102 Abs. 2 und Abs. 3 BetrVG ausschließlich dem Interesse des Arbeitgebers dient, Klarheit über den Inhalt der Stellungnahme des Betriebsrats zu gewinnen. Insoweit passt eine beiläufige Bemerkung des BAG, das einmal zu § 99 Abs. 3 BetrVG formulierte, diese Vorschrift schütze allein die Interessen des Arbeitgebers an einer zügigen Abwicklung personeller Einzelmaßnahmen.[542] Bei der Bestimmung des Inhalts des Formerfordernisses nach dem Formzweck ist demnach zu klären, welche Form erforderlich ist, um dieses Klarstellungsinteresse des Arbeitgebers erfüllen zu können.

Drs. 14/4987, S. 18: Bei nicht erheblichen oder leicht wieder rückgängig zu machenden Rechtsfolgen komme der Warnfunktion kaum Bedeutung zu.

538 Auf diesen Gesichtspunkt stellt auch das BAG ab, um die Warnfunktion zu verneinen: AP Nr. 118 zu § 99 BetrVG 1972 [IV 1b)dd)].

539 BAG AP Nr. 14 zu § 103 BetrVG 1972 [I 2c)].

540 BAG AP Nr. 1 zu § 72 BPersVG unter I 5 der Gründe; einschränkend: DKK/*Kittner/Bachner*, § 99 Rn. 159; ErfK/*Kania*, § 99 BetrVG Rn. 38; *Fitting*, § 99 Rn. 221; KasslHdb-ArbR/*Isenhardt*, 6.3 Rn. 15; MüHdb-ArbR/*Matthes*, § 356 Rn. 53; *Schreiber*, RdA 1987, 257, 259.

541 *Gaul, D.*, RdA 1979, 267, 271.

542 AP Nr. 64 zu § 99 BetrVG 1972 [II 3b)aa)].

C. Inhalt der Schriftformgebote in §§ 99 Abs. 3 S. 1, 102 Abs. 2 S. 1, S. 3

Oben unter § 3 III wurde bereits dargelegt, dass die Entscheidungsgründe des BAG zum Inhalt der Formanordnung des § 99 Abs. 3 BGB nicht zu überzeugen vermögen, da entgegen der Ansicht des BAG der Rechtscharakter der Mitteilung keinen Einfluss auf den Inhalt des Schriftformgebots hat. Daher sind die Formanordnungen der §§ 99 und 102 auch in diesem Abschnitt auszulegen.

I. Welcher Grad der Formstrenge ist erforderlich, um den Klarstellungszweck zugunsten des Arbeitgebers zu erreichen

1. Vergleich zu anderen Vorschriften

Zunächst ist zu prüfen, ob der Gesetzgeber des FormAnpG zu vergleichbaren Formanordnungen in anderen Gesetzen bereits eine Bewertung der Formzwecke und der zu ihrer Erreichung einzuhaltenden Form vorgenommen hat, die übertragbar wäre.

Wie *Oetker* zutreffend herausstellt, handelt es sich bei den Mitteilungen um Wissensmitteilungen.[543] Der Arbeitgeber wird über den Umstand informiert, dass der Betriebsrat per Beschluss die Zustimmung zu der geplanten Personalmaßnahme verweigert bzw. Bedenken gegen die Kündigung oder dieser widersprochen hat.[544] Soweit ersichtlich ist von den Wissensmitteilungen im BGB nur für die Mitteilungen nach § 410 Abs. 2 und § 416 Abs. 2 S. 2 BGB Schriftform vorgeschrieben; alle anderen sind formfrei bzw. in Textform möglich. Zu den beiden formbedürftigen Wissensmitteilungen hat der Gesetzgeber in dem Gesetzesentwurf zum FormAnpG Stellung genommen: Die Bundesregierung hatte vorgeschlagen, in beiden Fällen die Textform für ausreichend zu erklären. Im Vordergrund stehe die Information des Gläubigers, dagegen sei eine besondere Warnung des Erklärenden nicht erforderlich. Schließlich komme der Erklärung auch keine besondere Beweisfunktion zu.[545] Dieser Vorschlag wurde schließlich nicht Gesetz, das Schriftformgebot wurde stattdessen beibehalten. Der Bundesrat hatte gegen diese Formerleichterung angeführt, dass wegen der gesetzlichen Fiktion die Schriftform im Sinne des § 126 BGB für den Schutz des Gläubigers weiterhin

543 Anm. zu BAG AP Nr. 118 zu § 99 BetrVG 1972 [III 1e)bb)].

544 Es ist allerdings zweifelhaft, ob dieser rechtlichen maßgebliche Unterscheidungskraft zukommt, da der Betriebsratsvorsitzende bei allen Erklärungen nur Vertreter in der Erklärung und nicht im Willen ist (vgl. nur BAG AP Nr. 11 zu § 112 BetrVG 1972 [II 1a)aa)]; *Fitting*, § 26 Rn. 22), er gibt demnach immer nur Erklärungen im Rahmen gefasster Beschlüsse ab.

545 BT-Drs. 14/4987, S. 21.

erforderlich sei.[546] Zu klären ist daher, ob diese Überlegungen auf die hier untersuchten Mitteilungen übertragbar sind und damit die Formgebote in § 99 Abs. 3 und § 102 Abs. 2 BetrVG als gesetzliche Schriftform im Sinne des § 126 BGB zu verstehen sind. Dabei scheint insbesondere eine Parallele zu § 416 BGB nach zu liegen, da auch in dieser Vorschrift eine formbedürftige Wissensmitteilung geregelt ist und bei Schweigen auf diese die Zustimmung fingiert wird.[547]

Bei näherer Betrachtung zeigt sich jedoch, dass die rechtliche Konstruktion zwischen der Mitteilung nach § 416 BGB und den betriebsverfassungsrechtlichen nicht vergleichbar ist und daher die Entscheidung des Gesetzgebers – und insbesondere die Überlegungen des Bundesrates – zur Form des § 416 BGB nicht übertragbar sind. Denn § 416 BGB schreibt die Schriftform vor für die Mitteilung des Veräußerers an den Gläubiger, dass der Erwerber die Hypothek übernehme. Die Zustimmungsfiktion knüpft an das Schweigen des Gläubigers auf diese Mitteilung hin an; hingegen ist die Genehmigung oder die Genehmigungsverweigerung durch den Gläubiger formlos möglich. Diese Regelung wäre nur dann parallel zu den betriebsverfassungsrechtlichen, wenn in den Fällen des § 99 und § 102 BGB die Information des Arbeitgebers über die geplante Maßnahme formbedürftig wäre. Das ist aber nicht der Fall; formbedürftig ist vielmehr die Mitteilung des Betriebsrats über die Zustimmungsverweigerung, die auf die formlose Unterrichtung durch den Arbeitgeber folgt. Die Zustimmungsfiktion wiederum tritt bei Schweigen auf diese formlose Unterrichtung ein, während in § 416 BGB nur ein Schweigen auf die formbedürftige Unterrichtung eine gesetzliche Fiktion herbeizuführen vermag. Die im BetrVG geregelten Formvorschriften für die Mitteilungen können also den Betriebsrat – anders als bei § 416 BGB den Gläubiger – keinesfalls vor dem Eintritt der Fiktion schützen, vielmehr erhöhen sie sogar das Risiko dafür, dass die Fiktion zum Tragen kommt. Denn die Zustimmung wird auch dann gesetzlich fingiert, wenn der Betriebsrat sich zwar frist- aber nicht formgerecht äußert.[548] Damit scheint der Schutzzweck genau umgekehrt zu dem in § 416 BGB: Dort ist die Mitteilung des Schuldners formbedürftig, die den Gläubiger vor dem Eintritt der Fiktion warnen soll.

Im Hinblick auf die gesetzliche Fiktion stehen die Formanordnung für die Mitteilungen des Betriebsrats ihrer Wirkung nach vielmehr derjenigen in § 8 Abs. 5 S. 1 bis S. 3 TzBfG nahe: Hat der Arbeitgeber die gewünschte Verringerung oder Verteilung der Arbeitzeit nicht rechtzeitig schriftlich abgelehnt, verringert sich die Arbeitszeit in dem vom Arbeitnehmer gewünschten Umfang bzw.

546 A. a. O., S. 33.

547 *Oetker* beschäftigt sich daher mit dieser Vorschrift in seiner Anm. zu BAG AP Nr. 118 zu § 99 BetrVG 1972 [III 1e)bb)].

548 ErfK/*Kania*, § 99 BetrVG Rn. 40.

gilt die vom Arbeitnehmer gewünschte Verteilung als festgelegt. An die Nichtäußerung bzw. die nicht formgerechte Äußerung des Arbeitgebers ist also eine gesetzliche Fiktion geknüpft.[549] In diesen Fällen führt also – ebenso wie bei den §§ 99 und 102 BetrVG – die gesetzliche Fiktion dazu, dass die Zustimmung desjenigen, der eine Erklärung abgeben soll, fingiert wird. Diese Parallele führt jedoch nicht unmittelbar zu einem Ergebnis, weil die Literatur im Hinblick auf den Inhalt der Formanordnung gespalten ist und auch der Gesetzgeber nicht erkennen lässt, was er unter der hier geforderten Schriftlichkeit versteht und warum er diese Form gewählt hat.[550]

Der Inhalt der Formanordnungen der §§ 99 Abs. 3, 102 Abs. 2 BetrVG kann demnach nicht anhand autoritativer Äußerungen des Gesetzgebers ermittelt werden. Daher muss auch hier eine autonome Auslegung anhand der Formzwecke erfolgen. Obschon- wie oben dargelegt- die Entscheidungsgründe des BAG zu seinen Beschlüssen aus dem Jahr 2002 nicht zu überzeugen vermögen, soll zunächst überprüft werden, ob das in diesen gefundene Ergebnis durch die teleologische Auslegung begründet werden kann, bevor anschließend geklärt wird, ob die Anforderungen sogar noch weiter herabgeschraubt werden können.

2. *Übermittlung eines unterschriebenen Originals per Telefax und die Klarstellungsfunktion*

Das BAG selbst hat es für die Zustimmungsverweigerung nach § 99 Abs. 3 BetrVG für ausreichend erklärt, wenn sie dem Arbeitgeber per Telefax übermittelt wird. Zu untersuchen ist, ob der Arbeitgeber so die erforderliche Klarheit über den Inhalt der Mitteilung, also der Zustimmungsverweigerung bzw. der Bedenken oder des Widerspruchs, erhält. Zur Erzielung der Inhaltsklarheit ist es erforderlich, dass der Inhalt der Mitteilung inklusive der Gründe festgeschrieben ist und der Arbeitgeber sie auch später noch nachlesen kann. Hierfür reicht es aus, wenn der Betriebsrat dem Arbeitgeber eine in Schriftzeichen niedergelegte Mitteilung übersendet, da der Inhalt so ausreichend dokumentiert und auf Dauer überprüfbar ist. Zur Erfüllung dieses Zwecks ist es unerheblich, ob der Arbeitgeber das Originaldokument erhält oder nicht.[551]

Die Erwägungen, die generell gegen das Telefax als Ersatz für die körperliche Übergabe des mit einer Unterschrift versehenen Originaldokuments angeführt werden, greifen hier nicht ein. Gegen das Telefax wird angeführt, dass der

---

549 BAG AP Nr. 1 zu § 8 TzBfG [I 5a)]; LAG Düsseldorf NZA-RR 2003, 241, 242.

550 BT-Drs. 14/4374; für Textform: *Gotthardt/Beck*, NZA 2002, 876, 880.

551 Vgl. zu der parallelen Problematik der Mitteilung nach § 416 Abs. 2 S. 2 BetrVG: Staudinger/*Rieble*, § 416 Rn. 33.

Empfänger nicht sicher sein könne, dass das Schriftstück und die Unterschrift vom Absender stammen. Denn eine fremde Unterschrift könne etwa mit Hilfe eines Scanners eingesetzt werden, was auf dem übermittelten Schriftstück nicht zu erkennen sei. Der Empfänger könne auch nicht ersehen, ob es sich nur um einen Entwurf handele und ob das Schriftstück mit Willen des Absenders an den Empfänger übersandt wurde. Schließlich könne die Absenderkennung eines Telefaxgerätes per Hand beliebig manipuliert werden.[552] Diese Überlegungen stehen hier einer Übermittlung per Telefax jedoch nicht entgegen, da – wie oben dargestellt – für die Mitteilungen des Betriebsrats die Beweisfunktion der Schriftform allenfalls sehr eingeschränkt maßgeblich ist. Soweit hier das Erfordernis besteht, die Identität des Ausstellers und die Echtheit der Urkunde feststellen zu können, kann dies auch anhand der Unterzeichnung in Kopie geschehen, wie der 1. Senat zutreffend ausführt.[553] Denn auch bei der Übermittlung eines Originaldokuments per Telefax besteht noch immer eine hohe Garantie für die Echtheit der Unterzeichnung und den Inhalt des Dokuments.[554] Die Kopie, die beim Empfänger eintrifft, stellt im Regelfall eine originalgetreue Wiedergabe dar. Auch die Manipulationsgefahr ist bei einem Fax eines Originaldokuments eingeschränkt, zudem ist sie aber bei den Mitteilungen des Betriebsrats ohnehin gering, da kein Drittinteresse an einer Fälschung ersichtlich ist und die Betriebsparteien eng zusammen arbeiten.

Gegen die Übermittlung per Telefax können auch nicht die Überlegungen des BGH fruchtbar gemacht werden, mit denen dieser eine so übermittelte Bürgschaftserklärung für nicht formgerecht erachtet hat.[555] Diese Rechtsprechung wird zwar häufig generell gegen die Zulässigkeit des Telefaxes zur Erfüllung von Schriftformerfordernissen vorgebracht,[556] jedoch sind die Argumente nicht übertragbar. Erstens enthält der Wortlaut des § 766 S. 1 BGB eine Besonderheit, die die generelle Geltung des vom BGH formulierten Rechtssatzes fragwürdig macht: Denn § 766 S. 1 BGB stellt auf die *„schriftliche Erteilung der Bürgschaftserklärung“* ab und nicht etwa nur auf die Erstellung.[557] Daraus lässt sich schließen, dass das Formbedürfnis sich auf eben jenes Dokument bezieht, wel-

552 Zu allem Vorausgehenden: BFH NJW 1996, 1432, 1432; 1999, 1422, 1423, hier wird weiter ausgeführt, dass der Erklärende dann immer den Einwand der erheben könne, die Erklärung stamme gar nicht (so) von ihm; auch *Cordes,* NJW 1993, 2427, 2428 führt aus, dass das Fax die Beweisfunktion nicht erfüllen könne.

553 AP Nr. 118 zu § 99 BetrVG 1972 [III 1b)dd)].

554 AG Schöneberg WuM 1985, 286, 286; *Henneke,* NJW 1998, 2194, 2194.

555 Siehe hierzu: BGHZ 121, 224, 229; NJW 1997, 3169, 3170; NJW-RR 1997, 684, 685.

556 So MüKo-BGB/*Einsele,* Bd. 1, § 126 Rn. 21; Soergel/*Hefermehl,* § 126 Rn. 7.

557 Hierauf weist richtigerweise hin: *Kanzleiter,* DNotZ 1996, 931, 933; ähnlich auch: *Schürmann,* NJW 1992, 3005, 3006.

ches beim Empfänger eintrifft. Diesen Wortlaut zieht der BGH in seinem Urteil auch entscheidend heran.[558] Zweitens können die Überlegungen zum Formzweck des § 766 S. 1 BGB nicht auf die Mitteilungen des Betriebsrats übertragen werden. Denn der BGH stellt in seiner Begründung auf die Warnfunktion ab, die der Schriftform bei der Bürgschaftserklärung zukomme. Die Schriftform in § 766 S. 1 BGB bezwecke den Schutz des Bürgen vor Übereilung, da es sich für ihn um ein streng einseitiges und risikoreiches Geschäft handelt.[559] Die Warnfunktion könne nur hinreichend erfüllt werden, wenn der Bürge das mit der eigenhändigen Unterschrift versehene Originaldokument aus der Hand geben und dem Erklärungsempfänger zuleiten müsse.[560] Wie oben bereits dargestellt, dient die Schriftform bei den Mitteilungen des Betriebsrats nicht dessen Warnung, sodass dem Betriebsrat nicht noch durch Entäußerung der Originalurkunde die besondere Bedeutung der Mitteilung vor Augen geführt werden muss. Damit stehen die Formzweckerwägungen, die der BGH im Hinblick auf einer Erleichterung der Form bei § 766 BGB angestellt hat, der Übermittlung der Mitteilungen des Betriebsrats per Telefax nicht entgegen.

Die Zulassung der Übermittlung per Telefax kommt jedenfalls auch den Bedürfnissen der Praxis entgegen: Diese weist darauf hin, dass die Fristen für die Stellungnahmen des Betriebsrats recht kurz bemessen seien.[561] Innerhalb der Frist muss eine ordnungsgemäße Betriebsratssitzung stattfinden und in dieser ein ordnungsgemäßer Beschluss gefasst werden.[562] Angesichts der heutigen Verhältnisse sei es häufig mit Schwierigkeiten verbunden, innerhalb einer Woche eine ordnungsgemäße Betriebsratssitzung abzuhalten, das Schreiben ordnungsgemäß zu formulieren und es dann noch als Originaldokument auf den Weg zum Arbeitgeber zu bringen.[563] Diese Überlegungen sind nachvollziehbar. Man muss sich nur vor Augen halten, dass die Anzahl der Betriebsratsmitglieder seit § 9 BetrVG 1952 erheblich angestiegen ist. Darüber hinaus ist es heute nicht ungewöhnlich, dass einzelne Betriebsteile an unterschiedlichen Orten angesiedelt sind und daher auch die Betriebsratsmitglieder verstreut sind. Darüber hinaus soll in dem Anhö-

---

558 BGHZ 121, 224, 229: *„Der Beklagte hat ... sowohl nach § 126 I als auch nach § 126 III BGB die Schriftform gewahrt... Es fehlt aber an einer formgerechten ‚Erteilung' dieser Erklärung."*; ebenso bereits zuvor: OLG Frankfurt NJW 1991, 2154, 2154.

559 BGH NJW 1989, 1484, 1484.

560 Siehe beispielsweise: BGHZ 121, 224, 229; OLG Frankfurt NJW 1991, 2154, 2154; ähnlich zu § 3 BRAGO (jetzt § 4 Abs. 1 S. 1 RVG): OLG Hamm – 20.09.05 – 28 U 39/05, juris [B I 4].

561 *Rudolph*, AiB 1999, 666, 667.

562 Siehe hierzu: LAG Köln NZA-RR 1999, 245, 246, das eine Beschlussfassung im Umlaufverfahren für unzulässig erklärt.

563 *Rudolph*, AuR 2003, 232, 232.

rungsverfahren nach § 102 BetrVG möglichst vor der Beschlussfassung auch noch der von der Kündigung bedrohte Arbeitnehmer angehört werden (§ 102 Abs. 2 S. 4 BetrVG). Zwar können Betriebsrat und Arbeitgeber eine Fristverlängerung vereinbaren, sodass die knappe Frist sicherlich nicht als einziges Argument für eine Formerleichterung taugt. Da jedoch der Formzweck auch durch ein Telefax eingehalten wird, kann es jedenfalls zur Unterstützung herangezogen werden.

Damit ergibt sich, dass die mit den Formanordnungen verfolgten Ziele auch erfüllt werden, wenn der Betriebsratsvorsitzende oder ein anderes ermächtigtes Mitglied des Betriebsrats eine schriftliche Mitteilung erstellt, diese unterzeichnet und anschließend per Fax dem Arbeitgeber übermittelt. Die Beschlüsse des BAG sind daher aus anderen Gründen als den von ihm selbst angeführten überzeugend.

3. Vollständiger Verzicht auf ein unterschriebenes Originaldokument

Es ist aber noch weitergehend zu fragen, ob die Formzwecke auch erreicht werden, wenn völlig auf ein Unterschriftserfordernis verzichtet wird. Ob das BAG selbst in den beiden Beschlüssen aus dem Jahr 2002 auf eine Unterzeichnung der Mitteilung verzichtet hat oder nicht, lässt sich angesichts des zugrunde liegenden Sachverhalts nicht abschließend klären. Denn die Mitteilungen des Betriebsrats waren handschriftlich unterzeichnet und daraufhin per Telefax an den Arbeitgeber übermittelt worden. Es lag also eine Originalurkunde vor, die auch dem strengen Schriftformerfordernis nach § 126 BGB entsprochen hätte. Diese ist lediglich dem Arbeitgeber nicht formgerecht zugegangen. Das Schrifttum ist – wie oben festgestellt – bei der Auslegung der Entscheidungsgründe gespalten. Diese Zweifel sind auch deswegen nachvollziehbar, weil der Wortlaut des Beschlusses vom 11.06.2002 nahe legt, dass das BAG Wert auf die Existenz einer unterzeichneten Originalurkunde legt, sich aus den Ausführungen zum Formzweck jedoch nicht entnehmen lässt, inwieweit die Unterschrift auf dem Originaldokument eine Rolle spielen soll. Der Senat stellt an den Anfang seiner Überlegungen, dass die *„per Telefax übermittelte Kopie des unterzeichneten Verweigerungsschreibens"* zur Fristwahrung ausreiche.[564] Die Ausführungen des BAG zum Formzweck lassen dann aber eher darauf schließen, dass es eine der Textform entsprechende Form für ausreichend hält, da mit dieser Form die von ihm aufgestellten Anforderungen erfüllt werden können. Denn auch per Textform kann der Arbeitgeber auf sichere Weise Kenntnis von den Gründen erhalten, auf die der Betriebsrat seine Zustimmungsverweigerung stützt. Die vom Senat dargestellten Funktionen der Information und Dokumentation (nach hier verwendeter Begrifflichkeit die Klarstellungs-

---

564 AP Nr. 118 zu § 99 BetrVG 1972 [IV 1b)].

funktion) werden bereits durch einfache Schriftlichkeit erfüllt, ohne dass die Unterschrift eine höhere Qualität bewirken könnte. Zur Illustration können insoweit die Ausführungen der Bundesregierung zur Begründung des Entwurfs des FormAnpG herangezogen werden:

> *„Wenn der Zweck der Schriftform ... in erster Linie darin besteht, den Empfänger der Erklärung über bestimmte Sachverhalte zu informieren, die gegebenenfalls eine rechtliche Reaktion seinerseits erfordern, wird in der Regel eine eigenhändige Unterschrift des Absenders für ihn keinen Mehrwert haben. In diesen Fällen kommt es darauf an, dass die Information dem Empfänger nicht nur flüchtig zugeht, sondern er die Möglichkeit der dauerhaften Verfügbarkeit hat. Dann kann der angestrebte Zweck genauso gut und einfacher durch die Textform erreicht werden.“*[565]

Hier ist also zu klären, ob der Ansicht *Oetkers* zuzustimmen ist, dass der Formzweck der §§ 99 Abs. 3, 102 Abs. 2 BetrVG die bildliche Wiedergabe der Unterschrift erfordere.[566] Der Gesetzgeber hat beim Entwurf des FormAnpG insoweit nach dem *funktionalen Mehrwert* der Unterschrift gefragt, wobei Maßstab die für den Rechtsverkehr zu gewährleistende Sicherheit sei.[567] Die eigenhändige Unterschrift hat gegenüber der Textform in erster Linie zwei Funktionen, die als Mehrwert bezeichnet werden könnten: Die Warnfunktion und eine stärkere Identitätsfunktion bzw. Echtheitsfunktion. Wie oben bereits festgestellt, kommt die Warnfunktion hier als Formzweck nicht zum Tragen, da der Betriebsrat vor Abgabe seiner Stellungnahme nicht vor einer Übereilung geschützt werden muss. Ebenfalls wurde gezeigt, dass weder der Identitäts- noch der Echtheitsfunktion bei den hier untersuchten Formanordnungen maßgebliche Bedeutung zukommt. Auch unter diesem Gesichtspunkt kommt also einer eigenhändigen Unterschrift kein Mehrwert zu.

Ebensowenig lassen sich die Bedenken des ArbG Bielefeld nachvollziehen, bei einer Mitteilung per E-Mail sei nicht ersichtlich, ob die Stellungnahme tatsächlich durch einen Beschluss des Betriebsrats gedeckt sei. Insoweit unterscheidet sich ein unterschriebenes Dokument nicht von einem solchen ohne Unterschrift. Auch wenn dem Arbeitgeber ein vom Betriebsratsvorsitzenden unterschriebenes Originaldokument übergeben wird, lässt sich anhand der Urkunde nicht ersehen, ob ein entsprechender Beschluss – und zwar ein wirksamer – gefasst wurde. Zwar geht die Rechtsprechung derzeit davon aus, dass zugunsten des Arbeitgebers Vertrauensschutzgesichtspunkte eingriffen, sodass er bei einer Mitteilung des Betriebsratsvorsitzenden annehmen dürfe, dass diese auf einem

565 BT-Drs. 14/4987, S. 19.
566 So in Anm. zu BAG AP Nr. 118 zu § 99 BetrVG 1972 [III 1e)ee)].
567 BT-Drs 14/4987 S. 18 ff.

wirksamen Beschluss beruhe,[568] es gibt jedoch keinen Grund, warum diese Gesichtspunkte nicht auch dann zum Tragen kommen sollte, wenn die Mitteilung vom Faxgerät des Betriebsrats oder dessen PC abgesendet wurden.[569]

Damit ist nicht ersichtlich, dass eine eigenhändige Unterschrift des Betriebsrats unter das Originaldokument für den Arbeitgeber einen Mehrwert hätte. Für die Mitteilung des Betriebsrats reicht also ein der Textform entsprechendes Dokument aus.

4. Mündlichkeit

Eine Mitteilung über die per Beschluss gefasste Stellungnahme des Betriebsrat wäre grundsätzlich auch mündlich denkbar: In der Betriebsratssitzung könnte etwa der Beschluss gefasst werden, dass die Zustimmung zu einer vom Arbeitgeber geplanten personellen Einzelmaßnahme aus bestimmten Gründen verweigert werde. Nach der Sitzung könnte der Betriebsratsvorsitzende sodann den Arbeitgeber anrufen und ihm den Inhalt des Beschlusses mitteilen. Angesichts des Wortlauts, der in allen Fällen von *„schriftlich"* spricht, bedürfte die Annahme, dass eine mündliche Mitteilung ausreiche, eines erheblichen Begründungsaufwands und sehr durchschlagender Argumente. Denn bei diesem Ergebnis würde man den Rahmen einer bloßen Auslegung verlassen.[570] Darüber hinaus kann aber auch der oben für maßgeblich erklärte Klarstellungszweck zugunsten des Arbeitgebers durch eine mündliche Mitteilung nicht erreicht werden. Der Arbeitgeber hätte keine Möglichkeit, die Gründe, die der Betriebsrat für die Zustimmungsverweigerung oder die negative Stellungnahme zur geplanten Kündigung angibt, nachzulesen. Es wäre ihm auch erschwert, eventuell Rechtsrat darüber einzuholen, ob die Gründe stichhaltig sind oder nicht, bzw. den Katalogen des § 99 Abs. 2 und § 102 Abs. 3 BetrVG entsprechen. Die Entscheidung über seine Reaktion könnte er daher nur auf unsicherer Grundlage treffen, was die Schriftform gerade vermeiden will. Das gilt nicht nur für die Frage, ob ein etwaiges Zustimmungsersetzungsverfahren erfolgsversprechend ist oder wie ein Kündigungsschutzprozess voraussichtlich ausgehen würde. Auch für die Mitteilung von Bedenken kann die bloß mündliche Mitteilung nicht als ausreichend betrachtet werden. Denn das Gesetz bezweckt – wie oben dargestellt –, dass der Arbeitgeber sich mit den Argumenten des Betriebsrats gegen die geplante Kündigung auseinandersetzt und diese in seine Entscheidung einfließen lassen kann.[571] Um diesen

568 Siehe Fn. 369.
569 *Fischer, U.*, AiB 1999, 390, 393.
570 Siehe Fn. 371.
571 BAG AP Nr. 6 zu § 14 KSchG 1969 [B I 1b)].

Zweck möglichst weitgehend zu erreichen, müssen die Gründe jedoch dauerhaft dokumentiert sein. Das gesprochene Wort ist insoweit allzu flüchtig.

D. Forderung des Betriebsrats nach ergänzenden Informationen

Wie im Abschnitt A I 3 bereits angedeutet, geht ein Teil des Schrifttums davon aus, dass der Betriebsrat die in § 99 Abs. 3 S. 1 BetrVG bzw. § 102 Abs. 2 S. 1 BetrVG enthaltenen Formgebote auch dann einhalten muss, wenn er dem Arbeitgeber mitteilt, dass seiner Ansicht nach die Unterrichtung unvollständig sei und er ergänzende Informationen benötige. Die Vertreter des Schrifttums stützen sich bei dieser Auslegung auf die Rechtsprechung des BAG.[572]

Allerdings ist zweifelhaft, ob das BAG tatsächlich ein Formerfordernis für die Forderung des Betriebsrats nach ergänzenden Informationen aufgestellt hat: In dem vom Schrifttum zitierten Urteil wird Schriftlichkeit lediglich im Leitsatz gefordert, in den Entscheidungsgründen aber nicht weiter behandelt. Das Schriftformerfordernis könnte man allenfalls aus der Formulierung ziehen, dass der Betriebsrat weitere Auskünfte „*innerhalb der Wochenfrist ebenso anfordern*"[573] könne, „*wie er bei ausreichender Unterrichtung in dieser Zeit seine Zustimmungsverweigerung erklären und begründen kann.*[574] In einer späteren Entscheidung schreibt das BAG lediglich „*Der Betriebsrat muss den Arbeitgeber auf die ihm bekannten Mängel der Unterrichtung hinweisen.*"[575]

Ein Schriftformerfordernis für die Bitte um ergänzende Informationen könnte allenfalls auf eine Analogie zu den ausdrücklich geregelten Formgeboten gestützt werden. Voraussetzung einer Analogie ist eine vergleichbare Interessenlage. Der Schutz des Arbeitgebers müsste es in gleicher Weise erfordern, dass der Betriebsrat seine Forderung schriftlich übermittelt. Gegen ein vergleichbares Schutzbedürfnis sprechen jedoch zwei Gesichtspunkte: Erstens ist der Betriebsrat im Anhörungsverfahren nach § 102 BetrVG nicht verpflichtet, den Arbeitgeber darauf hinzuweisen, dass er zusätzliche Informationen benötige. Unterlässt er die Nachfrage und stellt sich im nachfolgenden Prozess heraus, dass die Unterrichtung unvollständig war, geht dies zu Lasten des Arbeitgebers.[576] Damit steht bereits fest, dass es jedenfalls keine nachteiligen Rechtsfolgen für den Betriebsrat haben kann, wenn er formlos weitere Informationen fordert. Zweitens spricht gegen das besondere Schutzbedürfnis des Arbeitgebers, dass der Betriebsrat selbst

---

572 Nachweise siehe oben Fn. 434.
573 Hervorhebung hinzugefügt durch Verfasserin.
574 AP Nr. 64 zu § 99 BetrVG 1972 [unter II 3b)bb)].
575 NZA 1994, 187, 188.
576 DKK/*Kittner/Bachner*, § 102 Rn. 157.

die Informationen des Arbeitgebers – wie bereits dargelegt – nicht zwingend schriftlich erhält. Es ist daher nicht einzusehen, dass er umgekehrt verpflichtet sein soll, bei seinem Verlangen nach weiteren Informationen ein Formerfordernis zu erfüllen.

E. Umfang der Formbedürftigkeit

Im Hinblick auf den Umfang der Formbedürftigkeit sind zwei Aspekte bedeutsam: Erstens muss geklärt werden, ob sich die Schriftformanordnung auch auf die Begründung der jeweiligen Stellungnahme bezieht; zweitens muss diskutiert werden, ob der Betriebsrat zulässigerweise auf frühere Stellungnahmen verweisen kann.

Rechtsprechung und Schrifttum gehen davon aus, dass bei der Zustimmungsverweigerung sowie dem Widerspruch gegen eine Kündigung auch die Gründe für diese ablehnende Stellungnahme dem Formgebot unterfallen und die Zustimmungsfiktion auch dann eintrete, wenn keine Gründe angegeben werden.[577] Strittig ist allerdings, ob bei § 99 BetrVG die Zustimmungsfiktion auch dann eintritt, wenn die Zustimmungsverweigerung zwar fristgerecht und schriftlich erfolgt ist, aber die Gründe nicht auf den Einzelfall bezogen sind bzw. unter keinen der im Gesetz aufgelisteten Gründe subsumiert werden können.[578] Die überwiegende Meinung will auch in diesen Fällen die gesetzliche Fiktion eingreifen lassen. Es soll allerdings ausreichen, wenn der Betriebsrat die dem Arbeitgeber bereits bekannten Gründe andeutet.[579] Eine an den Formzwecken orientierte Auslegung stützt dieses Ergebnis. Hier kann der Sinn der Formvorschrift nur erreicht werden, wenn der Betriebsrat auch die Gründe für seine ablehnende Stellungnahme schriftlich niederlegt. Denn der Arbeitgeber soll nicht nur sichere Kenntnis davon erlangen, dass der Betriebsrat seine Zustimmung verweigert bzw. der Kündigung widerspricht, sondern auch aus welchen Gründen. Denn nur anhand dieser Gründe kann er die Erfolgsaussichten eines Zustimmungsersetzungsverfahrens bzw. eines möglichen Kündigungsschutzprozesses sicher abschätzen. Darüber hinaus muss sich aus der Stellungnahme für den Arbeitgeber unmissverständlich ergeben, ob es sich um einen Widerspruch gegen die geplante Kündigung handelt oder ob lediglich Bedenken geäußert werden. Denn – wie oben dargestellt – hat

577 BAG AP Nr. 1 zu § 101 BetrVG 1972 [II 2]; AP Nr. 3 zu § 101 BetrVG 1972 [II 4]; AP Nr. 11 zu § 99 BetrVG 1972 [II 2]; AP Nr. 20 zu § 99 BetrVG 1972 [2c)]; AP Nr. 24 zu § 1 KSchG Betriebsbedingte Kündigung [B IV], AP Nr. 34 zu § 99 BetrVG 1972 [B II 2], HSWG/*Schlochauer*, § 102 Rn. 76.

578 Zweifel hieran äußert: BAG AP Nr. 34 zu § 99 BetrVG 1972 [B II 2].

579 Richardi/*Thüsing*, § 99 Rn. 264.

der ordnungsgemäße Widerspruch erhebliche Rechtswirkungen, während der Äußerung von Bedenken keine derartigen Wirkungen zukommen. Eine Abgrenzung muss jedoch in erster Linie anhand der Gründe erfolgen. Denn um einen Widerspruch handelt es sich unabhängig von der Bezeichnung der Stellungnahme dann, wenn die Gründe dem Katalog in § 102 Abs. 3 BetrVG unterfallen.[580]

Nach Auffassung des BAG ist die Verweisung auf andere Urkunden in der Stellungnahme des Betriebsrats zulässig. Es begründet dies damit, dass für die Einhaltung der Schriftform eine körperliche Verbindung zwischen Haupturkunde und Anlagen nicht erforderlich sei, soweit deren Zusammengehörigkeit außer Zweifel stehe. Jedenfalls soweit das Schreiben, auf das verwiesen werde, ebenfalls unterzeichnet und die Verweisung eindeutig sei.[581] Auch diesen Ausführungen ist bei teleologischer Betrachtung zuzustimmen. Denn die Formanordnung verfolgt lediglich eine Klarstellungsfunktion zugunsten des Arbeitgebers. Solange diese nicht beeinträchtigt ist, weil der Arbeitgeber ohne weiteres erkennen kann, welche Gründe der Stellungnahme des Betriebsrats zugrunde liegen, bestehen auch hier gegen Verweisungen keine Bedenken. Die Gründe, auf der Betriebsrat verweist, müssen allerdings ebenfalls schriftlich vorliegen.

F. Rechtsfolge bei Nichteinhaltung der Form

Die Rechtsfolge bei Nichteinhaltung der Form ergibt sich – nach herrschender und zutreffender Ansicht – aus dem Gesetz: Die Zustimmung des Betriebsrats zu der geplanten Maßnahme wird fingiert, sobald die Frist abgelaufen ist.

Raab stellt neuerdings die Frage, ob eine nicht formgerechte Mitteilung bereits das Anhörungsverfahren abschließe, der Arbeitgeber also die geplante Maßnahme durchführen kann, wenn ihm etwa der Betriebsrat mündlich mitteilt, er habe beschlossen, zu dieser die Zustimmung zu verweigern.[582] Er bejaht dies mit der Begründung, die Schriftform diene allein dem Zweck des Arbeitgebers; würde man ihm also verwehren, die geplante Maßnahme nach der nicht formgerechten Stellungnahme durchzuführen, würden Formfehler, auf die er keinen Einfluss hat, zu seinen Lasten gehen.[583] Diese Ausführungen vermögen jedoch nicht zu

580 *Schlochauer,* RdA 1973, 157, 159.

581 AP Nr. 44 zu § 99 BetrVG 1972 Einstellung [B II 3]; auch das ArbG Kassel hält es für zulässig, dass der Betriebsrat auf Gründe verweist, die dem Arbeitgeber bereits schriftlich vorliegen; ähnlich: Richardi/*Thüsing,* § 99 Rn. 264.

582 *Raab,* FS-Konzen, S. 719, 759; soweit er allerdings angibt, diese Frage sei bislang im Schrifttum nicht behandelt worden, sei auf *Oetker,* BB 1984, 1433, 1434 verwiesen.

583 Ebd.; in diese Richtung geht auch LAG Hamm DB 1976, 680, 680.

überzeugen. Voraussetzung für eine Durchführung der Maßnahme vor Ablauf der Frist ist eine abschließende Stellungnahme des Betriebsrats. Von einer solchen kann der Arbeitgeber jedoch nicht ausgehen, solange die Mitteilung nicht formgerecht erfolgt ist. Der Betriebsrat muss Gelegenheit bekommen nachzubessern.[584] Das ergibt sich auch aus der oben dargelegten ratio: die vom Betriebsrat angeführten Gründe sollen den Arbeitgeber noch in seinem Entschluss beeinflussen können. Das geht nicht, wenn die Maßnahme schon vorher durchgeführt wurde.

G. Dispositivität des Formerfordernisses

Zu klären ist schließlich noch, welchen Einfluss Vereinbarungen oder gar die Übung der Betriebsparteien auf das Formerfordernis haben. Schließlich wäre es ohne weiteres denkbar, dass Betriebsrat und Arbeitgeber (schriftlich) vereinbaren, dass für Stellungnahmen des Betriebsrat im Rahmen des § 99 Abs. 3 und/oder § 102 Abs. 2, 3 BetrVG auch mündliche Stellungnahmen ausreichen sollen.

Die Möglichkeit einer Formerleichterung durch Vereinbarung wird jedenfalls andeutungsweise in Schrifttum und Rechtsprechung diskutiert. So etwa eine Vereinbarung des Inhalts, dass der Arbeitgeber die Erklärung akzeptiert, wenn das Widerspruchsschreiben vorab nicht formgerecht und erst nach Ablauf der Frist das Originalschreiben zugeht.[585] Auch das LAG Thüringen untersucht, ob die Betriebsparteien mit einer Absprache, wonach Stellungnahmen des Betriebsrats zunächst gemailt und dann im Original übersandt werden sollten, auf die Einhaltung der Schriftform verzichtet hätten.[586] Aus dieser Untersuchung lässt sich schließen, dass eine derartige Vereinbarung jedenfalls für möglich gehalten wird. Das ArbG Erfurt lässt in einem Beschluss aus dem Jahr 2004 immerhin offen, ob Arbeitgeber und Betriebsrat eine andere Form als die in § 99 Abs. 3 BetrVG vorgesehene vereinbaren können.[587]

Für die Dispositivität könnte sprechen, dass – wie oben bereits dargelegt – die Betriebspartner die Frist einvernehmlich verlängern können, insoweit also eine Erleichterung der formellen Anforderungen zugunsten des Betriebsrats vorsehen können. Diese Überlegungen sind jedoch nicht ohne weiteres auch auf die Form übertragbar. Zwar kann die Ablehnung der Parteidisposivität nicht damit begrün-

---

584 So auch: *Oetker,* BB 1984, 1433, 1434.
585 *Rudolph,* AiB 1999, 666, 668.
586 LAG Thüringen, LAGE Nr. 2 zu § 99 BetrVG 2001.
587 Beschluss vom 13. Januar 2004, 2 BV 14/03 [II 4b)], n. v.

det werden, dass gesetzliche Formvorschriften zwingend sind. Denn dieser apodiktische Satz wird auf § 125 BGB gestützt, eine Vorschrift also, die hier nicht anwendbar ist. Für die Möglichkeit einer Formerleichterung spricht weiterhin, dass die Schriftform nicht dem Schutz des betroffenen Arbeitnehmers dient. Allerdings wurde oben darauf hingewiesen, dass die Klarstellung auch zum Schutz des Rechtsverkehrs verfolgt wird. So muss etwa für die etwaig nachfolgenden Prozesse, wie das Zustimmungsersetzungsverfahren oder der Kündigungsschutzprozess, der Inhalt der Mitteilung feststehen. Daher kann durch Vereinbarung oder Übung nicht hinter die hier geforderte Textform zurückgegangen werden.

Dennoch könnte es sich für die Praxis für den Betriebsrat empfehlen, mit dem Arbeitgeber eine Vereinbarung in konventioneller Schriftform darüber zu treffen, welche einzelnen Möglichkeiten der Mitteilung für ausreichend erachtet werden. Denn da die hier vertretene Ansicht nicht allgemein akzeptiert sein dürfte, besteht die Gefahr, dass eine Mitteilung in Textform für nicht formgerecht erachtet wird. Eine Vereinbarung zwischen Betriebsrat und Arbeitgeber würde jedenfalls dazu führen, dass letzterer sich wegen des Grundsatzes *venire contra factum proprium* nicht auf die Nichteinhaltung der Form berufen könnte.[588]

H. Zusammenfassung

Damit ist zur Einhaltung der gesetzlich vorgeschriebenen Form für die Mitteilungen des Betriebsrats nach § 99 Abs. 3 sowie § 102 Abs. 2 und Abs. 3 BetrVG eine Erklärung in Textform ausreichend. Denn die Schriftform verfolgt allein Klarstellungszwecke zugunsten des Arbeitgebers, die auf diese Weise ausreichend sichergestellt werden. Das Formerfordernis bezieht sich insoweit auch auf die Gründe. Grundsätzlich käme im Hinblick auf die Form auch eine Erleichterung durch Vereinbarung in Betracht, allerdings darf diese nicht hinter die Textform zurückgehen, da dann der Formzweck gefährdet wäre.

§ 7 Schutz Auszubildender, die Mitglied eines Mitbestimmungsorgans sind

Zwei weitere Formgebote enthält der im Jahr 1974 eingefügte § 78a BetrVG[589], der besondere Regelungen zum Schutz von Auszubildenden statuiert, die Mitglied der Jugend- und Auszubildendenvertretung, des Betriebsrats, der Bordver-

588 Hierzu rät auch: *Rudolph*, AuR 2003, 232, 233.
589 Eingefügt durch Gesetz vom 18.01.1974, BGBl. I, S. 85, in Kraft getreten am 23.01.1974.

tretung oder des Seebetriebsrats sind oder waren. Absatz 1 verpflichtet den Arbeitgeber, einem derart geschützten Auszubildenden drei Monate vor Ausbildungsende seine Absicht mitzuteilen, ihn nicht in ein unbefristetes Arbeitsverhältnis zu übernehmen. Die entscheidende Neuerung liegt jedoch in § 78a Abs. 2 BetrVG: Verlangt ein solcher Auszubildender innerhalb von drei Monaten vor Ausbildungsende seine Weiterbeschäftigung, wird ein unbefristetes Arbeitsverhältnis gesetzlich fingiert.[590] Es obliegt dann dem Arbeitgeber nach § 78a Abs. 4 BetrVG beim Arbeitsgesicht zu beantragen, dass die Nichtbegründung eines Arbeitsverhältnisses bzw. dessen Auflösung festgestellt wird. Dieser Antrag ist begründet, wenn Tatsachen vorliegen, aufgrund derer ihm unter Berücksichtigung aller Umstände die Weiterbeschäftigung nicht zugemutet werden kann. Die Rechtswirkungen sind also erheblich, was in der Literatur zu Diskussionen hinsichtlich der Verfassungsmäßigkeit dieser Regelung im Hinblick auf ihre Vereinbarkeit insbesondere mit der Berufsfreiheit des Arbeitgebers geführt hat.[591] Diese Diskussion hat jedoch keine Auswirkungen auf die Auslegung der Formvorschrift, sodass sie hier nicht weiter verfolgt werden soll. Der Gesetzgeber bezweckte mit der Einfügung des § 78a BetrVG, dass Auszubildende sich in den betriebsverfassungsrechtlichen Organen engagieren, ohne befürchten zu müssen, nicht in ein unbefristetes Arbeitsverhältnis übernommen zu werden.[592] Durch diese Vorschrift soll die Mitbestimmung selbst[593] sowie die kontinuierliche Zusammensetzung der Mitbestimmungsorgane[594] gesichert werden. Auszubildende bedürfen insoweit besonderer Schutzmechanismen, weil für sie der besondere Kündigungsschutz nach § 15 KSchG und § 103 BetrVG regelmäßig nicht zum Tragen kommt.[595] Denn das Ausbildungsverhältnis endet ohne Kündigung (§ 14 Abs. 1 BBiG).

---

590 ErfK/*Kania*, § 78a BetrVG Rn. 4; *Fitting*, § 78a Rn. 29; in der Literatur wird zu Recht darauf hingewiesen, dass die Formulierung der gesetzlichen Fiktion ungenau ist: Fingiert werden kann nur der Abschluss eines Arbeitsvertrags nicht die Begründung des Arbeitsverhältnisses (*Bengelsdorf*, NZA 1991, 537, 538; *Blaha/Mehlich*, NZA 2005, 667, 668; GK/*Oetker*, § 78a Rn. 61; *Moritz*, DB 1974, 1016, 1016; Richardi/*Thüsing*, § 78a Rn. 19; *Wiencke*, S. 65 f.)

591 Hierzu: *Blaha/Mehlich*, NZA 2005, 667 ff.; *Feudner*, NJW 2005, 1462 ff.; *Müller, H.-P.*, DB 1974, 1526 ff.

592 BT-Drs. 7/1179, S. 3 (Begründung der BReg); *Bengelsdorf*, NZA 1991, 537, 538; *Feudner*, NJW 2005, 1462, 1463; *Hayen*, AiB 1982, 76, 76; zu § 9 BPersVG: BVerwG NJW 1986, 1825, 1825.

593 BAG AP Nr. 13 zu § 78a BetrVG 1972 [3]; *Feudner*, NJW 2005, 1462, 1463.

594 BAG AP Nr. 5 zu § 78a BetrVG 1972 [II 2a)]; AP Nr. 13 zu § 78a BetrVG 1972 [3]; *Künzl*, BB 1986, 2404, 2405; *Müller, H.-P.*, DB 1974, 1526, 1527.

595 *Bengelsdorf*, NZA 1991, 537, 538; *Matthes*, NZA 1989, 916, 916; *Wollenschlager*, NJW 1974, 935, 935.

A. Überblick über die Formgebote und Meinungsstand zu deren Inhalt

Formerfordernisse sind einerseits für die Mitteilung des Arbeitgebers nach Absatz 1, andererseits für das Weiterbeschäftigungsverlangen des Auszubildenden nach Absatz 2 zu beachten. Umstritten ist im Wesentlichen für beide Erklärungen, ob eine eigenhändige Unterschrift im Sinne des § 126 BGB erforderlich ist. Darüber hinaus bestehen Zweifel im Hinblick auf die Rechtsfolge bei Nichteinhaltung der Formanordnung. Diskutiert werden soll darüber hinaus, welchen Inhalt die Erklärungen haben müssen.

I. Die Formgebote der § 78a Abs. 1 und Abs. 2 BetrVG

Für die Unterrichtungspflicht ordnet § 78a Abs. 1 BetrVG an, dass der Arbeitgeber seine Absicht, den Auszubildenden nicht zu übernehmen, fristgerecht *„schriftlich mitteilen"* muss. § 78a Abs. 2 S. 1 BetrVG hingegen bestimmt, dass die Begründung eines unbefristeten Arbeitsverhältnisses nur dann gesetzlich fingiert wird, wenn der Auszubildende innerhalb der Frist vom Arbeitgeber *„schriftlich die Weiterbeschäftigung verlangt"*.[596] Eine vergleichbare Regelung findet sich in § 9 BPersVG für Auszubildende, die Mitglied eines Personalvertretungsorgans sind. Diese Vorschrift gilt gemäß § 107 S. 2 BPersVG unmittelbar auch für das Landesrecht. Die nachfolgenden Erwägungen gelten für diese Vorschrift entsprechend, ohne dass dies jeweils noch einmal gesondert erwähnt würde.

II. Meinungsstand zum Inhalt der Schriftformgebote

Wenige Autoren äußern sich vertieft zu der Form, die der Arbeitgeber bei seiner Mitteilung nach § 78a Abs. 1 BetrVG einhalten muss. Häufig heißt es schlicht und in Wiederholung des Gesetzeswortlauts, dass diese Mitteilung *„schriftlich"* zu erfolgen habe.[597] Sofern der Begriff *„schriftlich"* näher bestimmt wird, wird

596 Keine Frage der einzuhaltenden Form ist das Problem, ob auch ein Weiterbeschäftigungsverlangen, das früher als drei Monate vor dem Ende des Ausbildungsverhältnisses gestellt wird, diese Rechtswirkungen zeitigt, hierzu: BAG AP Nr. 7 zu § 78a BetrVG 1972 einerseits und *Fitting*, § 78a Rn. 19 andererseits.

597 ErfK/*Kania*, § 78a BetrVG Rn. 3; *Fitting*, § 78a Rn. 13; HSWG/*Nicolai*, § 78a Rn. 11; MüHdb-ArbR/*Berkowsky*, § 159 Rn. 39; Schaub/*Koch*, § 227 Rn. 14; Stahlhacke/*Stahlhacke*, Rn. 1686; *Studt*, AuA 3/04, 18, 18.

meist Wahrung der gesetzlichen Schriftform nach § 126 BGB gefordert.[598] Teilweise weist das Schrifttum sogar ausdrücklich darauf hin, dass die Textform wegen des Wortlauts nicht ausreiche.[599] Soweit darüber hinaus noch die Zulässigkeit der elektronischen Form untersucht wird, wird diese bejaht.[600] Nur vereinzelt wird diskutiert, die Anforderungen an die Form herabzusetzen: *Raab* etwa hält für die Mitteilung des Arbeitgebers die Textform für ausreichend, da an die Mitteilung keine Rechtsfolgen geknüpft seien.[601] *Opolony* geht davon aus, dass die Rechtsprechung des BAG zu § 99 Abs. 3 BetrVG übertragbar sei und daher zumindest die Übermittlung per Fax zulässig sei, da die Hinweisfunktion im Vordergrund stehe.[602] Dieser Ansicht tritt *Thüsing* ausdrücklich entgegen.[603]

Hinsichtlich des Weiterbeschäftigungsverlangens ist bereits umstritten, ob die Schriftform konstitutiv ist oder nicht. Der überwiegende Teil des Schrifttums geht davon aus, dass das Weiterbeschäftigungsverlangen nur dann Rechtswirkungen entfalte, wenn die vorgeschriebene Form eingehalten ist.[604] Gegen die konstitutive Bedeutung spricht sich insbesondere *Thüsing* aus: Aus Treu und Glauben sowie der Fürsorgepflicht des Arbeitgebers gegenüber dem Auszubildenden folge, dass dieser aus der fehlenden Einhaltung der Form keinen Rechtsvorteil erlangen dürfe.[605] Der Inhalt des Formgebots wird auch bei § 78a Abs. 2 S. 1 BetrVG meist nicht näher bestimmt, sondern lediglich die gesetzliche Formulierung wiederholt,[606] allenfalls wird auf § 126 BGB Bezug genommen.[607] Die

---

598 APS/*Künzl*, § 78a BetrVG Rn. 46; DKK/*Kittner/Bachner*, § 78a Rn. 9; GK/*Oetker*, § 78a Rn. 41; *Kliemt*, S. 197; Richardi/*Thüsing*, § 78a Rn. 15; *Wiencke*, S. 35; WP/*Preis*, § 78a Rn. 6.

599 GK/*Oetker*, ebenda; Kittner/Däubler/Zwanziger/*Kittner*, § 78a BetrVG Rn. 10.

600 APS/*Künzl*, § 78a BetrVG Rn. 46; GK/*Oetker*, ebenda.

601 *Raab*, FS-Konzen, S. 719, 743.

602 *Opolony*, BB 2003, 1329, 1332.

603 Richardi/*Thüsing*, § 78a Rn. 15; diese Stellungnahme ist jedoch missverständlich, da innerhalb eines Satzes für die Mitteilung Schriftform nach § 126 BGB gefordert und ein Telefax ausgeschlossen sowie Textform für ausreichend erklärt wird.

604 APS/*Künzl*, § 78a BetrVG Rn. 55; DKK/*Kittner/Bachner*, § 78a Rn. 17; *Fitting*, § 78a Rn. 21; GK/*Oetker*, § 78a Rn. 51; HSWG/*Nicolai*, § 78a Rn. 18; KR/*Weigand*, § 78a BetrVG Rn. 28; *Wiencke*, S. 39, 40; WP/*Preis*, § 78a Rn. 9; *Willemsen/Lembke*, NJW 2002, 1159, 1160.

605 Richardi/*Thüsing*, § 78a Rn. 23; auch: *Pielsticker*, S. 59 f.

606 DKK/*Kittner/Bachner*, § 78a Rn. 14; ErfK/*Kania*, § 78a BetrVG Rn. 4; *Fitting*, § 78a Rn. 21; *Hayen*, AiB 1982, 76, 77; MüHdb-ArbR/*Berkowsky*, § 159 Rn. 41; *Nielebock*, AiB 1990, 219, 219; Schaub/*Koch*, § 227 Rn. 16; *Studt*, AuA 3/04, 18, 19.

607 APS/*Künzl*, § 78a BetrVG Rn. 55; GK/*Oetker*, § 78a Rn. 51; HSWG/*Nicolai*, § 78a Rn. 18; *Jäger/Künzl*, ZTR 2000, 300, 300; *Kliemt*, S. 200; KR/*Weigand*, § 78a BetrVG Rn. 28; Richardi/*Thüsing*, § 78a Rn. 23; *Wiencke*, S. 40.

elektronische Form soll ausreichen.[608] Die Erklärung müsse dem Arbeitgeber auch formgerecht zugehen.[609]

Hinsichtlich des Inhalts beider hier untersuchten Erklärungen besteht Einigkeit darüber, dass eine Begründung nicht erforderlich sei.[610]

B. Formzwecke

I. Mitteilung des Arbeitgebers, § 78a Abs. 1 BetrVG

Die für die Mitteilung des Arbeitgebers statuierte Form dient in erster Linie Klarstellungszwecken zugunsten des Auszubildenden.[611] Diesem soll durch die Mitteilung möglichst unmissverständlich die Absicht des Arbeitgebers vor Augen geführt werden, ihn nach dem Ende des Ausbildungsverhältnisses nicht in ein Arbeitsverhältnis zu übernehmen.[612] Denn auf Grundlage dieser Mitteilung soll sich der Auszubildende frühzeitig überlegen können, ob er seine Weiterbeschäftigung verlangt oder einen anderen Arbeitsplatz sucht.[613] Die Form muss daher gewährleisten, dass dem Auszubildenden der Inhalt der Mitteilung nicht bloß flüchtig zugeht und darüber hinaus muss ihm auch deren Ernsthaftigkeit deutlich werden.[614]

Die Abschlussfunktion der Form als ein Aspekt der Klarstellungsfunktion kommt hier hingegen nicht zum Tragen. Ein praktisches Bedürfnis für die sichere Unterscheidung zwischen Entwurf und vollendeter Erklärung besteht nicht, da der Arbeitgeber kaum eine derartige Mitteilung entwirft und diese ungewollt dem Auszubildenden in die Hände fällt. Darüber hinaus ist der Inhalt der Mitteilung auch nicht derart variabel, dass mehrere unterschiedliche Versionen der Mitteilung zu Verwirrung führen könnten

---

608 APS/*Künzl*, § 78a BetrVG Rn. 55; *Opolony*, BB 2003, 1329, 1333; anders ohne Begründung: GK/*Oetker*, § 78a Rn. 51.

609 BAG AP Nr. 15 zu § 78a BetrVG 1972 [I 2a)].

610 Für die Mitteilung des Arbeitgebers: GK/*Oetker*, § 78a Rn. 38; für das Weiterbeschäftigungsverlangen: *Fitting*, § 78a Rn. 21; GK/*Oetker*, § 78a Rn. 53.

611 GK/*Oetker*, § 78a Rn. 40 spricht von Hinweisfunktion; ebenso: MüHdb-ArbR/*Berkowsky*, § 159 Rn. 39.

612 APS/*Künzl*, § 78a BetrVG Rn. 46; KR/*Weigand*, § 78a BetrVG Rn. 23.

613 BT-Drs. 7/1170, S. 3; *Kliemt*, S. 197; *Opolony*, BB 2003, 1329, 1331; Richardi/*Thüsing*, § 78a Rn. 12; *Wiencke*, S. 34.

614 KR/*Weigand*, § 78a BetrVG Rn. 23 spricht insoweit von verbindlicher Kenntniserlangung.

Teilweise wird in der Literatur vertreten, dass die Schriftform auch der *„besseren Beweisbarkeit“* diene.[615] Diese Ansicht ist jedoch zweifelhaft. Gegen die Beweisfunktion der Formanordnung spricht bereits, dass an die ordnungsgemäße Mitteilung des Arbeitgebers keine Rechtswirkungen geknüpft sind,[616] sodass nicht ersichtlich ist, wer ein besonderes Interesse an der Beweisbarkeit der Ausstelleridentität oder der Echtheit der Mitteilung haben könnte. Weder hängt die Obliegenheit des Auszubildenden, nach Absatz 2 frist- und formgemäß seine Weiterbeschäftigung zu verlangen, von einer ordnungsgemäßen Mitteilung ab, was ausdrücklich in § 78a Abs. 5 BetrVG geregelt ist,[617] noch wird durch die Mitteilung das Ausbildungsverhältnis gelöst; dieses endet vielmehr – wie in § 14 Abs. 1 bzw. Abs. 2 BBiG gesetzlich geregelt – unabhängig von der Mitteilung mit Ablauf der Ausbildungszeit bzw. dem Bestehen der Abschlussprüfung.[618] Umgekehrt zieht auch eine nicht ordnungsgemäße bzw. sogar unterlassene Mitteilung keine besonderen Sanktionen nach sich.[619] So führt die Verletzung der Mitteilungspflicht nicht zur Begründung eines Arbeitsverhältnisses.[620] Eine abweichende Stellungnahme findet sich zwar beim OVG Lüneburg, das zu der Parallelvorschrift des § 9 BPersVG bei nicht ordnungsgemäßer Mitteilung des Arbeitgebers entsprechend § 162 BGB ein Weiterbeschäftigungsverlangen fingiert.[621] Gegen eine Übertragung dieser Rechtsprechung auf das BetrVG spricht jedoch bereits, dass nach dem ursprünglichen Entwurf zu § 78a BetrVG bei Verletzung der Mitteilungspflicht ein unbefristetes Arbeitsverhältnis als begründet gelten sollte,[622] dieser Vorschlag aber nicht Gesetz geworden ist. Daher ist eine ungeplante Gesetzeslücke auszuschließen. Darüber hinaus zeigt die Regelung in § 78a Abs. 5 BetrVG, dass für die fingierte Begründung eines Arbeitverhältnisses eine Handlung des Auszubildenden erforderlich ist. Daneben können im Einzelfall zwar Schadensersatzansprüche des Auszubildenden gegenüber dem Arbeit-

---

615 *Kliemt*, S. 197.

616 Daher ist die in der Literatur vorherrschende Ansicht, es handele sich um eine geschäftsähnliche Handlung (APS/*Künzl*, § 78a BetrVG Rn. 46; GK/*Oetker*, § 78a Rn. 42, *Opolony*, BB 2003, 1329, 1332) auch nicht überzeugend, da zur Definition der rechtsgeschäftsähnlichen Handlung gehört, dass an diese kraft Gesetzes eine Rechtsfolge geknüpft ist.

617 BAG AP Nr. 7 zu § 78a BetrVG [II 1]; AP Nr. 15 zu § 78a BetrVG 1972 [II 2]; ErfK/*Kania*, § 78a BetrVG Rn. 3; *Fitting*, § 78a Rn. 23; GK/*Oetker*, § 78a Rn. 46.

618 Aus diesem Grund können etwa die für die Kündigungserklärung einschlägigen Formzwecke insbesondere im Hinblick auf die Rechtssicherheit (sieh hierzu BAG AP Nr. 1 zu § 623 BGB [B I 1]) nicht übertragen werden.

619 APS/*Künzl*, § 78a BetrVG Rn. 44; *Müller, H.-P.*, DB 1974, 1526, 1531.

620 BAG AP Nr. 7 zu § 78a BetrVG 1972 [II 1].

621 PersR 1988, 56, 56.

622 BT-Drs. 7/1170, S. 2.

geber in Betracht kommen, etwa dann, wenn der Auszubildende im Vertrauen auf die unterbliebene Mitteilung ein anderes Beschäftigungsangebot abgelehnt hat.[623] In diesem Zusammenhang könnte sich ein Interesse des Arbeitgebers ergeben, die ordnungsgemäße Unterrichtung gegenüber dem Auszubildenden nachzuweisen. Allerdings folgt diese Rechtsfolge nicht unmittelbar aus der betriebsverfassungsrechtlichen Vorschrift, sondern aus der allgemeinen Regelung der positiven Forderungsverletzung nach § 280 Abs. 1 BGB.[624] Diese allgemeine Rechtsfolge kann also nicht dazu herangezogen werden, den Formzweck einer besonderen Norm des BetrVG zu begründen. Darüber hinaus spielt die Echtheitsfunktion der Form hier auch deswegen keine besondere Rolle, weil kein Interesse Dritter an der Fälschung der Erklärung ersichtlich ist. Schließlich muss der Auszubildende auch nicht unmittelbar nach Erhalt der Mitteilung deren Echtheit überprüfen können, um eine Entscheidung treffen. Vielmehr hat er angesichts der gesetzlichen Frist noch knapp drei Monate Zeit, sich für eine Reaktion zu entscheiden.

Angesichts der mangelnden Rechtsfolgen, die an die Mitteilung geknüpft sind, kommt der Formanordnung schließlich auch keine Warnfunktion zu, die über die Klarstellungsfunktion, also den Inhalt und die Ernsthaftigkeit der Mitteilung betreffend, hinausginge.

II. Weiterbeschäftigungsverlangen des Auszubildenden, § 78a Abs. 2 BetrVG

Die Form dient auch in § 78a Abs. 2 BetrVG maßgeblich Klarstellungszwecken, hier jedoch zugunsten des Arbeitgebers. Eine möglichst weitgehende Klarstellung ist bereits wegen der erheblichen Rechtswirkungen eines form- und fristgerechten Weiterbeschäftigungsverlangens erforderlich. Denn dieses führt – wie oben dargestellt – dazu, dass zwischen dem Auszubildenden und dem Arbeitgeber im Anschluss an das Ausbildungsverhältnis ein unbefristetes Arbeitsverhältnis per gesetzlicher Fiktion als begründet gilt. Der Auszubildende kann diese gesetzliche Fiktion durch eine einseitige empfangsbedürftige Willenserklärung herbeiführen, ohne dass eine Mitwirkung des Arbeitgebers erforderlich wäre; er hat demnach ein gesetzliches Gestaltungsrecht,[625] d. h. das Recht, durch eine einseitige Erklärung eine Rechtsänderung herbeizuführen.[626] Sofern in der Literatur

---

623 BAG AP Nr. 15 zu § 78a BetrVG 1972 [II 3].

624 HSWG/*Nicolai*, § 78a Rn. 13; Richardi/*Thüsing*, § 78a Rn. 18; WP/*Preis*, § 78a Rn. 8.

625 APS/*Künzl*, § 78a BetrVG Rn. 54; *Blaha/Mehlich*, NZA 2005, 667, 668; DKK/*Kittner/Bachner*, § 78a Rn. 25; *Fitting*, § 78a Rn. 29; GK/*Oetker*, § 78a Rn. 50; Richardi/*Thüsing*, § 78a Rn. 19.

626 *Larenz/Wolf*, § 15 Rn. 65.

demgegenüber von einem Kontrahierungszwang die Rede ist,[627] kann dies allenfalls die Beschreibung der faktischen Auswirkungen meinen, denn eine Willenserklärung des Arbeitgebers ist eben nicht erforderlich und muss folglich auch nicht erzwungen werden. Das besondere Klarstellungsinteresse des Arbeitgebers folgt daraus, dass er anhand der Erklärung überprüfen können muss, welches Rechtsverhältnis nach Ende der Ausbildungszeit zwischen ihm und dem Auszubildenden besteht. Denn dieses Rechtsverhältnis wird durch die Erklärung unmittelbar gestaltet. Das Bedürfnis nach Klarheit wird dadurch verstärkt, dass der Auszubildende sein Verlangen nach Weiterbeschäftigung noch knapp vor dem Ende der Ausbildungszeit stellen kann, sodass keine Zeit für längere Überprüfungen mehr bleibt. Denn als Frist für das Verlangen bestimmt § 78a Abs. 2 BetrVG, dass dieses innerhalb der letzten drei Monate des Ausbildungsverhältnisses gestellt werden muss. Darüber hinaus zwingt § 78a Abs. 4 BetrVG den Arbeitgeber in die Klägerrolle.[628] Dieser kann nur im Wege eines Feststellungs- bzw. Auflösungsantrags verhindern, dass durch das ordnungsgemäße Weiterbeschäftigungsverlangen ein dauerhaftes Arbeitsverhältnis entsteht bzw. fortbesteht, was ebenfalls ein erhebliches Klarstellungsinteresse mit sich bringt. Angesichts der Gestaltungswirkung der Erklärung spielt diese Klarstellungsfunktion – über das Interesse des Arbeitgebers hinaus – auch allgemein für die Rechtssicherheit eine entscheidende Rolle.[629]

Darüber hinaus kommt der Formanordnung für das Weiterbeschäftigungsverlangen auch eine Beweisfunktion zu. Diese besteht einerseits darin, dass der Arbeitgeber anhand des Schreibens leicht die Identität des Ausstellers sowie die Echtheit feststellen können muss. Denn die oben beschriebenen Wirkungen treten nur ein, wenn das Verlangen tatsächlich von dem Auszubildenden stammt. Insbesondere angesichts der Möglichkeit des Auszubildenden, das Weiterbeschäftigungsverlangen erst kurz vor Ende des Ausbildungsverhältnisses zu verlangen, muss die Ausstelleridentität und die Echtheit der Erklärung für den Arbeitgeber unter Umständen schnell und einfach allein anhand der Urkunde überprüfbar sein.

Dass die Beweisfunktion der Schriftform für den Arbeitgeber für das Weiterbeschäftigungsverlangen eine maßgebliche Rolle spielt, zeigt sich auch an einem Vergleich mit Vorschriften des allgemeinen Zivilrechts: Bei einseitigen Rechtsgeschäften, die der Einwilligung eines Dritten bedürfen oder aufgrund einer Vollmacht vorgenommen werden und dazu geeignet sind, unmittebar die Rechtslage

---

627 *Feudner*, NJW 2005, 1462, 1464; *Heigl*, PersR 1997, 297, 306; MüHdb-ArbR/*Berkowsky*, § 159 Rn. 32.

628 *Reinecke*, DB 1981, 889, 890.

629 *Jäger/Künzl*, ZTR 2000, 300, 301; KR/*Weigand*, § 78a BetrVG Rn. 28; *Wiencke*, S. 39.

zu ändern, gewährt das BGB dem Empfänger jeweils ein Zurückweisungsrecht, wenn die Einwilligung bzw. die Vollmacht nicht schriftlich nachgewiesen werden, § 111 S. 2, § 182 Abs. 3 i. V. m. § 111 S. 2 und § 174 S. 1 BGB. Zur Einhaltung dieser Schriftlichkeit wird jeweils die Vorlage eines Originaldokuments für erforderlich gehalten, eine Übermittlung per Telefax oder eine Kopie sollen nicht ausreichen.[630] Der Empfänger habe ein besonderes Interesse daran, die Ausstelleridentität und die Echtheit der Urkunde überprüfen zu können, da er sich unverzüglich auf der Grundlage der Urkunde entscheiden müsse, ob er das Rechtsgeschäft zurückweisen will.[631] Aus dieser Sachlage ergebe sich eine besondere Schutzbedürftigkeit des Erklärungsempfängers, unverzüglich klare Verhältnisse zu schaffen.[632] Eben dieses Interesse hat aber auch der Arbeitgeber, wenn ihn ein Weiterbeschäftigungsverlangen seines Auszubildenden erreicht, sodass eine Übertragung der zu den Vorschriften des allgemeinen Zivilrechts vertretenen Meinung nahe liegt. In diesem Charakter als einseitiges Gestaltungsrecht liegt auch der Unterschied zwischen dem hier untersuchten Weiterbeschäftigungsverlangen und den Mitteilungen des Betriebsrats nach § 99 Abs. 3 und § 102 Abs. 2 BetrVG. Die oben zu diesen Vorschriften angestellten Erwägungen, warum die Beweisfunktion dort keine Rolle spielt, greifen demnach nicht.

Andererseits hat auch der Auszubildende ein Interesse daran, die Echtheit der Erklärung beweisen zu können. Er ist nämlich beweispflichtig, wenn zwischen ihm und dem Arbeitgeber streitig ist, ob ein ordnungsgemäßes Weiterbeschäftigungsverlangen gestellt wurde.[633] Die Existenz einer schriftlichen Erklärung erleichtert diese Beweisführung erheblich.[634]

Schließlich spielt für den Auszubildenden auch der Übereilungsschutz der Form eine Rolle.[635] Denn durch ein ordnungsgemäßes Weiterbeschäftigungsver-

---

630 Zu *§ 111 BGB:* Palandt/*Heinrichs*, § 111 Rn. 4; zu *§ 174 BGB:* BGH 1981, 1210, 1210; OLG Hamm NJW 1991, 1185, 1185; zu *§ 182 BGB:* BAG AP Nr 50 zu § 103 BetrVG 1972 [B I 3c)].

631 BGH NJW 1981, 1210, 1210; 1994, 1472, 1472; OLG Hamm NJW 1991, 1185, 1186; NJW-RR 2005, 134, 135; MüKo-BGB/*Schramm*, § 174 Rn. 4; Palandt/*Heinrichs*, § 174 Rn. 5; auf die besondere Schutzbedürftigkeit des Erklärungsempfängers einseitiger Gestaltungserklärungen weist insbesondere hin: *Leverenz*, VersR 2002, 1318, 1325.

632 OLG Hamm, a. a. O.; *Laskawy*, DB 2003, 1325, 1328.

633 APS/*Künzl*, § 78a BetrVG Rn. 156; Richardi/*Thüsing*, § 78a Rn. 23.

634 Hierbei sind allerdings die Grenzen der Beweisfunktion zu berücksichtigen: Ob das Weiterbeschäftigungsverlangen nämlich *rechtzeitig* gestellt wurde oder nicht, hängt vom Zugang des Schreibens ab und hat daher nicht unmittelbar mit der Einhaltung der Form zu tun; darüber hinaus wurde bereits oben darauf hingewiesen, dass das Beweisinteresse des Erklärenden den Gesetzgeber meist nicht dazu veranlasst, eine Form anzuordnen.

635 GK/*Oetker*, § 78a Rn. 51; *Jäger/Künzl*, ZTR 2000, 300, 301; *Wiencke*, S. 39, 40.

langen bindet sich der Auszubildende an den Arbeitgeber.[636] Wegen der damit verbundenen Verpflichtungen führt die Erklärung damit nicht bloß positive Rechtsfolgen herbei.[637] Einen Hinweis darauf, dass auch der Gesetzgeber die damit verbundenen Bindungen als nicht ausschließlich vorteilhaft für den Auszubildenden ansieht, ergibt sich aus § 12 Abs. 1 S. 2 BBiG: Hiernach kann der Auszubildende sich frühestens sechs Monate vor Ende seines Ausbildungsverhältnisses gegenüber dem Arbeitgeber dazu verpflichten, mit diesem ein Arbeitsverhältnis einzugehen.[638] Die gegen die Warnfunktion der Form vorgebrachten Einwendungen von *Raab*, der Auszubildende könne sich schließlich ebenso durch die Annahme eines Weiterbeschäftigungsangebots des Arbeitgebers binden, sodass ein Schutz vor Übereilung durch das Formgebot ohnehin nicht gewährleistet sei,[639] greifen hingegen nicht durch. Denn die Gefahren einer Gestaltungserklärung sind viel größer als die eines gewöhnlichen Vertragsschlusses: Die Rechtslage wird durch eine einseitige Erklärung geändert. Darüber hinaus werden dem Auszubildenden in der Regel bei Annahme eines Weiterbeschäftigungsangebots die für das zukünftige Vertragsverhältnis geltenden Bestimmungen noch einmal deutlich vor Augen geführt. Gegen den Übereilungsschutz kann auch nicht angeführt werden, dass nach herrschender Meinung für den Auszubildenden die Möglichkeit besteht, die Erklärung bis zum Ende des Ausbildungsverhältnisses zu widerrufen.[640] Denn erstens ist diese Meinung bereits nicht völlig unzweifelhaft, da ein einseitiges Lösungsrecht den Arbeitgeber, der auf sicherer Grundlage disponieren muss, übermäßig belasten würde.[641] Darüber hinaus hängt die Möglichkeit des Widerrufs maßgeblich davon ab, wann innerhalb der dreimonatigen Frist der Auszubildende das Weiterbeschäftigungsverlangen erklärt. Geschieht das erst kurz vor dem Ende des Ausbildungsverhältnisses, ist der Widerruf faktisch ausgeschlossen. Der mit der Erklärung verbundene Formzweck kann jedoch nicht von derart äußerlichen Umständen wie deren Zeitpunkt abhängen.

---

636 BAG AP Nr. 7 zu § 78a BetrVG 1972 [II 4]; GK/*Oetker*, § 78a Rn. 51.

637 Richardi/*Thüsing*,, § 78a Rn. 24.

638 Vergl. auch BAG AP Nr. 1 zu § 5 BBiG a. F. [II 1 und 2] zur Unwirksamkeit vorzeitiger Bindung.

639 *Raab*, FS-Konzen, S. 719, 745.

640 Für ein entsprechendes Widerrufsrecht: LAG Köln AiB 2001, 53, 53; APS/*Künzl*, § 78a BetrVG Rn. 75; *Fitting*, § 78a Rn. 27; GK/*Oetker*, § 78a Rn. 62; HSWG/*Nicolai*, § 78a Rn. 20.

641 *Opolony*, BB 2003, 1329, 1333; soweit hingegen Richardi/*Thüsing*, § 78a Rn. 22a, gegen die Zulässigkeit den Charakter als Gestaltungserklärung anführt, wird übersehen, dass die Gestaltungswirkung erst nach dem Ende des Ausbildungsverhältnisses eintritt; hierzu: *Fitting*, § 78a Rn. 29, GK/*Oetker*, § 78a Rn. 62.

Demnach muss die Form der Mitteilung des Arbeitgebers nach § 78a Abs. 1 BetrVG sicherstellen, dass der Auszubildende sichere Kenntnis von deren Inhalt erhält, während die Form für das Weiterbeschäftigungsverlangen nach § 78a Abs. 2 BetrVG gewährleisten muss, dass Inhalt und Aussteller klargestellt werden, die Echtheit des Verlangens bewiesen werden kann und schließlich der Auszubildende vor der überstürzten Erklärung gewarnt wird.

I. Mitteilung des Arbeitgebers, § 78a Abs. 1 BetrVG

Um die Inhaltsklarheit zu gewährleisten, muss sich aus der Mitteilung ergeben, dass sie von dem Arbeitgeber stammt und dieser die Übernahme des Auszubildenden nach Ende des Ausbildungsverhältnisses nicht beabsichtigt. Erforderlich ist hierfür eine dauerhaft in Schriftzeichen festgelegte oder reproduzierbare Erklärung, da nur so sichergestellt ist, dass der Auszubildende die Nachricht in Ruhe aufnehmen und auch später noch einmal nachlesen kann. Die Gefahr von Missverständnissen über den Inhalt wird so reduziert. Allerdings ist es ausreichend, wenn die Mitteilung elektronisch übermittelt wird, da sie auch nachlesbar ist. Ob dies auf einem Bildschirm oder auf Papier ermöglicht wird, ist für die Klarstellung des Inhalts letztlich ohne Belang. Darüber hinaus hat der Auszubildende bei dieser Form der Mitteilung auch die Möglichkeit, sie auszudrucken, sodass er ein klassisches papiernes Dokument zur Verfügung hat. Aus der Mitteilung muss sich ergeben, dass sie von dem Arbeitgeber stammt, dies kann etwa durch eine gedruckte Unterschriftenzeile, eine gestempelte oder gescannte Unterschrift oder auch durch die per Telefax übermittelte Kopie des Schriftstücks verdeutlicht werden.

Eine eigenhändige Unterschrift ist demgegenüber nicht erforderlich. Angesichts des Fehlens der Beweisfunktion der Schriftform könnte diese allenfalls dazu dienen, die Ernsthaftigkeit der Mitteilung zu verdeutlichen. Dieses Ziel kann auch dadurch erreicht werden, dass die Mitteilung etwa auf dem Firmenbogen erfolgt, durch den Arbeitgeber selbst oder einen offensichtlich Bevollmächtigten übergeben wird oder von der E-Mail Adresse des Arbeitgebers aus an die dienstliche E-Mail Adresse des Auszubildenden geschickt wird.

Der Klarstellungszweck dieses Formgebots wird also erreicht, wenn auf die in § 126b BGB niedergelegten Anforderungen zurückgegriffen wird. Hierbei bestehen keine Bedenken dagegen, die Vorschrift direkt anzuwenden. Selbstverständlich wird auch durch die Einhaltung der elektronischen Form der Formzweck erreicht.

Dieses Ergebnis wird dadurch gestützt, dass der Gesetzgeber in jüngerer Zeit zu erkennen gegeben hat, dass er die Textform für Mitteilungen für ausreichend hält, durch die der Empfänger über eine Tatsache informiert wird und auf deren Grundlage er eine Entscheidung treffen soll. Am nächsten liegt ein Vergleich mit § 613a Abs. 5 BGB, wo die Unterrichtungspflicht gegenüber den Arbeitnehmern vor einem Betriebsübergang geregelt ist. Demnach muss der Arbeitnehmer *„in Textform"* unterrichtet werden über den Zeitpunkt, den Grund und die Folgen des Übergangs sowie über die hinsichtlich der Arbeitnehmer in Aussicht genommenen Maßnahmen. Zweck dieser Unterrichtungspflicht ist es, dem Arbeitnehmer die Entscheidung darüber zu erleichtern, ob er gemäß § 613a Abs. 6 BGB Widerspruch gegen den Übergang seines Arbeitsverhältnisses einlegt.[642] Zur Formfrage führt die Bundesregierung in der Gesetzesbegründung aus, dass die Textform dem mit § 613a Abs. 5 BGB verfolgten Regelungszweck entspreche, da die Informations- und Dokumentationsfunktion im Vordergrund stehe, nicht aber die Beweis- oder Warnfunktion. Maßgeblich sei hier lediglich, dass dem Arbeitnehmer die neuen und nicht sofort überschaubaren Informationen zur Verfügung stünden, damit er diese nachlesen und sich gegebenenfalls erkundigen und beraten lassen könne.[643]

Diese Überlegungen des Gesetzgebers zur Form der Mitteilungspflicht nach § 613a Abs. 5 BGB sind auf § 78a Abs. 1 BGB unmittelbar übertragbar. Die Sachlage ist insoweit vergleichbar, als der Auszubildende auch bei der Mitteilung nach § 78a Abs. 1 BGB Informationen zur Zukunft seines Arbeitsverhältnisses erhält, auf deren Grundlage er über sein weiteres Vorgehen entscheiden muss. Im Fall des § 78a Abs. 1 BGB muss er sich entscheiden, ob er sich um einen Arbeitsplatz in einem anderen Unternehmen bemüht oder ob er das Weiterbeschäftigungsverlangen stellt. Hier liegt es sogar nahe zu argumentieren, dass die Überlegungen des Gesetzgebers zu § 613a Abs. 5 BGB *erst recht* für § 78a Abs. 1 BetrVG gelten müssen. Denn die Mitteilung nach § 613a Abs. 5 BGB hat zumindest eine gewichtige Rechtsfolge, indem sie nämlich die einmonatige Widerspruchsfrist des § 613a Abs. 6 BGB in Gang setzt, während – wie oben dargestellt – die Mitteilung des Arbeitgebers nach § 78a Abs. 1 BetrVG keine Rechtsfolgen hat. Gegen die Übertragbarkeit spricht auch nicht, dass die Einführung der Mitteilungspflicht beim Betriebsübergang europarechtlich determiniert gewesen wäre, da die zugrundeliegende Richtlinie überhaupt keine Form vorsieht, sondern

642 Begründung der BReg, BT-Drs. 14/7760, S. 19; BAG AP Nr. 284 zu § 613a BGB [II 2c)dd)(2)]; MüKo-BGB/*Müller-Glöge*, § 613a Rn. 109.

643 Begründung der BReg, BT-Drs. 14/7760, S. 19; zustimmend *Worzalla*, NZA 2002, 353, 356.

lediglich fordert, dass die Arbeitnehmer *„vorab rechtzeitig zu informieren"* seien.[644]

Auch für andere bloße Informationspflichten hat der Gesetzgeber inzwischen die Textform für ausreichend erklärt: Beispielhaft zu nennen sind hier die Unterrichtung nach § 312c Abs. 2 BGB bei Fernabsatzverträgen, über das Widerrufsrecht bei Verbraucherverträgen (§ 355 Abs. 2 S. 1 BGB), über die Verpflichtung, Wertersatz leisten zu müssen (§ 357 Abs. 3 S. 1 BGB) und bei der Unterrichtung über den Vertragsinhalt bei Verbraucherdarlehen (§ 493 Abs. 1 S. 5). Bei sämtlichen dieser Unterrichtungspflichten geht es darum, dass der Verbraucher sichere Kenntnis von seinen Rechten bzw. dem Vertragsinhalt erhält, damit er seine Reaktionen daran ausrichten kann.

Umgekehrt kann aber hinter eine der Textform entsprechende Form nicht zurückgegangen werden. Gegen eine weitere Formerleichterung spricht einerseits der Wortlaut der Vorschrift, der Schriftlichkeit fordert. Eine Abkehr von jeglicher in Schriftzeichen reproduzierbaren Form würde den Wortlaut über das erlaubte Maß hinaus überstrecken. Vor allem steht aber auch der Formzweck entgegen. Angesichts des oben herausgearbeiteten Zwecks, wonach der Auszubildende über die Absichten des Arbeitgeber auf gesicherte Weise informiert werden soll, reicht eine bloß mündliche und damit flüchtige Mitteilung nicht aus. Diese Form kann die erforderliche Klarstellung im Hinblick auf Inhalt und Ernsthaftigkeit der Mitteilung nicht gewährleisten. Darüber hinaus wird der Auszubildende eventuell Rat einholen wollen. Auch diese Möglichkeit wird durch eine Mitteilung in textlicher Form erleichtert.

II. Weiterbeschäftigungsverlangen des Auszubildenden, § 78a Abs. 2

1. Konstitutive Bedeutung des Schriftformerfordernisses

Zunächst ist der Meinung der Vorzug zu geben, die die Einhaltung der Form für konstitutiv hält. Ein nicht formgerecht erklärtes Weiterbeschäftigungsverlangen ist nichtig, wobei § 125 S. 1 BGB direkt anwendbar ist, da es sich um eine Willenerklärung handelt. Die Argumentation insbesondere *Thüsings*[645] gegen diese Ansicht überzeugt nicht. Sie übersieht, dass die Durchbrechung eines Formerfordernisses aus Gründen von Treu und Glauben auf einer anderen Ebene liegt, als die Frage, ob die Einhaltung der Form zunächst konstitutiv ist oder nicht. Denn

644 Art. 7 Abs. 6 der RL 2001/23/EG des Rates vom 12. März 2001 zur Angleichung der Rechtsvorschriften der Mitgliedstaaten über die Wahrung von Ansprüchen der Arbeitnehmer beim Übergang von Unternehmen, Betrieben oder Unternehmens- oder Betriebsteilen, ABl. EG Nr. L 82 S. 16, 19.

645 Siehe oben Fn. 605.

der Einwand aus Treu und Glauben kommt erst zum Zuge, wenn sich jemand auf die Nichteinhaltung der Form, die zunächst zur Nichtigkeit führt, berufen will.[646] Darüber hinaus spricht insbesondere der Gesichtspunkt der Rechtsklarheit, die wegen der Gestaltungswirkung der Erklärung in Gefahr ist, dafür, dass die Wirksamkeit des Weiterbeschäftigungsverlangens von der Einhaltung der Form abhängt. Anderenfalls könnte insbesondere der Arbeitgeber nicht sicher prüfen, ob zwischen ihm und dem Auszubildenden ein Arbeitsverhältnis entstanden ist oder nicht. Schließlich spricht auch die Formulierung des § 78a Abs. 2 BetrVG für die konstitutive Bedeutung der Form. Denn in dieser Vorschrift wird nicht direkt geregelt, dass der Auszubildende das Recht hat, ein schriftliches Weiterbeschäftigungsverlangen zu stellen. Vielmehr regelt diese Vorschrift die Rechtsfolge, wenn der Auszubildende rechtzeitig *„schriftlich"* die Weiterbeschäftigung verlangt. Angesichts dieser Fassung gehört die Schriftform zur tatbestandlichen Voraussetzung, damit die Rechtsfolge der Fiktion eines Arbeitsverhältnisses überhaupt zum Tragen kommt.

2. Eigenhändige Unterschrift

Da bei dem Weiterbeschäftigungsverlangen – anders als bei der Mitteilung des Arbeitgebers – neben der Klarstellungs- auch die Beweis- und die Warnfunktion eine Rolle spielen, reicht für § 78a Abs. 2 BetrVG eine bloß textliche Erklärung nicht aus. Angesichts der Gestaltungswirkung muss der Arbeitgeber in die Lage versetzt werden, schnell anhand der Erklärung prüfen zu können, ob diese tatsächlich von dem Auszubildenden stammt, also echt ist. Diese Beweisfunktion kann jedoch nur durch die eigenhändige Unterschrift gewährleistet werden, die unverwechselbar ist und daher untrennbar mit einem bestimmten Aussteller zusammenhängt, sowie darüber hinaus auch dazu geeignet ist, den Zusammenhang zwischen der Unterzeichnung und der Erklärung nachzuweisen. Auch zum Erreichen des Formzwecks der Warnfunktion zugunsten des Auszubildenden ist eine eigenhändige Unterschrift erforderlich, da diesem durch die eigenhändige Unterzeichnung noch einmal die Bedeutung der Erklärung vor Augen geführt wird.

Diese Erklärung muss dem Arbeitgeber im Original zugehen, eine Übermittlung per Telefax reicht also nicht aus. Zwar kann der Arbeitgeber auch anhand einer Kopie den Inhalt der Erklärung ebenso wie den Umstand, dass sie von dem Auszubildenden stammt, mit hinreichender Deutlichkeit erkennen. Allerdings ist die oben herausgearbeitete Warnfunktion zugunsten des Auszubildenden nur durch die Übermittlung des Originaldokuments gewährleistet. Denn die Bedeutung der Erklärenden wird ihm deutlicher vor Augen geführt, wenn er das Ver-

646 BGHZ 29, 6, 10; 48, 396, 398.

langen nicht nur eigenhändig unterzeichnen muss, sondern auch das Originaldokument aus der Hand geben und auf den Weg zum Arbeitgeber bringen muss.[647]

Diese eigenhändige Unterschrift kann durch die qualifizierte elektronische Signatur ersetzt werden, da der Arbeitgeber auch anhand dieser mit der gebotenen Sicherheit die Identität des Ausstellers und die Echtheit der Urkunde überprüfen kann. Angesichts der *„umständlichen Prozedur"*[648] bestehen auch keine Bedenken dagegen, dass die Warnfunktion vollumfänglich erreicht wird. Es ist allerdings davon auszugehen, dass diese Form keine große praktische Bedeutung erlangen wird, da kaum ein Auszubildender über die hierfür erforderlichen technischen Voraussetzungen verfügen wird.

Auch hier liegt ein Vergleich mit § 613a BGB, diesmal jedoch Absatz 6, nahe.[649] Diese Vorschrift sieht für den Widerspruch des Arbeitnehmers gegen eine Betriebsübergang, der den Übergang ausschließt, also ebenfalls ein Gestaltungsrecht darstellt, dass dieser *„schriftlich"* erfolgen müsse. Aus den Gesetzesmaterialien[650] sowie dem systematischen Zusammenhang zu § 613 Abs. 5 BGB ergibt sich, dass es sich hierbei um Schriftform im Sinne des § 126 BGB handeln soll. Die Bundesregierung führt aus, dass – im Sinne der Warnfunktion – durch die erforderliche eigenhändige Unterzeichnung dem Arbeitnehmer die Bedeutung des Widerspruchs verdeutlicht und er so vor einer übereilten Erklärung geschützt werden solle.[651] Etwas Ähnliches gilt für die Beibehaltung der Schriftform im Sinne des § 126 BGB in § 8 Abs. 4 S. 1 VVG. Der Bundesrat hatte einer Formerleichterung hin zur Textform mit der Begründung widersprochen, dass diese Widerrufserklärung zur Beendigung des Versicherungsverhältnisses führe und angesichts dieser Bedeutung für den Versicherungsnehmer die Schriftform weiterhin erforderlich sei.[652] Darüber hinaus hielt der Gesetzgeber auch bei § 613a Abs. 6 BGB die Beweisfunktion für einschlägig, da durch die Schriftform sowohl Arbeitnehmer als auch Arbeitgeber der Nachweis darüber erleichtert werde, dass der Arbeitnehmer tatsächlich widersprochen habe.[653] Diese Regelung ist vor allem deswegen als bewusste Entscheidung des Gesetzgebers anzusehen, weil das

---

647 Diesen Gesichtspunkt der Warnfunktion stellen beispielsweise heraus: BGHZ 121, 224, 229 und OLG Frankfurt, NJW 1991, 2154, 2154 (zur Bürgschaftserklärung); ähnlich zum damaligen § 3 BRAGO: OLG Hamm – 20.09.2005 – 28 U 39/05, juris [B I 4].

648 Siehe bereits oben Fn. 190.

649 ErfK/*Preis*, § 613a BGB Rn. 92; *Franzen*, RdA 2002, 258, 263.

650 BT-Drs. 14/7760, S. 20 (Begründung der BReg).

651 BT-Drs. 14/7760, S. 20; ebenso ErfK/*Preis*, § 613a BGB Rn. 93; *Willemsen/Lembke*, NJW 2002, 1159, 1160.

652 BT-Drs. 14/4987, S. 34.

653 BT-Drs. 14/7760, S. 20.

auch zuvor bereits anerkannte Widerspruchsrecht nach Ansicht der Rechtsprechung sogar konkludent ausgeübt werden konnte.[654]

Gegen dieses strenge Verständnis der Formvorschrift kann auch nicht eingewandt werden, dass dieses den Schutz für die Auszubildenden beschränkt. Denn das Formgebot zielt nicht allein auf den Schutz des Auszubildenden ab, sondern auch auf den des Arbeitgebers und den Rechtsverkehrs. Darüber hinaus ist ohnehin zweifelhaft, ob dieser Gesichtspunkt maßgeblich ist, da § 78a BetrVG – wie oben dargestellt – nicht in erster Linie den Individualinteressen des einzelnen Auszubildenden dient, sondern vielmehr der Sicherung der Mitbestimmung und der kontinuierliche Zusammensetzung der Mitbestimmungsorgane.[655]

Damit sind die Anforderungen, die zur Erreichung der mit der Schriftform verfolgten Ziele erfüllt sein müssen, mit den in den §§ 126, 126a BGB niedergelegten identisch. Bei § 78a Abs. 2 S. 1 BetrVG handelt es sich folglich um eine gesetzliche Schriftform im Sinne des § 126 Abs. 1 BGB.

3. Einheitliche Auslegung der Form in § 78a Abs. 1 und Abs. 2 BetrVG aus systematischen Gründen

Gegen das Ergebnis unterschiedlicher Anforderungen an die Schriftform sprechen auch keine zwingenden systematischen Gründe, obwohl das Gesetz in den beiden aufeinander folgenden Absätzen jeweils dieselbe Formulierung, nämlich *„schriftlich"* verwendet.

Gegen einen zwingenden systematischen Schluss, dass eine einheitliche Auslegung geboten sei, spricht jedoch bereits, dass – wie oben in § 3 ausgeführt – der Begriff *„schriftlich"* keine spezielle Bedeutung hat und darüber hinaus auch im alltäglichen Sprachgebrauch ohne spezielle normative Bedeutung verwendet wird. Darüber hinaus sind auch die Mitteilung des Arbeitgebers und das Weiterbeschäftigungsverlangen des Auszubildenden nicht unmittelbar aufeinander bezogen, sodass der Zusammenhang zwischen den beiden Absätzen weniger eng ist, als das räumliche Aufeinanderfolgen vermuten ließe. Die Verpflichtung des Auszubildenden, formgerecht seine Weiterbeschäftigung zu fordern, hängt nicht davon ab, dass der Arbeitgeber zuvor seine Mitteilungspflicht erfüllt hat. Vielmehr stehen die beiden Anordnungen unverbunden nebeneinander. Sie sind darüber hinaus immerhin auf zwei verschiedene Absätze einer Vorschrift verteilt und auch die Formulierung ist nicht völlig einheitlich, da es im ersten Absatz um eine schriftliche Mitteilung, im zweiten Absatz hingegen um ein schriftliches Verlan-

654 *Franzen*, RdA 2002, 258, 263.
655 Siehe oben Fn. 593, 594.

gen geht. Die Systematik gibt demnach ein einheitliches Auslegungsergebnis nicht zwingend vor.

III. Inhalt der Erklärungen

Im Hinblick auf den Erklärungsinhalt ergibt sich aus den Formzwecken, dass sie jedenfalls die fehlende Übernahmeabsicht bzw. das Verlangen nach Weiterbeschäftigung enthalten müssen. Nur so wird der jeweiligen Klarstellungsfunktion Genüge getan. Im Hinblick darauf jedoch, ob Gründe für die jeweilige Erklärung angegeben werden müssen, ist im Lichte der unterschiedlichen Formzwecke eine Differenzierung erforderlich: Die Klarstellungsfunktion, die mit der formbedürftigen Mitteilung des Arbeitgebers verfolgt wird, erfordert entgegen der herrschenden Meinung mindestens eine knappe Benennung der Gründe für seine Absicht, den Auszubildenden nicht weiter zu beschäftigen. Wie oben dargestellt, soll mit der Mitteilung eine Hinweisfunktion zugunsten des Auszubildenden erreicht werden. Dieser soll auf gesicherter Grundlage entscheiden können, wie er vorgeht, also ob er ein Weiterbeschäftigungsverlangen stellt oder einen anderen Arbeitsplatz sucht. Für diese Beurteilung ist es jedoch erforderlich, dass ihm die Gründe für die Absicht des Arbeitgeber bekannt werden, denn nur so kann er ersehen, ob ein etwaiger Feststellungs- bzw. Auflösungsantrag des Arbeitgebers nach § 78a Abs. 4 BetrVG Aussichten auf Erfolg hat. Hingegen ist es nicht erforderlich, dass der Auszubildende Gründe für sein Weiterbeschäftigungsverlangen nennt. Diesen käme unter keinem Gesichtspunkt eine Rechtserheblichkeit zu.

IV. Zusammenfassung

Zusammenfassend lässt sich somit feststellen, dass für die Mitteilung des Arbeitgebers nach § 78a Abs. 1 BetrVG eine der Textform gemäß § 126b BGB entsprechende Erklärung ausreicht, in dem Auszubildenden neben der eigentlichen Mitteilung auch die Gründe für die Absicht, ihn nicht weiterzubeschäftigen, mitgeteilt werden. Hingegen muss der Auszubildenden ein Weiterbeschäftigungsverlangen gemäß § 126 Abs. 1 BGB eigenhändig unterzeichnen und dem Arbeitgeber im Original übermitteln. Diese Form kann durch die elektronische Form gemäß § 126a BGB ersetzt werden. Gründe muss diese Erklärung nicht enthalten.

§ 8 Geschäftsführung des Betriebsrats und Mitteilungspflicht bei Betriebsversammlung

Nunmehr sind die Schriftformvorschriften zu untersuchen, die das BetrVG im Hinblick auf die Geschäftsführung des Betriebsrats aufstellt. Hierbei lassen sich zwei Bereiche unterscheiden, einerseits den der Delegation von Aufgaben auf andere Organe, andererseits sonstige Maßnahmen der Geschäftsführung, als da sind die Sitzungsniederschrift, die Geschäftsordnung und die Unterrichtung der im Betriebsrat vertretenen Gewerkschaften über anstehende Betriebsrats- bzw. Abteilungsversammlungen.

A. Delegation von Aufgaben durch den Betriebsrat

Zur effizienteren Ausgestaltung der Betriebsratsarbeit sieht das BetrVG verschiedene Möglichkeiten der Aufgabendelegation vor, die teilweise der Schriftform bedürfen. Die Organe, auf die der Betriebsrat eigene Aufgaben übertragen kann, sind der Betriebsausschuss (§ 27 BetrVG), die weiteren Ausschüsse (§ 28 Abs. 1 BetrVG), die Arbeitsgruppe (§28a BetrVG) sowie der Gesamt- und der Konzernbetriebsrat (§§ 50 Abs. 2, 58 Abs. 2 BetrVG). Darüber hinaus besteht die Möglichkeit, den vom Betriebsrat ernannten Mitgliedern eines gemeinsamen Ausschusses Aufgaben zu übertragen (§ 28 Abs. 2 BetrVG).

I. Überblick und Meinungsstand zu den Schriftformerfordernissen

1. Überblick über die Vorschriften

Betriebsausschüsse haben gemäß § 27 Abs. 2 S. 1 BetrVG die originäre Aufgabe, die laufenden Geschäfte des Betriebsrats zu führen; darüber hinaus kann ihm der Betriebsrat nach § 27 Abs. 2 S. 2 BetrVG weitere Aufgaben zur selbstständigen Erledigung, abgesehen vom Abschluss von Betriebsvereinbarungen, übertragen. Diese Übertragung bedarf nach S. 3 der Schriftform.

Die weiteren Ausschüsse nach § 28 Abs. 1 BetrVG haben hingegen keine originären Kompetenzen. Gemäß S. 1 können ihnen vielmehr durch den Betriebsrat bestimmte Aufgaben übertragen werden. Sofern ein Betriebsausschuss gebildet ist, können auch Aufgaben *„zur selbstständigen Erledigung"* übertragen werden, was ebenfalls der Schriftform bedarf (S. 3 i. V. m. § 27 Abs. 2 S. 3 BetrVG).

Eine weitere Möglichkeit zur Effizienzsteigerung besteht darin, dass der Betriebsrat gemäß § 28 Abs. 2 BetrVG Aufgaben zur *„selbstständigen Entscheidung"* auf die von ihm ernannten Mitglieder in gemeinsamen Ausschüssen überträgt. Durch einen Verweis auf § 28 Abs. 1 BetrVG gilt das Schriftformgebot auch in diesem Fall.

Weiterhin kann der Betriebsrat eines Betriebs mit mehr als 100 Arbeitnehmern Aufgaben zur selbstständigen Erledigung auch auf Arbeitsgruppen übertragen (§ 28a Abs. 1 BetrVG).[656] Diese Möglichkeit ist durch das Betriebsverfassungsreformgesetz eingefügt worden, um entsprechend § 75 BetrVG die Autonomie von Arbeitsgruppen zu stärken und größere Sach- und Praxisnähe zu gewährleisten.[657] Der Begriff der Arbeitsgruppe wird in § 28a nicht definiert, sondern vorausgesetzt; meist handelt es sich um Arbeitnehmer, die Gruppenarbeit im Sinne des § 87 Abs. 1 Nr. 13 2. HS BetrVG leisten.[658] Auch für diese Delegation schreibt das Gesetz ein Schriftformerfordernis vor, jedoch nicht durch Verweis auf § 27 Abs. 2 S. 3 BetrVG, sondern durch eine eigenständige Regelung (§ 28a Abs. 1 S. 3 BetrVG). Bei der Entscheidung über die zu delegierenden Aufgaben ist der Betriebsrat nicht frei; vielmehr gibt § 28a Abs. 1 S. 2 BetrVG vor, dass die Aufgaben im Zusammenhang mit den von der Arbeitsgruppe zu erledigenden Tätigkeiten stehen müssen. Darüber hinaus setzt die Übertragung gemäß § 28a Abs. 1 S. 1 BetrVG den Abschluss einer Rahmenvereinbarung zwischen Betriebsrat und Arbeitgeber voraus, in der die grundsätzliche Möglichkeit der Übertragung geregelt wird. Im Gegensatz zum Betriebsausschuss und den weiteren Ausschüssen kann die Arbeitsgruppe gemäß § 28a Abs. 2 BetrVG auch Betriebsvereinbarungen abschließen; der Betriebsrat überträgt also Rechtssetzungsbefugnisse.[659] Die Aufgabenübertragung kann ohne Bindung im Außenverhältnis[660] widerrufen werden (§ 28a Abs. 1 S. 4). Der Betriebsrat behält also – trotz der mit dem Arbeitgeber abgeschlossenen Rahmenvereinbarung – die Kontrolle über die Befugnisse der Arbeitsgruppe. Allerdings wirkt der Widerruf nicht *ex tunc* im Hinblick auf bereits getroffene verbindliche Regelungen der Arbeitsgruppe.[661]

Schließlich kann der Betriebsrat auch den Gesamtbetriebsrat, ebenso wie der Gesamtbetriebsrat den Konzernbetriebsrat, beauftragen, eine Angelegenheit für ihn zu behandeln (§§ 50 Abs. 2, 58 Abs. 2 BetrVG), da diese häufig eine bessere

---

656 Augenscheinlich wird sie in der betrieblichen Praxis eher zurückhaltend genutzt; hierzu: *Linde,* AiB 2004, 334 ff.

657 BT-Drs. 14/5741, S. 89 (Begründuung der BReg).

658 Neben dieser „echten" Gruppenarbeit können Aufgaben aber auch in Folge anderer Teamarbeiten übertragen werden; diese weiteren Optionen sollen hier jedoch nicht vertieft werden, da sie keine Auswirkungen auf die Schriftformerfordernisse haben.

659 *Leßmann/Liersch,* DStR 2001, 1302, 1306.

660 *Raab,* NZA 2002, 474, 479.

661 *Leßmann/Liersch,* DStR 2001, 1302, 1306.

Verhandlungsposition gegenüber der Unternehmensleitung haben.[662] Gemäß § 50 Abs. 2 S. 3 bzw. § 58 Abs. 2 S. 3 jeweils i. V. m. § 27 Abs. 2 S. 3 ist auch für diese Beauftragung die Schriftform erforderlich, wobei sich der Betriebsrat die Entscheidungsbefugnis vorbehalten kann (§§ 50 Abs. 2 S. 2, 58 Abs. 2 S. 2 BetrVG). Die Beauftragung tritt wie beim Betriebsausschuss neben die jeweils in Absatz 1 definierte originäre Kompetenz des Gesamt- bzw. Konzernbetriebsrats.

Bei sämtlichen Übertragungen bzw. Beauftragungen gilt das Formbedürfnis auch für den Widerruf, was in dem jeweils in Bezug genommenen § 27 Abs. 2 S. 4 BetrVG bzw. in § 28a Abs. 1 S. 4 BetrVG geregelt ist.

Im Wesentlichen sind innerhalb der soeben vorgestellten Möglichkeiten der Delegation zwei Gruppen zu unterscheiden: Einerseits kann der Betriebsrat Aufgaben zur selbstständigen Erledigung auf eigene Unterorgane übertragen. Hierunter fallen der Betriebsausschuss nach § 27 Abs. 2 S. 2 und S. 3 BetrVG sowie die Ausschüsse nach § 28 Abs. 1 S. 3 i. V. m. § 27 Abs. 2 S. 3 BetrVG.[663] Sowohl der Betriebsausschuss als auch die weiteren Ausschüsse sind Organe des Betriebsrats[664] und treten im Rahmen des in der Übertragung festgelegten Aufgabenbereiches an dessen Stelle.[665] Mitglieder können nur Mitglieder des Betriebsrats sein, was sich für den Betriebsausschuss unmittelbar aus dem Gesetz (§ 27 Abs. 1 S. 3 BetrVG: *„Die weiteren Ausschussmitglieder werden vom Betriebsrat aus seiner Mitte ... gewählt.“*), für die Ausschüsse hingegen aus ihrer Stellung als Unterorgane ergibt.[666] Ebenfalls in diese Kategorie fällt die Übertragung von Aufgaben zur selbstständigen Entscheidung nach den §§ 28 Abs. 2 i. V. m. Abs. 1 und § 27 Abs. 2 S. 3 BetrVG auf Mitglieder des Betriebsrats in gemeinsamen Ausschüssen. Zwar sind gemeinsamen Ausschüsse eigenständige betriebsverfassungsrechtliche Einrichtungen,[667] die an Stelle beider Betriebsparteien entscheiden können, wenn der Arbeitgeber eine entsprechende Aufgabenübertragung vorgenommen hat,[668] allerdings findet die Delegation nicht auf den Ausschuss selbst, sondern auf die in diesem vertretenen Mitglieder des Betriebsrats statt.

---

662 Begründung des RegE: BT-Drs. VI/1786, S. 43.

663 Diese Vorschriften gelten auch für den Gesamt- und den Konzernbetriebsrat, BT-Drs. VI/1786, S. 39.

664 DKK/*Wedde*, § 27 Rn. 26; *Fitting*, § 27 Rn. 54, § 28 Rn. 6; GK/*Raab*, § 27 Rn. 49; HSWG/*Glock*, § 27 Rn. 35; Richardi/*Thüsing*, § 27 Rn. 38, § 28 Rn. 20.

665 DKK/*Wedde*, § 27 Rn. 36; *Fitting*, § 28 Rn. 9; GK/*Raab*, § 28 Rn. 15

666 *Fitting*, § 28 Rn. 28; GK/*Raab*, § 28 Rn. 31; HSWG/*Glock*, § 28 Rn. 9; *Keßler*, S. 136; Richardi/*Thüsing*, § 28 Rn. 11.

667 BAG AP Nr. 5 zu § 28 BetrVG 1972 [B III 1d)]; GK/*Raab*, § 28 Rn. 36; *Senne*, BB 1995, 305, 306.

668 *Fitting*, § 28 Rn. 38; GK/*Raab*, § 28 Rn. 36.

Daneben kann der Betriebsrat aber auch Aufgaben auf eigenständige Einrichtungen der Betriebsverfassung übertragen, die neben dem Betriebsrat und unabhängig von diesem existieren. Der Betriebsrat schafft diese Organe also nicht erst, sie bestehen bereits. Hierunter fällt die Übertragung bestimmter Aufgaben auf Arbeitsgruppen gemäß § 28a Abs. 1 S. 3 BetrVG. Entgegen der systematischen Stellung dieser Vorschrift ist die Arbeitsgruppe nämlich kein Unterorgan des Betriebsrats,[669] sondern ein selbstständiges weiteres Organ.[670] Das zeigt sich schon an dem Erfordernis einer Rahmenvereinbarung.[671] Auch die Beauftragung des Gesamt- und des Konzernbetriebsrats, eine Angelegenheit für den (Gesamt-) Betriebsrat zu behandeln, stellt eine Aufgabendelegation auf ein selbstständiges Organ dar.

Der maßgebliche Unterschied zwischen diesen beiden Gruppen im Hinblick auf die Schriftform besteht in Folgendem: Eine Aufgabenübertragung auf ein Unterorgan des Betriebsrats bzw. auf diejenigen Mitglieder des gemeinsamen Ausschusses, die vom Betriebsrat ernannt werden, bedarf nur dann der Schriftform, wenn die Aufgabe *„zur selbstständigen Erledigung"* bzw. *„Entscheidung"* übertragen wird, also die Entscheidungsbefugnis übergeht. Hingegen ist die Schriftform bei der Delegierung von Aufgaben auf selbstständige Einrichtungen der Betriebsverfassung immer angeordnet. Im Fall der Arbeitsgruppen gilt das Schriftformerfordernis nämlich, sobald *„bestimmte Aufgaben"* übertragen werden; beim Gesamt- und Konzernbetriebsrat greift es auch dann, wenn sich der Betriebsrat die Entscheidungsbefugnis vorbehält. Dazu passt auch, dass in kleineren Betrieben, die einen Betriebsrat von weniger als neun Mitgliedern haben, gemäß § 27 Abs. 3 BetrVG eine Delegationsbefugnis auf den Betriebsratsvorsitzenden oder ein anderes Mitglied besteht; diese ist jedoch beschränkt auf die laufenden Angelegenheiten. Für diesen Fall hat der Gesetzgeber keine Form angeordnet; die Übertragung ist auch formlos wirksam.[672] Vergleichbares gilt für den Sprecherausschuss, der ebenfalls formlos laufende Geschäfte auf den Vorsitzenden oder andere Mitglieder übertragen kann, § 11 Abs. 3 SprAuG.

Entsprechende Regelungen finden sich im SprAuG für die Beauftragung des Gesamtsprecherausschusses (§ 18 Abs. 2 S. 1 und S. 3 SprAuG und des Konzernsprecherausschusses (§ 23 Abs. 2 S. 1 und S. 3 SprAuG). Im SprAuG lautet der Wortlaut: *„Der Sprecherausschuss kann mit der Mehrheit der Stimmen sei-*

---

669 *Leßmann/Liersch*, DStR 2001, 1302, 1306.

670 Zu deren Selbstständigkeit: *Bauer*, NZA 2001, 375, 379; *Natzel*, DB 2001, 1362, 1362; *Raab*, NZA 2002, 474, 475; *Reichold*, NZA 2001, 857, 862; *Richardi*, NZA 2001, 346, 351.

671 *Reichold*, NZA 2001, 857, 862.

672 *Fitting*, § 27 Rn. 91; HSWG/*Glock*, § 27 Rn. 65; Richardi/*Thüsing*, § 27 Rn. 75.

ner Mitglieder ... schriftlich beauftragen, eine Angelegenheit für ihn zu behandeln.“

2. Meinungsstand zum Inhalt der Schriftformgebote

Soweit Rechtsprechung und Schrifttum überhaupt eine Notwendigkeit annehmen, den Inhalt der Formgebote der § 27 Abs. 2 S. 3 BetrVG, § 28a Abs. 1 S. 3[673] näher zu bestimmen,[674] wird für sämtliche Aufgabenübertragungen bzw. Beauftragungen eine eigenhändige Unterschrift des Betriebsratsvorsitzenden unter den schriftlich niedergelegten Übertragungsbeschluss gefordert.[675] Teilweise wird insoweit auch ausdrücklich auf die Definition des § 126 Abs. 1 BGB Bezug genommen.[676] *U. Fischer* hingegen hält eine Unterschrift für verzichtbar. Die Willensentscheidung des Betriebsrats sei auch dann nachvollziehbar, wenn der Beschluss lediglich schriftlich abgefasst sei.[677] Nur vereinzelt finden sich Stellungnahmen zur Frage der elektronischen Form. Soweit deren Zulässigkeit bejaht wird, wird dieses Ergebnis mit § 126 Abs. 3 BGB begründet.[678]

Während das Schriftformerfordernis also unabhängig davon, ob es sich um eine Übertragung auf ein Unterorgan des Betriebsrats oder um die Beauftragung eines selbstständigen Organs handelt, als Forderung nach einer eigenhändigen Unterschrift des Betriebsratsvorsitzenden verstanden wird, wird für die Frage des

---

673 Die Begründung der Bundesregierung zum BetrVerf-Reformgesetz enthält im Hinblick auf die Schriftformanordnung in § 28a keine näheren Ausführungen zu deren Inhalt, sondern wiederholt lediglich den Wortlaut des Entwurfs, BT-Drs. 14/5741, S. 40.

674 Viele Stimmen begnügen sich auch hier mit dem Gesetzeswortlaut, wonach die Übertragung der Schriftform bedürfe, so z. B. ArbG Essen NZA-RR 2004, 361, 362; *Behne,* AiB 1990, 321, 323; *Brill,* AuR 1983, 169, 173; DKK/*Wedde,* § 27 Rn. 35; *Ehrich,* AuR 1993, 68, 68; ErfK/*Eisemann,* § 27 BetrVG Rn. 7; *Franzen,* ZfA 2001, 423, 433; HSWG/*Glock,* § 27 Rn. 57; *Lenz,* AiB 1998, 71, 73; *Richardi,* NZA 2001, 346, 351; *Schaub,* ZTR 2001, 437, 440.

675 DKK/*Wedde,* § 28a I 3 Rn. 50; *Fitting,* § 27 Rn. 83; § 50 Rn. 64; *Galperin/Löwisch,* § 27 Rn. 35; GK/*Kreutz,* § 50 Rn. 59; Grosjean, NZA-RR 2005, 113, 117; *Keßler,* S. 120; Richardi/*Annuß,* § 50 Rn. 60; Richardi/*Thüsing,* § 27 Rn. 62, § 28 Rn. 8; *Thüsing,* ZTR 2002, 3, 5; *Wedde,* AuR 2002, 122, 125.

676 DKK/*Trittin,* § 50 Rn. 67; GK/*Raab,,* § 27 Rn. 74, § 28a Rn. 30; *Grotkamp,* S. 155; *Müller, St.,* S. 167; *Raab,* NZA 2002, 474, 478; *Tüttenberg,* S. 81.

677 AiB 1999, 390, 392; soweit *Fischer* weiter argumentiert, die Entbehrlichkeit der Unterzeichnung ergebe sich auch daraus, dass sie im Gegensatz zu § 34 Abs. 1 S. 2 nicht ausdrücklich vorgeschrieben sei, wurde bereits oben dargelegt, dass dieser Unterschied im Wortlaut keinen tragfähigen Ansatzpunkt bietet.

678 GK/*Kreutz,* § 50 Rn. 59; GK/*Raab,* § 27 Rn. 74; *Raab,* NZA 2002, 474, 478; Richardi/*Annuß,* § 50 Rn. 60; *Tüttenberg,* S. 81.

Zugangs des Delegationsbeschlusses unterschieden: So soll es bei der Übertragung von Aufgaben auf ein Organe des Betriebsrats ausreichen, den Delegationsbeschluss in eine formgerechte Sitzungsniederschrift bzw. Geschäftsordnung aufzunehmen.[679] Im Hinblick auf die Aufnahme in die Sitzungsniederschrift ist lediglich strittig, ob die geforderte Unterschrift eines weiteren Betriebsratsmitglieds für die Einhaltung des Formerfordernisses erforderlich ist.[680] Etwas anderes soll nach überwiegender Ansicht gelten für die Delegation von Befugnissen auf selbstständige betriebsverfassungsrechtliche Organe. Die Aufnahme in die Sitzungsniederschrift genüge hier nicht, da es sich um unabhängige Organe handele, denen der schriftliche Übertragungsbeschluss zugehen müsse.[681] Anderer Ansicht ist *Löwisch,* der es auch bei der Übertragung von Aufgaben auf eine Arbeitsgruppe für ausreichend hält, wenn der Beschluss in einer gemäß § 34 Abs. 1 BetrVG formgerechten Sitzungsniederschrift enthalten ist.[682]

Im Hinblick auf den Inhalt des Übertragungsbeschlusses herrscht Einigkeit dahingehend, dass die Aufgaben, die delegiert werden, möglichst eindeutig und vollständig bezeichnet sein müssen.[683]

Bei Nichteinhaltung der Form soll der Übertragungsbeschluss unwirksam sein, was teilweise ohne weitere Herleitung behauptet,[684] teilweise mit analoger Anwendung von § 125 S. 1 BGB begründet[685], von *Raab* direkt auf § 125 S. 1 BGB gestützt wird. *Raab* begründet seine Ansicht damit, dass es sich bei dem

---

679 Formgerechte *Niederschrift* reiche: ArbG Essen NZA-RR 2004, 361, 362; *Bulla,* Anm. zu BAG AP Nr. 1 zu § 28 BetrVG 1972 [II 2d)]; DKK/*Wedde,* § 27 Rn. 35; *Fitting,* § 27 Rn. 83; *Frauenkron,* § 27 Rn. 8; HSWG/*Glock,* § 27 Rn. 57; Richardi/*Thüsing,* § 27 Rn. 62; Regelung in der *Geschäftsordnung* reiche: BAG AP Nr. 4 zu § 102 BetrVG 1972 [I 2]; AP Nr. 5 zu § 28 BetrVG 1972 [B II 2]; *Fitting,* § 27 Rn. 83; *Galperin/Löwisch,* § 27 Rn. 35; GK/*Raab,* § 27 Rn. 74; HSWG/*Glock,* § 27 Rn. 57; Richardi/*Thüsing,* § 27 Rn. 64.

680 Dafür offenbar: DKK/*Wedde,* § 27 Rn. 35; *Keßler,* S. 120; dagegen: GK/*Raab,* § 27 Rn. 74.

681 *Ehrich,* AuR 1993, 68, 68; *Fitting,* § 27 Rn. 83; GK/*Kreutz,* § 50 Rn. 59; *Grotkamp,* S. 156; Richardi/*Annuß,* § 50 Rn. 60; ebenso für die Arbeitsgruppe: *Tüttenberg,* S. 81, die Mitteilung an die Arbeitsgruppe über die beschlossene Aufgabenübertragung sei eine Wirksamkeitsvoraussetzung für den Übertragungsakt.

682 BB 2001, 1734, 1740.

683 BAG AP Nr. 5 zu § 28 BetrVG 1972 [B II 3]; AP Nr. 6 zu § 27 BetrVG 1972 [B II 1]; DKK/*Wedde,* § 27 Rn. 35; ErfK/*Eisemann,* § 27 BetrVG Rn. 7; *Fitting,* § 27 Rn. 82; GK/*Raab,* § 27 Rn. 73; *Galperin/Löwisch,* § 27 Rn. 35; *Grosjean,* NZA-RR 2005, 113, 117; HSWG/*Glock,* § 27 Rn. 57; Richardi/*Annuß,* § 50 Rn. 61; Richardi/*Thüsing,* § 27 Rn. 62.

684 *Becker,* S. 39; ErfK/*Eisemann,* § 27 BetrVG Rn. 7; *Fitting,* § 27 Rn. 84; HSWG/*Glock,* § 27 Rn. 58; Richardi/*Thüsing,* § 27 Rn. 67.

685 *Behne,* AiB 1990, 321, 323; *Ehrich,* AuR 1993, 68, 68; GK/*Kreutz,* § 50 Rn. 59; *Grotkamp,* S. 155.

Übertragungsbeschluss um eine Willenäußerung mit Außenwirkung handele, durch die eine Rechtsfolge herbeigeführt werde. Daher könne dem Formzweck der Rechtssicherheit nur Genüge getan werden, wenn die Übertragung von der Einhaltung der Form abhänge. Darüber hinaus spreche auch der Wortlaut der Vorschrift für dieses Ergebnis.[686]

Diskussionswürdig ist schließlich noch, ob die Rahmenvereinbarung zwischen Arbeitgeber und Betriebsrat, die nach § 28a Abs. 1 S. 1 2. HS BetrVG Voraussetzung für eine Übertragung von Aufgaben auf Arbeitsgruppen ist, ebenfalls der Schriftform bedarf. Teile des Schrifttums gehen mit unterschiedlichen Argumenten von einer entsprechenden Formbedürftigkeit aus.[687] *Thüsing* stützt sich dabei auf ein Argument *a maiore ad minus*, indem er ausführt, dass – wenn die Übertragung schriftlich erfolgen müsse – dies erst recht für die Rahmenvereinbarung gelten müsse.[688] Die Diskussion um das Formerfordernis verläuft teilweise auch entlang der Front zwischen denjenigen Vertretern, die davon ausgehen, dass Rahmenvereinbarungen immer als freiwillige Betriebsvereinbarung abgeschlossen werden müssen[689], und denjenigen, die auch eine Regelungsabrede für zulässig halten.[690]

II. Zwecke des Schriftformerfordernisses für die Aufgabendelegation

1. Klarstellungsfunktion

Die Schriftform für den Übertragungsbeschluss verfolgt aus Gründen der Rechtssicherheit in erster Linie Klarstellungszwecke.[691] Auf die Rechtssicherheit stellen auch das BAG[692] sowie der Ausschuss für Arbeit und Sozialordnung ab, auf dessen Intervention erst das Formerfordernis in den §§ 50 Abs. 2 S. 3 und 58 Abs. 2 S. 3 BetrVG aufgenommen wurde.[693] *U. Fischer* stellt die Autorisierung von

---

686 GK/*Raab*, § 27 Rn. 75; *Raab*, FS-Konzen, S. 719, 730; ebenso: *Keßler*, S. 126.

687 *Löwisch*, BB 2001, 1734, 1740; Richardi/*Thüsing*, § 28a Rn. 23; *Thüsing*, ZTR 2002, 3, 5; *Wedde*, AuR 2002, 122, 124.

688 Ebd.

689 *Wedde*, AuR 2002, 122, 123, hält also die Formanordnung des § 77 Abs. 2 BetrVG für einschlägig.

690 *Blanke*, RdA 2003, 140, 141; *Malottke*, AiB 2001, 625, 626; *Müller, St.*, S. 168; *Natzel*, DB 2001, 1362, 1362; *Raab*, NZA 2002, 474, 477; *Schaub*, ZTR 2001, 437, 439.

691 *Grotkamp*, S. 155.

692 AP Nr. 5 zu § 28 BetrVG 1972 [B II 3]; AP Nr. 6 zu § 27 BetrVG 1972 [B II 1]; zustimmend: ErfK/*Eisemann*, § 27 BetrVG Rn. 7.

693 Zu BT-Drs. VI/2729, S. 26.

Vertreterhandeln in den Vordergrund.[694] Ähnlich argumentiert *Raab,* es solle keine Unsicherheit darüber auftreten, ob der Handelnde ermächtigt ist oder nicht.[695] In der Begründung zum Entwurf der Bundesregierung für das BetrVG 1972 ist insoweit zu lesen, dass die Schriftform in § 27 Abs. 2 S. 3 BetrVG wegen der weitreichenden Bedeutung einer Aufgabenübertragung durch den Betriebsrat angeordnet werde.[696]

Die inhaltliche Klarstellung spielt für die Aufgabendelegation tatsächlich eine entscheidende Rolle. Hierfür sind drei Gesichtspunkte entscheidend:

Erstens erhält das Organ, auf das Aufgaben übertragen werden bzw. das beauftragt wird, betriebsverfassungsrechtliche Kompetenzen, die ihm anderenfalls nicht zustünden. Durch die Delegation wird demnach die gesetzliche Kompetenzordnung des BetrVG modifiziert.[697] Da sich also die Kompetenzen nicht aus dem BetrVG ableiten lassen, ist der Delegationsbeschluss die einzige Grundlage, um die Tatsache der Delegation sowie deren Umfang und Grenzen bestimmen zu können. Gegen die Bedeutung der inhaltlichen Klarstellung spricht auch nicht, dass der Betriebsrat befugt ist, die Delegation jederzeit zu widerrufen,[698] Denn bis zu diesem Widerruf ist jedenfalls das andere Organ kompetent und kann Entscheidungen treffen.[699] Die Erkennbarkeit des Umfangs spielt auch deswegen eine Rolle, weil die Aufgabenübertragung nur innerhalb bestimmter Grenzen zulässig ist: Bei der Delegation auf Unterorgane gilt, dass der Betriebsrat sich nicht sämtlicher Aufgaben erledigen darf;[700] bei der Delegation auf die Arbeitsgruppe muss sich die Übertragung in den Grenzen der Rahmenvereinbarung bewegen und die Aufgaben müssen mit den von der Arbeitsgruppe zu erfüllenden Aufgaben in Zusammenhang stehen.[701] Der Gesamt- und der Konzernbetriebsrat schließlich darf nur mit einzelnen Angelegenheiten beauftragt werden.[702] Die Einhaltung der Form dient also auch dazu, die Prüfung zu erleichtern, ob diese Grenzen eingehalten sind.

---

694 *Fischer, U.*, AiB 1999, 390, 392.

695 GK/*Raab*, § 27 Rn. 73.

696 BT-Drs. VI/1786, S. 39.

697 Darauf, dass die Kompetenzordnung des BetrVG möglichst lückenlos und überschneidungsfrei sein muss, weist besonders hin *Rieble*, RdA 2005, 26, 27.

698 Bei der Beauftragung des Gesamt- bzw. Konzernbetriebsrats ist jedoch umstritten, ob der (Gesamt)Betriebsrat einen sachlichen Grund für den Widerruf benötigt; dafür: *Behrens/Kramer*, DB 1994, 94, 95; dagegen: *Ehrich*, AuR 1993, 68, 69.

699 *Rieble*, RdA 2005, 26, 26.

700 BAG AP Nr. 1 zu § 28 BetrVG 1972; AP Nr. 5 zu § 28 BetrVG 1972; AP Nr. 6 zu § 27 BetrVG 1972; *Fitting*, § 27 Rn. 78; GK/*Raab*, § 27 Rn. 70

701 DKK/*Wedde*, § 28a Rn. 30; GK/*Raab*, § 28a Rn. 23.

702 BAG AP Nr. 102 zu § 99 BetrVG 1972; *Fitting*, § 50 Rn. 65; GK/*Kreutz*, § 50 Rn. 65; *Rieble*, RdA 2005, 26, 29.

Zweitens hat die Delegation bei den vom Gesetz für formbedürftig erklärten Übertragungsbeschlüssen auch immer eine Außenwirkung. Im Falle der Übertragung von Aufgaben zur selbstständigen Erledigung wird der Delegationsempfänger nach außen vertretungsbefugt,[703] während der (Gesamt)Betriebsrat seine Zuständigkeit für den betreffenden Aufgabenbereich verliert. Es besteht also keine konkurrierende Zuständigkeit des übertragenden Organs.[704] Das gilt auch für die Übertragung auf den Betriebsausschuss, obwohl der Betriebsrat nach herrschender Meinung – ohne die Delegation insgesamt zu widerrufen – Aufgaben im Einzelfall wieder an sich ziehen und selbst erledigen kann.[705] Denn diese Möglichkeit besteht jedenfalls nur, solange etwa der Beschluss des Betriebsausschusses noch keine Außenwirkung entfaltet hat.[706] Dasselbe gilt aber auch dann, wenn Aufgaben auf ein vom Betriebsrat unabhängiges Organ übertragen werden, ohne dass dieses gleichzeitig Entscheidungs- und Vertretungsbefugnis erhält (§§ 28a Abs. 1, 50 Abs. 2, 58 Abs. 2 BetrVG). Denn derartige Zuständigkeitsverschiebungen haben bereits deswegen Außenwirkung und bewirken eine Verschiebung der Kompetenzordnung, weil nunmehr ein Organ der Betriebsverfassung Aufgaben wahrnimmt, für die es nach der gesetzlichen Regelung nicht zuständig ist. Insoweit kann nicht von einer rein internen Geschäftsführungsmaßnahme des Betriebsrats gesprochen werden, die keiner Klarstellung bedürfte. Da die Mitglieder dieser Organe nicht unmittelbar durch die Betriebsratswahl legitimiert sind, ist es darüber hinaus unbedingt erforderlich, dass sich die Kompetenzen lücken- und zweifellos auf den Betriebsrat zurückführen lassen.

Drittens ist die inhaltliche Klarstellung der Übertragung deswegen bedeutsam, weil anerkanntermaßen fehlende Zuständigkeit ein Grund für die Unwirksamkeit von Beschlüssen ist.[707] Damit bildet der Übertragungsbeschluss bei der Übertragung von Aufgaben zur selbstständigen Erledigung die Grundlage für die Frage, ob Beschlüsse nichtig sind oder nicht. Insoweit bestehen also erhebliche Auswirkungen auf die Rechtssicherheit.

Dass der Gesetzgeber diese Zuständigkeitsverschiebung auch offensichtlich als schwerwiegend eingestuft hat, zeigt sich unter anderem daran, dass er für den

703 GK/*Kreutz*, § 50 Rn. 55.

704 Für den Betriebsausschuss: ArbG Essen NZA-RR 2004, 361, 362; DKK/*Wedde*, § 27 Rn. 36; ErfK/*Eisemann*, § 27 BetrVG Rn. 7; GK/*Raab*, § 27 Rn. 76; HSWG/*Glock*, § 27 Rn. 55; für die Arbeitsgruppe: *Raab*, NZA 2002, 475, 476.

705 ArbG Essen NZA-RR 2004, 361, 362; Richardi/*Thüsing*, § 27 Rn. 65; a. A. HSWG/*Glock*, § 27 Rn. 61 hält es für ausgeschlossen, unter Beibehaltung der Übertragung die Behandlung einzelner Sachverhalte zu entziehen.

706 DKK/*Wedde*, § 27 RN. 36; *Fitting*, § 27 Rn. 71; GK/*Raab*, § 27 Rn. 76; *Stege/Weinspach/Schiefer*, § 27 Rn. 13.

707 *Grosjean*, NZA-RR 2005, 113, 115; *Rieble*, RdA 2005, 26, 27.

Delegationsbeschluss durchweg angeordnet hat, dieser könne nur mit der Mehrheit der Stimmen der (Gesamt-)Betriebsratsmitglieder wirksam gefasst werden, § 27 Abs. 2 S. 2, § 28a Abs. 1 S. 1 1. HS, § 50 Abs. 2 S. 1 und § 58 Abs. 2 S. 1 BetrVG.

Untersucht man die Schutzrichtung der Klarstellungsfunktion, so zeigt sich, dass sie allen Beteiligten sowie der Rechtssicherheit dient: Der (Gesamt-)Betriebsrat soll deutlich erkennen können, welche Kompetenzen er übertragen hat. Ebenso muss auch das Organ, auf das die Zuständigkeit übergegangen ist, erkennen können, dass es zusätzliche Kompetenzen erhalten hat und um welche es sich handelt. Schließlich wirkt die Klarstellungsfunktion auch zugunsten des Arbeitgebers. Zwar wird überwiegend angenommen, dass der Übertragungsbeschluss unabhängig davon wirksam ist, ob er dem Arbeitgeber mitgeteilt wurde.[708] Für eine Schutzfunktion zugunsten des Arbeitgebers spricht jedoch dennoch, dass dieser nach herrschender Meinung verlangen kann, dass ihm der Beschluss nachgewiesen wird.[709] Darüber hinaus muss er sich jedenfalls die Übertragung nicht entgegenhalten lassen, solange sie ihm nicht mitgeteilt wurde.[710] Dafür dass durch die Formanordnung auch der Arbeitgeber geschützt werden soll, spricht im Übrigen, dass er von der Kompetenzübertragung unmittelbar betroffen ist. Denn nach einer wirksamen Delegation muss er sich in allen Fällen, in denen er den Betriebsrat unterrichten oder diesen beteiligen muss, an den Delegationsempfänger wenden.[711] Insbesondere in den Fällen, in denen der Betriebsrat Aufgaben auf ein selbstständiges Organ überträgt, das neben ihm selbst existiert, muss sich der Arbeitgeber vor Kontaktaufnahme über den Bestand und den Umfang der Vertretungsmacht informieren können.[712]

Daraus dass die Delegation nicht bekannt gemacht werden muss, kann in Wahrheit ohnehin nichts abgeleitet werden. Denn auch hier – ebenso wie bei den betriebsverfassungsrechtlichen Vereinbarungen – ist streng zu trennen zwischen der Kundgabefunktion und der Klarstellungsfunktion der Schriftform. Die Kundgabefunktion wird von der Schriftform ohnehin nicht erfüllt. Und auch wenn der Übertragungsbeschluss für seine Wirksamkeit keiner Kundgabe bedarf, muss

---

708 BAG AP Nr. 1 zu § 28 BetrVG 1972 [II 3]; *Fitting*, § 27 Rn. 85; HSWG/*Glock*, § 27 Rn. 59; Richardi/*Thüsing*, § 27 Rn. 63; teilweise wird hingegen aus § 2 Abs. 1 BetrVG gefolgert, dass der Betriebsrat verpflichtet sei, den Arbeitgeber zu informieren. HSWG/*Glock*, § 27 Rn. 59a; *Keßler*, S. 123.

709 DKK/*Wedde*, § 27 Rn. 40; Richardi/*Thüsing*, § 27 Rn. 63.

710 DKK/*Wedde*, ebenda; *Fitting*, § 27 Rn. 85; GK/*Raab*, § 27 Rn. 80; HSWG/*Glock*, § 27 Rn. 59a; Richardi/*Thüsing*, ebenda.

711 *Fitting*, § 27 Rn. 82; *Raab*, FS-Konzen, S. 719, 729.

712 Für die Beauftragung des Gesamtbetriebsrats: *Behrens/Kramer*, DB 1994, 94, 94.

doch der Inhalt und der Abschluss der Delegation einmal klargestellt werden, damit eine spätere Überprüfung auch durch den Arbeitgeber möglich ist.

2. Beweisfunktion

Steht somit im Vordergrund, dass über den Inhalt der Delegation keine Zweifel entstehen, so spielt dennoch auch die Beweisfunktion eine erhebliche Rolle. Die Schriftform soll gewährleisten, dass die Legitimation des (Unter-)Organs nachweisbar ist.[713] Denn es reicht gerade nicht aus, dass der Inhalt der Delegation einmal festgeschrieben ist; für sämtliche Beteiligten besteht auch die Notwendigkeit, dass Tatsache und Inhalt der Delegierung dauerhaft bewiesen werden können. Denn sie wirkt in die Zukunft, sodass es zu Zuständigkeitsstreitigkeiten während der gesamten Amtszeit des Betriebsrats kommen kann. Darüber hinaus folgt das Beweisinteresse aus den erheblichen Rechtswirkungen der Übertragung bzw. Beauftragung. Derjenige, der sich auf den Delegationsbeschluss berufen will, hat also ein Interesse daran, nachweisen zu können, dass der Beschluss tatsächlich vom Betriebsrat autorisiert ist und auch inhaltlich von diesem stammt (Identitäts- und Echtheitsfunktion).

3. Warnfunktion

Umstritten ist hingegen, ob auch die Warnfunktion für die Formgebote eine maßgebliche Rolle spielt. Einige Stimmen im Schrifttum halten diese Formfunktion für einschlägig; dem übertragenden Betriebsrat solle die Bedeutung der Delegation vor Augen geführt werden.[714] Er solle sich darüber Rechenschaft ablegen müssen, welche Aufgaben er übertragen will und welche Aufgaben der Behandlung im Plenum vorbehalten sein sollen. Dieser Einschätzung wird jedoch entgegengesetzt, dass die Schriftformanordnung eine Warnfunktion nicht erfüllen könne, da sie den bereits getroffenen Beschluss betreffe und nicht die Art und Weise seines Zustandekommens. Zudem müsse nur der Betriebsratsvorsitzende und nicht sämtliche Betriebsratsmitglieder unterzeichnen.[715]

Dieser letztgenannten Ansicht ist zuzustimmen. Denn das Schriftformerfordernis besteht in seiner strengsten Auslegung nur darin, dass der Betriebsratsvorsitzende den Übertragungsbeschluss unterzeichnen muss. Zu diesem Zeitpunkt kann eine Warnfunktion nicht mehr zum Tragen kommen.

---

713 GK/*Raab*, § 27 Rn. 73; *Tüttenberg*, S. 81 schreibt ohne nähere Darlegungen, das Schriftformerfordernis in § 28a Abs. 1 S. 3 BetrVG diene der Beweissicherung.

714 BAG AP Nr. 6 zu § 27 BetrVG 1972 [B II 1]; GK/*Raab*, § 27 Rn. 73.

715 *Raab*, FS-Konzen, S. 719, 729.

Im Hinblick auf den Inhalt der Formgebote sind vier Fragen zu klären: Erstens was *„Schriftform"* im Rahmen der Delegation bedeutet, zweitens welche Zugangserfordernisse bestehen, drittens die Rechtsfolgen der Formnichtigkeit und viertens das Sonderproblem der Formbedürftigkeit von Rahmenvereinbarungen gemäß § 28a BetrVG.

Vorab soll jedoch klargestellt werden, dass sich die Formanordnungen jeweils auf den Übertragungsbeschluss beziehen.[716] Dass diese Ansicht zutrifft, ergibt sich zunächst daraus, dass die Bundesregierung in ihrer Begründung zum Entwurf eines BetrVG zu § 27 BetrVG ausführt, dass der Übertragungs*beschluss* der Schriftform bedürfe.[717] Darüber hinaus ist eine Mitteilung ohnehin nur dann erforderlich, wenn ein selbstständiges Organ Aufgaben erhält; es wäre nicht einzusehen, warum die Schriftformanordnung dennoch in allen Fällen gleich formuliert ist, bzw. meist sogar lediglich durch Verweisung auf § 27 Abs. 2 S. 3 geregelt ist. Soweit der Beitrag *Malottkes* zur Aufgabenübertragung auf Arbeitsgruppen[718] so verstanden wird, als halte sie für die Aufgabenübertragung selbst die Einhaltung der Schriftform für nicht erforderlich, sondern nur für die Mitteilung,[719] ist ohnehin fraglich, ob sie nicht missverstanden wird. Nach hiesigem Verständnis unterscheidet sie zwar tatsächlich zwischen dem Übertragungsbeschluss und der Übertragung, also der Mitteilung an die Arbeitsgruppe, führt dann aber aus, dass beides schriftlich erfolgen müsse.

1. Auslegung des Begriffs „Schriftform"

Die Auslegung der Formanordnungen unter Berücksichtigung der soeben ermittelten Formzwecke stützt die Auffassung der herrschenden Meinung, wonach der Übertragungsbeschluss vom Betriebsratsvorsitzenden eigenhändig unterzeichnet sein muss.

Zwar könnten Inhalt und Umfang der Übertragung bzw. Beauftragung auch dadurch klargestellt werden, dass der Übertragungsbeschluss lediglich lesbar niedergelegt ist. Bei dieser Vorgehensweise wäre jedoch nicht klar erkennbar, ob diese Delegierung tatsächlich auf einem Betriebsratsbeschluss beruht. Durch die Unterschrift des Betriebsratsvorsitzenden wird demnach die Klarstellung befördert: Der Betriebsratsvorsitzende bestätigt auf diese Weise, dass ein entsprechen-

716 So die ganz herrschende Meinung: DKK/*Wedde*, § 28a Rn. 50; *Fitting*, § 28a Rn. 22; GK/*Raab*, § 28a Rn. 30.

717 BT Drs. VI/1786, S. 39.

718 AiB 2001, 625, 626.

719 So DKK/*Wedde*, § 28a Rn. 50; *Fitting*, § 28a Rn. 22; GK/*Raab*, § 28a Rn. 30.

der Beschluss gefasst wurde und übernimmt letztlich mit seiner Unterschrift die Verantwortung für die richtige Wiedergabe des Übertragungsbeschlusses. Die Rechtsklarheit erfordert daher eine Autorisierung. Darüber hinaus führt die eigenhändige Unterschrift auch zur dauerhaften Nachweisbarkeit, dass der Betriebsratsvorsitzende tatsächlich diese Erklärung abgegeben und damit erklärt hat, ein bestimmter, inhaltlich feststehender Delegationsbeschluss sei gefasst worden.

Sofern in den Fällen, in denen der Betriebsrat Befugnisse nur auf eigene Unterorgane oder eigene Mitglieder überträgt, der Beschluss in einer Sitzungsniederschrift aufgenommen ist, ist die in § 34 Abs. 1 S. 2 vorgeschriebene zweite Unterschrift nicht Voraussetzung zur Erfüllung der Schriftform. Denn soweit die Aufnahme in die Sitzungsniederschrift für ausreichend erklärt wird, kommt es nicht darauf an, dass es sich gerade um eine formgerechte Niederschrift handelt. Es geht vielmehr ausschließlich darum, dass auch so das in § 27 Abs. 2 S. 3 BetrVG enthaltene Formerfordernis erfüllen werden kann, da das Gesetz für die Sitzungsniederschrift sogar zwei Unterschriften verlangt. Das so verstandene Schriftformerfordernis bezieht sich auch auf den Inhalt des Übertragungsbeschlusses, der Inhalt und Umfang der Delegation hinreichend deutlich festschreiben muss. Denn sämtliche oben dargestellten Formzwecke können nur erreicht werden, wenn der Übertragungsbeschluss insoweit eindeutig ist.[720]

Die Schriftformgebote sind also als gesetzliche Schriftform im Sinne des § 126 BGB zu verstehen. Denn der Gesetzgeber des BetrVG wollte die in dieser Vorschrift niedergelegten Anforderungen beim Übertragungsbeschluss gewahrt sehen. Die eigenhändige Unterschrift kann gemäß §§ 126 Abs. 3, 126a BGB durch die elektronische Form ersetzt werden, da auf diese Weise Klarstellungs- und Beweisfunktion nicht gefährdet werden.

2. Zugang der formgerechten Urkunde

a) Erforderlichkeit des Zugangs des Delegationsbeschlusses

Damit ist zu klären, ob der Übertragungsbeschluss dem Delegationsempfänger zugehen muss und wenn ja, in welcher Form. Werden Aufgaben auf ein selbstständiges Organ delegiert, ist es zur Erreichung der Klarstellungsfunktion unerlässlich, dass diesem Organ der Übertragungsbeschluss auch bekannt wird. Denn der Beschluss bewirkt – wie dargelegt – eine Verschiebung der Zuständigkeit. Das Organ kann seine zusätzlichen Aufgaben aber nur wahrnehmen, wenn ihm diese mitgeteilt werden. Dieser Gesichtspunkt gilt jedoch nur für die neben dem

720 GK/*Raab*, § 27 Rn. 75; *Müller, St.*, S. 167 (zu § 28a BetrVG).

Betriebsrat bestehenden Organe und nicht für den Betriebsausschuss und die weiteren Ausschüsse, da die Mitglieder dieser Unterorgane gleichzeitig Mitglieder des Betriebsrats sind. Damit muss der Übertragungsbeschluss den selbstständigen Organen, die Delegationsempfänger sind, zugehen, wie die ganz überwiegende Meinung zutreffend annimmt.

b) Zugang der Originalurkunde

Soweit ersichtlich wird nicht diskutiert, welche Anforderungen an den Zugang zu stellen sind. Im Lichte der Formzwecke ist hierzu Folgendes zu sagen: Eine mündliche Mitteilung ist nicht zulässig, da insoweit die Klarstellungsfunktion nicht hinreichend erreicht wird. Dem Delegationsempfänger wird nicht auf Dauer nachlesbar deutlich gemacht, für welche zusätzlichen Aufgaben er von nun an zuständig ist. Diese auf den Inhalt bezogene Klarstellung könnte hingegen durch den Zugang eines der Textform entsprechenden Dokuments erreicht werden: Etwa durch eine E-Mail stünden Inhalt und Umfang der Übertragung dauerhaft nachlesbar zur Verfügung. Zu klären ist daher, ob die Unterschrift oder wenigstens die originalgetreue Abbildung der Unterschrift gegenüber der reinen Textform einen Mehrwert bietet. Der Delegationsempfänger muss die Möglichkeit haben, schnell und mit relativer Sicherheit prüfen zu können, dass tatsächlich ein entsprechender Übertragungsbeschluss gefasst wurde und er von nun an zuständig ist. Vor eigenem Tätigwerden muss er also ausreichende Rechtssicherheit haben. Daher kann nicht vollständig auf eine Unterschrift auf dem Dokument, das dem Delegationsempfänger zugeht, verzichtet werden. Umgekehrt genügt aber eine originalgetreue Abbildung in Form eines Telefaxes, eines kopierten oder eingescannten Dokuments. Anhand dessen kann das Organ mit hinreichender Sicherheit erkennen, dass der Betriebsratsvorsitzende erklärt hat, dass ein entsprechender Beschluss gefasst wurde. Der Zugang des Originals würde nur unwesentlich mehr Rechtssicherheit bieten und darüber hinaus wäre der übertragende (Gesamt)Betriebsrat gezwungen, dieses Dokument aus der Hand zu geben, was seine eigene Beweisposition verschlechtern würde. Der Zulässigkeit einer Übermittlung per Telefax steht auch nicht entgegen, dass mit dieser Art der Übermittlung einer Erklärung die Warnfunktion nicht vollständig erfüllt wird, da das Originaldokument nicht aus den Händen gegeben wird. Denn bei den Formanordnungen für die Delegationsbeschlüsse ist – wie oben dargestellt – ohnehin keine Warnfunktion einschlägig und dies erst recht nicht zu dem Zeitpunkt, zu dem die Erklärung abgegeben wird. Denn der Beschluss legt die Übertragung bereits fest, und daran anschließend kann die übermittelnde Person nicht mehr selbstständig entscheiden, ob die Erklärung zugehen soll oder nicht.

Der Zugang des Originaldokuments ist damit nicht erforderlich.

3. Rechtsfolge bei Nichteinhaltung der Formgebote

Auch im Hinblick auf die Rechtsfolgen einer formnichtigen Übertragung ist der herrschenden Meinung zuzustimmen: Die Übertragung ist unwirksam. Denn die oben abgeleitete Klarstellungs- und Beweisfunktion dient der Rechtssicherheit; es soll also feststehen, welches Organ für welche Aufgaben zuständig ist. Diese Rechtssicherheit kann aber nur erreicht werden, wenn nicht formgerechten Übertragungsbeschlüssen die Rechtswirkung abgesprochen wird. Damit ist die Form eine Wirksamkeitsvoraussetzung für den Beschluss. Dieses Ergebnis folgt unmittelbar aus § 125 BGB.

4. Die Formbedürftigkeit für Rahmenvereinbarungen nach § 28a Abs. 1 S. 1 BetrVG

Abschließend ist noch die Formbedürftigkeit der Rahmenvereinbarung, die dem Übertragungsbeschluss nach § 28a BetrVG zugrunde liegen muss, zu betrachten. Dabei ist zunächst das in der Literatur vorgebrachte Argument, das Formerfordernis folge aus § 77 Abs. 2 BetrVG, auf seine Stichhaltigkeit zu untersuchen. Anschließend ist zu klären, ob die Schriftformanordnung für die Übertragungsbeschlüsse wegen der vergleichbaren Interessenlage auf die Rahmenvereinbarung zu übertragen ist.

a) Formbedürftigkeit gemäß § 77 Abs. 2 BetrVG

Bei näherer Betrachtung zeigt sich, dass die Formbedürftigkeit für sämtliche Rahmenvereinbarungen nicht aus § 77 Abs. 2 BetrVG abgeleitet werden kann. Denn diese Argumentation wäre nur dann richtig, wenn die Rahmenvereinbarung zwingend in Form einer Betriebsvereinbarung abgeschlossen werden müsste. Tatsächlich ist jedoch den Stimmen zuzustimmen, die auch eine Regelungsabrede für zulässig halten.[721] Diese Verständnis liegt bereits angesichts des Wortlauts der Vorschrift nahe, in der von einer Rahmenvereinbarung und eben nicht von einer Betriebsvereinbarung gesprochen wird. Darüber hinaus ergibt sich dieser Schluss jedoch auch aus dem Inhalt der Rahmenvereinbarung: § 28a BetrVG setzt nur voraus, dass in dieser zwischen Arbeitgeber und Betriebsrat der Rahmen für eine zukünftige Aufgabenübertagung abgesteckt ist. Sie betrifft folglich nur das Verhältnis zwischen den Betriebsparteien. Hingegen muss eine Betriebsvereinbarung nur dann abgeschlossen werden, wenn die in § 77 Abs. 4 BetrVG beschriebenen Wirkungen eintreten sollen, also eine unmittelbare und zwingende

721 Siehe für Nachweise oben Fn. 690.

Wirkung für Dritte gewollt ist.[722] Die Argumentation bei *Fitting*, wonach einerseits aus Gründen der Rechtssicherheit die Form einer Betriebsvereinbarung erforderlich sei, damit Inhalt und Umfang feststünden, sowie andererseits deswegen, weil nur die Betriebsvereinbarung normative Wirkung habe,[723] ist missverständlich. Denn erstens trifft es nicht zu, dass nur Betriebsvereinbarungen schriftlich niedergelegt werden *dürfen*, vielmehr ist diese Form auch für schlichte Regelungsabreden nicht verboten;[724] andererseits kommt es auf die der Betriebsvereinbarung innewohnende normative Wirkung nicht an.

b) A maiore ad minus – Schluss oder Analogie

Aber auch aus der Formbedürftigkeit des Übertragungsbeschluss kann nicht abgeleitet werden, dass dieses *a maiore ad minus* auch für die Rahmenvereinbarung gelten müsse. Denn durch die Rahmenvereinbarung wird noch nichts Endgültiges entschieden, vielmehr wird lediglich die Möglichkeit für den Betriebsrat eröffnet, Aufgaben auf die Arbeitsgruppe zu übertragen. Ob er von dieser allgemeinen Ermächtigung Gebrauch macht, bleibt ihm überlassen. *Raab* spricht insoweit treffend von einer bloßen *„Ermächtigungsgrundlage"*.[725] Darüber hinaus ist zu beachten, dass eine Übertragung von Aufgaben auf eine Arbeitsgruppe nur für bestimmte Aufgaben erfolgen kann; es ist also nicht zulässig, bereits in der Rahmenvereinbarung die Übertragungsbeschlüsse vorwegzunehmen.[726] Insbesondere ändert auch die Rahmenvereinbarung nichts daran, dass der Betriebsrat die Kontrolle über die Befugnisse der Arbeitsgruppe behält. Er kann die Aufgabenübertragung trotz Rahmenvereinbarung jederzeit widerrufen. Bei der Rahmenvereinbarung handelt es sich also im Verhältnis zur Aufgabenübertragung eher um ein *minus*.

Für eine Analogie fehlt es – neben der nicht vergleichbaren Interessenlage bei Abschluss der Rahmenvereinbarung und bei der Aufgabenübertragung – auch an einer ungeplanten Gesetzeslücke. Denn der Gesetzgeber trennt deutlich zwischen der Rahmenvereinbarung in § 28a Abs. 1 S. 1 2. HS und der formbedürftigen Übertragung in S. 2 und S. 3. Ein Versehen liegt hier umso ferner als die Schriftform nicht lediglich durch eine Verweisung, sondern ausdrücklich geregelt ist.

Im Ergebnis ist daher die Rahmenvereinbarung nach § 28a BetrVG formfrei wirksam, wie es der Wortlaut der Vorschrift auch bereits nahe legt.

722 Siehe generell zur Notwendigkeit, eine Betriebsvereinbarung abzuschließen: GK/*Kreutz*, § 77 Rn. 9.

723 § 28 Rn. 18.

724 Siehe etwa HSWG/*Worzalla*, § 77 Rn. 98.

725 NZA 2002, 474, 476.

726 *Wedde*, AuR 2002, 122, 124.

5. Zusammenfassung

Festzuhalten bleibt damit, dass die in § 27 Abs. 2 S. 3 und § 28a Abs. 1 S. 3 BetrVG geregelte Schriftform für sämtliche Delegationsbeschlüsse Schriftform im Sinne des § 126 BGB meint, soweit es um die Erstellung der Urkunde geht. Inhalt und Umfang der Übertragung müssen in dem formgerechten Übertragungsbeschluss bezeichnet sein. Bei einer Delegation auf ein anderes Organ muss der Beschluss diesem zugehen. Für den Zugang reicht es aus, wenn der Delegationsempfänger eine originalgetreue Abbildung der Urkunde erhält. Im Hinblick auf eine Delegation von Aufgaben auf Arbeitsgruppen ist noch festzuhalten, dass die Rahmenvereinbarung zwischen Arbeitgeber und Betriebsrat nicht formbedürftig ist.

B. Interne Geschäftsführung des Betriebsrats

Die nunmehr zu untersuchenden Formanvorschriften im Zusammenhang mit der internen Geschäftsführung des Betriebsrats betreffen die Sitzungsniederschrift, die Geschäftordnung des Betriebsrats und schließlich die Unterrichtung von im Betriebsrat vertretenen Gewerkschaften über Betriebs- bzw. Abteilungsversammlungen.

I. Die Form der Sitzungsniederschrift nach § 34 BetrVG

1. Überblick und Meinungsstand

Im Hinblick auf die Sitzungsniederschrift enthält das BetrVG gleich mehrere Schriftformvorschriften. Diese betreffen einerseits die äußere Gestaltung der Niederschrift, darüber hinaus das Erfordernis der Aushändigung einer Abschrift des Protokolls an Arbeitgeber oder Gewerkschaften, und schließlich Einwendungen, die gegen die Richtigkeit der Niederschrift erhoben werden. Übergreifend ist zu klären, ob die Formanordnungen dispositiv sind.

a) Äußere Gestaltung der Niederschrift, § 34 Abs. 1 S. 2 und S. 3 BetrVG

Die Formvorschriften für die Niederschrift lassen sich überblicksartig wie folgt zusammenfassen: Gemäß § 34 Abs. 1 S. 2 BetrVG muss die Niederschrift vom Vorsitzenden und einem weiteren Mitglied *„unterzeichnet"* werden; S. 3 bestimmt, dass eine Anwesenheitsliste beizufügen ist, in die sich jeder Teilnehmer

„eigenhändig einzutragen" hat (ebenso: § 13 Abs. 3 SprAuG, § 41 Abs. 1 BPersVG).

Bei der Diskussion um die einzuhaltende Form, beschränkt sich die überwiegende Zahl der Stimmen darauf, den Wortlaut des § 34 Abs. 1 S. 2 BetrVG wiederzugeben, also zu fordern, dass der Betriebsratsvorsitzende und ein weiteres Mitglied die Niederschrift unterzeichnet.[727] Dabei soll es ausreichen, wenn die Niederschrift auf der Grundlage von Notizen, die während der Sitzung gemacht wurden, nachträglich abgefasst wurden. Unzulässig sei demnach eine Niederschrift, die ohne solche Notizen hergestellt wird.[728] Im Schrifttum wird vertreten, dass zwar eine Tonbandaufzeichnung der Betriebsratssitzung zulässig sei, wenn alle zustimmten, dass jedoch wegen der Anordnung der schriftlichen Niederlegung und der Unterschriften diese Aufzeichnung anschließend übertragen werden müsse.[729] Teilweise wird jedoch jedenfalls nicht ausdrücklich die nachträgliche Übertragung in eine lesbare Version gefordert.[730]

Im Hinblick auf die Anwesenheitsliste wird die Anordnung der eigenhändigen Eintragung als Unterschriftserfordernis aufgefasst,[731] soweit nicht schlicht der Wortlaut des § 34 Abs. 1 S. 3 BetrVG wiederholt wird.[732]

b) Abschrift, § 34 Abs. 2 S. 1 BetrVG

Für den Fall, dass der Arbeitgeber oder ein Gewerkschaftsbeauftragter an der Sitzung teilgenommen hat, bestimmt § 34 Abs. 2 S. 1 BetrVG, dass ihm der entsprechende Teil der Niederschrift abschriftlich auszuhändigen ist.
Das Schrifttums geht insoweit davon aus, dass über den Wortlaut der Vorschrift hinaus eine Unterzeichnung (nur) des Betriebsratsvorsitzenden erforderlich sei,[733] da nur so die Richtigkeit der Abschrift bestätigt werde.[734]

c) Einwendungen, § 34 Abs. 2 S. 2 BetrVG

Einwendungen gegen diese Niederschrift können nur unverzüglich *„schriftlich"* erhoben werden und sind der Niederschrift beizufügen (§ 34 Abs. 2 S. 2 BetrVG,

727 ErfK/*Eisemann*, § 34 BetrVG Rn. 3; *Fitting*, § 34 Rn. 18; HSGW/*Glock*, § 34 Rn. 3, 10; Richardi/*Thüsing*, § 34 Rn. 9.
728 LAG Köln LAGE Nr. 2 zu § 33 BetrVG 1972 [II]; NZA-RR 1999, 245, 246.
729 DKK/*Wedde*, § 34 Rn. 7; GK/*Raab*, § 34 Rn. 17.
730 *Fitting*, § 34 Rn. 12; Richardi/*Thüsing*, § 34 Rn. 7.
731 ErfK/*Eisemann*, § 34 BetrVG Rn. 3; *Fitting*, § 34 Rn. 21; GK/*Raab*, § 34 Rn. 19.
732 DKK/*Wedde*, § 34 Rn. 5.
733 DKK/*Wedde*, § 34 Rn. 14; *Fitting*, § 34 Rn. 23; GK/*Raab*, § 34 Rn. 23.
734 GK/*Raab*, § 34 Rn. 23; HSWG/*Glock*, § 34 Rn. 16.

entspricht § 41 Abs. 2 BPersVG). Der Begriff *„Einwendung“* wird so verstanden, dass damit keine Gegenstellungnahmen zu einzelnen Protokollinhalten oder Formulierungen zu verstehen seien.[735]

Zur Frage, welchen Inhalt dieses Schriftlichkeitserfordernis hat, wird nur vereinzelt Stellung genommen. Die meisten Vertreter des Schrifttums begnügen sich mit der Wiedergabe des Wortlauts.[736] Allerdings wird angenommen, dass die Einwendung noch während der folgenden Sitzung mündlich vorgebracht werden könne,[737] und in diesem Fall die Protokollierung der Form genüge.[738] *U. Fischer* schließt aus einem Vergleich des Wortlauts zwischen Absatz 1 und Absatz 2, dass die Einwendung zwar schriftlich dokumentiert werden müsse, aber keiner Unterschrift bedürfe.[739]

2. Formzwecke

a) Zweck des Formgebots für die Niederschrift

Die Niederschrift inklusive der Anwesenheitsliste verfolgt zugunsten der Beteiligten sowie des Rechtsverkehrs eine Klarstellungsfunktion. Diese Gesetzesintention zeigt sich bereits daran, dass § 34 Abs. 1 S. 1 BetrVG den Mindestinhalt der Niederschrift vorgibt; zumindest über die Ergebnisse der Sitzung sollen also nachträgliche Zweifel möglichst vermieden werden.[740] Insbesondere soll der Inhalt der Beschlüsse festgehalten werden sowie die Rechtsgültigkeit der Beschlussfassung einer Überprüfung zugänglich sein, weswegen auch die Stimmenmehrheit in die Niederschrift aufzunehmen ist. Dass für den Gesetzgeber das Ziel größtmöglicher Inhaltsklarheit im Hinblick auf die Ergebnisse der Beschlüsse im Vordergrund stand, zeigt sich daran, dass er die Unterzeichnung durch zwei Betriebsratsmitglieder, nämlich den Vorsitzenden und ein weiteres Mitglied verlangt. Auf diese Weise wird eine erhöhte Richtigkeit gewährleistet. Beide Unterzeichner übernehmen mit ihrer Unterschrift die Verantwortung für die Richtigkeit des Inhalts der Niederschrift.[741]

---

735 Hess. LAG DB 1989, 486, 486; ErfK/*Eisemann,* § 34 BetrVG Rn. 4; *Fitting,* § 34 Rn. 30; a. A. GK/*Raab,* § 34 Rn. 26.

736 So: DKK/*Wedde,* § 34 Rn. 17; ErfK/*Eisemann,* § 34 BetrVG Rn. 4; *Fitting*; § 34 Rn. 30; GK/*Raab,* § 34 Rn. 26; HSWG/*Glock,* § 34 Rn. 19; MüHdb-ArbR/*Joost,* § 307 Rn. 78; Richardi/*Thüsing,* § 34 Rn. 16.

737 ErfK/*Eisemann,* § 34 BetrVG Rn. 4; *Fitting,* § 34 Rn. 31.

738 GK/*Raab,* § 34 Rn. 27.

739 AiB 1999, 390, 393.

740 GK/*Raab,* § 34 Rn. 14.

741 DKK/*Wedde,* § 34 Rn. 11; für § 107 Abs. 2 S. 1 AktG: Hüffer, § 107 Rn. 12.

Dabei zielt diese Schutzfunktion zunächst nur auf die Mitglieder des Betriebsrats ab, da diese gemäß § 34 Abs. 3 BetrVG jederzeit das Recht haben, die Unterlagen des Betriebsrats einzusehen. Für Arbeitgeber und Beauftragte der Gewerkschaft wirkt die Klarstellungsfunktion nur eingeschränkt, da diese eine Abschrift der Niederschrift nur über den Teil der Sitzung erhalten, an dem sie teilgenommen haben (§ 34 Abs. 2 S. 1 BetrVG). Gegen eine (derart eingeschränkte) Schutzfunktion im Hinblick auf den Arbeitgeber spricht auch nicht, dass die Niederschrift als interne Angelegenheit des Betriebsrats anzusehen ist.[742] Denn diese Aussage bedeutet lediglich, dass der Arbeitgeber keinen Einfluss auf die Erstellung der Niederschrift nehmen kann oder diese etwa billigen muss.

Auch die weitere Komponente der Klarstellungsfunktion der Form, nämlich die Abschlussfunktion, spielt eine Rolle. Wie oben dargestellt, ist es in der Praxis üblich, dass die Niederschrift nicht unmittelbar in der Sitzung erstellt wird, sondern anschließend auf der Grundlage von Notizen. Es ist daher erforderlich, den bloßen Entwurf dieser Niederschrift von der endgültigen Version sicher abgrenzen zu können.[743] Das gilt insbesondere, weil in der Praxis häufig der Protokollführer der Sitzung den Entwurf einer Reinfassung erstellt, der anschließend noch vom Betriebsratsvorsitzenden gebilligt werden muss.

Weiterhin muss geklärt werden, ob die Schriftformanordnung einen Beweiszweck verfolgt. Das Schrifttum nimmt das mehrheitlich an und führt aus, dass der Niederschrift gemeinsam mit der Anwesenheitsliste eine Beweisfunktion im Hinblick auf die Rechtsgültigkeit (Stimmenmehrheit und Beschlussfähigkeit) der Beschlüsse zukomme.[744] Gegen einen besonderen Beweiszweck könnte zunächst argumentiert werden, dass der Niederschrift keine konstitutive Bedeutung zukommt. Nach ganz herrschender Ansicht sind die Beschlüsse des Betriebsrats unabhängig von der Niederschrift wirksam.[745] Dass diese Ansicht zutrifft, ergibt sich bereits aus der Systematik des BetrVG: Hinsichtlich der Anforderungen an

---

742 Als interne Angelegenheit bezeichnet sie die Begründung der BReg, BT-Drs. VI/1786, S. 40.

743 Darauf weist für § 107 Abs. 2 S. 1 AktG hin: MüKo-AktG/*Semler*, § 107 Rn. 198.

744 LAG Köln NZA-RR 1999, 245, 246; ErfK/*Eisemann*, § 34 BetrVG Rn. 3; *Fitting*, § 34 Rn. 5, 21; GK/*Raab*, § 34 Rn. 12, 20; *Hässler*, S. 45; MüHdb-ArbR/*Joost*, § 307 Rn. 69; von der Beweisfunktion der Niederschrift über Sitzungen des Aufsichtsrats gemäß § 107 Abs. 2 S. 1 AktG geht auch aus: Hüffer, § 107 Rn. 13, wonach die ordnungsgemäße Niederschrift die tatsächliche Vermutung dafür trage, dass beschlossen wurde wie protokolliert.

745 BAG AP Nr. 10 zu § 80 BetrVG 1972 [III 1]; EzA Nr. 1 zu § 70 BetrVG 1972; DKK/*Wedde*, § 34 Rn. 13; *Fitting*, § 34 Rn. 26; GK/*Raab*, § 34 Rn. 9; HSWG/*Glock*, § 34 Rn. 12; MüHdb-ArbR/*Joost*, § 307 Rn. 56; Richardi/*Thüsing*, § 34 Rn. 20; Zweifel an der Rechtsgültigkeit eines nicht ordnungsgemäß protokollierten Beschlusses äußert: LAG Köln LAGE Nr. 2 zu § 33 BetrVG 1972 [II].

Beschlüsse des Betriebsrats legt § 33 BetrVG nur fest, dass die Beschlüsse mit Stimmenmehrheit gefasst werden müssen und dass der Betriebsrat beschlussfähig sein muss. Die Regelung des § 34 BetrVG zur Niederschrift ist davon getrennt und folgt systematisch auf die Vorschrift zu den Betriebsratsbeschlüssen und enthält somit kein Formerfordernis für den Beschluss selbst. Darüber hinaus ordnet etwa § 107 Abs. 2 S. 3 AktG für die Niederschriften der Aufsichtsratssitzungen ausdrücklich an, dass sie keine konstitutive Wirkung haben. Es ist kein Grund ersichtlich, warum für das BetrVG etwas anderes gelten sollte. Aus diesem Umstand könnte man schließen, dass der Nachweisbarkeit im Hinblick auf Ausstelleridentität und Echtheit der Urkunde allenfalls eine marginale Bedeutung zukommt. Darüber hinaus besteht keine speziell betriebsverfassungsrechtliche Beweisfunktion. Denn die Beweiswirkung der Niederschrift geht nicht über die Beweiswirkung jeder Privaturkunde nach § 416 ZPO hinaus.[746] Sie bezieht sich demnach nur darauf, dass die Aussteller die Erklärung so, wie sie dort wiedergegeben ist, tatsächlich abgegeben haben. Die inhaltliche Richtigkeit selbst hingegen unterliegt der freien Beweiswürdigung des Gerichts im Sinne des § 286 ZPO. Das Gericht kann zur Beurteilung sämtliche ihm bekannt gewordenen Umstände heranziehen und beispielsweise auch Zeugen hören.[747]

Dennoch ist davon auszugehen, dass das Gesetz mit der Form für die Niederschrift einen Beweiszweck verfolgt. Dass das Gesetz den Mindestinhalt der Niederschrift festlegt und eine Unterzeichnung durch zwei Mitglieder des Betriebsrats anordnet, deutet darauf hin, dass der Gesetzgeber mit der Niederschrift ein leicht verfügbares und möglichst sicheres Beweismittel schaffen wollte. Dieses unterliegt zwar im Hinblick auf den Inhalt der freien Beweiswürdigung; ein augenscheinlich nicht manipuliertes Protokoll, dass von zwei Unterschriften gedeckt wird, wird vor Gericht jedoch häufig als starkes Indiz für die inhaltliche Richtigkeit angesehen werden. Dabei spielt die Identitätsfunktion der Form insoweit eine Rolle, als gerade der Betriebsratsvorsitzende Verantwortung für die inhaltliche Richtigkeit übernimmt und anhand der Unterzeichnung des weiteren Betriebsratsmitglied überprüfbar ist, ob dieses an der Sitzung auch zuvor teilgenommen hat. Auch die Echtheitsfunktion ist von der Formanordnung bezweckt, da der oben geschilderte Beweiswert sich nur dann ergibt, wenn die Niederschrift

---

746 BAG AP Nr. 1 zu § 75 BPersVG [III 1b)]; LAG Köln, NZA-RR 1999, 245, 246; ErfK/*Eisemann*, § 34 BetrVG Rn. 2; *Fitting*, § 34 Rn. 5; GK/*Raab*, § 34 Rn. 12; Richardi/*Thüsing*, § 34 Rn. 19, der sich allerdings in Rn. 20 insoweit in Widerspruch mit dieser Einordnung setzt, als er ausführt, die Niederschrift sei Beweis dafür, dass ein solcher Beschluss gefasst worden sei.

747 BAG AP Nr. 10 zu § 80 BetrVG 1972 [III 1]; AP Nr. 1 zu § 75 BPersVG [III 1b)]; GK/*Raab*, § 34 Rn. 13; MüHdb-ArbR/*Joost*, § 307 Rn. 69.

zeigt, dass die Unterzeichner tatsächlich diesen bestimmten Inhalt sanktionieren wollten.

Die Warnfunktion hingegen spielt nur eine untergeordnete Rolle. Den Unterzeichnern steht im Hinblick auf den Inhalt der Erklärung kein Entscheidungsspielraum zu, sie müssen wahrheitsgemäß den Wortlaut der Beschlüsse und das jeweilige Stimmenverhältnis angeben. Allerdings soll ihnen die Form und insbesondere der Umstand, dass zwei Personen unterschreiben müssen, noch einmal die Bedeutung der Niederschrift vor Augen führen und ihnen deutlich machen, dass sie Verantwortung für die inhaltliche Richtigkeit übernehmen.

Ein ähnliches Ergebnis lässt sich für die Form der Anwesenheitsliste ableiten: Auch sie dient Klarstellungs- und Beweiszwecken. Denn einerseits soll sich aus der Anwesenheitsliste inhaltlich ergeben, wer teilgenommen hat, sodass die Beschlussfähigkeit und die ordnungsgemäße Zusammensetzung des Betriebsrats keinen Zweifeln unterliegt. Daneben spielt aber auch die Beweisfunktion in Form der Identitätsfunktion eine Rolle: Die Beschlussfähigkeit und die ordnungsgemäße Zusammensetzung müssen nämlich auch auf Dauer nachweisbar sein. Es sollte also sichergestellt werden, dass der Eintrag in der Anwesenheitsliste tatsächlich von demjenigen stammt, der als Teilnehmer bezeichnet ist.

b) Zweck der Form für die Abschrift

Die Aushändigung der Abschrift soll es dem Arbeitgeber bzw. dem Gewerkschaftsbeauftragten ermöglichen zu prüfen, ob die Niederschrift inhaltlich richtig ist oder ob er Einwendungen gegen sie erheben will. Das ergibt sich daraus, dass eine Abschrift nur über den Teil der Sitzung ausgehändigt werden muss, an dem derjenige teilgenommen hat. Insoweit spielt die Klarstellungswirkung eine Rolle, da für den Empfänger der Inhalt der Niederschrift klar erkennbar sein soll.

Hingegen ist die Beweisfunktion der Form in diesem Zusammenhang zu vernachlässigen. Für den Empfänger ist unerheblich, wer diese Abschrift ausgestellt hat. Darüber hinaus ist auch eine Manipulation – also eine Abschrift, die inhaltlich nicht der Niederschrift entspricht – unwahrscheinlich und darüber hinaus auch ohne Rechtsfolgen. Der Empfänger wird gegebenenfalls Einwendungen gegen die Richtigkeit erheben und die Fälschung wird sich aufklären.

Dass die Form hier eine Warnfunktion hätte, ist nicht ersichtlich. Im Hinblick auf den Inhalt der Abschrift gilt das oben Gesagte: Insoweit besteht kein Entscheidungsspielraum. Hier jedoch muss dem Aussteller der Abschrift auch nicht noch einmal deren Bedeutung deutlich gemacht werden. Denn die Bedeutung der Abschrift ist – anders als die der Niederschrift selbst – recht eingeschränkt.

c) Zweck der für die Einwendungen geltenden Form

Zunächst ist es wichtig, dass die Einwendungen inhaltlich klargestellt werden und auf Dauer nachlesbar sind. Denn die Regelung des § 34 Abs. 2 BetrVG dient dazu, dass Zweifel an der Richtigkeit der Niederschrift möglichst schnell ausgeräumt bzw. aktenkundig gemacht werden.[748] Damit wird mit dem Formerfordernis also eine Klarstellungsfunktion verfolgt.

Daneben spielt auch die Beweisfunktion eine Rolle. Es soll nachweisbar sein, dass diese Einwendung von einem Einwendungsberechtigten (Identitätsfunktion) und inhaltlich so, wie sie sich darstellt (Echtheitsfunktion), abgegeben wurde. Das ergibt sich daraus, dass der Betriebsrat anhand des Dokuments prüfen können muss, ob die formellen Voraussetzungen erfüllt sind, also die Einwendung von einem Sitzungsteilnehmer erhoben wurde. Nur in diesem Fall nämlich muss der Betriebsrat die Einwendung der Niederschrift beifügen.[749] Darüber hinaus kommt der Beweisfunktion auch später noch eine Bedeutung zu: Schriftlich festgehaltenen Einwendungen haben nämlich Auswirkungen auf den Umfang der Beweiskraft der Niederschrift.[750] Denn ordnungsgemäße Einwendungen erfordern, dass das Gericht die inhaltliche Richtigkeit der Niederschrift einer genaueren Untersuchung unterzieht. Auch für diese vom Gesetzgeber intendierte Wirkung ist es aber erforderlich, dass nachweisbar bleibt, ob ein dazu Berechtigter tatsächlich diese Einwendung abgegeben hat.

3. Bestimmung des Forminhalts

a) Form der Niederschrift

Die Niederschrift muss durch Schriftzeichen verkörpert bzw. jedenfalls reproduzierbar sein, da nur dann die Klarstellungsfunktion dauerhaft erreicht werden kann. Bloße Tonbandaufnahmen der Sitzung reichen nicht aus. Zunächst entfernt sich ein solches Verständnis zu sehr vom Wortlaut der Vorschrift, die eine schriftliche Niederlegung verlangt. Darüber hinaus ist auch nicht ersichtlich, wie die geforderte Unterzeichnung bei der Tonbandaufnahme ersetzt werden sollte. Auch der Formzweck kann nur mit einer schriftlichen Fixierung erreicht werden, da nur diese eine Privaturkunde darstellt (und nicht bloß ein Augenscheinsobjekt). Schließlich spricht für dieses Verständnis auch der Vergleich mit anderen gesetzlichen Regelungen. So wird für die Sitzungsprotokolle in den Prozessord-

---

748 *Fitting*, § 34 Rn. 30.
749 *Fitting*, a. a. O.; Richardi/*Thüsing*, § 34 Rn. 16.
750 MüHdb-ArbR/*Joost*, § 307 Rn. 79.

nungen einhellig vertreten, dass Tonbandmitschnitte keine Protokolle seien, sondern lediglich Hilfsmittel für deren Erstellung darstellten,[751] in § 160a Abs. 1 ZPO ist sogar ausdrücklich niedergelegt, dass der Mitschnitt lediglich eine vorläufige Aufzeichnung des Inhalts darstelle.

Dieses schriftlich niedergelegte Dokument muss mit eigenhändigen Unterschriften des Betriebsratsvorsitzenden und eines weiteren Mitglieds versehen sein. Zunächst wird dadurch die Klarstellungswirkung befördert. Denn durch die Unterzeichnung übernehmen der Vorsitzende und das weitere Mitglied des Betriebsrats die Verantwortung für die Richtigkeit der Niederschrift.[752] Darüber hinaus sind die Unterschriften aber auch erforderlich, um das Ziel der leichteren Beweisbarkeit zu erreichen. Denn hierzu ist Voraussetzung, dass möglichst wenig Streit darüber entsteht, dass die Niederschrift tatsächlich so wie sie sich darstellt von den genannten Betriebsratsmitgliedern erstellt wurde. Also kommt es einerseits auf die Unverwechselbarkeit der eigenhändigen Unterschriften an, da anhand dieser sicher festgestellt werden kann, dass tatsächlich der Betriebsratsvorsitzende und ein weiteres Mitglied den Inhalt der Sitzung wie in der Niederschrift dokumentiert wiedergegeben haben. Andererseits lässt sich durch die Verbindung der Unterschriften mit dem Text auch leichter nachweisen, dass dieser nicht nachträglich verändert wurde. Schließlich gewährleisten auch nur die eigenhändigen Unterschriften, dass die Bedeutung der Niederschrift noch einmal verdeutlicht wird. Die Unterzeichnung kann durch die elektronische Signatur ersetzt werden. Sämtliche Formzwecke werden auch auf diese Weise hinreichend gesichert. Da die Unterzeichnung in § 34 Abs. 1 S. 2 BetrVG selbst angeordnet ist, ist kein Rückgriff auf § 126 BGB erforderlich.[753] Der Inhalt der Schriftform ist aus der Vorschrift selbst zu entwickeln.

Etwas anderes im Hinblick auf die Unterschrift könnte allerdings für die Anwesenheitsliste nach § 34 Abs. 1 S. 3 BetrVG gelten. Es fällt auf, dass das Gesetz an dieser Stelle vorschreibt, dass sich jeder Teilnehmer *„eigenhändig eintragen“* muss; der Wortlaut weicht also von dem sonstigen Sprachgebrauch ab, da das BetrVG ansonsten von *„schriftlich“* spricht oder eine *„Unterzeichnung“* fordert. Der Unterschied im Wortlaut fällt insbesondere deswegen ins Auge, weil der vorausgehende Satz 2 bestimmt, dass der Vorsitzende und ein weiteres Mitglied *„unterschreibt“*. Allerdings ergibt sich aus der Klarstellungs- und der Beweisfunktion, dass dennoch auch hier eine eigenhändige Unterschrift erforderlich ist.

751 OLG Koblenz NStZ 1988, 42, 43.
752 Ähnlich *Raab*, FS-Konzen, S. 719, 730.
753 Zu dem vergleichbaren Wortlaut in § 2 NachwG (die Vertragsbedingungen sind *„schriftlich niederzulegen, die Niederschrift zu unterzeichnen und...“* geht beispielsweise auch *Richardi*, NZA 2001, 57, 60 davon aus, dass es sich dabei um eine eigenständige Formanordnung handele und nicht um eine im Sinne des § 126 BGB.

Wie oben dargelegt, soll anhand der Teilnehmerliste möglichst unzweifelhaft nachweisbar sein, dass die dort aufgeführten Teilnehmer tatsächlich anwesend waren. Diese Wirkung kann die Anwesenheitsliste nur mit eigenhändigen handschriftlichen Unterschriften erfüllen, da nur so anhand der Unverwechselbarkeit dieser Unterschriften überprüfbar ist, dass diese tatsächlich von dem bezeichneten Mitglied stammt und nicht etwa gefälscht wurde.

b) Form der Abschrift

Für die Abschrift hingegen ist keine Unterzeichnung erforderlich, da – wie oben dargelegt – nur die Klarstellungswirkung der Form eine Rolle spielt. Angesichts der eingeschränkten Wirkungen der Abschrift kommt es nicht darauf an, dass jemand für deren Richtigkeit durch seine Unterschrift Verantwortung übernimmt. Ein Mehrwert der Unterzeichnung ist folglich nicht zu erkennen.

c) Form der Einwendungen

Für § 34 Abs. 2 S. 2 BetrVG gilt, dass der Begriff *„schriftlich"* ebenfalls als in Schriftzeichen auf Dauer nachlesbar und eigenhändig unterzeichnet zu verstehen ist. Denn nur durch ersteres kann die auf den Inhalt bezogene Klarstellung erreicht werden und nur durch die Unterschrift die erwünschten Beweiswirkungen. Auch für die Einwendungen kann bei entsprechender Ausstattung auf die elektronische Form zurückgegriffen werden.

d) Keine Dispositivität

Abschließend ist zu klären, ob die Geschäftsordnung oder etwa eine Betriebsvereinbarung Abweichungen von den gesetzlichen Formanordnungen regeln können. Einige Vertreter des Schrifttums stellen schlicht fest, dass die Geschäftsordnung für die Protokollierung besondere Vorschriften vorsehen könne,[754] eine Behauptung, die zumindest offen lässt, ob auch weniger strenge Formvorgaben festgelegt werden können. Teilweise wird jedoch ausdrücklich darauf hingewiesen, dass die Vorschrift des § 34 BetrVG zwingend sei und allenfalls ergänzende Regelungen vereinbart werden könnten.[755]

Richtigerweise ist eine Regelung, die hinter der in § 34 BetrVG festgelegten Anforderungen zurückbleibt, nicht zulässig. Die vorstehende Untersuchung hat gezeigt, dass der Gesetzgeber mit der Form insbesondere die Rechtssicherheit

754 Richardi/*Thüsing*, § 34 Rn. 8.
755 *Fitting*, § 34 Rn. 3; GK/*Raab*, § 34 Rn. 4.

durch Klarstellungs- und Beweisfunktion fördern wollte; die Schriftform dient damit nicht allein den Betriebsparteien, sodass sie auch nicht über deren Einhaltung verfügen können.

II. Die Form der Geschäftsordnung des Betriebsrats, § 36 BetrVG

1. Überblick und Meinungsstand

Auch die Geschäftsordnung des Betriebsrats ist formbedürftig (§ 36 BetrVG: *„Sonstige Bestimmungen über die Geschäftsführung sollen in einer schriftlichen Geschäftsordnung getroffen werden."*).[756] Das Schriftformerfordernis für die Geschäftsordnung wurde im BetrVG 1972 neu aufgenommen.[757]

Im Hinblick auf die in § 36 BetrVG geforderten Schriftform herrscht Übereinstimmung dahingehend, dass die Geschäftsordnung in einer Urkunde niedergelegt worden und vom Betriebsratsvorsitzenden unterzeichnet sein muss.[758] Zum Teil wird insoweit auch ausdrücklich § 126 BGB für maßgeblich erklärt.[759] Die Aufnahme in das Sitzungsprotokoll solle ausreichen, ohne dass eine separate Ausfertigung erforderlich wäre.[760] Die Geschäftsordnung soll nach ganz herrschender Ansicht unwirksam sein, wenn sie nicht dem Formerfordernis entspricht. Teilweise wird diese Unwirksamkeit durch unmittelbare Anwendung des § 125 S. 1 BGB begründet.[761]

2. Formzweck

Bei der Formanordnung in § 36 BetrVG spielt die Klarstellungsfunktion in Form der Inhaltsklarheit eine maßgebliche Rolle.[762] Die zusätzlichen Bestimmungen über die Geschäftsführung sollen deutlich und auf Dauer festgehalten werden. Der Gesetzgeber hat bei Einführung der Schriftformanordnung entsprechend auf

---

756 Diese Vorschrift ist auch auf den Gesamtbetriebsrat, den Konzernbetriebsrat, die Jugendvertretung, die Bordvertretung und den Seebetriebsrat anzuwenden.

757 BT-Drs. VI/1786, S. 40; zustimmend: *Fitting*, § 36 Rn. 1; HSWG/*Glock*, § 36 Rn. 2; GK/*Raab*, § 36 Rn. 1.

758 DKK/*Wedde*, § 36 Rn. 7; ErfK/*Eisemann*, § 36 BetrVG Rn. 2; *Fitting*, § 36 Rn. 10; HSWG/*Glock*, § 36 Rn. 10; MüHdb-ArbR/*Joost*, § 307 Rn. 85; Richardi/*Thüsing*, § 36 Rn. 10.

759 GK/*Raab*, § 36 Rn. 8; *Voigt*, S. 74.

760 GK/*Raab*, § 36 Rn. 8; HSWG/*Glock*, § 36 Rn. 10; Richardi/*Thüsing*, § 36 Rn. 10.

761 GK/*Raab*, § 36 Rn. 8; *Raab*, FS-Konzen, S. 719, 732.

762 Auf diese stellt auch ab: *Raab*, ebd.

die Förderung der Rechtssicherheit abgestellt.[763] Diese Klarstellungsfunktion zielt jedoch weder auf den Arbeitgeber noch die Belegschaft ab. Denn andere als Betriebsratsmitglieder können weder Rechte aus der Geschäftsordnung ableiten,[764] noch werden sie durch diese gebunden[765]

Maßgebliche Bedeutung hat die Klarstellung jedoch für die Mitglieder des Betriebsrats selbst. Denn die Geschäftsordnung stellt eine interne Verfahrensordnung dar, die für die Betriebsratsmitglieder bindend ist; diese können nicht ohne weiteres von den dort niedergelegten Regelungen abweichen.[766] Die Geschäftsordnung hat insoweit Rechtssatzcharakter, als sie auch diejenigen Betriebsratsmitglieder, die nicht am Erlass der Geschäftsordnung mitgewirkt haben, bindet.[767] Zwar wird verbreitet angenommen, dass Beschlüsse auch dann wirksam seien, wenn sie unter Verstoß gegen die Geschäftsordnung zustande gekommen sind.[768] Allerdings mehren sich die Stimmen dafür, dass dies nur dann gelte, wenn es sich um den Verstoß gegen eine Ordnungsvorschrift handele und nicht bei Verstößen gegen wesentliche Verfahrensregelungen, da es sich um einen normalen Verstoß gegen rechtlich verbindliche Normen handele.[769] Die Betriebsratsmitglieder müssen also feststellen können, ob sie sich innerhalb des Rahmens der verbindlichen Regelungen bewegen. Angesichts dieses Befundes haben sie ein erhebliches Interesse an einer unmissverständlichen Festschreibung sowie der dauerhaften Nachlesbarkeit der Regelungen.

Die Klarstellungsfunktion hat hier aber noch eine weitere Dimension: Geschäftsordnungen dienen generell dazu, einen möglichst reibungslosen Ablauf innerhalb eines Kollegialorgans zu fördern.[770] Für den Betriebsrat spielt die Festschreibung detaillierter Verfahrensregelungen eine besonders große Rolle, da einerseits das BetrVG hierfür nur lückenhafte Regelungen enthält, andererseits der Betriebsrat eine derart wichtige und umfassende Position einnimmt, dass Meinungsverschiedenheiten über die Art der Aufgabenwahrnehmung für die Ef-

---

763 BT-Drs. VI/1786, S. 40; zustimmend: *Fitting*, § 36 Rn. 1; HSWG/*Glock*, § 36 Rn. 2; GK/*Raab*, § 36 Rn. 1.

764 ErfK/*Eisemann*, § 36 BetrVG Rn. 2; *Fitting*, § 36 Rn. 14.

765 GK/*Raab*, § 36 Rn. 16.

766 ErfK/*Eisemann*, § 36 BetrVG Rn. 2; *Fitting*, § 36 Rn. 13; GK/*Raab*, § 36 Rn. 16, 18; Richardi/*Thüsing*, § 36 Rn. 12.

767 BVerwG PersV 1971, 15, 17 (zur Geschäftsordnung des Personalrats; GK/*Raab*, § 36 Rn. 16.

768 GK/*Raab*, § 36 Rn. 16; HSWG/*Glock*, § 36 Rn. 14.

769 Hess. LAG – 25.03.2004 – 9 TaBV 117/03 (juris), wo es um den Verstoß gegen in der Geschäftsordnung festgelegte Ladungsregelungen geht; *Fitting*, § 36 Rn. 14; MüHdb.ArbR/*Joost*, § 307 Rn. 89; Richardi/*Thüsing*, § 36 Rn. 12.

770 *Romer*, S. 101; *Voigt*, S. 33.

fizienz hinderlich sind.[771] Der Gesetzgeber des BetrVG 1972 hat ebenfalls deutlich auf die Bedeutung der Geschäftsordnung für den reibungslosen Ablauf der Betriebsratstätigkeit hingewiesen, weswegen die Regelungen unmissverständlich niedergelegt sein müssten, und daher die frühere Kannvorschrift des § 36 BetrVG 1952 in eine Sollvorschrift umgewandelt.[772]

Darüber hinaus ist auch die Beweisfunktion von Bedeutung. Teilweise wird darauf hingewiesen, dass der Nachweis der Beachtung der Geschäftsordnung insbesondere bei größeren Betriebsräten wichtig sei, um die Ordnungsgemäßheit von Beschlüssen darlegen zu können.[773] Auch *Raab* stellt auf die Beweissicherungswirkung der Form ab.[774] Tatsächlich spielt die Beweisfunktion eine ähnliche Rolle wie bei der Niederschrift: Es soll nachweisbar sein, dass die Geschäftsordnung tatsächlich so wie dokumentiert beschlossen wurde. Hierfür soll der Betriebsratsvorsitzende die Richtigkeitsgewähr übernehmen. Da es sinnvoll ist, wenn ihm dieser Umstand sowie die Bedeutung der Geschäftsordnung noch einmal verdeutlich wird, wird mit dem Formerfordernis auch eine Warnfunktion verfolgt.

3. Bestimmung des Inhalts der Formanordnung und Rechtsfolge bei Nichteinhaltung

Die Erforderlichkeit einer dauerhaften Niederlegung in Schriftzeichen ergibt sich bereits aus der Bedeutung als verbindliches Binnenrecht, die die Geschäftsordnung für die Betriebsratsmitglieder hat. Nur so kann die Klarstellungsfunktion erreicht werden.

Darüber hinaus ist aber der herrschenden Ansicht auch insoweit zuzustimmen, als sie eine eigenhändige Unterschrift des Betriebsratsvorsitzenden fordert. Denn nur durch die eigenhändige Unterschrift wird der Nachweis gewährleistet, dass tatsächlich der Betriebsratsvorsitzende für die Übereinstimmung der Geschäftsordnung mit dem Beschluss die Richtigkeitsgewähr übernimmt und der Inhalt dieser Geschäftsordnung auch nicht nachträglich abgeändert wurde. Gleichzeitig wird durch die Unterzeichnung gewährleistet, dass der Betriebsratsvorsitzende noch einmal die Bedeutung des Dokuments erkennt und gegebenenfalls noch einmal den Inhalt überprüft.

Die herrschende Meinung trifft auch insoweit zu, als sie für nicht formgerechte Geschäftsordnungen deren Nichtigkeit annimmt. Denn nur so kann die

771 Hierauf wies schon zur alten Kannvorschrift des § 36 BetrVG 1952 hin: *Bobrowski*, DB 1957, 21, 21.
772 BR-Drs. 715/70, S. 40.
773 *Fitting*, § 36 Rn. 9.
774 *Raab*, FS-Konzen, S. 719, 732.

Form ihre Zwecke im Hinblick auf die Klarstellung der für die Betriebsratsmitglieder geltenden Regelungen sowie der Nachweisbarkeit erfüllen. Bei nicht formgerechten Geschäftsordnungen kann immer Streit darüber entstehen, ob diese nun tatsächlich verbindliche Regelungen enthalten oder nicht. Die Schriftform stellt damit eine Anordnung im Sinne des § 125 S. 1 BGB dar.

III. Mitteilungspflichten des Betriebsrats, § 46 Abs. 2 BetrVG

1. Überblick und Meinungsstand

Schließlich enthält § 46 Abs. 2 BetrVG die Anordnung, den im Betriebsrat vertretenen Gewerkschaften Zeitpunkt und Tagesordnung der Betriebs- oder Abteilungsversammlungen den im Betriebsrat vertretenen Gewerkschaften rechtzeitig „*schriftlich*“ mitzuteilen.
Zu dieser Anordnung der Schriftlichkeit wird überwiegend vertreten, dass diese Unterrichtung nicht der Form des § 126 BGB genügen müsse, sondern ein Fax ausreiche,[775] sofern der Inhalt dieser Formvorschrift überhaupt näher bestimmt wird.[776] *Raab* ist sogar der Ansicht, auf eine eigenhändige Unterschrift könne vollständig verzichtet werden.[777] Einhellig wird angenommen, dass der Schriftform genügt werde, wenn der Gewerkschaft die Sitzungsniederschrift über den Beschluss des Betriebsrats über Zeit, Ort und Tagesordnung der Betriebsversammlung nach § 34 Abs. 2 BetrVG übersandt werde.[778] Im Hinblick auf den Inhalt der Mitteilung wird einhellig vertreten, dass diese zusätzlich auch den Ort der Versammlung enthalten müsse.[779]

2. Formzweck

Mit der Schriftformanordnung in § 46 Abs. 2 BetrVG wird allein ein Klarstellungszweck zugunsten der Gewerkschaften im Hinblick auf den Inhalt verfolgt. Durch diese Regelung soll sichergestellt werden, dass die im Betriebsrat vertrete-

---

775 ErfK/*Eisemann*, § 46 BetrVG Rn. 6; *Fitting*, § 46 Rn. 15 unter Hinweis auf BAG AP Nr. 118 zu § 99 BetrVG 1972; WP/*Roloff*, § 46 Rn. 3

776 Lediglich den Gesetzeswortlaut wiederholen: GK/*Weber*, § 46 Rn. 15; Richardi/*Richardi/Annuß*, § 46 Rn. 7.

777 FS-Konzen, 719, 733.

778 *Fitting*, § 46 Rn. 15; HSWG/*Worzalla*, § 46 Rn. 8, hier wird allerdings nicht deutlich, ob diese Form nur deswegen für ausreichend erachtet wird, weil die Sitzungsniederschrift mit Unterschriften versehen ist.

779 DKK/*Berg*, § 46 Rn. 8; *Fitting*, § 46 Rn. 14; GK/*Weber*, § 46 Rn. 15; HSWG/*Worzalla*, § 46 Rn. 6.

nen Gewerkschaften rechtzeitig über die Betriebsversammlung informiert werden und gegebenenfalls einen Vertreter dorthin entsenden können.[780] Zudem sollen sie sich inhaltlich und terminlich auf die Sitzung vorbereiten können. *U. Fischer* nennt das die Dokumentationsfunktion.[781]

Die Beweisfunktion spielt hingegen keine Rolle. Weder ist es erforderlich, dass sich nachweisen lässt, dass die Mitteilung vom Betriebsrat selbst stammt, noch ist ein besonderer Schutz vor Manipulationen erforderlich. Das gilt insbesondere vor dem Hintergrund, dass der Mitteilung keine Rechtswirkung zukommt; insbesondere hängt auch das Teilnahmerecht der Gewerkschaftsvertreter nicht von dieser ab.[782] Auch für die Warnfunktion gibt es keine Anhaltspunkte.

3. Bestimmung des Inhalts der Formanordnung

Zur Erfüllung des Klarstellungszwecks reicht es aus, wenn den im Betrieb vertretenen Gewerkschaften eine der Textform im Sinne des § 126b BGB genügende Mitteilung zugeht. Denn aus dieser können sie sicher den Termin und die geplanten Themen der Sitzung ersehen. Einer Unterschrift käme kein Mehrwert zu, da eine Überprüfung des Ausstellers oder der inhaltlichen Richtigkeit nicht erforderlich ist. Über den in § 46 Abs. 2 BetrVG genannten Inhalt hinaus, muss jedoch zur Erreichung des Zwecks auch der Ort der Versammlung mitgeteilt werden, da anderenfalls die Teilnahme an der Versammlung erschwert würde.

IV. Zusammenfassung

Im Hinblick auf die interne Geschäftsführung des Betriebsrats lässt sich somit zusammenfassend feststellen:

Die Niederschrift nach § 34 Abs. 1 S. 2 BetrVG bedarf zur Einhaltung der Form eigenhändiger Unterschriften des Betriebsratsvorsitzenden sowie eines weiteren Mitglieds des Betriebsrats; die Teilnehmer müssen in der Anwesenheitsliste nach § 34 Abs. 1 S. 3 BetrVG eigenhändig unterzeichnen und auch eine Einwendung gemäß § 34 Abs. 2 S. 2 BetrVG gegen die Richtigkeit der Niederschrift ist nur dann formgerecht, wenn sie eigenhändig unterzeichnet ist. In allen Fällen kann nur so der mit der Formanordnung beabsichtigte Beweiszweck erreicht werden. Eine Ersetzung durch die elektronische Form ist möglich. Die Abschrift nach § 34 Abs. 2 S. 1 hingegen muss entgegen herrschender Ansicht nicht

---

780 *Fitting*, § 46 Rn. 1; *Raab*, FS-Konzen, S. 719, 733.

781 AiB 1999, 390, 391.

782 BAG AP Rn. 1 und 2 zu § 45 BetrVG; GK/*Weber*, § 46 Rn. 4; Richardi/*Annuß*, § 46 Rn. 13.

vom Betriebsratsvorsitzenden unterzeichnet werden, da es dabei nur um eine Klarstellungsfunktion geht. Dieser Inhalt der Formanordnungen ist nicht dispositiv.

Die für die Geschäftsordnung vorgeschriebene Schriftform erfordert ebenfalls eine eigenhändige Unterschrift des Betriebsratsvorsitzenden. Sie ist gemäß § 125 S. 1 BGB nichtig, wenn die Form nicht eingehalten ist.

Für die schriftliche Mitteilung über anstehende Betriebs- oder Abteilungsversammlungen nach § 46 Abs. 2 BetrVG hingegen genügt einfache Textform gemäß § 126b BGB, da es insoweit nur um die Herstellung von Inhaltsklarheit geht.

§ 9 Die Form der Wahlvorschläge

Betriebsratswahlen finden auf Grund von Wahlvorschlägen statt; Wahlen ohne Wahlvorschläge sind nichtig.[783] Auch für die Form dieser Wahlvorschläge stellen das BetrVG und § 6 Abs. 3 WO Anforderungen auf, die nunmehr zu analysieren sind.[784] Diese Formgebote haben erhebliche praktische Bedeutung, da gemäß § 8 Abs. 1 Nr. 3 und Abs. 2 Nr. 2 WO die Nichteinhaltung der Form zur Ungültigkeit der Wahlvorschläge führt. Dies wiederum hat entweder die Zurückweisung durch den Wahlvorstand zur Folge oder – wenn der Wahlvorstand die Vorschläge irrtümlicherweise zulässt – die Anfechtbarkeit der gesamten Wahl gemäß § 19

---

783 DKK/*Schneider*, § 14 Rn. 18; *Fitting*, § 14 Rn. 43; MüHdb-ArbR/*Joost*, § 204 Rn. 197.

784 Hingegen sollen die in der WO geregelten Detailvorschriften für den Ablauf des Wahlverfahrens – soweit sie nicht die Wahlvorschläge betreffen – keine weitere Berücksichtigung finden. Zwar sind auch in diesen Schriftformgebote enthalten, die teilweise Unterschriften fordern, teilweise auch nur Schriftlichkeit, ihre Untersuchung würde jedoch den Rahmen dieser Arbeit sprengen und zu einem überproportionalen Gewicht der Wahlvorschriften führen. Die Anordnungen der Schriftlichkeit sind folgende: Das Wahlausschreiben muss gemäß §§ 3 Abs. 1 S. 1, 31 Abs. 1 S. 1, 36 Abs. 2 S. 1 vom Vorsitzenden des Wahlvorstands und einem weiteren Mitglied unterschrieben werden; Einsprüche gegen die Wählerliste sind schriftlich einzulegen (§§ 4 Abs. 1, 30 Abs. 2 S. 1 WO) und die Entscheidung des Wahlvorstands hierüber schriftlich mitzuteilen (§ 4 Abs. 2 S. 5 WO); der Wahlvorstand ist verpflichtet, den Zeitpunkt der Einreichung des Wahlvorschlags schriftlich zu bestätigen (§ 7 Abs. 1 WO) und den Listenvertreter über Beanstandungen der Liste unverzüglich unter Angabe der Gründe schriftlich zu unterrichten (§ 7 Abs. 2 S. 2 WO); die Wahlniederschrift ist zu unterschreiben (§ 17 Abs. 2 WO) und schließlich muss der Wahlvorstand den Gewählten schriftlich von der Wahl benachrichtigen (§ 17 Abs. 1 S. 1 WO), mit dem Inhalt dieser Vorschriften hat sich beschäftigt: *Jansen*, DB 2006, 334 ff.

BetrVG.[785] Das Spannungsfeld, in dem sich diese Untersuchung bewegt, haben *Faecks/Meik* und *Heinze* recht plastisch dargestellt: Einerseits soll die Formalisierung das demokratische Wahlverfahren sichern, andererseits muss das Verfahren aber praktikabel und durchschaubar gestaltet sein, um die Zahl der Wahlanfechtungen zu minimieren.[786]

Gemäß § 14 Abs. 3 BetrVG können Wahlvorschläge entweder von den Arbeitnehmern oder den im Betrieb vertretenen Gewerkschaften stammen. Im BetrVG[787] selbst finden sich nur zwei Formvorschriften im Zusammenhang mit der Wahl, nämlich § 14 Abs. 4 für die Wahlvorschläge der Arbeitnehmer und § 14 Abs. 5 für Wahlvorschläge der Gewerkschaften.[788] Nach § 14 Abs. 4 BetrVG muss der Wahlvorschlag der Arbeitnehmer gemäß § 14 Abs. 4 BetrVG von einem Mindestquorum von 1/20 bzw. einer Mindestanzahl der wahlberechtigten Arbeitnehmer *„unterzeichnet"* sein. Wahlvorschläge der Gewerkschaften hingegen bedürfen keiner Unterschriften durch eine Mindestanzahl der Arbeitnehmer,[789] dafür müssen sie nach § 14 Abs. 5 BetrVG von zwei Beauftragten der Gewerkschaft *„unterzeichnet"* sein.[790] Ergänzend bestimmt § 6 Abs. 3 S. 2 WO für beide Fälle, dass den Vorschlagslisten die *„schriftliche Zustimmung"* der Bewerber zur Aufnahme in die Liste beizufügen ist. Ein weiteres Formgebot wird für die Einreichung der Wahlvorschläge aufgestellt: Zwar ordnet der Wortlaut von § 6 Abs. 1 S. 2 WO keine Schriftform für die Einreichung der Wahlvorschläge beim Wahlvorstand an. Im Schrifttum wird diese Anordnung aber den-

785 Denn nach Ansicht der Rechtsprechung wird gegen wesentliche Vorschriften zum Wahlverfahren verstoßen, wenn Wahlvorschläge zu Unrecht zur Wahl zugelassen wurden.: LAG Hamm – 20.5.2005 – 10 TaBV 94/04 [B II 2d)], juris.

786 *Faecks/Meik*, NZA 1988, 193, 195; *Heinze*, NZA 1988, 568, 569.

787 Ähnliche Formanordnungen finden sich für Wahlvorschläge zum Sprecherausschuss der leitenden Angestellten nach § 6 Abs. 4 SprAuG und für Wahlvorschläge zu den Personalräten, beispielsweise nach § 19 Abs. 4-6 und 9 BPersVG.

788 Was unter einer „schriftlichen Stimmabgabe" im Sinne des §14a Abs. 4 BetrVG zu verstehen ist, erläutern die §§ 24-26 WO und soll daher nicht Gegenstand der nachfolgenden Untersuchung sein; für die Formbedürftigkeit der Vereinbarung nach § 14a Abs. 5 BetrVG über die Anwendung des vereinfachten Wahlverfahrens nach § 14 Abs. 5 BetrVG gibt es keinen Anhaltspunkt im Wortlaut, sodass eine Auslegung hin zur Formbedürftigkeit ausgeschlossen ist, vgl. auch BAG AP Nr. 54 zu § 19 BetrVG 1972 [B II 1b)]; Sächs. LAG – 01.04.03 – 15 TaBV 13/02, juris.

789 Begründung des Gesetzesentwurfs der CDU/CSU und FDP eines Gesetzes zur Änderung des Betriebsverfassungsgesetzes u.a. BT-Drs. 11/2503, S. 31; BAG AP Nr. 6 zu § 27 BetrVG 1972 [C III 2b)bb)].

790 Die Schriftform ist für diese Beauftragung nicht gesetzlich vorgeschrieben, in der Regel aber ratsam, da der Wahlvorstand einen Nachweis über die wirksame Beauftragung verlangen kann, vgl. LAG Hamm NZA-RR 1998, 400, 401.

noch ohne weitere Diskussion so ausgelegt, dass die Einreichung *„schriftlich"* erfolgen müsse.[791]

Zu klären ist also, ob der Begriff *„Unterzeichnung"* mit der Forderung nach einer eigenhändigen Unterschrift gleichzusetzen ist und welche Anforderungen an die äußere Form der Wahlvorschläge zu stellen sind. Darüber hinaus ist der Begriff *„schriftliche Zustimmung"* der Wahlbewerber klärungsbedürftig. Schließlich stellt sich die Frage, ob die Wahlvorschläge im Original beim Wahlvorstand eingehen müssen oder ob auch eine anderer Art der Übermittlung zulässig ist.

A. Meinungsstand zu den einzelnen Formerfordernissen

I. Die Form der Stützungsunterschriften

Für die Stützungsunterschriften nach § 14 Abs. 4 BetrVG, ebenso wie für die Unterzeichnung durch Gewerkschaftsbeauftragte nach § 14 Abs. 5 BetrVG, ist nach ganz herrschender Meinung eine handschriftliche eigenhändige Unterzeichnung erforderlich.[792] Nur teilweise wird diese Annahme unmittelbar auf § 126 BGB gestützt.[793] Das LAG Düsseldorf hingegen hielt § 126 BGB auf das Erfordernis von Stützungsunterschriften in § 13 Abs. 4 BetrVG 1952 für nicht maßgeblich, da die Erklärung, einen Wahlvorschlag zu unterstützen, öffentlich-rechtlichen Charakter habe.[794]

II. Die äußere Form der Wahlvorschläge

Stellungnahmen finden sich darüber hinaus zu der Frage, welche (äußere) Form die hier zu untersuchenden Urkunden haben müssen. Einig sind sich Rechtsprechung und Schrifttum darüber, dass die Unterschriften nicht zwingend alle auf einer Liste gesammelt werden müssen, sondern dass mehrere – dann aber identi-

---

791 *Jakob,* NZA 2006, 345, 346 (FN 5) meint, das Erfordernis schriftlicher Einreichung ergebe sich aus der Formulierung; Richardi/*Thüsing,* § 14 Rn. 54.

792 BAG AP Nr. 11 zu § 18 BetrVG; LAG Hamm NZA-RR 1998, 400, 401; LAG Düsseldorf LAGE Nr. 2 zu § 14 n. F. BetrVG 2001 [B II 2a)aa)], wonach der Name in Druckbuchstaben nicht ausreiche; LAG Hamm – 24.5.02 – 10 TaBV 63/02 [II 2a)], juris; DKK/*Schneider,* § 14 Rn. 27; ErfK/*Eisemann,* § 14 BetrVG 1972 Rn. 10; *Fitting,* § 14 Rn. 52; GK/*Kreutz,* § 14 Rn. 67, Rn. 92; KassHdb/*Matthes,* 9.2. Rn. 85.

793 ArbG Herne DB 1972, 976, 976.

794 LAG Düsseldorf DB 1965, 1823, 1824.

sche – Listen in Umlauf gebracht werden können.[795] Umstritten ist jedoch, ob (und wenn wie) die Stützungsunterschriften und die Bewerberliste körperlich miteinander verbunden sein müssen. Einigen können sich sämtliche Stimmen in Schrifttum und Rechtsprechung darauf, dass beides zusammen eine einheitliche Urkunde bilden muss. Das ergibt sich schon daraus, dass anderenfalls nicht erkennbar ist, auf welche Wahlvorschläge sich die Stützungsunterschriften beziehen.[796] Zweifelhaft ist allerdings, welche Anforderungen an diese Einheitlichkeit zu stellen ist. Insoweit stellt sich hier ein ähnliches Problem wie beim Interessenausgleich mit Namensliste. Zunächst wurde hierzu recht einhellig gefordert, dass die Bewerberliste und die Stützungsunterschriften von Beginn an körperlich fest und gegen spurlose Trennung gesichert (etwa mittels Heftung) verbunden sein müssten, ein rein geistiges Aufeinanderbezogensein also nicht ausreiche.[797] Eine Ausnahme solle dann in Betracht kommen, wenn die Namen und die Reihenfolge der Kandidaten und die der Unterstützer auf beiden Dokumenten identisch seien.[798] Ein besonders strenges Formverständnis hatte das Hessische LAG, das wegen der Manipulationsgefahr sogar eine Heftung per Metallklammer für nicht ausreichend erachtete, sondern weitere Sicherheitsvorkehrungen gegen ein spurloses Trennen verlangte.[799] Nur vereinzelt wurde angenommen, eine Verbindung mittels Büroklammer oder Schnellhefter reiche aus.[800]

Der Auslegung dieser herrschenden Meinung ist das BAG kürzlich entgegengetreten. Es hat entschieden, dass es auch bei den Wahlvorschlägen keinen Grund gebe, im Verhältnis zu § 126 BGB verschärfte Anforderungen zu stellen. Zwar

---

795 Hess. LAG LAGE § 14 Nr. 2 S. 8; DKK/*Schneider,* § 14 Rn. 28; *Fitting,* § 14 Rn. 52; GK/*Kreutz,* § 14 Rn. 69; HSWG/*Schlochauer,* § 14 Rn. 35; dagegen noch: BVerwG AP Nr. 1 zu § 2 WO z. PersVG.

796 BAG AP Nr. 2 zu § 14 BetrVG 1972 [B II 1]; *Schneider,* AiB 2006, 51, 54.

797 Saarl. LAG NZA-RR 1996, 172, 173; LAG Bremen NZA-RR 1998, 401, 402 (ausreichend sei die Verbindung durch eine Stempelung, bei der kein Blatt entfernt werden kann, ohne dass eine Lücke entsteht); LAG Hamm – 24.5.02 – 10 TaBV 63/02 [B II 2a) und b)], juris; Hess. LAG – 18.9.03 – 9 TaBV 174/02 m. w. N., juris; LAG Nürnberg, LAGReport 2004, 280, 280 m. w. N.; LAGE Nr. 4 und 6 zu § 18 BetrVG 1972; Richardi/*Thüsing,* § 14 Rn. 57. vgl. LAG Düsseldorf DB 1968, 898; LAG Frankfurt a.M. LAGE § 14 BetrVG 1972 Nr. 2; LAG Nürnberg LAGE § 18 BetrVG Nr. 4;

798 Hess. LAG NZA-RR 1996, 461, 462; Hess. LAG NZA-RR 2002, 424, 424.

799 Hess. LAG NZA 1987, 572, 572; zustimmend Richardi/*Thüsing,* § 6 WO Rn. 15, der eine Heftung durch Metallklammer allenfalls dann für zulässig erachtet, wenn durch zusätzliche äußere Umstände (etwa eine Stempelung) die Zusammengehörigkeit deutlich wird.

800 *Faecks/Meik,* NZA 1988, 193, 195; GK/*Kreutz,* § 14 Rn. 69; unklar: HSWG/*Schlochauer,* § 14 Rn. 35, die ohne nähere Erläuterung eine *„Metallklammer"* verlangt.

sei zutreffend, dass Wahlvorschlag und Stützungsunterschriften eine einheitliche Urkunde bilden müssten. Dies sei jedoch nicht nur durch eine körperlich feste Verbindung möglich, der Zusammenhang könne sich vielmehr auch aus anderen äußeren Umständen ergeben,[801] wobei die Kriterien der sogenannten Auflockerungsrechtsprechung des BGH[802] (wie etwa Paginierung, Nummerierung, grafischer Gestaltung) auch hier herangezogen werden. Die Manipulationsgefahr spreche nicht gegen diese Auffassung. Denn diese werde einerseits bereits dadurch gebannt, dass die Wahlvorschläge gemäß § 10 Abs. 2 WO veröffentlicht werden müssten, wodurch Änderungen offenbar würden. Andererseits biete auch eine Heftung keinen sicheren Schutz gegen Manipulationen, da auch bei dieser Art der körperlichen Verbindung nicht ersichtlich sei, wann die Verbindung hergestellt wurde.[803] Das BAG sieht seine Rechtsprechung in Kontinuität zu der Rechtsprechung zur äußeren Gestaltung von Tarifverträgen[804] und der von Interessenausgleichen mit Namenslisten[805]. Teile des Schrifttums sind dieser neuen Auslegung inzwischen gefolgt.[806]

III. Die Form der Zustimmung der Bewerber

Im Hinblick auf die Form der schriftlichen Zustimmung des Bewerbers gemäß § 6 Abs. 3 S. 2 WO vertritt das Hessische LAG, dass nicht die Schriftform im Sinne des § 126 Abs. 1 BGB eingehalten werden müsse. Es reiche aus, wenn die Einverständniserklärung eigenhändig erstellt worden sei; eine eigenhändige Unterzeichnung dieser Erklärung sei dann nicht erforderlich.[807] Auch *Heinze* hält neben der eigenhändigen Unterschrift verschiedene andere Möglichkeiten für formwahrend.[808] Die überwiegende Meinung in der Literatur fordert hingegen eine eigenhändige Unterschrift des Bewerbers gemäß § 126 BGB.[809] Es wird für zulässig erachtet, wenn sich die Unterschrift nicht in einer gesonderten Urkunde

---

801 BAG AP Nr. 2 zu § 14 BetrVG 1972 [B II 1a)].
802 Darstellung etwa bei BGHZ 136, 357, 360.
803 BAG AP Nr. 2 zu § 14 BetrVG 1972 [B II 1a)].
804 BAG AP Nr. 1 zu § 3 BetrVG 1972 [B I 2].
805 BAG AP Nr. 1 zu § 1 KSchG Namensliste [II 1b)c)].
806 DKK/*Schneider*, § 14 Rn. 19; *Schneider*, AiB 2006, 51, 54.
807 BB 1988, 2317, 2317; zustimmend: *Richardi/Thüsing*, § 6 WO Rn. 11.
808 *Heinze*, NZA 1988, 568, 571.
809 LAG Hamm – 20.5.2005 – 10 TaBV 94/04 [B II 2d)aa)bb)], juris, das allerdings seine eigene Entscheidung nicht im Widerspruch zu der des Hess. LAG sieht, da dieses nur für den Fall auf die Unterschrift verzichtet habe, dass der Bewerber die Liste eigenhändig erstellt und selbst ausgefüllt habe; DKK/*Schneider*, § 6 WO Rn. 30; *Fitting*, § 6 WO Rn. 10; GK/*Kreutz*, § 6 WO Rn. 11; *Raab*, FS-Konzen, S. 719, 728.

befindet, sondern auf der Liste selbst, wobei aber ganz deutlich werden müsse, dass es sich nicht (auch) um eine Stützungsunterschrift handele.[810]

IV. Die Einreichung der Wahlvorschläge beim Wahlvorstand

Mit den Fragen, ob eigenhändige handschriftliche Unterschriften erforderlich und welche Anforderungen an die Zusammengehörigkeit der Vorschlagsliste und der Stützungsunterschriften zu stellen sind, hängt das Problem der Form der Einreichung der Wahlvorschläge zusammen. Dabei geht es darum, ob die Wahlvorschläge per Telefax oder in eingescannter Form an den Wahlvorstand übermittelt werden können. Soweit ersichtlich, wurde diese Frage für Betriebsratswahlen im Schrifttum noch nicht vertieft behandelt. Teilweise wird jedoch jedenfalls eine Übermittlung in elektronischer Form ausdrücklich ausgeschlossen.[811] *Jakob* allerdings diskutiert sie für Vorschläge für die Wahl der unternehmensangehörigen Arbeitnehmer im Aufsichtsrat nach dem MitbestG[812] und kommt aufgrund teleologischer Überlegungen zu dem Schluss, dass die Übermittlung per Telefax ausreiche. Der Wahlvorstand könne auch anhand einer Kopie feststellen, wer Wahlbewerber sei, wer die Kandidatur unterstütze und ob die Zahl der Unterstützer zur Erfüllung des Quorums ausreiche. Diese Klarstellungs- und Beweisfunktion sei auch bei einer Übermittlung per Telefax erfüllt, während die Warnfunktion nicht einschlägig sei.[813] Das VG Hamburg hingegen, von dem *Jakob*[814] behauptet, es habe die Einreichung von Wahlvorschlägen per Telefax ebenfalls für zulässig erachtet, führt nach hiesigem Verständnis aus, dass Wahlvorschläge urschriftlich einzureichen seien. Nur anhand dieses Dokuments könne der Wahlvorstand die Ordnungsgemäßheit eines Wahlvorschlags, insbesondere die Echtheit der Unterschriften, zuverlässig prüfen.[815]

---

810 Hess. LAG NZA 1990, 117, 118; Hess. LAG LAGE Nr. 1 zu § 14 BetrVG 2001.

811 DKK/*Schneider*, § 6 WO Rn. 10.

812 § 15 Abs. 2 S. 1 und 2 Nr. 1 MitbestG legen fest, dass die Wahl der unternehmensangehörigen Aufsichtsratmitglieder der Arbeitnehmer aufgrund von Wahlvorschlägen erfolgt, die von einem Quorum der wahlberechtigten Arbeitnehmer unterzeichnet sein müssen.

813 *Jakob*, NZA 2006, 345, 346 f..

814 A. a. O., S. 347.

815 PersR 1993, 508, 511; das VG geht lediglich nicht von der Ungültigkeit des Wahlvorschlags aus, durch Behebung des Mangels könne dieser vielmehr geheilt werden.

B. Zwecke der Formgebote

I. Klarstellungsfunktion

1. Stützungsunterschriften und Unterschriften der Gewerkschaftsbeauftragten

Die Stützungsunterschriften der Arbeitnehmer sind – neben der Bewerberliste und den Zustimmungserklärungen – notwendiger Bestandteil eines wirksamen Wahlvorschlags nach § 14 Abs. 4 BetrVG. Vorrangiges Ziel der Formanordnung für die Stützungsunterschriften ist daher die Herstellung der Inhaltsklarheit: Es soll nach außen deutlich erkennbar sein, dass ein wirksamer Wahlvorschlag vorliegt, also die Bewerber von der gesetzlich vorgeschriebenen Anzahl wahlberechtigter Arbeitnehmer unterstützt werden. Auf diese Klarstellungsfunktion stellt die Rechtsprechung auch zutreffend ab: Das Hessische LAG etwa führt in zwei Entscheidungen aus, dass mit der Formanordnung für Wahlvorschläge der Arbeitnehmer in erster Linie dessen Inhalt klargestellt werden solle, sodass sich aus dem Wahlvorschlag selbst ersehen lasse, wer kandidiert und wer die Liste unterstützt.[816]

Diese Klarstellungsfunktion dient dem Schutz der Unterstützer, der Wähler sowie des Wahlvorstands. Zunächst soll mit dem Erfordernis der Unterschrift der Arbeitnehmer gewährleistet werden, dass ihnen bewusst wird, einer Wahlbewerbung ihre Unterstützung zu gewähren. Darüber hinaus muss für sie auch deutlich erkennbar sein, wem sie ihre Unterstützung gewähren.[817] Denn nur so wird ihre freie Willensentscheidung gesichert.[818] Das ist besonders deswegen von Bedeutung, weil die Unterstützung für Wahlbewerber bereits Teil des demokratischen Wahlrechts der Arbeitnehmer ist.[819] Für die Wähler hat die Klarstellungsfunktion insbesondere im Hinblick auf die sogenannte „Listenehrlichkeit“ erhebliche Bedeutung.[820] Sie müssen nicht nur ersehen können, wer sich zur Wahl stellt und dass die Bewerbung ernst gemeint ist, sondern auch, welche anderen Arbeitnehmer die Wahl unterstützen. Schließlich muss auch für den Wahlvorstand der Inhalt des Wahlvorschlags deutlich sein, da er die Wahlvorschläge prüft und daraufhin die Vorschlagslisten erstellt, die er gemäß § 10 WO bekannt machen muss.

---

816 Hess. LAG NZA 1990, 117, 117; NZA-RR 2002, 424, 425; ähnlich auch GK/*Kreutz,* § 14 Rn. 67, der insoweit den Begriff der „Rechtsklarheit“ verwendet.
817 Hess. LAG NZA 1987, 572, 572.
818 BAG AP Nr. 12 zu § 13 BetrVG 1972.
819 GK/*Kreutz,* § 14 Rn. 50.
820 *Heinze,* NZA 1988, 568, 571.

Für Wahlvorschläge der im Betrieb vertretenen Gewerkschaften ist die Klarstellungsfunktion hingegen nicht in gleicher Weise bedeutsam. Denn die Gewerkschaftsbeauftragten sind keine „Unterstützer" des Wahlvorschlags, denen Inhalt und Bedeutung ihrer Unterschriften vor Augen geführt werden müssten. Vielmehr soll hier durch die Unterschriften nach außen deutlich werden, dass es sich um einen gewerkschaftlichen Wahlvorschlag im Sinne des § 14 Abs. 5 BetrVG handelt. Der Wahlvorstand muss anhand des Vorschlags unzweideutig feststellen können, von welcher Gewerkschaft der Vorschlag stammt; einerseits da er überprüfen muss, ob die Gewerkschaft tatsächlich im Betrieb vertreten ist und andererseits, weil jede Gewerkschaft nur einen Wahlvorschlag abgeben kann.[821]

2. Zustimmungserklärungen

Auch das Formerfordernis für die Zustimmungserklärungen nach § 6 Abs. 3 S. 2 WO verfolgt eine Klarstellungsfunktion: Die Erklärung soll den Bewerberwillen schriftlich dokumentieren.[822] Es muss nach außen deutlich werden, dass der Bewerber mit der Bewerbung tatsächlich einverstanden ist. Das dient dem Schutz des Bewerbers selbst, dessen Namen nicht ungewollt auf Wahlvorschlägen in Umlauf sein soll. Zusätzlich sollen die Wähler geschützt werden, da durch das Erfordernis der Zustimmungserklärungen der Stimmenfang durch eine Liste mit Scheinbewerbern erschwert wird.[823] Schließlich soll auch der Wahlvorstand prüfen können, ob eine ernsthafte Kandidatur vorliegt. Die Bedeutung dieser Klarstellungsfunktion wird noch dadurch verstärkt, dass es für ein effizientes und transparentes Wahlverfahren erheblich ist, dass die Wähler ihre Stimmentscheidung nur zwischen Bewerbern treffen, die ihrer Kandidatur zugestimmt haben.

II. Beweisfunktion

Daneben verfolgen die Formvorschriften auch eine Beweisfunktion. Wiederum ist insoweit zwischen Stützungsunterschriften (und den Unterschriften der Gewerkschaftsbeauftragten) sowie Zustimmungserklärungen zu trennen.

1. Stützungsunterschriften und Unterschriften der Gewerkschaftsbeauftragten

Die Schriftform für die Stützungsunterschriften und die Unterschriften der Gewerkschaftsbeauftragten soll sicherstellen, dass die Wahlvorschläge tatsächlich

821 Zu letzterem: GK/*Kreutz*, § 14 Rn. 90 m. w. N.
822 *Heinze*, NZA 1988, 568, 571.
823 Ebd.

von einer ausreichenden Anzahl Vorschlagsberechtigter abgegeben worden und damit wirksam sind.[824] Dabei spielt sowohl die Identitäts- als auch die Echtheitsfunktion eine Rolle.

a) Die Identitätsfunktion der Form

Die Person des Unterstützers soll deutlich erkennbar sein; insoweit kommt also die Identitätsfunktion zum Tragen.[825] Das ist in erster Linie für den Wahlvorstand bedeutsam: Denn dieser muss gemäß § 7 Abs. 2 S. 2 WO innerhalb einer eng bemessenen Frist (in der Regel zwei Arbeitstage seit Eingang des Wahlvorschlags) die Gültigkeit der Wahlvorschläge prüfen. Zu dieser Prüfung gehört gemäß § 8 Abs. 1 Nr. 3 WO auch, dass die Wahlvorschläge von der nach § 14 Abs. 4 BetrVG erforderlichen Anzahl „*wahlberechtigter*" Arbeitnehmer unterstützt werden. Die Identität der Unterstützer ist daher von maßgeblicher Bedeutung; durch die Form soll dem Wahlvorstand die Prüfungspflicht erleichtert werden.[826] Verstärkt wird ihre Bedeutung noch dadurch, dass die Identitätsfunktion auch zur Wahrung der Rechtssicherheit maßgeblich ist. Denn es muss auf Dauer und auch für Dritte (etwa Gerichte) überprüfbar sein, ob die Wahlvorschläge gültig waren. Denn darauf, dass tatsächlich nicht die erforderliche Anzahl gültiger Stützungsunterschriften vorlagen, kann eine Wahlanfechtung nach § 19 BetrVG gestützt werden.[827] Zugunsten der Wähler hingegen kommt die Identitätsfunktion der Form nicht zum Tragen, da sie nicht die Originalvorschläge erhalten und daher keine eigene Nachprüfung vornehmen können.

Auch für Wahlvorschläge der Gewerkschaften muss die Identität der Unterzeichner nachweisbar sein. Denn insoweit bestimmt § 27 Abs. 2 WO, dass Ge-

---

824 ArbG Herne DB 1972, 976, 976 führt insoweit aus, dass für die Wirksamkeit der Unterzeichnung maßgeblich sei, ob aus dieser beurteilt werden könne, ob es sich um einen wahlberechtigten Arbeitnehmer handelt; *Raab*, FS-Konzen, S. 719, 727.

825 Dass dem Umstand der persönlichen Unterschriftenleistung zur Sicherung der Identitätsfunktion eine große Bedeutung beigemessen wird, lässt sich auch daraus ersehen, dass nach überwiegender Ansicht eine Stellvertretung ausgeschlossen ist, insoweit die Anforderungen gegenüber § 126 Abs. 1 BGB also verschärft sind: BAG AP Nr. 1 zu § 18 BetrVG; DKK/*Schneider*, § 14 Rn. 27; *Fitting*, § 14 Rn. 52; GK/*Kreutz*, § 14 Rn. 67; HSWG/*Schlochauer*, § 14 Rn. 34; MüHdb-ArbR/*Joost*, § 304 Rn. 201; anders noch die frühere Rechtsprechung: ArbG Essen DB 1965, 671, 671; LAG Düsseldorf DB 1965, 1823, 1823 erwägt die Zulässigkeit für den Fall, dass die Bevollmächtigung noch während der Einreichungsfrist nachgewiesen wird, lässt die Frage letztlich aber offen.

826 vgl. Hess. LAG NZA-RR 1996, 461, 462; NZA-RR 2002, 424, 425; Hess. LAG LAGE Nr. 1 zu § 14 nF BetrVG 2001; LAG Hamm – 24.5.02 – 10 TaBV 63/02, juris.

827 GK/*Kreutz*, § 19 Rn. 30; Richardi/*Thüsing*, § 19 Rn. 20.

werkschaftsvorschläge ungültig sind, wenn sie nicht von zwei Beauftragten unterzeichnet sind. Daher muss ebenfalls anhand des eingereichten Vorschlags festgestellt werden können, von wem der Wahlvorschlag stammt und wer im Namen der Gewerkschaft unterzeichnet hat. Allerdings ist hier zu berücksichtigen, dass die Berechtigung zu dieser Unterzeichnung anhand des Wahlvorschlags selbst unabhängig von der einzuhaltenden Form kaum überprüfbar ist, weil diese vom Bestand der Vertretungsmacht abhängt und nicht von der Identität des Unterzeichners. Der Wahlvorschlag muss aber jedenfalls die Möglichkeit bieten, diese Prüfung anhand der Unterschriften vorzunehmen. Schließlich muss auch hier sichergestellt sein, dass sich die Unterschriften auf den Vorschlag beziehen, dem sie beigefügt sind.

Die Forderung nach einer Unterschrift der wahlberechtigten Arbeitnehmer und der Gewerkschaftsbeauftragten hat also eine Identitätsfunktion zugunsten des Wahlvorstands.

b) Die Echtheitsfunktion der Form

Auch die Echtheitsfunktion der Form, also die Gewährleistung, dass die Erklärung inhaltlich vom Erklärenden stammt, spielt eine Rolle. Durch die Form soll sichergestellt werden, dass die als Unterstützer genannten Arbeitnehmer tatsächlich den Wahlvorschlag unterstützen wollten, dem die Stützungsliste beigefügt ist. Die Ausführungen des Hessischen LAG gehen in dieselbe Richtung: Der Schutz gegen Manipulation sei der entscheidende Grund für das Formerfordernis.[828]

Fraglich ist jedoch, ob diese Funktion auch dem Schutz des Wahlvorstands dient. Das LAG Düsseldorf hält diese Schutzrichtung offenbar für einschlägig, wenn es formuliert, der Wahlvorstand müsse den zweifelsfreien Willen der Unterzeichner feststellen können, dass sie die Vorschlagsliste, unter der sich ihr Name befinde, unterstützten.[829] In diese Richtung geht auch die Formulierung des Hessischen LAG, wonach der Wahlvorstand prüfen können müsse, ob die Stützungsunterschriften in Kenntnis der Wahlvorschläge geleistet wurden[830] Für diese Annahme spricht auch, dass der Wahlvorstand – wie oben dargelegt – dazu verpflichtet ist, die Gültigkeit der Wahlvorschläge zu prüfen, ein Wahlvorschlag aber ungültig wird (bzw. die Eigenschaft verliert, überhaupt einen Wahlvorschlag darzustellen), wenn die Bewerberliste, der die Unterstützung zugrunde lag, nach-

828 Hess. LAG NZA-RR 1996, 461, 462.
829 DB 1965, 1823, 1824; ähnlich: Hess. LAG NZA-RR 1996, 461, 462
830 Hess. LAG NZA-RR 1996, 461, 462.

träglich geändert wird.[831] Eigentlich müsste der Wahlvorstand damit auch im Hinblick auf die Echtheit Feststellungen treffen.

Gegen diese Ansicht spricht jedoch, dass der Wahlvorstand die Einhaltung der Form erst nach Einreichung des Wahlvorschlags überprüft. Er hat in der Regel keine Möglichkeit, anhand der eingereichten Dokumente festzustellen, welcher Wahlvorschlag den Arbeitnehmern vorlag, als diese ihre Unterschriften geleistet haben. Sämtliche Merkmale, die eine Verbindung zwischen den Stützungsunterschriften und der Bewerberliste nahe legen, können erst nachträglich eingefügt worden sein. Selbst eine untrennbare körperliche Verbindung zwischen Bewerber- und Unterstützerliste mit Siegel oder ähnlichem kann erst kurz vor Einreichung des Wahlvorschlags und nach Sammlung der Unterschriften hergestellt worden sein. Für den Wahlvorstand gibt daher die äußere Form des Vorschlags keinen Aufschluss darüber, ob die als Unterstützer aufgeführten Arbeitnehmer in freier Willensentscheidung und in Kenntnis des Wahlvorschlags unterschrieben haben.[832] Ähnlich argumentiert auch das BAG, das ausführt, auch eine Heftung durch eine Metallklammer biete keinen sicheren Schutz gegen Manipulationen, da nicht ersichtlich sei, wann die Verbindung hergestellt wurde.[833] Damit ist die Schriftform ungeeignet, die Echtheitsfunktion zugunsten des Wahlvorstands zu erfüllen. Diese Schutzrichtung wird also mit dem Formerfordernis nicht verfolgt.

Die Echtheitsfunktion im Sinne eines Schutzes vor Fälschungen spielt jedoch zugunsten der Unterstützer selbst eine Rolle. Denn der Wahlvorschlag wird als Vorschlag aller Unterzeichner angesehen;[834] der Schutz vor Manipulationen bei Einholung der Stützungsunterschriften oder nachträglich liegt also maßgeblich in ihrem Interesse. Auch für den Rechtsverkehr ist diese Funktion zur Sicherung einer ordnungsgemäßen Wahl bedeutsam.

Schließlich spielt es auch für die Wähler eine entscheidende Rolle, dass sie über unverfälschte Wahlvorschläge abstimmen. Denn nur auf dieser Grundlage können sie ihren Wählerwillen bilden. Damit ist dem Schutz vor Manipulation hier eine besonders große Bedeutung zuzumessen, da sowohl die freie Willenentscheidung der Unterstützer als auch der Wähler als auch der ordnungsgemäße Ablauf einer Betriebsratswahl gesichert werden müssen.

Gegen die Bedeutung der Beweisfunktion (also der Identitäts- und der Echtheitsfunktion) lässt sich nicht damit argumentieren, dass die Unterstützung der

---

831 BAG AP Nr. 1 zu § 14 BetrVG 1972 [B 1]; DKK/*Schneider*, § 14 Rn. 19; HSWG/*Schlochauer*, § 14 Rn. 35.

832 Darauf weisen zutreffend hin: *Faecks/Meik*, NZA 1988, 193, 195; ähnlich GK/*Kreutz*, § 14 Rn. 69.

833 BAG AP Nr. 2 zu § 14 BetrVG 1972 [B II 1a)].

834 BAG AP Nr. 1 [B 1] und Nr. 2 [B II 1a)] zu § 14 BetrVG 1972.

Arbeitnehmer im vereinfachten Wahlverfahren gemäß § 14a Abs. 4 BetrVG, § 33 Abs. 1 S. 3 WO nicht der Schriftform bedarf, sondern vielmehr durch bloßes Handzeichen in der Wahlversammlung erklärt und dann protokolliert werden kann.[835] Denn in diesem Fall muss der Wahlvorstand die Gültigkeit der Wahlvorschläge in der Wahlversammlung selbst prüfen und ist dabei – anders als beim regulären Verfahren – nicht auf die eingereichten Unterlagen beschränkt. In der Wahlversammlung kann der Wahlvorstand die Identität der Erklärenden somit unmittelbar durch Rückfragen klären oder sich anders nachweisen lassen. Auch Manipulationen sind bei derartigen Wahlversammlungen unter den Augen aller unwahrscheinlicher als bei schriftlich eingereichten Vorschlägen, sodass ein Schutz der Unterstützer nicht zwingend erforderlich ist.

Auch durch die Unterschriften der Gewerkschaftler soll sichergestellt werden, dass der Wahlvorschlag tatsächlich von einer im Betrieb vertretenen Gewerkschaft stammt. Allerdings ist das Problem hier weniger relevant, weil die Beauftragten in der Regel schlicht einen Wahlvorschlag unterzeichnen und nicht – wie bei den Wahlvorschlägen der Arbeitnehmer – mit mehreren Exemplaren des Vorschlags Unterschriften eingeworben werden.

2. Zustimmungserklärungen

Die Identitäts- und die Echtheitsfunktion spielen auch bei der Form für die Zustimmungserklärungen nach § 6 Abs. 3 S. 2 WO eine Rolle. Denn das Ziel, die Ernsthaftigkeit einer Bewerbung durch die Einhaltung der Schriftform zu sichern, kann nur erreicht werden, wenn sichergestellt ist, dass die Zustimmung tatsächlich von dem Bewerber stammt und sich auf die Kandidatur auf der Liste bezieht, der sie beigefügt ist.

III. Warnfunktion

1. Stützungsunterschriften und Unterschriften der Gewerkschaftsbeauftragten

Zu klären ist schließlich, ob mit der Anordnung der Schriftform für die Stützungsunterschriften auch ein gewisser Übereilungsschutz für die Unterstützer beabsichtigt ist. Dagegen spricht zwar, dass die Unterzeichnung eines Wahlvorschlags für den Unterstützer keine unmittelbare – und schon gar keine nachteilige

---

835 BT-Drs. 14/5741, S. 37 (Begründung der BReg); *Engels/Trebinger/Löhr-Steinhaus*, DB 2001, 532, 535; *Fitting*, § 14a Rn. 31; § 33 WO Rn. 3; HSWG/*Schlochauer*, § 14a Rn. 14; *Neumann*, BB 2002, 510, 517; Richardi/*Thüsing*, § 14a Rn. 21, § 33 WO Rn. 3.

– Rechtsfolge nach sich zieht. Bis zur Einreichung des Wahlvorschlags kann die Unterstützung sogar zurückgezogen werden.[836] Darüber hinaus ist zwar die Unterschrift eines Unterstützers nur auf einem Wahlvorschlag gültig (vgl. § 6 Abs. 5 S. 1 WO), der Wahlvorstand muss ihn aber zur Erklärung auffordern, welche Unterschrift er aufrecht erhalten will (S. 2). Auch nach Einreichung des Wahlvorschlags hat der Unterstützer also noch Gelegenheit zur Korrektur. Diese Argumente schließen die Bedeutung des Übereilungsschutzes durch die Schriftform jedoch nicht aus. Denn der Gesetzgeber wollte mit dem Erfordernis eines Mindestquorums von Stützungsunterschriften erreichen, dass von vornherein aussichtslose Wahlvorschläge ausgeschlossen würden,[837] um so das Wahlverfahren effizienter zu gestalten. Dieses Ziel ist aber nur zu erreichen, wenn die Unterstützung von einer gewissen Ernsthaftigkeit getragen ist. Das Gesetz hat also ein Interesse daran, dass die Stützungsunterschrift nicht leichtfertig geleistet wird. Es sei zugegeben, dass insoweit die Warnfunktion nicht – wie sonst üblich – dazu dient, den Erklärenden vor unüberlegter Bindung bei riskanten oder weitreichenden Geschäften zu schützen[838], sondern vielmehr einen Schutzzweck letztlich zugunsten des ordnungsgemäßen Wahlablaufs verfolgt. Verstärkt wird dessen Bedeutung auch dadurch, dass der Wahlvorschlag als Vorschlag aller Unterzeichner gilt.[839] Durch seine Unterschrift gibt der Arbeitnehmer demnach eine Erklärung gegenüber allen wahlberechtigten Arbeitnehmern ab, dass er die Kandidaten unterstütze.[840] Der Unterstützer steht also mit seinem Namen für den Vorschlag ein.

Ebensowenig wie gegen die Bedeutung der Beweisfunktion spricht das vereinfachte Wahlverfahren gegen den Übereilungsschutz, obwohl gemäß § 14a Abs. 4 BetrVG die Unterstützung in dieser durch bloßes Handzeichen in der Wahlversammlung erklärt werden kann.[841] Denn die in der Wahlversammlung erklärte Unterstützung macht die Bedeutung der Erklärung mindestens ebenso deutlich wie die Unterzeichnung, da die Arbeitnehmer – quasi vor aller Augen – den eigenen Vorschlag persönlich vertreten müssen, was häufig größere Überwindung kostet.

---

836 BVerwG AP Nr. 6 zu § 10 WO z. PersVG [b)]; ErfK/*Eisemann*, § 14 BetrVG Rn. 10; *Fitting*, § 14 Rn. 55; GK/*Kreutz*, § 14 Rn. 62.

837 *Berg*, AiB 2002, 17, 23; ErfK/*Eisemann*, § 14 BetrVG Rn. 9; *Fitting*, § 14 Rn. 46; GK/*Kreutz*, § 14 Rn. 52; WP/*Wlotzke*, § 14 Rn. 27.

838 Siehe hierzu nur MüKo-BGB/*Einsele*, § 125 Rn. 6.

839 BAG AP Nr. 1 [B 1] und Nr. 2 [B II 1a)] zu § 14 BetrVG 1972.

840 BAG AP Nr. 1 zu § 14 BetrVG 1972 [B 1]; BVerwG AP Nr. 2, 6 zu § 10 WO z. PersVG [b)].

841 BT-Drs. 14/5741, S. 37 (Begründung der BReg); *Fitting*, § 14a Rn. 31; HSWG/*Schlochauer*, § 14a Rn. 14.

Zugunsten der Gewerkschaftsbeauftragten hingegen greift der Übereilungsschutz nicht ein, da sie generell nicht als schutzbedürftig angesehen werden. Zudem handelt es sich nicht um eine eigene Erklärung dieser Beauftragten, über deren Inhalt sie selbst entschieden haben, sondern nur um eine stellvertretende für die Gewerkschaft.

2. Zustimmungserklärungen

Die soeben dargestellten Erwägungen sprechen auch für eine Warnfunktion der Form zugunsten der Bewerber, wenn sie ihre Zustimmungserklärung abgeben. *U. Fischer* stellt insoweit darauf ab, dass sie vor einer übereilten Kandidatur für den Betriebsrat geschützt werden müssten.[842] Gegen diese Auffassung wendet *Raab* ein, dass der Bewerber nicht auf den Übereilungsschutz angewiesen sei, da er die Kandidatur nachträglich zurückziehen[843] oder jedenfalls die Wahl gemäß § 17 Abs. 1 S. 2 WO ablehnen[844] könne.[845]

Raab ist zuzugeben, dass der Warnfunktion tatsächlich keine Bedeutung insoweit zukommt, als der Erklärende vor erheblichen Rechtsfolgen geschützt werden müsse, die nicht leicht wieder rückgängig zu machen wären. Der Schutz vor Übereilung spielt jedoch im Hinblick auf die Bewerber eine vergleichbare Rolle wie hinsichtlich der Unterstützer: Auch hier muss zur Sicherung eines ordnungsgemäßen und effizienten Verfahrens gesichert sein, dass die Bewerber sich ernsthaft zur Wahl stellen und nicht leichtfertig ihre Zustimmung abgeben. Soweit gegen die Warnfunktion angeführt wird, dass die im vereinfachten Wahlverfahren zulässige mündliche Zustimmung zu Protokoll des Wahlvorstands kaum Schutz vor Übereilung biete,[846] gelten hier dieselben Überlegungen wie zur Beweisfunktion: Eine derartige Erklärung in der Versammlung wird angesichts der Vielzahl der Zuhörer meist nicht leichtfertig abgegeben.

---

842 AiB 1999, 390, 391; ebenso *Heinze,* NZA 1988, 568, 571.

843 GK/*Kreutz,* § 14 Rn. 71; HSWG/*Schlochauer,* § 14 Rn. 38; Richardi/*Thüsing,* § 14 Rn. 62, § 6 WO Rn. 12.

844 DKK/*Schneider,* § 14 Rn. 24; ErfK/*Eisemann,* § 14 BetrVG Rn. 10; *Fitting,* § 14 Rn. 56.

845 *Raab,* FS-Konzen, S.

846 *Raab,* FS-Konzen, S. 719, 727.

vorschläge die Bewerberliste unbemerkt ausgetauscht oder verändert werden kann.

Diesen Zweck jedoch erfüllt nur eine schon zum Zeitpunkt der Unterschriftensammlung bestehende körperlich feste Verbindung, die nicht spurlos aufgelöst werden kann. Denkbar ist etwa eine Heftung durch Metallklammern, da diese zu Löchern in den Listen führt, sodass eine nachträgliche Auflösung der Verbindung erkennbar ist. Mit dem LAG Bremen[849] ist auch eine Verbindung durch Stempelung ausreichend für ausreichend zu erachten, wenn so kein Blatt unbemerkt entfernt werden kann. Noch stärkere Verbindungen sind etwa ein gemeinsamer Heftrücken, eine Leimung oder gar ein Siegel.

Nicht gefolgt werden kann hingegen der neueren Rechtsprechung des BAG:[850] Nach hier vertretener Ansicht spricht die Manipulationsgefahr deutlich gegen eine Aufweichung der für die Verbindung der Listen geltenden Maßstäbe. Zunächst ist das Argument, dass wegen der Veröffentlichung der Wahlvorschläge gemäß § 10 Abs. 2 BetrVG Manipulationen offenbar würden, nicht tragfähig. Es verkennt die Rolle, die das Formerfordernis bei den Wahlvorschlägen spielt. Die Form ist nämlich angeordnet, um derartige Manipulationen von vorneherein zumindest maßgeblich zu erschweren. Darüber hinaus sollte es nicht den Arbeitnehmern aufgebürdet werden, die veröffentlichten Wahlvorschläge noch einmal auf ihre Integrität zu überprüfen. Das ordnungsgemäße Wahlverfahren, das in vielerlei Hinsicht stark formalisiert ist, hinge dann von ihrer Aufmerksamkeit ab. Darüber hinaus kann es bei einer vielköpfigen Bewerberliste auch nicht auf den ersten Blick erkennbar sein, ob etwa ein einzelner Bewerbername vertauscht wurde. Selbst wenn jedoch einer der Unterstützer eine nachträgliche Manipulation bemerkt, gibt es womöglich keine Originalurkunden, anhand derer die Fälschung mit einiger Sicherheit aufgedeckt werden könnte.

Das weitere Argument des BAG, dass auch eine Heftung unsicher sei, da deren Zeitpunkt nicht erkennbar sei, überzeugt ebenfalls nicht. Denn nach hier vertretener Ansicht muss bereits zum Zeitpunkt der Unterzeichnung eine nicht spurlos aufhebbare körperliche Verbindung bestehen. Dass der Wahlvorstand oder später eventuell die Gerichte nicht überprüfen können, ob diese Anforderung erfüllt war, kann ihre Bedeutung nicht schmälern. Darüber hinaus werden Manipulationen durch eine solche Art der Verbindung zumindest maßgeblich erschwert, was nur im Sinne eines integren Wahlverfahrens sein kann. Die schließlich vom BAG genannten anderen Möglichkeiten, anhand derer sich ebenfalls die Zusammengehörigkeit der Listen erkennen lasse, erschweren eine Manipulation für den Sonderfall der Bewerber- und Unterschriftenlisten nicht ausreichend.

---

849 NZA-RR 1998, 401, 402.
850 AP Nr. 2 zu § 14 BetrVG 1972 [B II 1a)].

Denn sie bieten für den Unterstützer keinen Schutz dagegen, dass die einheitliche grafische Gestaltung oder die Nummerierung nachträglich, d. h. nach Sammlung der Unterschriften hergestellt wurde. Auch die Angabe des Kennworts auf den einzelnen Blättern des Wahlvorschlags bietet keinen Schutz vor Manipulationen. Denn es ist ohne sichtbare Spuren möglich, nachträglich eine Bewerberliste zu erstellen, auf der ebenfalls dieses Kennwort auftaucht. Darüber hinaus ist der Verweis des BAG auf die Rechtsprechung des BGH[851] sowie des 4.[852] und des 2. Senats[853] des BAG zweifelhaft: Alle Fälle betrafen Urkunden, die aus mehreren Seiten bestanden, die (möglicherweise) nicht fest miteinander verbunden waren, aber am Ende durch eine Unterschrift abgedeckt wurden. Damit handelte es sich um den Fall einer Urkunde mit mehreren Blättern, während es bei den Wahlvorschlägen um zwei Urkunden geht, deren Zusammenhang deutlich gemacht werden muss. Eine den gesamten Inhalt abdeckende Unterschrift existiert nicht. Darüber hinaus sind auch die Möglichkeiten, bei einer mehrblättrigen Urkunde anhand äußerlicher Merkmale die Zusammengehörigkeit zu erkennen, deutlich besser; beispielsweise wird eine Regelung häufig am Ende des einen Blattes beginnen und sich auf der folgenden Seite fortsetzen. Bei bloßen Listen von Namen und Unterschriften sind diese grafischen Merkmale hingegen nicht sehr zahlreich.

Damit ist an der Ansicht festzuhalten, dass von der Sammlung der Unterschriften an eine feste Verbindung erforderlich ist, die nicht ohne Spuren aufgelöst werden kann.

II. Schriftliche Zustimmung der Wahlbewerber nach § 6 Abs. 3 S. 2 WO

Im Hinblick auf die Form der Zustimmungserklärungen ist zunächst festzuhalten, dass der Wortlaut des § 6 Abs. 3 S. 2 WO (ebenso in § 8 Abs. 2 Nr. 2 WO) keine Unterzeichnung fordert, sondern die *„schriftliche Zustimmung"*. Der Wortlaut stünde einer Auslegung, die einen vollständigen Verzicht auf ein Unterschriftserfordernis zum Ergebnis hat, also nicht entgegen.

Allerdings ist die Beweisfunktion – wie dargelegt – auch hinsichtlich der Zustimmungserklärungen einschlägig. Die Identifizierung desjenigen, der seine Zustimmung erklärt, kann leichter anhand der eigenhändigen unverwechselbaren Unterschrift erfolgen. Darüber hinaus soll – wie oben dargestellt – auch diese Erklärung nicht leichtfertig abgegeben werden. Auch insoweit kommt der eigenhändigen Unterschrift somit ein Mehrwert zu.

---

851 BGHZ 136, 357, 369.
852 AP Nr. 1 zu § 3 BetrVG 1972.
853 AP Nr. 1 zu § 1 KSchG 1969 Namensliste.

Demgegenüber ist nicht der Auffassung zu folgen, dass dieser Formzweck auch auf anderem Wege erreicht werden könne, etwa durch die eigenhändige Erstellung der Zustimmungserklärung oder ähnliches. Denn die eigenhändige Unterschrift ist im Rechtsverkehr ein anerkanntes und bewährtes Mittel zur Sicherung der der Beweis- und Warnfunktion und bietet zudem auch die Möglichkeit, die Echtheit leicht zu überprüfen. Die Zulassung anderer Möglichkeiten würde die Rechtssicherheit daher schwächen. Daher ist am Erfordernis einer eigenhändigen Unterschrift festzuhalten.

III. Form der Einreichung der Wahlvorschläge

Nachdem geklärt ist, dass die Stützungsunterschriften zu ihrer Wirksamkeit eine eigenhändige Unterzeichnung erfordern, schließt sich eine weitere Frage an: Ist wenigstens im Hinblick auf die Übermittlung des Wahlvorschlags an den Wahlvorstand eine Erleichterung möglich, können diese also beispielsweise per Fax oder als eingescannte Datei übermittelt werden? Zur Klärung dieser Frage sind die Formzwecke lediglich insoweit von Bedeutung, als sie dem Schutz des Wahlvorstands dienen.

Die Klarstellungsfunktion und die Identitätsfunktion werden durch eine derartige Übermittlung in ausreichender Weise erreicht: Der Wahlvorstand kann auch anhand einer originalgetreuen Kopie deutlich erkennen, wer durch seine Unterschrift welche Bewerbung unterstützt und die Unterzeichnungen bestimmten Personen zuordnen.[854] Ebensowenig steht die Warnfunktion der Form gegenüber den Unterzeichnern und den Bewerbern einer Übermittlung per Telefax entgegen. Denn diese ist erfüllt, sobald die eigenhändige Unterschrift geleistet wurde. Die Absendung des Originaldokuments kann keine weiterreichende Warnfunktion erfüllen, weil nicht jeder Unterzeichner persönlich die Liste in Richtung auf den Wahlvorstand in den Rechtsverkehr bringt.[855] Schließlich ist auch der Umstand, dass beim Wahlvorstand auf diese Weise gegebenenfalls nur einzelne, unverbundene Kopien ankommen, kein Gegenargument. Denn – wie dargelegt – dienen die Anforderungen an die äußere Form des Wahlvorschlags nicht dem Schutz des Wahlvorstands.

Eine derartige Übermittlung ist aber nur insoweit zulässig, als sie einerseits eine originalgetreue Abbildung darstellt und andererseits nicht voraussetzt, dass die körperliche Verbindung aufgelöst wird. Denn diese muss von der Leistung der Stützungsunterschriften an bestehen bleiben. Beides ist bei einem Faxgerät

---

854 Insoweit kann der Argumentation des BAG in AP Nr. 118 zu § 99 BetrVG 1972 [IV 1b)dd)] gefolgt werden.

855 BVerwG AP Nr. 6 zu § 10 WahlO z. PersVG [a)].

und einem Scanner gewährleistet. Unterstützt wird dieses Ergebnis auch durch die Erwägung, dass der Zugang zur Wahl ebenso wie die Wahlbewerbung nicht durch vermeidbare Förmlichkeiten erschwert werden sollte, wenn keine zwingenden Formzwecke entgegenstehen; nur so kann gewährleistet werden, dass den Wählern eine breite Auswahl zwischen verschiedenen Vorschlägen ermöglichst wird.[856]

D. Ergebnis

Damit steht fest, dass sowohl die Unterstützer als auch die Gewerkschaftsbeauftragten und die Wahlbewerber eigenhändige handschriftliche Unterschriften leisten müssen. Zum Schutz vor Manipulationen muss zwischen den Bewerberlisten und der Liste der Unterstützer von Beginn an eine feste körperliche Verbindung bestehen, die nicht ohne Spuren auflösbar ist. Für die Einreichung der Wahlvorschläge hingegen können die Anforderungen an die Form erleichtert werden: Eine elektronische Übermittlung ist zulässig, soweit sie eine originalgetreue Abbildung des Wahlvorschlags bietet und nicht die körperliche Verbindung der beiden Urkunden voraussetzt.

§ 10 Mitteilungspflichten des Arbeitgeber im Bereich Beschäftigungssicherung und Wirtschaftliche Angelegenheiten

Abschließend sind noch zwei Formvorschriften aus den Abschnitten *„Allgemeine personelle Angelegenheiten"* und *„Unterrichtung in wirtschaftlichen Angelegenheiten"* zu untersuchen, nämlich einerseits § 92a BetrVG und andererseits § 110 BetrVG.

§ 92a BetrVG wurde durch das Betriebsverfassungsreformgesetz 2001 neu eingeführt, um eine stärkere Beteiligung des Betriebsrats an der Beschäftigungssicherung zu fördern.[857] Demnach ist der Betriebsrat ausdrücklich aufgefordert, dem Arbeitgeber Vorschläge zur Sicherung und Förderung der Beschäftigung zu machen (Absatz 1 Satz 1). Das Gesetz zählt als Gegenstände dieser Vorschläge beispielhaft auf: Arbeitszeit (Flexibilisierung, Teilzeit, Altersteilzeit), Arbeitsor-

856 *Faecks/Meik*, NZA 1988, 193, 195.

857 Zur Begründung der Einführung dieser Vorschrift führt der Gesetzgeber an, sie diene als Ergänzung der ebenfalls neuen Regelung des § 80 Abs. 1 Nr. 8 BetrVG, durch die der Aufgabenkatalog des Betriebsrats um das Thema der Beschäftigungssicherung erweitert wurde, Begründung der Bundesregierung zu ihrem Gesetzesentwurf BT-Drs. 14/5741, S. 49.

ganisation, -verfahren und - abläufe, Arbeitnehmerqualifizierung, Alternativen zum Outsourcing sowie Produktions- und Investitionsprogramm (Absatz 1 Satz 2). Der Arbeitgeber ist dazu verpflichtet, die Vorschläge mit dem Betriebsrat zu beraten (Absatz 2 Satz 1). Hält er die Vorschläge für ungeeignet, muss er dies dem Betriebsrat gegenüber begründen (Absatz 2 S. 2).

Bei § 110 BetrVG hingegen handelt es sich um eine Regelung, die inhaltlich fast vollkommen mit einer Vorgängerregelung im BetrVG 1952 übereinstimmt, nämlich dem § 69 Abs. 3 BetrVG 1952; lediglich das sogleich vorzustellende Formerfordernis für Großunternehmen wurde erst im BetrVG 1972 eingeführt.[858] § 110 BetrVG schreibt vor, dass der Unternehmer in Unternehmen mit in der Regel mehr als 20 ständig beschäftigten wahlberechtigten Arbeitnehmern mindestens einmal in jedem Kalendervierteljahr nach Abstimmung mit den zuständigen betriebsverfassungsrechtlichen Organen die Arbeitnehmer über die wirtschaftliche Lage und Entwicklung des Unternehmens unterrichten.

A. Überblick über die Formvorschriften und den Meinungsstand

In den beiden oben vorgestellten Vorschriften sind zwei Schriftformen geregelt. § 92a Abs. 2 S. 2 2. HS BetrVG bestimmt, dass der Arbeitgeber die Ablehnung der Vorschläge des Betriebsrats in Betrieben mit mehr als 100 Arbeitnehmern *„schriftlich"* zu begründen habe. Ähnlich ist das Formerfordernis in § 110 Abs. 1 BetrVG strukturiert: In Unternehmen mit in der Regel mehr als 1.000 ständig beschäftigten Arbeitnehmern nämlich erfolgt die Unterrichtung *„schriftlich"*.

Im Schrifttum sind die Stellungnahmen zum Inhalt der Formanordnung in § 92a Abs. 2 S. 2 BetrVG recht spärlich. Häufig wird lediglich der Gesetzeswortlaut wiederholt.[859] Nur vereinzelt wird gemäß § 126 BGB eine eigenhändige Unterschrift unter der Begründung verlangt.[860] *Thüsing* vertritt, dass *„schriftlich"* im Sinne dieser Vorschrift jedenfalls nicht § 126 BGB meine und eine Unterschrift des Arbeitgebers nicht erforderlich sei. Es müsse nur deutlich werden, dass das Papier die Stellungnahme enthalte, die der Arbeitgeber sich zurechnen

858 *Bührig,* § 69 Rn. 7, S. 321: es sei dem Unternehmer freigestellt, wie er seine Berichtspflicht erfülle.

859 *Annuß*, NZA 2001, 367, 368; *Fitting*, § 92a Rn. 12; *Habenicht/Heimann,* AiB 2002, 693, 697; HSWG/*Glock*, § 92a Rn. 3, der aber kritisch anmerkt, dass das bürokratische Formerfordernis hohe Kosten verursache und zusätzlichen Zeitaufwand bedeute; *Lingemann,* NZA 2002, 934, 942; *Wiesinger,* AuA 7/03, 16, 17; WP/*Preis,* § 92a Rn. 6

860 ArbRK/*Ricken,* § 92a BetrVG Rn. 8.

lassen wolle.[861] *Kraft/Raab* lassen es ausreichen, wenn die Begründung in einer Urkunde enthalten ist, deren Inhalt vom Arbeitgeber autorisiert sei. Demgegenüber genüge eine Begründung auf elektronischem Wege nicht, da der Wortlaut *„schriftlich"* die Existenz einer Urkunde voraussetze, sodass elektronische Erklärungen nicht mehr vom Wortlaut der Vorschrift erfasst seien.[862] *Lunk* hält die Rechtsprechung des BAG zu § 99 Abs. 3 BetrVG für übertragbar und damit zumindest ein Telefax für ausreichend.[863]

Die Zahl der Stellungnahmen zur Form der Mitteilung nach § 110 Abs. 1 BetrVG ist etwas größer. Allerdings wird auch hierzu häufig nur der Wortlaut des Gesetzes wiederholt.[864] Sofern zu den Anforderungen an die Schriftform tatsächlich inhaltlich Stellung genommen wird, wird meist eine eigenhändige Unterschrift unter der Unterrichtung nicht für erforderlich gehalten.[865] So stellen *Richardi/Annuß* fest, dass an die Schriftform keine besonderen Anforderungen bestünden; auch die Textform reiche aus, wenn sichergestellt sei, dass die Arbeitnehmer von dem Bericht Kenntnis nehmen könnten.[866] *Oetker* meint, es stehe im Ermessen des Unternehmers, auf welche Weise er der Unterrichtungspflicht nachkomme, und nennt anschließend eine Vielzahl von Möglichkeiten, die keine eigenhändige Unterschrift erfordern.[867] Auch *U. Fischer* vertritt, dass einer Unterschrift kein rechtlicher Sinn und Zweck zukomme.[868] *Lunk* hält auch hier die Auslegung des BAG zur Schriftform in § 99 Abs. 3 BetrVG für übertragbar.[869] Aus den Ausführungen einiger Vertreter des Schrifttums, Abdrucke in der Werkszeitung und andere Vervielfältigungen reichten aus,[870] lässt sich ebenfalls schließen, dass jedenfalls keine eigenhändige Unterschrift für erforderlich gehalten wird.

---

861 Richardi/*Thüsing*, § 92a Rn. 13. Der Umkehrschluss zu § 77 Abs. 2, § 112 Abs. 1 S. 1 BetrVG vermag jedoch nicht zu überzeugen, da das BetrVG – wie in den vorangehenden Abschnitten dargelegt – Schriftform im Sinne einer eigenhändigen Unterschrift nicht zwingend nur dann fordert, wenn es ausdrücklich eine Unterzeichnung verlangt.

862 GK/*Kraft/Raab*, § 92a Rn. 34; von diesem engen Verständnis hinsichtlich der Schriftlichkeit ist *Raab* in FS-Konzen, S. 719, 750, inzwischen wieder abgerückt.

863 ArbRB 2003, 40, 41.

864 *Löwisch*, BB 2001, 1790, 1794; *Stege/Weinspach*, § 110 Rn. 1.

865 Anders ArbRK/*Willemsen/Lembke*, § 110 BetrVG Rn. 12, 13, die auf § 126 Abs. 1 BGB verweisen.

866 Richardi/*Richardi/Annuß*, § 110 Rn. 6; ähnlich: DKK/*Däubler*, § 110 Rn. 9; *Fitting*, § 110 Rn. 5.

867 GK/*Oetker*, § 110 Rn. 18.

868 AiB 1999, 390, 392.

869 ArbRB 2003, 40, 41.

870 ErfK/*Kania*, § 110 BetrVG Rn. 3; HSWG/*Hess*, § 110 Rn. 6; *Stege/Weinspach*, § 110 Rn. 1; WP/*Preis*, § 110 Rn. 1.

Im Hinblick auf § 110 Abs. 1 BetrVG ist umstritten, ob ein Anschlag am Schwarzen Brett ausreicht. Dies wird teilweise bejaht, da die Arbeitnehmer auch auf diesem Wege unterrichtet würden.[871] Gegen diese Art der Unterrichtung wird angeführt, dass die Informationen nicht ausreichend übermittelt würden, wenn die Arbeitnehmer kein Schriftstück zur ungestörten Lektüre erhielten.[872]

B. Zwecke der Formvorschriften

I. Begründungspflicht des Arbeitgebers nach § 92a Abs. 2 S. 2 2. HS

Als Zweck des Schriftformgebots in § 92a Abs. 2 S. 2 BetrVG kommt zunächst die Klarstellungsfunktion im Hinblick auf den Inhalt in Betracht. Die oben dargestellten Ziele dieser neu eingefügten Vorschrift, nämlich den Betriebsrat im Bereich der Beschäftigungssicherung besser zu beteiligen, deuten darauf hin, dass durch Anordnung der Schriftlichkeit die Inhaltsklarheit befördert werden sollte. Das Formerfordernis zielt dabei in zwei Richtungen:

Einerseit nämlich soll der Arbeitgeber sich den Vorschlägen des Betriebsrats stellen und sich mit diesen auseinandersetzen.[873] Indem er gezwungen wird, seine Ablehnung schriftlich zu begründen, wachsen die Chancen auf eine ernsthaft Auseinandersetzung und eine in sich stimmige und nachvollziehbare Erläuterung der Ablehnung.[874] Begründungen, die schriftlich niedergelegt werden müssen, unterliegen meist einer größeren Selbstzensur; der Rechtfertigungsdruck für den Arbeitgeber wird also erhöht. Dieser sanfte Zwang durch die Formanordnung ist besonders im sensiblen Bereich des § 92a BetrVG erforderlich, da der Bereich der Unternehmensführung betroffen ist, in den der Arbeitgeber sich nicht gern vom Betriebsrat hinein reden lassen will.[875]

Andererseits dient die Schriftlichkeit der Unterstützung des Beratungsrechts des Betriebsrats.[876] Eine sinnvolle Beratung wird befördert, wenn der Betriebsrat die Argumente für die Ablehnung nachlesbar zur Verfügung und damit eine si-

---

871 GK/*Oetker*, § 110 Rn. 18 (geboten sei lediglich die Unterrichtung der Arbeitnehmer, nicht aber die Aushändigung eines Berichts), *Fitting*, § 110 Rn. 5; HSWG/*Hess*, § 110 Rn. 6; MüHdb-ArbR/*Joost*, § 319 Rn. 65.

872 DKK/*Däubler*, § 110 Rn. 9; ErfK/*Kania*, § 110 BetrVG Rn. 3; Richardi/*Richardi/Annuß*, § 110 Rn. 6; ohne Begründung gegen die Zulässigkeit: *Frauenkron*, § 110 Rn. 3; *Galperin/Löwisch*, § 110 Rn. 7; HaKo-BetrVG/*Steffan*, § 110 Rn. 2; *Weiss/Weyand*, § 110 Rn. 2.

873 BT-Dr. 14/5741, S. 49 (Gesetzesbegründung der Bundesregierung).

874 GK/*Kraft/Raab*, § 92a Rn. 34.

875 BT-Dr. 14/5741, S. 49 (Gesetzesbegründung der Bundesregierung).

876 *Fitting*, § 92a Rn. 11; *Löwisch*, BB 2001, 1790, 1794.

chere Informationsgrundlage hat. Indem dem Betriebsrat die Haltung des Arbeitgebers deutlich wird, kann ein zielgerichteter Meinungsaustausch in Gang kommen. Dass die Pflicht zur schriftlichen Begründung auf Unternehmen mit mehr als 100 Arbeitnehmern beschränkt ist, steht diesem Formzweck nicht entgegen. Die Klarstellungsfunktion wäre auch in kleineren Betrieben wünschenswert, hier hat der Gesetzgeber jedoch eine Abwägung zwischen Aufwand und Ertrag einer schriftlichen Unterrichtung auf der einen Seite und der Leistungsfähigkeit kleinerer Betriebe auf der anderen Seite vorgenommen, und sich gegen die Schriftform entschieden, um kleinere Betriebe nicht zu überfordern.[877]

Die Abschlussfunktion der Klarstellungsfunktion spielt hingegen keine Rolle, da Fälle, in denen entweder unklar ist, ob er Text Zusätze enthält, die nicht vom Arbeitgeber autorisiert sind, oder nicht deutlich ist, ob es sich um einen Entwurf oder die abschließende Begründung handelt, praktisch kaum denkbar sind.

Auf die Beweisfunktion zielt die Anordnung der Schriftlichkeit hingegen nicht ab. Zwar trifft die Begründungspflicht den Arbeitgeber, es reicht jedoch völlig aus, wenn die Begründung gedanklich von diesem stammt, also autorisiert wurde.[878] Auf die anhand der Unterschrift überprüfbare Ausstellereigenschaft kommt es also nicht maßgeblich an. Auch laufen keine Fristen, und der Betriebsrat muss nicht auf der Grundlage dieser Mitteilung schnell eine Entscheidung treffen,[879] sodass auch unter diesem Gesichtspunkt die Verifikationsfunktion der Beweisfunktion in den Hintergrund tritt. Darüber hinaus ist auch das Manipulationsrisiko gering; es ist nicht ersichtlich, wer ein Interesse an der Fälschung der Erklärung haben sollte. Eine besondere Rolle ist der Beweisfunktion auch nicht unter dem Gesichtspunkt der Rechtssicherheit einzuräumen. Denn weder an die Begründung noch an deren Unterlassung sind besondere Rechtsfolgen geknüpft, insbesondere wirken sie sich nicht auf die Rechtsverhältnisse der Arbeitnehmer aus.[880] Zwar kann der Betriebsrat im Falle des § 92a BetrVG ein Beschlussverfahren einleiten, um den Begründungsanspruch durchzusetzen.[881] An die Entscheidung des Arbeitsgerichts sind aber keine weiteren materiellen Rechtsfolgen geknüpft, insbesondere muss der Arbeitgeber die abgelehnten Vorschläge nicht

---

877 *Fitting*, § 92a Rn. 12.

878 Richardi/*Thüsing*, § 92a Rn. 13.

879 Hierauf stellt auch ab *Raab*, FS-Konzen, S. 719, 750, der die Notwendigkeit für den Betriebsrat verneint, schnell anhand der Mitteilung zu prüfen, ob diese tatsächlich vom Arbeitgeber stammt.

880 BAG – 18.10.2006 – 2 AZR 434/05 [B II 1], juris; GK/*Kraft*/*Raab*, § 92a Rn. 39; die ganz herrschende Ansicht geht auch davon aus, dass die Begründung des Arbeitgebers keine Präklusionswirkung in etwaigen Kündigungsschutzprozessen habe: *Bauer*, NZA 2001, 375, 379; *Wiesinger*, AuA 7/03, 16, 17.

881 *Fitting*, § 92a Rn. 14; Richardi/*Thüsing*, § 92a Rn. 15.

umsetzen.[882] Auch daraus folgt, dass niemand ein Interesse daran hat, die Identität des Ausstellers oder die Echtheit des Inhalt nachweisen zu können.

Schließlich ist nicht ersichtlich, dass der Arbeitgeber vor der Abgabe einer übereilten Erklärung gewarnt werden müsse. Auch gegen die Bedeutung dieses Formzwecks spricht, dass an die Erklärung keine Rechtsfolgen geknüpft sind.

Damit ist einziger Zweck der Form des § 92a Abs. 2 S. 2 BetrVG die inhaltliche Klarstellung der Begründung.

II. Unterrichtungspflicht des Unternehmers nach § 110 Abs. 1 BetrVG

Auch bei der Anordnung der Schriftlichkeit für die Unterrichtung der Arbeitnehmer nach § 110 Abs. 1 BetrVG steht die Klarstellungsfunktion im Vordergrund. Die Unterrichtungspflicht des Unternehmers soll jedem Arbeitnehmer die Möglichkeit eröffnen, sich über die wirtschaftliche Lage und Entwicklung des Unternehmens, wie sie sich nach Auffassung des Unternehmers darstellt, zu informieren.[883] Die Schriftform soll diese Möglichkeit befördern, da die Informationen ihrer Natur nach komplex und schwer verständlich sein können. Auch hier soll die den Unternehmer treffende Pflicht zur schriftlichen Niederlegung des Berichts dazu dienen, dass dieser sich um eine verständliche (und möglichst realistische) Darstellung bemüht. Denn ihm ist bereits bei der Formulierung bewusst, dass diese Informationen dauerhaft nachles- und überprüfbar zugänglich sind. *U. Fischer* verwendet zur Beschreibung des Formzwecks die Begriffe der Dokumentation und Vervielfältigung.[884]

Darüber hinaus soll es durch die Schriftformanordnung für die Arbeitnehmer erleichtert werden, die Informationen intellektuell aufzunehmen und zu verarbeiten. Denn auch insoweit gilt, dass eine flüchtige (etwa eine mündliche) Unterrichtung über diese komplexe Materie für die meisten Arbeitnehmer keinen wirklichen Informationswert hätte und ihre Teilnahmerechte nicht stärken könnte. Im Hinblick auf die Beschränkung auf Großunternehmen gilt auch hier, dass dieser eine Abwägung zugrunde liegt, die die Bedeutung des Formzwecks nicht schmälert.[885]

Ebenso wie bei § 92a Abs. 2 S. 2 2. HS BetrVG spielt hingegen die Abschlussfunktion der Klarstellungsfunktion keine Rolle. Auch hier werden kaum Entwürfe des Berichts so im Umlauf sein, dass die Arbeitnehmer von diesen Kenntnis nehmen können.

---

882 *Annuß*, NZA 2001, 367, 368.
883 *Fitting*, § 110 Rn. 7.
884 AiB 1999, 390, 391.
885 Siehe hierzu auch *Raab*, FS-Konzen, S. 719, 748.

Auch Beweiszwecke kommen nicht zum Tragen, da ein Interesse an der schnellen Überprüfbarkeit bzw. an der Beweisbarkeit der Ausstelleridentität oder der Echtheit der Unterrichtung nicht besteht. Auch an diese sind nämlich keine spezifischen Rechtsfolgen geknüpft. Schließlich sind auch die Ausführungen zur Warnfunktion in Abschnitt I übertragbar.

Im Ergebnis kann daher festgestellt werden, dass die Anordnung der Schriftlichkeit durch § 110 Abs. 1 BetrVG ebenfalls nur die Inhaltsklarheit sichern soll.

C. Anforderung an die Einhaltung der Formvorschriften

Da also beide Formgebote eine Klarstellungsfunktion verfolgen, müssen sowohl die Begründung für die Ablehnung der Vorschläge zur Beschäftigungssicherung also auch die Unterrichtung über die wirtschaftliche Lage so erfolgen, dass der Inhalt der jeweiligen Erklärung für die Empfänger deutlich wird. Darüber hinaus muss sichergestellt sein, dass der Betriebsrat bzw. alle Arbeitnehmer von dem Inhalt der Begründung/der Unterrichtung sichere Kenntnis nehmen können.

I. Form der Begründung des Arbeitgebers nach § 92a Abs. 2 S. 2 2. HS

Die mit § 92a Abs. 2 S. 2 BetrVG verfolgte Klarstellungsfunktion wird bereits erreicht, wenn die Begründung dem Betriebsratsvorsitzenden in gedruckten Schriftzeichen oder jedenfalls in Schriftzeichen reproduzierbar zugeht und aus dieser hervorgeht, dass sie vom Arbeitgeber stammt bzw. dieser sie autorisiert hat. Darüber hinaus muss die Begründung für den Betriebsrat dauerhaft nachlesbar sein. Denn die Klarstellungsfunktion ist schon dann erreicht, wenn dem Betriebsrat die Begründung textlich zur Verfügung steht, sodass er auf Dauer Kenntnis von deren Inhalt nehmen kann. Umgekehrt wird der Formzweck im Hinblick auf den Arbeitgeber bereits erreicht, wenn dieser gezwungen ist, die Begründung überhaupt schriftlich zu formulieren. Die eigenhändige Unterzeichnung fördert den Formzweck dagegen nicht, da es – wie oben dargelegt – lediglich um den Inhalt der Mitteilung und nicht um den Aussteller oder die Echtheit geht.

Damit kann die Begründung auch per E-Mail, Telefax, Computerfax, auf Papier ohne Unterschrift etc. zugehen. Denkbar ist auch ein Beratungsprotokoll,[886] sofern dieses dem Betriebsrat dauerhaft zur Verfügung gestellt wird, da der Arbeitgeber gemäß § 92a Abs. 2 S. 1 BetrVG die Vorschläge ohnehin mit dem Be-

886 Siehe hierzu GK/*Kraft/Raab*, § 92a Rn. 34, die allerdings ein vom Arbeitgeber unterzeichnetes Protokoll ansprechen.

triebsrat beraten muss. Auch hier spricht gegen die Zulässigkeit einer elektronischen Übermittlung nicht der Wortlaut der Formanordnung, da *„schriftlich"* nicht zwingend eine papierne Urkunde meint. Dass die Begründung vom Arbeitgeber stammt, kann auch dadurch verdeutlicht werden, dass sein Name in der Erklärung genannt wird oder etwa die Begründung auf Firmenpapier niedergelegt wird.

Dieses durch teleologische Auslegung gewonnene Ergebnis wird durch zwei weitere Gesichtspunkte gestützt: Zunächst wird im Schrifttum zutreffend der hohe bürokratische Aufwand und die Lästigkeit der Pflicht zur schriftlichen Begründung betont.[887] Da der Klarstellungszweck auch erreicht wird, wenn auf die Unterschrift verzichtet wird, spricht der Vereinfachungsgesichtspunkt für eine Erleichterung. Darüber hinaus ist auch zu berücksichtigen, dass dem Betriebsrat hier kein wirkliches Mitbestimmungsrecht, sondern lediglich ein Mitberatungsrecht eingeräumt wurde,[888] was ebenfalls für ein weniger formalisiertes Verfahren spricht.

II. Unterrichtungspflicht des Unternehmers nach § 110 Abs. 1 BetrVG

Auch für die Unterrichtung nach § 110 BetrVG reicht eine der Textform gemäß § 126b BGB genügende Mitteilung aus, da der Klarstellungszweck auf diese Weise hinreichend erfüllt wird. Insoweit lassen sich die obigen Erwägungen übertragen.

Für die Textform spricht darüber hinaus ein Vergleich mit den Berichtspflichten des Aufsichtsrats an den Vorstand über Geschäftspolitik, Rentabilität der Gesellschaft, den Gang der Geschäfte sowie Geschäfte von besonderer Bedeutung. Für diese hat der Gesetzgeber in § 90 Abs. 4 S. 2 AktG ausdrücklich die Textform für ausreichend erklärt. In der Begründung des Gesetzesentwurfs führt die Bundesregierung aus, dass die Form lediglich gewährleisten solle, dass die Aufsichtsratsmitglieder sich anhand der Unterlagen informieren können sollten.[889] Darüber hinaus weist der Gesetzgeber auch darauf hin, dass eine Behinderung der Unternehmensführung durch Bürokratisierung verhindert werden müsse.[890] Dieser Gedanke lässt sich auf die Auslegung der Schriftform in § 110 BetrVG – sozusagen *a fortiori* – übertragen: Denn der Gesetzgeber fürchtet bei § 90 AktG eine Bürokratisierung, obwohl die Zahl der Aufsichtsratsmitglieder in der Regel auf 21 beschränkt ist (§ 95 AktG). Demgegenüber greift die Berichts-

---

887 *Annuß,* NZA 2001, 367, 368; HSWG/*Glock,* § 92a Rn. 3; *Reichold,* NZA 2001, 857, 863.

888 *Lingemann,* NZA 2002, 934, 941.

889 BT-Drs. 14/8769, S. 15.

890 ebd.

pflicht nach § 110 Abs. 1 BetrVG erst in Unternehmen mit mehr als 1.000 ständig Beschäftigten ein. Der Arbeitgeber müsste also bei einem Festhalten an der Schriftform gemäß § 126 BGB für jeden einzelnen Mitarbeiter ein Schriftstück ausdrucken, dieses mit einer Unterschrift versehen und dem Mitarbeiter dieses Originaldokument zukommen lassen. Hierbei wäre nicht einmal die Hilfe von Unterschriftsstempeln oder Matrizenabzügen zulässig. Dieser Aufwand ist im Verhältnis zu den mit dem Formerfordernis verfolgten Zwecken unterverhältnismäßig.

Zu klären bleibt, ob ein Aushang am Schwarzen Brett zur Einhaltung der Form nach § 110 Abs. 1 BetrVG ausreicht. Die Antwort auf diese Frage liefert nicht bereits der Wortlaut der Vorschrift. Denn daraus, dass § 110 Abs. 1 BetrVG eine *„Unterrichtung"* verlangt, kann nicht geschlossen werden, dass eine Aushändigung des Berichts an die Arbeitnehmer nicht gefordert sei.[891] Denn der Begriff *„unterrichten"* bleibt ebenso wie etwa der Begriff *„mitteilen"* blass und hat keine feststehende gesetzliche Bedeutung. Daher hängt auch die Antwort auf diese Frage davon ab, ob mit einem Aushang am Schwarzen Brett die Klarstellungsfunktion der Form sichergestellt ist. Soweit der Arbeitgeber dazu gezwungen werden soll, einen verständlichen Lagebericht abzuliefern, ist dieser Zweck erfüllt, sobald er diesen textlich niedergelegt hat. Doch das Formerfordernis hat – wie oben dargelegt – eine weitere Komponente, nämlich es den Arbeitnehmern zu erleichtern, sichere Kenntnis vom Inhalt des Berichts zu erhalten. Diesen Zweck kann ein bloßer Aushang am Schwarzen Brett nicht erfüllen. Denn auf diese Weise gehen den Arbeitnehmern die Informationen fast ebenso flüchtig zu wie bei einer mündlichen Mitteilung. Sie können sie nicht in Ruhe aufnehmen, darüber hinaus fehlt es auch an der Möglichkeit, sie ohne Aufwand und je nach Bedarf nachzulesen. Auch wird es erschwert, sich hinsichtlich einzelner Passagen bei Dritten zu erkundigen. Schließlich spricht auch der Inhalt dieser Unterrichtung gegen den Aushang am Schwarzen Brett: Ein Bericht über die wirtschaftliche Lage besteht häufig aus Detailangaben und führt notwendigerweise eine Vielzahl von Zahlen auf. Diese kann ein durchschnittlicher Arbeitnehmer kaum aufnehmen, wenn ihm lediglich die Möglichkeit verbleibt, im Vorbeigehen eine Veröffentlichung zu lesen, ohne ein eigenes Exemplar zum vertieften Studium zu erhalten. Daher muss zusätzlich zu einer Veröffentlichung am Schwarzen Brett zumindest ein Kopierexemplar zur Verfügung gestellt werden, eine Forderung, die den Arbeitgeber auch nicht über Gebühr belastet, um der Schriftformanordnung Genüge zu tun.

Demgegenüber reicht es aber aus, die Informationen auf der Website des Arbeitgebers zu veröffentlichen (ob beschränkt auf das Intranet oder sogar im Inter-

---

891 So aber augenscheinlich GK/*Oetker*, § 110 BetrVG Rn. 18.

net ist dabei ohne Belang), sofern alle Arbeitnehmer am Arbeitsplatz leichten Zugriff auf diese Informationen haben. Denn bei dieser Form des Berichts hat jeder Arbeitnehmer die Möglichkeit, den Bericht herunterzuladen und sogar auszudrucken und so vertieft zu studieren.

D. Ergebnis

Sowohl zur Einhaltung der Schriftform nach § 92a Abs. 2 S. 2 2. HS als auch nach § 110 Abs. 1 BetrVG reicht eine der Textform gemäß § 126b BGB entsprechende Erklärung aus, da die allein beabsichtigte Klarstellungsfunktion auf diese Weise vollständig erreicht wird. Bei der Unterrichtung durch den Arbeitgeber nach § 110 BetrVG muss die Information den Arbeitnehmern zwar nicht einzeln zugehen, die Form der Unterrichtung muss jedoch gewährleisten, dass jeder Arbeitnehmer zumindest die Möglichkeit hat, ein eigenes Exemplar zu erhalten.

4. Teil: Zusammenfassung

Im Rahmen der vorliegenden Arbeit wurde der Versuch unternommen, das Verhältnis zwischen den Schriftformbestimmungen des BetrVG und den Definitionsnormen des BGB Allgemeiner Teil zu klären, den Inhalt dieser Bestimmungen durch Auslegung zu ermitteln und die Rechtsfolgen zu untersuchen.

Zum ersten Punkt lassen sich die folgenden Ergebnisse festhalten:

- Es bestehen keine grundsätzlichen Bedenken gegen die Anwendung § 126 Abs. 1 BGB im Rahmen des BetrVG.
- Weder durch § 126 Abs. 1 BGB i. V. m. Art. 2 EGBGB noch durch den Wortlaut der betriebsverfassungsrechtlichen Formvorschriften *„schriftlich"* bzw. *„Unterzeichnung"* ist jedoch vorgegeben, dass jene gesetzliche Schriftformen im Sinne des BGB Allgemeiner Teil sind.
- Dass der Gesetzgeber weder durch das FormAnpG noch in dessen Folge Änderungen der Schriftformvorschriften des BetrVG vorgenommen hat, ändert an diesem Ergebnis nichts, da es sich insoweit nicht um ein bewusstes Unterlassen handelt.
- Ob mit den betriebsverfassungsrechtlichen Schriftformbestimmungen auf § 126 Abs. 1 BGB Bezug genommen wird oder es sich um autonome Formen handelt, ist durch Auslegung zu ermitteln. Um autonome Bestimmungen handelt es sich insbesondere dann, wenn das BetrVG selbst die einzuhaltenden Anforderungen festlegt, indem es etwa eine Unterzeichnung fordert.

Zum zweiten Punkt, also der Ermittlung des Inhalts der betriebsverfassungsrechtlichen Formgebote, hat sich erwiesen, dass die Auslegung anhand der Zwecke der Formen im Vordergrund steht. Drei dieser Formzwecke haben sich für das BetrVG als maßgeblich herausgestellt. Es sind dies die Klarstellungsfunktion (mit ihren Aspekten Inhalts- und Abschlussklarheit), die Beweisfunktion (mit den Aspekten Identitäts- und Echtheitsfunktion) und – mit Abstrichen – die Warnfunktion. Anhand dieser Formzwecke lassen sich grundlegende Prämissen für die Auslegung der Schriftformvorschriften gewinnen. So wird der Inhaltsklarheit als einer Komponente der Klarstellungsfunktion typischerweise bereits dadurch Genüge getan, dass die entsprechende formbedürftige Erklärung in Schriftzeichen wahrnehmbar ist. Dies entspricht der in § 126b BGB geregelten Textform. Demgegenüber erfordern Abschluss-, Beweis- und Warnfunktion in der Regel eine eigenhändige handschriftliche Unterzeichnung des Ausstellers. Bei der Abschlussfunktion lässt sich nur so sicher zwischen Entwurf und vollendeter

Erklärung unterscheiden; bei der Beweisfunktion ist anhand der unverwechselbaren Unterschrift die Identität des Ausstellers sowie die Echtheit der Erklärung nachweisbar; bei der Warnfunktion schließlich wird der Erklärende durch das Unterschriftserfordernis auf die rechtliche Bedeutung seiner Erklärung hingewiesen.

Wendet man diese Prämissen auf die Schriftformbestimmungen des BetrVG an, so ergibt sich folgendes Bild:

- Nur der Inhaltsklarheit dienen die Schriftformgebote der §§ 34 Abs. 2 S. 1, 46 Abs. 2, 78a Abs. 1, 92a Abs. 2 S. 2, 99 Abs. 3 S. 1, 102 Abs. 2 S. 1, 110 Abs. 1 BetrVG. Diese zielen nur darauf ab, den Inhalt der jeweiligen Erklärung deutlich und auf Dauer nachlesbar zu dokumentieren. In diesen Fällen ist daher dem Schriftformerfordernis bereits durch Wahrung der Textform im Sinne des § 126b BGB genügt.
- Die Abschlussfunktion spielt insbesondere bei denjenigen Schriftformbestimmungen eine Rolle, zu denen üblicherweise mehrere Entwürfe gefertigt werden. Es sind dies die betriebsverfassungsrechtlichen Vereinbarungen, die in den §§ 77 Abs. 2, 112 Abs. 2 S. 1 und S. 2 geregelt sind.
- Die Beweisfunktion steht dagegen bei denjenigen Schriftformvorschriften im Vordergrund, die Interessen Dritter oder die Rechtssicherheit zu schützen bestimmt sind. Hierbei handelt es sich um die §§ 14 Abs. 4 und Abs. 5, 27 Abs. 2 S. 3, 28a Abs. 1 S. 3, 34 Abs. 1 und Abs. 2 S. 2, 36, 77 Abs. 2, 78a Abs. 2 S. 1 BetrVG.
- Schließlich hat die Untersuchung gezeigt, dass die Schriftformen des BetrVG nicht den Schutz der Betriebsparteien vor Übereilung bezwecken. Die Warnfunktion spielt im BetrVG daher nur eine untergeordnete Rolle; sie kommt nur bei § 78a Abs. 2 BetrVG zum Tragen. Herauszustreichen ist jedoch, dass zur Erreichung dieses Zwecks nicht nur eine eigenhändige Unterschrift erforderlich ist, sondern darüber hinaus dem Erklärungsempfänger auch das Originaldokument zugehen muss.

Im Hinblick auf die Rechtsfolgen ist festzustellen, dass § 125 S. 1 BGB heranzuziehen ist, wenn der Formzweck ergibt, dass die Schriftform konstitutiv gemeint ist und darüber hinaus die betriebsverfassungsrechtliche Norm keine eigenständige Rechtsfolge statuiert.

- Nichtig gemäß § 125 S.1 BGB sind damit nicht formgerechte betriebsverfassungsrechtliche Vereinbarungen (§§ 77 Abs. 2 S. 1, 112 Abs.2 BetrVG), Betriebsratsbeschlüsse zu Aufgabenübertragungen (§ 27 Abs. 2 S. 3) sowie die Geschäftsordnung (§ 36). Insoweit ist zur Erreichung des Formzwecks an der allgemeinen Beweislastregelung festzuhalten, dass derjenige, der sich auf die Wirksamkeit beruft, die Einhaltung der Form nachweisen muss.

Da sich die unterschiedlichen Inhalte im Wortlaut des BetrVG nur ungenügend widerspiegelt, besteht weiterhin ein erhebliches Maß an Rechtsunsicherheit zur Folge. Um dieser zu begegnen, sollte der Gesetzgeber – wie bereits bei Verabschiedung des FormAnpG angekündigt – weitere Gesetze im Hinblick auf die Formvorschriften überarbeiten.[892] Dabei sollte er den Wortlaut des BetrVG klarstellen und die Formulierungen der einzelnen Schriftformbestimmungen angleichen. Nach hier vertretener Ansicht würde dies in einer Reihe von Vorschriften insbesondere die ausdrückliche Zulassung der Textform erfordern. Sofern der Gesetzgeber diesen Schritt nicht mitvollziehen möchte, könnte er Formanordnungen, die nicht dem Schutz Dritter dienen, auch ausdrücklich vereinbarungsoffen gestalten. Insofern böte sich eine Parallele zur jüngsten Reform des Gesellschaftsrechts an, in deren Zuge eine Reihe von Formanordnungen satzungsdispositiv ausgestaltet wurde.[893]

892 Vgl. BT-Drs. 14/4987, S. 18.

893 Vgl. etwa BT-Drs. 14/4051, S. 15 (bzgl. der Vollmachterteilung bei der Stimmrechtsausübung der Aktionäre nach § 134 Abs. 3 AktG, für deren Form die Satzung vorsehen kann, dass eine Vollmacht per Telefax, Computerfax oder ähnliches ausreicht, siehe genauer: *Kindler*, NJW 2001, 1678, 1686).

Literaturverzeichnis

Achterberg, Norbert, Die Rechtsordnung als Rechtsverhältnisordnung, 1983

Adomeit, Klaus, Die Regelungsabrede als die neben der Betriebsvereinbarung zulässige Ausübungsform der Mitbestimmung in sozialen Angelegenheiten (§ 56 BetrVG, § 67 PersVG), 2. Aufl. 1961

–, Zur Rechtsnatur der Betriebsvereinbarung, BB 1962, 1246-1251

–, Betriebliche Einigungen, BB 1967, 1003-1008

Altenburg, Stephan/Reinersdorff, Wolfgang von/Leister, Thomas, Betriebsverfassungsrechtliche Aspekte der Telekommunikation am Arbeitsplatz, MMR 2005, 222-226

Altvater, Lothar/Peiseler, Manfred/u. a., Bundespersonalvertretungsgesetz mit Wahlordnung und ergänzenden Vorschriften, 4. Aufl. 1996

Annuß, Georg, Mitwirkung und Mitbestimmung der Arbeitnehmer im Regierungsentwurf eines Gesetzes zur Reform des BetrVG, NZA 2001, 367-371

Anschütz, Claudia/Kohte, Wolfhard, BAG aktuell zu BAG vom 11.10.2000 – 5 AZR 313/99, JR 2001, S. 263-264

Armbrüster, Christian, Wirksamwerden beurkundungsbedürftiger Willenserklärungen gegenüber Abwesenden, NJW 1996, 438-440

Ascheid, Reiner/Preis, Ulrich/Schmidt, Ingrid (Hrsg.), Kündigungsrecht – Großkommentar zum gesamten Recht der Beendigung von Arbeitsverhältnissen, 2. Aufl. 2004, zit.: APS/*Bearbeiter*

Auffarth, Fritz, Mitbestimmung und Kündigung, Arbeitsrecht der Gegenwart Bd. 10 [1972], S. 71-81

Backfisch, Jörg, Formen und Fristen, AuA 2003, 22-24

Backmeister, Thomas/Trittin, Wolfgang/Mayer, Udo R., Kündigungsschutz mit Nebengesetzen, 3. Aufl. 2004, zit.: Backmeister/Trittin/Mayer/*Bearbeiter*

Bader, Peter, Neuregelungen im Bereich des Kündigungsschutzgesetzes durch das Arbeitsrechtliche Beschäftigungsförderungsgesetz, NZA 1996, 1125-1134

–, Die Anhörung des Betriebsrats - eine Darstellung anhand der neueren Rechtsprechung, NZA-RR 2000, 57-63

Bamberger, Heinz Georg/Roth, Herbert (Hrsg.), Kommentar zum Bürgerlichen Gesetzbuch, Band 1 (§§ 1-610), Band 2 (§§ 611-1296, ErbbauVO, WEG), 2003, zit.: Bamberger/Roth/*Bearbeiter*

–, Beck'scher Online-Kommentar, Stand: 01.08.2006, zit.: BeckOK-BGB

Bauer, Jobst-Hubertus, Sprecherausschußgesetz mit Wahlordnung und Erläuterungen, 2. Aufl. 1990
–, Betriebsänderungen, 1992
–, Aktuelle Probleme des Personalabbaus im Rahmen von Betriebsänderungen, DB 1994, 217-227
–, Neues Spiel bei der Betriebsänderung und der Beschäftigungssicherung?, NZA 2001, 375-379
Baumann, Thomas, Anforderungen an den Tarifvertrag als Gesetz, RdA 1987, 270-276
Baumbach, Adolf/Hopt, Klaus J., Handelsgesetzbuch, 32. Aufl. 2006, zit.: Baumbach/Hopt/*Bearbeiter*
Baumbach, Adolf/Hueck, Alfred (Begr.), GmbH-Gesetz, 17. Aufl. 2000, 18. Aufl. 2006, zit.: Baumbach/Hueck/*Bearbeiter*
Baumgärtel, G., Anm. zu BGH vom 14.04.1978 – V ZR 10/77, JR 1978, 418-419
Becker, Friedrich (Begr.), Gemeinschaftskommentar zum Kündigungsschutzgesetz und zu sonstigen kündigungsrechtlichen Vorschriften, 7. Aufl. 2004, zit.: KR/*Bearbeiter*
Becker, Werner, Die Übertragung von Betriebsratsbefugnissen auf Ausschüsse und einzelne Betriebsratsmitglieder, 1979
Beckschulze, Martin, Internet-, Intranet- und E-Mail-Einsatz am Arbeitsplatz, DB 2003, 2777-2786
–, *Henkel, Wolfram,* Der Einfluss des Internets auf das Arbeitsrecht, DB 2001, 1491-1506
Behne, Jan, Die Kompetenz des Gesamtbetriebsrats, AiB 1990, 321-324
Behrens, Walther/Kramer, Stefan, Der beauftragte Gesamtbetriebsrat, DB 1994, 94-96
Bengelsdorf, Peter, Die gesetzes- und verfassungswidrige Umdeutung des § 78a BetrVG, NZA 1991, 537-544
Berg, Peter, Rechtliche und praktische Fragen des zweistufigen vereinfachten Wahlverfahrens, AiB 2002, 17-25
Berkowsky, Wilfried, Die Unterrichtung des Betriebsrats bei Kündigungen durch den Arbeitgeber, NZA 1996, 1065-1071
Bette, Klaus, Anm. zu BGH vom 28.09.1987 – II ZR 35/87, EWiR 1988, 763-764
Birk, Rolf, Tarifrechtlicher Vorvertrag und arbeitsrechtlicher Boykott im Ausland, AuR 1977, 235-240
Bischoff, Hans-Jürgen, Die Einigungsstelle im Betriebsverfassungsrecht, 1975
Blaha, Ralf/Mehlich, Tobias, Unbefristeter Arbeitsvertrag durch Wahl? – Vertragsfreiheit contra „Azubi-Schutz“, NZA 2005, 667-672

Blanke, Thomas, Arbeitsgruppen und Gruppenarbeit in der Betriebsverfassung – Direkt demokratische Mitbestimmung als „zweiseitig paktierte Delegation“, RdA 2003, 140-155
Blomeyer, Wolfgang, Zur Problematik formloser betrieblicher Einigungen, BB 1969, 101-105
Bobrowski, Paul, Die Geschäftsordnung des Betriebsrats, DB 1957, 21-23
Bockemühl, Petrus, Formbedürftige Willenserklärungen und Bezugnahmemöglichkeiten, 1969
Boemke, Burkhard, Das arbeitsgerichtliche Zustimmungsersetzungsverfahren nach § 99 Abs. 4 BetrVG, ZfA 1992, 473-525
Boewer, Dietrich, Die Auswirkungen der §§ 99, 100 BetrVG auf die individualrechtliche Stellung des Arbeitnehmers, RdA 1974, 72 – 80
Bork, Reinhard, Allgemeiner Teil des Bürgerlichen Gesetzbuches, 2.Aufl. 2006
Bösche, Burchard, Die Rechte des Betriebsrats bei Kündigungen, 1979
Braun, Wilfried, Verbandstarifliche Normen in Firmentarifverträgen und Betriebsvereinbarungen, BB 1986, 1428-1435
Bremm, Wilfrid, Anm. zu BAG AP Nr. 1 zu § 62 SeemG
Brill, Werner, Das Verhältnis zwischen Gesamtbetriebsrat und Einzelbetriebsräten, AuR 1983, 169-174
Brox, Hans, Allgemeiner Teil des BGB, 29. Aufl. 2005
Buchner, Herbert, AR-Blattei, Tarifvertrag V Inhalt
Bührig, Ernst, Handbuch der Betriebsverfassung, 1953
Bulla, Werner, Anm. zu BAG AP Nr. 1 zu § 28 BetrVG 1972
Busemann, Andreas, Der Betriebsrat als „Eingruppierungskläger“ im Beschlußverfahren?, NZA 1996, 681-685
Bydlinski, Franz, Arbeitsrechtskodifikation und allgemeines Zivilrecht, 1969
Canaris, Claus-Wilhelm, Systemdenken und Systembegriff in der Jurisprudenz, 2. Aufl. 1983
Cordes, Albrecht, Telefax und Übereilungsschutz, NJW 1993, 2427-2429
Dannhäuser, Wolfgang, Die Unbeachtlichkeit der Zustimmungsverweigerung des Betriebsrats bei personellen Einzelmaßnahmen, NZA 1989, 617-626
Dästner, Christian, Neue Formvorschriften im Prozessrecht, NJW 2001, 3469-3471
Däubler, Wolfgang, Die veränderte Betriebsverfassung – Erste Anwendungsprobleme, AuR 2001, 285-291
–, Die Eigenständigkeit des Arbeitsrechts, in: 50 Jahre Bundesarbeitsgericht, *Oetker, Hartmut/Preis, Ulrich/Rieble, Volker* (Hrsg.), 2004, S. 3-17
–, Kommentar zum Tarifvertragsgesetz, 2. Aufl. 2006, zit.: Däubler/*Bearbeiter*
–, *Kittner, Michael/Klebe, Thomas,* Betriebsverfassungsgesetz – Kommentar für die Praxis, 8. Aufl. 2002; 10. Aufl. 2006, zit.: DKK/*Bearbeiter*

Dauner-Lieb, Barbara/Heidel, Thomas/Ring, Gerhard (Hrsg.), Anwaltkommentar BGB, Band 1: Allgemeiner Teil mit EGBGB, 2005, zit.: AnwK/*Bearbeiter*

Dieterich, Thomas/Müller-Glöge, Rudi/Preis, Ulrich/Schaub, Günter, Erfurter Kommentar zum Arbeitsrecht, 7. Aufl. 2007, zit.: ErfK/*Bearbeiter*

Dietz, Rolf/Richardi, Reinhard, Betriebsverfassungsgesetz, Band 2 (§§ 74-Schluss, mit Betriebsverfassungsgesetz 1952), 6. Aufl. 1982, zit.: *Dietz/ Richardi*

Düwell, Franz Josef, § 102 BetrVG – eine noch zu entdeckende Formvorschrift, NZA 1988, 866-870

–, Computerfax richterrechtlich zugelassen, NJW 2000, 3334

–, (Hrsg.), Betriebsverfassungsgesetz Handkommentar, 2. Aufl. 2006, zit.: HaKo-BetrVG/*Bearbeiter*

Eckert, Michael/Scalia, Salvatore, Formwahrung durch Telefax, DStR 1996, 1608-1614

Edenfeld, Stefan, Recht der Arbeitnehmermitbestimmung, 2003

Ehrich, Christian, Die Zuständigkeit des Gesamtbetriebsrats kraft Beauftragung nach § 50 Abs. 2 BetrVG, AuR 1993, 68-70

Einsele, Dorothee, Formerfordernis bei mehraktigen Rechtsgeschäften, DNotZ 1996, 835-866

Emmerich, Volker, Die Form wettbewerbsbeschränkender Verträge, NJW 1980, 1363-1368

End, Thomas, Die Beteiligungsrechte des Betriebsrats bei der Einstellung und Entlassung von Arbeitnehmern, 1974

Engels, Gerd/Trebinger, Yvonne/Löhr-Steinhaus, Wilfried, Regierungsentwurf eines Gesetzes zur Reform des Betriebsverfassungsgesetzes, DB 2001, 532-542

Enneccerus, Ludwig/Nipperdey, Hans Carl, Allgemeiner Teil des Bürgerlichen Rechts, 1. Halbband, 15. Aufl. 1959, 2. Halbband, 15. Aufl. 1960

Faecks, Fridhelm/Meik, Frank, Zur Form eines Wahlvorschlags in der Betriebsratswahl, NZA 1988, 193-195

Faude, Michael, Anm. zu BAG AP Nr. 18 zu § 99 BetrVG 1972

Feudner, Bernd W., Schutz Auszubildender in besonderen Fällen – Einschränkung der Abschluss- und Vertragsfreiheit durch§ 78a BetrVG und § 9 BPersVG, NJW 2005, 1462-1466

Fiebig, Stefan/Gallner, Inken/Griebeling, Jürgen/u. a., Kündigungsschutzgesetz – Handkommentar, 2. Aufl. 2004, zit.: HaKo-KSchG/*Bearbeiter*

Fischer, Ulrich, Die Schriftform des Betriebsverfassungsgesetzes in Zeiten papierloser Kommunikation, AiB 1999, 390-393

Fischer, Friedrich-Wilhelm, Geheime Tarifverträge und Betriebsvereinbarungen, BB 2000, 354-362

Fischer-Dieskau, Stephanie/Gitter, Rotraud/Paul, Sandra/Steidle, Roland, Elektronisch signierte Dokumente als Beweismittel im Zivilprozess, MMR 2002, 713-719

Fitting, Karl/Kaiser, Heinrich/Heither, Friedrich/Engels, Gerd, Betriebsverfassungsgesetz: Handkommentar, 19. Aufl. 1998, zit.: *Fitting*

–, *Schmidt, Ingrid* Betriebsverfassungsgesetz Handkommentar, 21. Aufl. 2002, zit.: *Fitting*

Fitting, Karl/Engels, Gerd/Schmidt, Ingrid/Trebinger, Yvonne/Linsenmaier, Wolfgang, (Hrsg.), Betriebsverfassungsgesetz: Handkommentar, 23. Aufl. 2006, zit.: *Fitting*

Flatow, Georg, Betriebsrätegesetz, 1931

Flume, Werner, Allgemeiner Teil des Bürgerlichen Rechts, 2. Band Das Rechtsgeschäft, 4. Aufl. 1992

Franzen, Martin, Die Freiheit der Arbeitnehmer zur Selbstbestimmung nach dem neuen BetrVG, ZfA 2001, 423-450

–, Informationspflichten und Widerspruchsrecht beim Betriebsübergang nach § 613a Abs. 5 und 6 BGB, RdA 2002, 258-272

Frauenkron, Karl-Peter, Betriebsverfassungsgesetz mit Wahlordnung, 1972

Fritzsche, Jörg/Malzer, Hans M., Ausgewählte zivilrechtliche Probleme elektronisch signierter Willenserklärungen, DNotZ 1995, 3-25

Galperin, Hans/Löwisch, Manfred, Kommentar zum Betriebsverfassungsgesetz, Band II (§§ 74-132), 6. Aufl. 1982

Gamillscheg, Franz, Kollektives Arbeitsrecht I, 1997

Gaul, Björn, Aktuelle Rechtsprechung zur Betriebsratsanhörung nach § 102 BetrVG, DStR 1998, 422-425

–, Betriebsbedingte Kündigung mit Namensliste nach § 1 Abs. 4 KSchG, BB 2004, 2686-2692

Gaul, Dieter, Der Widerruf einer Zustimmungserklärung des Betriebsrats bei Kündigungen, RdA 1979, 267-272

–, Die Beendigung der Betriebsvereinbarung im betriebsratslosen Betrieb, NZA 1986, 628-632

Geis, Ivo, Die digitale Signatur, NJW 1997, 3000-3004

Geißler, Hasso, „In Textform" – was ist das?, NZM 2001, 689-690

Germelmann, Claas-Hinrich/Matthes, Hans-Christoph,/Prütting, Hans, Arbeitsgerichtsgesetz Kommentar, 5. Aufl. 2004

Gernhuber, Joachim, Die Erfüllung und ihre Surrogate, 2. Aufl. 1994

Gester, Heinz/Zachert, Ulrich, Betriebsverfassungsrechtliche Elemente des allgemeinen Kündigungsschutzes, ArbR Gegenw. 12 [1974], 87-106

Giesler, Jan Patrick, Die konkludente Regelungsabrede – Eine Untersuchung stillschweigender Vereinbarungen im Betriebsverfassungsrecht, 1997
Gift, Emil, Der Sozialplan, ArbRGgw 15 [1977], 51-74
Gotthardt, Michael/Beck, Carsten, Elektronische Form und Textform im Arbeitsrecht: Wege durch den Irrgarten, NZA 2002, 876-883
Göttling, W./Hoentges, K./Zepp, H., Fragen zur Kündigung nach dem BetrVG 1972, RdA 1972, 282-286
Gottwald, Stefan, Anspruch des Arbeitnehmers auf Zustimmungsersetzungsverfahren nach § 99 Abs. 4 BetrVG, BB 1997, 2427-2431
Gragert, Nicola/Wiehe, Henning, Das BAG im Strudel neuer Medien, NZA 2001, 311-314
Grimm, Detlef, Kurzkommentar zu LAG Hamm vom 06.07.2000 - 4 Sa 233/00, EWiR § 125 InsO 1/01, 125-126
Grimme, Rainer, Rechnung und Quittung bei der Abwicklung von Schuldverhältnissen, JR 1988, 177-184
Grosjean, Sascha R., Die Rechtsprechung zur formellen (Un-)Wirksamkeit von Betriebsratsbeschlüssen, NZA-RR 2005, 113-123
Grotkamp, Annette, Die Bedeutung des Gesamtbetriebsrats und die Abgrenzung seiner Zuständigkeit zu den Einzelbetriebsräten im Rahmen des Strukturwandels in der deutschen Wirtschaft, 1998
Habenicht Thomas/Heimann, Klaus, Die neuen Mitbestimmungsrechte bei der betrieblichen Bildung, AiB 2002, 693-698
Hacker, Nicole, Mitwirkungsrechte der Sprecherausschüsse der leitenden Angestellten nach dem Gesetz vom 20.12.1988, 1995
Hagen, Horst, Formzwang und Formzweck im Zivilprozess, JZ 1972, 505-510
–, Formzwang, Formzweck, Formmangel und Rechtssicherheit, in: Festschrift für Helmut Schippel zum 65. Geburtstag, *Bundesnotarkammer* (Hrsg.), 1996, S. 173-186
Hähnchen, Susanne, Das Gesetz zur Anpassung der Formvorschriften des Privatrechts und anderer Vorschriften an den modernen Rechtsgeschäftsverkehr, NJW 2001, 2831-2834
Hanau, Peter, Rechtswirkungen der Betriebsvereinbarung, RdA 1989, 207-211
–, Offene Fragen zum Teilzeitgesetz, NZA 2001, 1168-1175
–, *Reitze, Serge*, Die Wirksamkeit von Sprüchen der Einigungsstelle, in: Festschrift für Alfons Kraft zum 70. Geburtstag, *Hönn, Günther/Konzen, Horst/Kreutz, Peter* (Hrsg.),1998, S. 167-186
Harke, Jan Dirk, Formzweck und Heilungsziel, WM 2004, 357-362
Hartmann, Bernd J., Wahren E-Mails an das BVerfG und an die Fachgerichte die Form?, NJW 2006, 1390-1393
Häsemeyer, Ludwig, Die gesetzliche Form der Rechtsgeschäfte, 1971

–, Die Bedeutung der Form im Privatrecht, JuS 1980, 1-9
Hässler, Manfred, Die Geschäftsführung des Betriebsrates, 5. Aufl. 1984
Hayen, Ralf-Peter, Der Schutz Auszubildender in besonderen Fälle durch § 78a BetrVG, AiB 1982, 76-78
Heigl, Christoph, Der Übernahmeanspruch von JAV-Mitgliedern, PersR 1997, 297-308
Heinze, Meinhard, Personalplanung, Einstellung und Kündigung, 1982
–, Mängel der Vorschlaglisten in der Betriebsratswahl, NZA 1988, 568-574
–, Regelungsabrede, Betriebsvereinbarung und Spruch der Einigungsstelle, NZA 1994, 580-586
Heldrich, Karl, Die Form des Vertrages, AcP 141 [1947], 89-129
Henneke, Sebastian, Form- und Fristfragen beim Telefax, NJW 1998, 2194-2195
Hennige, Susanne, Das Verfahrensrecht der Einigungsstelle, 1996
Henssler, Martin/Willemsen, Heinz Josef/Kalb, Heinz-Jürgen, Arbeitsrecht Kommentar, 2004, zit.: ArbRK/*Bearbeiter*
Herschel, Wilhelm, Betriebsvereinbarung oder Betriebssatzung, RdA 1948, 47–50
–, Entwicklungstendenzen des Arbeitsrechts, RdA 1956, 161- 168
–, Verweisungen in Tarifverträgen und Betriebsvereinbarungen, BB 1963, 1220-1223
Hess, Harald, Schloauchauer, Ursula/Glaubitz, Werner, (Hrsg.), Kommentar zum Betriebsverfassungsgesetz, 5. Aufl. 1997, zit.: HSG/*Bearbeiter*
Hess, Harald/Schlochauer, Ursula, Worzalla, Michael/Glock, Dirk, Kommentar zum Betriebsverfassungsgesetz, 6. Aufl. 2003, zit.: HSWG/*Bearbeiter*
Hohenstatt, Klaus-Stefan, Der Interessenausgleich in einem veränderten rechtlichen Umfeld, NZA 1998, 846-854
Hohmeister, Frank-Udo, Die ordnungsgemäße Anhörung des Betriebsrates gem. § 102 BetrVG als Wirksamkeitsvoraussetzung für eine Kündigung, NZA 1991, 209-214
Hoppmann, Carsten/Moos, Flemming, Rechtsfragen des Internet-Vertriebs von Versicherungsdienstleistungen, NVersZ 1999, 197-204
Hoyningen-Huene, Gerrick v., Fehlerhafte Betriebsvereinbarungen und ihre Auswirkungen auf Arbeitnehmer, DB 1984, Beilage 1, S. 1-12
–, Betriebsverfassungsrecht, 5. Aufl. 2002
–, *Linck,* Rüdiger, Kündigungsschutzgesetz Kommentar, 13. Aufl. 2002
Hromadka, Wolfgang, Sprecherausschußgesetz Kommentar, 1991
–, Die Betriebsverfassung, 2. Aufl. 1994
–, *Maschmann, Frank,* Arbeitsrecht Bd. 2 – Kollektivarbeitsrecht + Arbeitsrechtsstreitigkeiten, 3. Aufl. 2004
Hueck, Alfred, Anm. zu BAG AP Nr. 2 zu § 123 BGB

Hüffer, Uwe, Aktiengesetz, 7. Aufl. 2006

Hunold, Wolf, Die Reaktion des Betriebsrates auf die Mitteilung des Arbeitgebers über Einstellung bzw. Kündigung, DB 1976, 1865-1868

–, Die Kosten der Betriebsratsarbeit, NZA-RR 1998, 113-117

Iffland, Hans, Verweisung in Tarifverträgen und Betriebsvereinbarungen, DB 1964, 1737-1741

Jäcker, Hans, Die Einigungsstelle nach dem Betriebsverfassungsgesetz 1972, 1974

Jaeger, Georg/Röder, Gerhard/Heckelmann, Günther, Praxishandbuch Betriebsverfassungsrecht, 2003, zit.: JRH/*Bearbeiter*

Jäger, Sonja/Künzl, Reinhard, Probleme der Weiterbeschäftigung von Auszubildenden nach § 78a BetrVG 1972 und § 9 BPersVG – Teil 1, ZTR 2000, 300-305

Jakob, Wolfgang, Schriftlichkeitserfordernisse im Mitbestimmungsrecht, NZA 2006, 345-348

Jakobs, Horst-Heinrich/Schubert, Werner (Hrsg.), Die Beratung des Bürgerlichen Gesetzbuchs, Allgemeiner Teil §§ 1-240, 1. Teilband, 1985

Jansen, Jan-Philip, Die elektronische Kommunikation in der Betriebsverfassung, 2006

–, Elektronische Kommunikation bei Betriebsratswahlen, DB 2006, 334-338

Jauernig, Othmar (Hrsg.), Bürgerliches Gesetzbuch Kommentar, 11. Aufl. 2004

Kanzleiter, Rainer, Der Zugang beurkundeter Willenserklärungen – Zugleich Anm. zum Urteil des BGH vom 7.6.1995 – VIII ZR 125/94, DNotZ 1996, 931-941

Kempen, Otto Ernst/Zachert, Ulrich, Tarifvertragsgesetz, 4. Aufl. 2006

Keßler, Dieter, Der Betriebsratsausschuss, 1976

Kindler, Peter, Der Aktionär in der Informationsgesellschaft – Das Gesetz zur Namensaktie und zur Erleichterung der Stimmrechtsausübung, NJW 2001, 1678-1691

Kittner, Michael/Zwanziger, Bertram, Arbeitsrecht, Handbuch für die Praxis, 2. Aufl. 2003

–, *Däubler, Wolfgang/Zwanziger, Bertram,* Kündigungsschutzrecht: Kommentar für die Praxis, 6. Aufl. 2004, zit.: Kittner/Däubler/Zwanziger/*Bearbeiter*

Klebe, Thomas/Schumann, Manfred, Das Recht auf Beschäftigung im Kündigungsschutzprozess, 1981

Klebe, Thomas/Wedde, Peter, Vom PC zum Internet: IT-Nutzung auch für Betriebsräte?, DB 1999, 1954-1961

Kleinebrink, Wolfgang, Vermeidung oder Verringerung von finanziellen Belastungen auf Grund eines Nachteilsausgleichs bei Betriebsänderungen, NZA-RR 2005, 281-289

Kleiner, Hartmann/Wittke, Manfred, Die Beteiligungsrechte des Betriebsrats im personellen Bereich, 1978
Kliemt, Michael, Formerfordernisse im Arbeitsverhältnis, 1995
–, § 102 IV BetrVG – keine unentdeckte Formvorschrift!, NZA 1993, 921-925
Knauf, Ute, Der Schutzzweck des § 99 BetrVG, 2000
Köhler, Helmut, Die Problematik automatisierter Rechtsvorgänge insbesondere von Willenserklärungen, AcP 182 [1982], 127-171
–, Die Unterschrift als Rechtsproblem, in: Festschrift für Helmut Schippel zum 65. Geburtstag, *Bundesnotarkammer* (Hrsg.), 1996, S. 209-220
Kohte, Wolfhard, Die vertrackte Namensliste – Der qualifizierte Interessenausgleich im neuen Kündigungsrecht, BB 1998, 946-954
Koller, Ingo, Anm. zu BAG Beschl. v. 7.11.1977, 1 ABR 55/75, SAE 1978, S. 232-236
Konzen, Horst, Privatrechtssystem und Betriebsverfassung, ZfA 1985, 469-496
Kort, Michael, Anm. zu BAG AP Nr. 1 zu § 3 BetrVG 1972
Kraft, Alfons, Anm. zu BAG AP Nr. 12 zu § 4 TVG Geltungsbereich
–, Anm. zu BAG EzA Nr. 6 zu § 1 KSchG Namensliste
–, Anm. zu BAG AP Nr. 11 zu § 99 BetrVG 1972
Kraft, Alfons/u. a., Gemeinschaftskommentar zum Betriebsverfassungsgesetz, Band 1 (§§ 1 – 73b mit Wahlordnung); Band 2 (§§ 74 – 132), 8. Aufl. 2005, zit.: GK/*Bearbeiter*
Kreutz, Peter, Grenzen der Betriebsautonomie, 1979
Kropff, Bruno/Semler, Johannes (Hrsg.), Münchener Kommentar zum Aktiengesetz, Band 1 (§§ 1-53), 2. Aufl. 2000; Bd. 3, (§§ 76-117 AktG, MitbestG, § 76 BetrVG 1952 § 107 AktG), 2. Aufl. 2004; zit.: MüKo-AktG/*Bearbeiter*
Küchenhoff, Günther, Anm. zu BAG AP Nr. 3 zu § 56 BetrVG
Künzl, Reinhard, Begründung von Teilzeitarbeitsverhältnissen gemäß § 78a Betriebsverfassungsgesetz, BB 1986, 2404-2409
Kuster, Hartmut, Anm. zu LAG Berlin, 06.09.1991, 2 Ta BV 3/91, AiB 1992, 295-296
Larenz, Karl/Canaris, Klaus-Wilhelm, Methodenlehre der Rechtswissenschaft, 3. Aufl. 1995
–, *Wolf, Manfred,* Allgemeiner Teil des Bürgerlichen Rechts, 9. Aufl. 2004
Laskawy, Dirk Helge, Ausschlussfristen im Arbeitsrecht: Verständnis und Missverständnisse, DB 2003, 1325-1331
Leinemann, Wolfgang, Kasseler Handbuch zum Arbeitsrecht, Band 2, 2. Aufl. 2000, zit.: KasslHdb-ArbR/*Bearbeiter*
Lenz, Dieter, Betriebsausschuss, AiB 1998, 71-75
Leßmann, Jochen/Liersch, Anke, Die Novelle des Betriebsverfassungsgesetzes, DStR 2001, 1302-1312

Leverenz, Kent, Auswirkungen des „Gesetzes zu Anpassung der Formvorschriften des Privatrechts und anderer Vorschriften an den modernen Rechtsgeschäftsverkehr" auf die Versicherungswirtschaft, VersR 2002, 1318-1331
Liebisch, Martin, Die Beteiligung des Betriebsrats an Kündigungen und ihre Auswirkungen auf die kündigungsrechtliche Stellung des Arbeitnehmers, 2004
Linde, Klaus, § 28a BetrVG – nur „Sand im Betriebe"?, AiB 2004, 334-338
Lingemann, Stefan, Betriebsänderungen nach neuem BetrVG, NZA 2002, 934-945
Löwe, Walter, Neuerungen im Abzahlungsrecht, NJW 1974, 2257-2264
Löwisch, Manfred, Probleme des Interessenausgleichs, RdA 1989, 216-220
–, Kommentar zum Sprecherausschussgesetz, 2. Aufl. 1994
–, Änderung der Betriebsverfassung durch das Betriebsverfassungs-Reformgesetz Teil I, BB 2001, 1734-1747
–, Änderung der Betriebsverfassung durch das Betriebsverfassungs-Reformgesetz Teil II, BB 2001, 1790-1798
–, *Rieble, Volker,* Tarifvertragsgesetz Kommentar, 2. Aufl. 2004, zit.: LR/*Bearbeiter*
–, *Schönfeld, Thorleif,* Anm. zu BAG AP Nr. 20 zu § 99 BetrVG
Lüke, Gerhard/Wax, Peter (Hrsg.), Münchener Kommentar zur Zivilprozeßordnung, Band 2, 2. Aufl. 2001
Lunk, Stefan, Zustimmungsverweigerung per Telefax, ArbRB 2003, 40-41
Lutter, Marcus/Hommelhoff, Peter, GmbH-Gesetz: Kommentar, 15. Aufl. 2000; 16, Aufl. 2004
Malottke, Annette, Die Übertragung von Aufgaben auf Arbeitsgruppen nach § 28a BetrVG, AiB 2001, 625-629
Mangen, Kurt Günter, Die Form des Tarifvertrages gemäß § 1 Abs. 2 Tarifvertragsgesetz, RdA 1982, 229-237
Mankowski, Peter, Zum Nachweis des Zugangs bei elektronischen Erklärungen, NJW 2004, 1901-1907
Mareck, Guido, Die Weiterbeschäftigung im Kündigungsschutzverfahren nach § 102 Abs. 5 BetrVG – ein steiniger Weg?, BB 2000, 2042-2045
Matthes, Hans-Christoph, Das Mitbestimmungsrecht des Betriebsrates bei Betriebsänderungen, DB 1972, 286-292
–, Die Rechtstellung des ohne Zustimmung des Betriebsrats eingestellten Arbeitnehmers, DB 1974, 2007-2011
–, Die Anträge des Arbeitgebers nach § 78a IV BetrVG und nach § 9 BPersVG, NZA 1989, 916-919

–, Rechtsfragen zum Interessenausgleich, in: Entwicklungen im Arbeitsrecht und Arbeitsschutzrecht, Festschrift für Otfried Wlotzke zum 70. Geburtstag, *Anzinger, Rudolf/Wank, Rolf* (Hrsg.), 1996, S. 393-406
Medicus, Dieter, Allgemeiner Teil des BGB, 8. Aufl. 2002
Meisel, Peter G., Anm. zu BAG AP Nr. 1 zu § 101 BetrVG 1972
–, Die Mitwirkung und Mitbestimmung des Betriebsrats in personellen Angelegenheiten, 5. Aufl. 1984
Mertens, Bernd, Die Reichweite gesetzlicher Formvorschriften im BGB, JZ 2004, 431-439
Merz, Hans, Auslegung, Lückenfüllung und Normberichtigung – Dargestellt an den Beispielen der unzulässigen Berufung auf Formungültigkeit und des Mißbrauchs der Verjährungseinrede, AcP 163 [1963], 305-345
Meyer, Cord, Bindungswirkung eines Interessenausgleichs; BB 2001, 882-888
Michalski, Lutz (Hrsg.), Kommentar zum Gesetz betreffend die Gesellschaften mit beschränkter Haftung (GmbH-Gesetz), Band II, §§ 35-86 GmbHG, 2002, zit.: Michalski/*Bearbeiter*
Molkenbur, Josef/Schulte, Wienhold, Rechtscharakter und –wirkungen des Interessenausgleichs, DB 1995, 269-271
Molodovski, Paul, Formlose Absprachen als Rechtsform der Mitbestimmung in sozialen Angelegenheiten nach § 56 BetrVG, 1959
Moritz, Heinz Peter, Das Weiterbeschäftigungsgebot des § 78a BetrVG und seine Wirkung für die Jugendvertretung und ihre Mitglieder, DB 1974, 1016-1018
Mugdan, Benno, Die Gesamten Materialien zu Bürgerlichen Gesetzbuch für das Deutsche Reich, Bd. 1 Einführungsgesetz und Allgemeiner Teil, 1899, Neudruck 1979
Müller, Hans-Peter, Übernahme eines in Ausbildung befindlichen Mitglieds eines Betriebsverfassungsorgans in ein Arbeitsverhältnis kraft Gesetzes, DB 1974, 1526-1531
Müller, Stefan, Die Übertragung von Betriebsratsaufgaben auf Arbeitsgruppen (§ 28a BetrVG), 2004
Müller-Franken, Sebastian, Die Befugnis zu Eingriffen in die Rechtsstellung des einzelnen durch Betriebsvereinbarungen, 1997
Müller-Glöge, Rudi/von Senden, Ulrike, Gesetzliche Schriftform für Kündigung, Auflösungsvertrag und Befristung, AuA, 2000, 199-203
Musielak, Hans-Joachim (Hrsg.), Kommentar zur Zivilprozessordnung, 4. Aufl. 2005, zit.: Musielak/*Bearbeiter*
Natzel, Ivo, Die Delegation von Aufgaben an Arbeitsgruppen nach dem neuen § 28a BetrVG, DB 2001, 1362-1364
Neef, Klaus, Wer schützt vor dem Betriebsrat?, NZA 2001, 361-364

Neft, Hans/Ocker, Andreas, Die Einigungsstelle im Betriebsverfassungsrecht, 2. Aufl. 1995
Neumann, Daniela, Neuregelung des Wahlverfahrens zum Betriebsrat, BB 2002, 510-518
Neumann-Duesberg, Horst, Betriebsverfassungsrecht, 1960
–, Anm. BAG AP Nr. 9 zu § 59 BetrVG
Nielebock, Helga, Übernahme von Mitgliedern der Jugend- und Auszubildendenvertretung nach der Ausbildung, AiB 1990, 219-220
Noack, Ulrich, Moderne Kommunikationsformen vor den Toren des Unternehmensrechts, ZGR 1998, 593-616
–, Digitaler Rechtsverkehr: Elektronische Signatur, elektronische Form und Textform, DStR 2001, 1893-1897
Oertel, Klaus, Elektronische Form und notarielle Aufgaben im elektronischen Rechtsverkehr, MMR 2001, 419-423
Oetker, Hartmut, Anforderungen an eine abschließende Stellungnahme des Betriebsrats im Verfahren nach § 102 Abs. 1 BetrVG, BB 1984, 1433-1436
–, Die Anhörung des Betriebsrats vor Kündigungen und die Darlegungs- und Beweislast im Kündigungsschutzprozess, BB 1989, 417-421
–, Grundprobleme bei der Anwendung des Sprecherausschußgesetzes, ZfA 1990, 43-86
–, Die Kündigung von Tarifverträgen, RdA 1995, 82-103
–, Die zivilrechtliche Unwirksamkeit der Kündigung wegen einer Verletzung der Mitteilungspflichten im Rahmen der Betriebsratsanhörung nach § 102 BetrVG – eine geglückte richterliche Rechtsfortbildung?, in: Festschrift für Alfons Kraft zum 70. Geburtstag, *Hönn, Günther/Konzen, Horst/Kreutz, Peter* (Hrsg.), 1998, S. 429-449
–, Anm. zu BAG AP Nr. 118 zu § 99 BetrVG 1972
Opolony, Bernhard, Die Weiterbeschäftigung von Auszubildenden nach § 78a BetrVG, BB 2003, 1329-1337
Palandt, Otto (Begr.), Bürgerliches Gesetzbuch, 66. Aufl. 2007, zit.: Palandt/*Bearbeiter*
Pawlowski, Hans-Martin, Allgemeiner Teil des BGB, 7. Aufl. 2003
Perreng, Martina, Wiedereinführung der Namensliste, AiB 2004, 13-17
Peterek, Dieter, Fragen zur Regelungsabrede, in: Festschrift für Dieter Gaul zum 70. Geburtstag, *Boewer, Dietrich/Gaul, Björn* (Hrsg.), 1992, S. 471-495
Peilsticker, Wilhelm, Der Schutz in Ausbildung befindlicher Mitglieder von Betriebsverfassungsorganen nach § 78a BetrVG, 1987
Plander, Harro, Kurzkommentar zu BAG 7.5.98 2 AZR 55/98, EWiR 4/98 § 1 KSchG, 1041-1042

–, Kurzkommentar zu BAG 26.10.04 1 AZR 493/03, EWiR 2/05 § 113 BetrVG, 453-454

Preis, Ulrich, Das erneuerte BGB und das Bundesarbeitsgericht, in: 50 Jahre Bundesarbeitsgericht, *Oetker, Hartmut/Preis, Ulrich/Rieble, Volker* (Hrsg.), 2004, S. 123-152

–, *Gotthardt, Michael,* Schriftformerfordernis für Kündigungen, Aufhebungsverträge und Befristung nach § 623 BGB, NZA 2000, 348-361

Prölss, Erich R./Martin, Anton (Begr.), Versicherungsvertragsgesetz, 27. Auflage, 2004

Prütting, Hans/Wegen, Gerhard/Weinreich, Gerd (Hrsg.), BGB Kommentar, 2006, zit.: PWW/*Bearbeiter*

Raab, Thomas, Individualrechtliche Auswirkungen der Mitbestimmung des Betriebsrats gem. §§ 99, 102 BetrVG, ZfA 1995, 479-536

–, Die Arbeitsgruppe als neue betriebsverfassungsrechtliche Beteiligungsebene – Der neue § 28a BetrVG, NZA 2002, 474-482

–, Die Schriftform in der Betriebsverfassung, in: Festschrift für Horst Konzen zum siebzigsten Geburtstag, *Dauner-Lieb, Barbara/Hommelhoff, Peter/Jacobs, Matthias u. a.* (Hrsg.), 2006, S. 719-761

Rebmann, Kurt/Säcker, Franz Jürgen/Rixecker, Roland (Hrsg.), Münchener Kommentar zum Bürgerlichen Gesetzbuch,
Band 1 – Allgemeiner Teil (§§ 1-240), 4. Aufl. 2001;
Band 1a – Allgemeiner Teil (Auszug) (§§ 80, 81, 105 a, 126-127, 194-218, ProstG), 4. Aufl. 2003
Band 2a – Schuldrecht Allgemeiner Teil (§§ 241-432), 4. Aufl. 2002;
Band 3 – Schuldrecht Besonderer Teil I (§§ 433-606, Finanzierungsleasing, VerbrKrG, HaustWG, Erbschafts- u. Schenkungssteuergesetz, MHG, HeizkostenV), 3. Aufl. 1995; 4. Aufl. 2004;
Band 4 – Schuldrecht Besonderer Teil II (§§ 611-704, EFZG, TzBfG, KSchG), 4. Aufl. 2005, zit.: MüKo-BGB/*Bearbeiter*

Reich, Norbert, Abzahlungsrecht und Verbraucherschutz, JZ 1975, 550-555

Reichold, Hermann, Die reformierte Betriebsverfassung 2001 - Ein Überblick über die neuen Regelungen des Betriebsverfassungs-Reformgesetzes, NZA 2001, 857-865

Reinecke, Gerhard, Die Übernahme des Auszubildenden in eine Arbeitsverhältnis nach § 78a BetrVG, DB 1981, 889-895

Reinermann, Andreas, Verweisungen in Tarifverträgen und Betriebsvereinbarungen, 1997

Reiter; Christian, Kündigung vor Ablauf der Anhörungsfrist nach § 102 BetrVG, NZA 3002, 954-958

Reuter, Dieter, Gemeinsame Anm. zum BAG-Beschluß vom 8.12.1981 - *3 ABR 53/80 – und zum BAG-Urteil vom 8.12.1981 – 3 AZR 518/80, SAE 1983, 201-204.*
Richardi, Reinhard, Anm. zu BAG AP Nr. 6 zu § 61 BetrVG
–, (Hrsg.), Betriebsverfassungsgesetz mit Wahlordnung, 7. Aufl. 1998; 8. Aufl. 2002; 10. Aufl. 2006, zit. ab 8 Aufl.: Richardi/*Bearbeiter*
–, Formzwang im Arbeitsverhältnis, NZA 2001, 57-63
–, Veränderungen in der Organisation der Betriebsverfassung nach dem Regierungsentwurf zur Reform des BetrVG, NZA 2001, 346-351
–, *Annuß, Georg,* Der neue § 623 BGB - Eine Falle im Arbeitsrecht?, NJW 2000, 1231-1235
–, Gesetzliche Neuregelung von Teilzeitarbeit und Befristung, BB 2000, 2201-2205
Richardi, Reinhard/Wlotzke, Otfried, Münchener Handbuch zum Arbeitsrecht, Band 3 Kollektives Arbeitsrecht, 2. Aufl. 2000, zit.: MüHdb-ArbR/*Bearbeiter*
Rick, Wilhelm, Macht die Bezugnahme in einem Tarifvertrag auf einen anderen Tarifvertrag den anderen Tarifvertrag zum Bestandteil des ursprünglichen Tarifvertrages?, DB 1957, 45-46
Rieble, Volker, Delegation an den Gesamt- oder Konzernbetriebsrat, RdA 2005, 26-31
Riesenhuber, Karl, Keine Rettung der formnichtigen Befristungsabrede im Arbeitsvertrag?, NJW 2005, 2268-2270
Riesenkampff, Philipp, Beweisbarkeit der form- und fristgemäßen Übermittlung durch Telefaxgeräte, NJW 2004, 3296-3299
Rinke, Michael, Anhörung des Betriebsrats: Vorgezogenes Kündigungsschutzverfahren?*, NZA 1998, 77-88
Röger, Hendrik, Gesetzliche Schriftform und Textform bei arbeitsrechtlichen Erklärungen, NJW 2004, 1764-1767
Rolfs, Christian/Vorsmann, Dennis, Anm. zu BAG vom 6.8.2002 – 1 ABR 49/01, SAE 2003, 243-244
Romer, Ulrich Karl, Das Sprecherausschußgesetz und die analoge Anwendung des Betriebsverfassungsgesetzes, 1996
Römer, Wolfgang/Langheid, Theo, Versicherungsvertragsgesetz, 2. Aufl. 2003
Roos, Bernd, Schriftformerfordernis und elektronische Medien im Arbeitsleben, AiB 2002, 133-136
Rosenberg, Leo, Die Beweislast auf der Grundlage des Bürgerlichen Gesetzbuchs und der Zivilprozessordnung, 5. Aufl. 1965
–, *Schwab, Karl Heinz/Gottwald, Peter,* Zivilprozessrecht, 16. Aufl. 2004
Rösler, Patrick, Formbedürftigkeit der Vollmacht – Eine Darstellung nach Fallgruppen, NJW 1999, 1150-1153

Roßnagel, Alexander, Die fortgeschrittene elektronische Signatur, MMR 2003, 164-170
–, *Pfitzmann, Andreas,* Der Beweiswert von E-Mail, NJW 2003, 1209-1214
Roth, Günter/Altmeppen, Holger, Gesetz betreffend die Gesellschaften mit beschränkter Haftung (GmbHG), 5. Aufl. 2005, zit.: Roth/Altmeppen/*Bearbeiter*
Rowedder/Heinz, Koppensteiner, Hans-Georg, Gesetz betreffend die Gesellschaften mit beschränkter Haftung (GmbHG), 3. Aufl. 1997, zit.: Rowedder/ Koppensteiner/*Bearbeiter*
Rudolph, Wolf-Dieter, Widerspruch nach § 102 BetrVG – Auch per Fax?, AiB 1999, 666-669
–, Anm. zu BAG 1 ABR 43/01, AuR 2003, 232-233
–, *Fricke, Wolfgang, Einsatz elektronischer Medien,* AiB 2005, 277-280
Rüthers, Bernd/Stadler, Astrid, Allgemeiner Teil des BGB, 14. Aufl. 2006
Säcker, Franz Jürgen, Zustandekommen des Tarifvertrages, AR Blattei D, Tarifvertrag II B Abschluss
Sander, Peter/Siebert, Ralph, Die Schriftform im (individuellen) Arbeitsrecht (Teil II), AuR 2000, 330-336
Schaub, Günter, Die Beendigung von Betriebsvereinbarungen, BB 1995, 1639-1642
–, Der Interessenausgleich, in: Rechts und soziale Arbeitswelt, Festschrift für Wolfgang Däubler zum 60. Geburtstag, *Klebe, Thomas/Wedde, Peter/Wolmerath, Martin* (Hrsg.), 1999, S. 347-354
–, Reform der Betriebsverfassung, ZTR 2001, 437-444
–, Arbeitsrechts-Handbuch, 11. Aufl. 2005
Schlemminger, Horst, Das Schriftformerfordernis bei Abschluss langfristiger Mietverträge, NJW 1992, 2249-2256
Schliemann, Harald (Hrsg.), Das Arbeitsrecht im BGB, 2002, zit.: ArbRiBGB/ *Bearbeiter*
Schlochauer, Ursula, Zum Mitbestimmungsrecht des Betriebsrats bei der ordentlichen Kündigung nach § 102 BetrVG 1972, RdA 1973, 157-165
Schmitt, Jochem, Anm. zu BAG 5 AZR 313/99, SAE 2001, 306-309
Schneider, Wolfgang, Betriebsratswahl – Prüfung von Wahlvorschlägen, AiB 2006, 51-55
Scholz, Franz, Kommentar zum GmbH-Gesetz II. Band, §§ 45-85, 8. Aufl. 1995; 9. Aufl. 2005; zit.: Scholz/*Bearbeiter*
Schulin, Bertram, Die Rechtsprechung des Bundesarbeitsgerichts im Jahre 1980, ZfA 1981, 577-793
Schürmann, Frank, Wohnraumkündigung per Telefax – formungültig und dennoch fristwahrend, NJW 1992, 3005-3007

Schreiber, Klaus, Probleme der Mitbestimmung bei personellen Einzelmaßnahmen, RdA 1987, 257-262

Schwab, Norbert, Das Telefax im Arbeitsleben und im Umgang mit den Gerichten, in: Arbeitsrecht und Arbeitsgerichtsbarkeit, Festschrift zum 50-jährigen Bestehen der Arbeitsgerichtsbarkeit in Rheinland-Pfalz, 1999, *Schmidt, Klaus* (Hrsg.), S. 729-743

Schwachheim, Jürgen F., Abschied vom Telefax im gerichtlichen Verfahren?, NJW 1999, 621-623

Senne, Holger, Gemeinsame Ausschüsse nach § 28 Abs. 3 BetrVG, BB 1995, 305-308

Siemes, Christiane, Die Selbstbindung der Betriebspartner an den Interessenausgleich gemäß § 112 Abs. 1 S. 1 BetrVG, ZfA 1998, 183-208

Soergel, Hans Theodor (Begr.), Bürgerliches Gesetzbuch mit Einführungsgesetz und Nebengesetzen, Band 2 – Allgemeiner Teil 2 (§§ 104-240), 13. Aufl. 1999, zit.: Soergel/*Bearbeiter*

Stahlhacke, Eugen/Preis, Ulrich/Vossen/Reinhard, Kündigung und Kündigungsschutz im Arbeitsverhältnis, 9. Aufl. 2005, zitiert: Stahlhacke/*Bearbeiter*

Staudinger, Julius von (Begr.), Kommentar zum Bürgerlichen Gesetzbuch mit Einführungsgesetzen und Nebengesetzen,
Buch 1 Allgemeiner Teil 3 (§§ 90-133, §§ 1-54, 63 BeurkG), Bearbeitung 2004
Buch 1 Allgemeiner Teil 5 (§§ 164-240), Neubearbeitung 2004
Zweites Buch Recht der Schuldverhältnisse (§§ 362-396), Neubearbeitung 2000
Buch 2 Recht der Schuldverhältnisse (§§ 397-432), Neubearbeitung 2005
zit.: Staudinger/*Bearbeiter*

Stege, Dieter/Weinspach, Friedrich K./Schiefer, Bernd, Betriebsverfassungsgesetz: Handkommentar für die betriebliche Praxis, 9. Aufl. 2002

Steinbeck, Anja, Die neuen Formvorschriften im BGB, DStR 2003, 644-650

Straßner, Matthias, Regelungsabreden – Voraussetzungen, Wirkung und Rechtsprobleme formfreier Vereinbarungen zwischen Arbeitgeber und Betriebsrat, 1998

Studt, Norma, Übernahme von Auszubildenden, AuA 3/04, 18-20

Teske, Wolfgang, Neue Widerrufsrechte beim Abschluss von Versicherungs- und Verbraucherkreditverträgen, NJW 1991, 2793-2804

Teubner, Ernst, Interessenausgleich und Sozialplan, BB 1974, 982-988

Thannheiser, Achim, Immer erreichbar per Fax – ein Fluch oder Segen?, AiB 1997, 498-503

–, Zulässige Betriebsvereinbarungen, AiB 1999, 315-319

Thomas, Heinz/Putzo, Hans, Zivilprozessordnung Kommentar, 27. Aufl. 2005, zit.: Th/P/*Bearbeiter*
Thüsing, Gregor, Arbeitsgruppen nach § 28a BetrVG, ZTR 2002, 3-8
Travlos-Tzanetatos, Dimitrios, Die Regelungsbefugnis der Betriebspartner und ihre Grenzen zum Einzelarbeitsverhältnis, 1974
Tüttenberg, Juliane, Die Arbeitsgruppe nach § 28a BetrVG, 2006
Ulrici, Bernhard, Geschäftsähnliche Handlungen, NJW 2003, 2053-2056
Viefhues, Wolfram, Das Gesetz über die Verwendung elektronischer Kommunikationsformen in der Justiz, NJW 2005, 1009-1016
Voigt, Joachim, Die Geschäftsordnungen der Kollegialorgane im Privatrecht, 1983
Vollkommer, Max, Kurzkommentar zu OLG Frankfurt a. M 16.11.1990 - 24 U 236/89 - EWiR 1/91 § 766 BGB, 973-974
Wank, Rolf, Die Auslegung von Betriebsvereinbarungen, in Festschrift für Alfons Kraft zum 70. Geburtstag, *Hönn, Günther/Konzen, Horst/Kreutz, Peter* (Hrsg.), 1998, S. 665-682
Weber, Ulrich/Ehrich, Christian/Hörchens, Angela/Oberthür, Nathalie, Handbuch zum Betriebsverfassungsrecht, 2003
Wedde, Peter, Übertragung von Betriebsratsaufgaben gemäß § 28a BetrVG auf Arbeitsgruppen, AuR 2002, 122-126
Weigl, Knut, Die leitenden Angestellten zwischen Sprecherausschuß und Betriebsrat, 1993
Weiss, Manfred/Weiyand, Joachim, Betriebsverfassungsgesetz, 3. Aufl. 1994
Westerhoff, Rudolf, Wie begründen wir Formnichtigkeit?, AcP 184 [1984], 341-384
Westermann, Harm Peter (Hrsg.), Erman, Bürgerliches Gesetzbuch: Handkommentar, Band I (§§ 1 – 811), 11. Aufl. 2004, zit.: Erman/*Bearbeiter*
Westphalen, Friedrich Graf v./Emmerich, Volker/Rottenburg, Franz v., Verbraucherkreditgesetz Kommentar, 2. Aufl. 1996
Wiedemann, Herbert (Hrsg.), Tarifvertragsgesetz Kommentar, 7. Aufl. 2007 (zitiert: Wiedemann/*Bearbeiter*)
–, Anm. zu BAG AP Nr. 14 zu § 5 TVG
–, Anm. zu BAG AP Nr. 5 zu § 1 TVG Form
–, Anm. zu BAG AP Nr. 6 zu § 1 TVG Form
–, *Arnold, Markus,* Anm. zu BAG AP Nr. 55 zu § 77 BetrVG 1972
Wiencke, Alexander, Der Schutz Auszubildender in besonderen Fällen – § 78a BetrVG, 1983
Wiesemann, Dana, Die Einigungsstelle als Einrichtung zur Beilegung von Rechtsstreitigkeiten im Betriebsverfassungsrecht, 2003
Wiesinger, Kai, Mitbestimmung bei Beschäftigungssicherung, AuA 7/03, 16-19

Willemsen, Heinz Josef/Hohenstatt, Klaus-Stefan, Zur umstrittenen Bindung- und Normwirkung des Interessenausgleichs, NZA 1997, 345-352

–, *Lembke, Mark,* Die Neuregelung von Unterrichtung und Widerspruchsrecht der Arbeitnehmer beim Betriebsübergang, NJW 2002, 1159-1165

Wlotzke, Otfried/Preis, Ulrich (Hrsg.), Betriebsverfassungsgesetz: Kommentar, 3. Aufl. 2006, zit.: WP/*Bearbeiter*

Wolff, Andreas, Die Gestaltungsformen des Sozialplans, 2003

Wollenschlager, Michael, Gesetz zum Schutz in Ausbildung befindlicher Mitglieder von Betriebsverfassungsorganen, NJW 1974, 935-936

Worzalla, Michael, Neue Spielregeln bei Betriebsübergang – Die Änderungen des § 613 BGB, NZA 2002, 353-358

Zöller, Richard (Begr.), Zivilprozessordnung, 25. Aufl. 2005, zit.: Zöller/*Bearbeiter*

Zöllner, Wolfgang/Loritz, Karl-Georg, Arbeitsrecht, 5. Aufl. 1998

Zöllner, Wolfgang/Noack, Ulrich (Hrsg.), Kölner Kommentar zum Aktiengesetz, Band 1 (§§ 1-75 AktG), 3. Aufl. 2004, zit.: KölnKo-AktG/*Bearbeiter*

Zwanziger, Bertram, Der Interessenausgleich - betriebliches Regelungsinstrument oder Muster ohne kollektiven Wert?, BB 1998, 477-482

Zivilrechtliche Schriften
Beiträge zum Wirtschafts-, Bank- und Arbeitsrecht

Herausgegeben von Peter Kreutz und Dieter Reuter

Band 1 Sabine Koch: Eigenkapitalleistungen und eigenkapitalersetzende Leistungen des Kommanditisten in der gesetzestypischen Kommanditgesellschaft. 1992.

Band 2 Knut Weigle: Die leitenden Angestellten zwischen Sprecherausschuß und Betriebsrat. 1993.

Band 3 Stephan Worpenberg: Die konzerninterne Arbeitnehmerüberlassung. 1993.

Band 4 Carsten Führling: Sonstige Unternehmensverträge mit einer abhängigen GmbH. 1993.

Band 5 Heike Grote-Seifert: Das englische Arbeitskampfrecht unter besonderer Berücksichtigung der Entwicklung seit 1979. Zugleich: Vergleichende Analyse der Rechtslage in Deutschland und England. 1994.

Band 6 Uwe Theobald: Gesamthaftungsverhältnisse. Die Gesamtschuld als Ausgleichsmodell bei der mehrfachen Drittsicherung einer Forderung. 1994.

Band 7 Kay-Uwe Jacobs: Die Wahlvorstände für die Wahlen des Betriebsrats, des Sprecherausschusses und des Aufsichtsrats. 1995.

Band 8 Horst-Jürgen Michallek: Die Verteilung des wirtschaftlichen Risikos der Nothilfe. Eine rechtsvergleichende Studie. 1995.

Band 9 Sibylle Kessal-Wulf: Die Innenverbände. Am Beispiel Publikumsgesellschaft, Franchising, Mitarbeiterbeteiligung und Betriebsverband. 1995.

Band 10 Britta Holdorf-Habetha: Der Übergang von gewerblich genutztem Vermögen im Wege der Erbfolge im Einkommensteuerrecht. 1996.

Band 11 Sönke-Peter Nehlsen: Nutzungsausfallersatz. Ein notwendiges Übel? Versuch einer dogmatischen Begründung und Alternativlösungen. 1997.

Band 12 Sebastian Graf von Wallwitz: Tarifverträge und die Wettbewerbsordnung des EG-Vertrages. Wettbewerbsbeschränkende Tarifverträge und das Kartellverbot des Artikel 85 EGV. 1997.

Band 13 Hans-Joachim Arnold: Die Bilanzierung des Geschäfts- oder Firmenwertes in der Handels-, Steuer- und Ergänzungsbilanz. 1997.

Band 14 Volker Hoes: Die Überschuldung Privater als Problem von Ungleichgewichten. 1997.

Band 15 Dörte Christiansen: Betriebszugehörigkeit. Die Zuordnung von Arbeitnehmern aus betriebsverfassungsrechtlicher Sicht. 1998.

Band 16 Axel Boysen: Betriebsverband und Arbeitsverhältnis am Beispiel der Gruppenarbeit. Ein Beitrag zur Entwicklung der arbeitsrechtlichen Dogmatik im Wandel der Industriearbeit. 1998.

Band 17 Kristoffer Blydt-Hansen: Die Rechtsstellung der Destinatäre der rechtsfähigen Stiftung Bürgerlichen Rechts. 1998.

Band 18 Per Christiansen: Über die reale Seite der Verbände. Die Bedeutung der tatsächlichen Zweckverfolgung in einem Verband für dessen Legitimität, Existenz und Kontinuität. 1999.

Band 19 Annette Grotkamp: Die Bedeutung des Gesamtbetriebsrats und die Abgrenzung seiner Zuständigkeit zu den Einzelbetriebsräten im Rahmen des Strukturwandels in der deutschen Wirtschaft. 1999.

Band 20 Oliver Ebert: Die Kosten der Einigungsstelle gemäß § 76 a BetrVG 1972 unter besonderer Berücksichtigung der Honorierung von Einigungsstellenmitgliedern. 1999.

Band 21 Christoph Nawroth: Die steuerliche Anerkennung von Familienpersonengesellschaften bei fehlerhaftem Gesellschaftsvertrag. Zur Anwendung der Lehre von der fehlerhaften Gesellschaft im Steuerrecht. 1999.

Band 22 Kai Litschen: Die juristische Person im Spannungsfeld von Norm und Interesse. Am Beispiel der Gesellschafterhaftung in der GmbH. 1999.

Band 23 Eva Günther-Gräff: Kündigung und Kündigungsschutz von Absatzmittlungsverträgen. Dargestellt am Beispiel des Handelsvertreters, des Vertragshändlers und des Franchisenehmers. 1999.

Band 24 Martin Steiner: Entgelte der Kreditinstitute. Regelungen beim Girovertrag mit rechtsvergleichender Darstellung des anglo-amerikanischen Rechts. 2000.

Band 25 Sven Claussen: Grenzen der Insichgeschäfte im Gesellschaftsrecht. 2000.

Band 26 Sönke Peters: Der gesellschaftsrechtliche Grundsatz der Einheitlichkeit der Mitgliedschaft. 2000.

Band 27 Gabriele Komp: Die juristische Person als Geschäftsführungsorgan einer Kapitalgesellschaft. Betrachtungen zu §§ 76 Abs. 3 S. 1 AktG und 6 Abs. 2 S. 1 GmbHG. 2000.

Band 28 Gunnar Mayer: Das außerdienstliche Verhalten von Arbeitnehmern. Ein Beitrag zu Geschichte, Grundlagen und Erscheinungsformen außerdienstlicher Verhaltenspflichten. 2000.

Band 29 Michael Mönke: Die Sicherung der Bauunternehmer nach § 648 a BGB. Unter besonderer Berücksichtigung der Vereinbarkeit der Regelung mit den Prinzipien des Zivilrechts. 2000.

Band 30 Oliver May: Die Zulässigkeit der Regelung von Lohn und Arbeitszeit in Betriebsvereinbarungen. 2001.

Band 31 Robert Pape: Die tarifvertragliche Unkündbarkeit. Zugleich ein Beitrag zu den Grenzen der Tarifautonomie im Kündigungsschutzrecht und zum partiell zweiseitig-zwingenden Charakter des § 1 Abs. 2 und 3 KSchG. 2002.

Band 32 Wilm-Christian Jaekel: Die Bindung an formnichtige Grundstücksverträge nach Treu und Glauben. 2002.

Band 33 Susanne Müller: Die Gesellschafterklage als rechtsformübergreifendes Institut. 2002.

Band 34 Freia Peters: Treuhand und Unterbeteiligung an Gesellschaftsanteilen. Eine vergleichende Betrachtung für den Bereich des Gesellschafts- und des Steuerrechts. 2003.

Band 35 Mario Nahrwold: Die wirtschaftliche Betätigung von Idealvereinen am Beispiel der Ausgliederungsvorhaben der Fußballbundesligavereine. Eine Untersuchung zu Geltungsgrund und Grenzen des Nebentätigkeitsprivileges. 2003.

Band 36 Henning Plöger: Sonderarbeitsrechte im Pressebereich. Auswirkungen eines institutionellen Grundrechtsverständnisses auf das Arbeitskampf- und arbeitsrechtliche Statusrecht der Presse. 2003.

Band 37 Christian Springmann: Der Betriebsrat und die Betriebsbeauftragten. Ein Vergleich zweier betrieblicher Funktionsträger unter besonderer Berücksichtigung ihres Verhältnisses zueinander. 2004.

Band 38 Holger Meyer: Der Tatbestand des Betriebsübergangs nach der Rechtsprechung des Europäischen Gerichtshofs und des Bundesarbeitsgerichts. 2004.

Band 39 Philipp Christopher Brügge: Das Gesetz über Teilzeitarbeit. Eine Analyse unter arbeitsrechtlichen und beschäftigungspolitischen Gesichtspunkten. 2004.

Band 40 Sebastian Klausch: Unmöglichkeit und Unzumutbarkeit im System des allgemeinen Leistungsstörungsrechts nach der Schuldrechtsmodernisierung 2002. 2004.

Band 41 Felix Hütte: Die individualistische GbR als Mitglied anderer Vereinigungen. 2005.

Band 42 Tobias Schommer: Die Berücksichtigung und Gewichtung der Interessen der Arbeitsvertragsparteien im Rahmen des kollektiven und allgemeinen Weiterbeschäftigungsanspruchs des Arbeitnehmers. 2005.

Band 43 Christa Wettzel: Die unternehmerische Entscheidungsfreiheit im Rahmen der betriebsbedingten Kündigung. 2006.

Band 44 Andrea Scheibe: Die Mitbestimmung der Arbeitnehmer in der SE unter besonderer Berücksichtigung des monistischen Systems. 2006.

Band 45 Sebastian Ritz: Die Auswirkungen des Gesetzes zu Reformen am Arbeitsmarkt auf den Anwendungsbereich der dreiwöchigen Klagefrist gemäß den §§ 4 bis 7 KSchG. 2007.

Band 46 Anne Pfister: Die Übertragung von Aufgaben auf Arbeitsgruppen gemäß § 28a BetrVG unter besonderer Berücksichtigung der Förderungspflicht aus § 75 Abs. 2 Satz 2 BetrVG. 2007.

Band 47 Merve Ehlers: Personalkostenabbau durch betriebliche Bündnisse für Arbeit. Welche Gesetzesänderungen des geltenden Rechts sind zur Anpassung an die heutigen Wirtschafts- und Arbeitsbedingungen und zur Legalisierung der gängigen Rechtspraxis erforderlich? 2007

Band 48 Nicole Hasselmann: Die Lehre *Ulmers* zur Gesellschaft bürgerlichen Rechts im Wandel der Jahrzehnte. Das Rechts- und Haftungssystem der Gesellschaft bürgerlichen Rechts. 2007.

Band 49 Ina Maria Wiesner: Die Schriftform im Betriebsverfassungsgesetz. 2008.

Band 50 Christian Rebel: Grundprobleme des Nachteilsausgleichs gemäß § 113 Abs. 3 BetrVG. 2008.

Band 51 Benedikt von Wissel: Die Beeinflussung des eigenen Börsenkurses durch die Aktiengesellschaft. Erscheinungsform, Zulässigkeit und Grenzen im deutschen Kapitalmarktrecht. 2008.

Band 52 Malte Kriebitzsch: Die Inhaltskontrolle von Allgemeinen Arbeitsbedingungen anhand der §§ 305 ff. BGB. 2008.

www.peterlang.de

Klaus Linde

Übertragung von Aufgaben des Betriebsrats auf Arbeitsgruppen gemäß § 28a BetrVG

Frankfurt am Main, Berlin, Bern, Bruxelles, New York, Oxford, Wien, 2006.
XX, 342 S.
Schriften zum deutschen und europäischen Arbeits- und Sozialrecht.
Herausgegeben von Ulrich Preis. Bd. 5
ISBN 978-3-631-54734-2 · br. € 56.50*

Die Arbeit behandelt die im Rahmen der Reform des Betriebsverfassungsgesetzes neu in das Gesetz aufgenommene Vorschrift des § 28a BetrVG. Die Neuregelung kodifiziert erstmals die Möglichkeit des Betriebsrats zur Übertragung eigener Aufgaben auf bestimmte Gruppen von Arbeitnehmern. Nach einer Darstellung der arbeitswissenschaftlichen und empirischen Grundlagen der Partizipation von Arbeitnehmergruppen sowie der Entstehungsgeschichte, des Zwecks und des Anwendungsbereichs der Norm werden im Hauptteil der Arbeit Voraussetzungen und Rechtsfolgen der Aufgabenübertragung umfassend betrachtet. Auf dieser Grundlage liefert die Untersuchung wichtige Erkenntnisse zum Hintergrund und zur praxisgerechten Auslegung und Anwendung des § 28a BetrVG.

Aus dem Inhalt: Arbeitswissenschaftliche und empirische Grundlagen der Neuregelung · Entstehungsgeschichte, Normzweck und Anwendungsbereich des § 28a BetrVG · Voraussetzungen und Rechtsfolgen der Aufgabenübertragung

Kolibri 360 GmbH
Ferdinand-Jühlke-Straße 7
99095 Erfurt, Deutschland
produktsicherheit@kolibri360.de

Druck:
CPI Druckdienstleistungen GmbH
im Auftrag der
Kolibri 360 GmbH
Ferdinand-Jühlke-Str. 7
99095 Erfurt